Parallelverfahren im Kompetenzkonflikt

Schriften zum Privat-, Wirtschafts- und Verfahrensrecht

Herausgegeben von Barbara Völzmann-Stickelbrock

Band 5

Zur Qualitätssicherung und Peer Review der vorliegenden Publikation

Die Qualität der in dieser Reihe erscheinenden Arbeiten wird vor der Publikation durch den Herausgeber der Reihe geprüft.

Notes on the quality assurance and peer review of this publication

Prior to publication, the quality of the work published in this series is reviewed by the editor of the series.

Johanna Post

Parallelverfahren im Kompetenzkonflikt

Eine Analyse zur Vermeidung widerstreitender Kompetenzentscheidungen vor staatlichen Gerichten und Schiedsgerichten

PETER LANG

Bibliografische Information der Deutschen Nationalbibliothek
Die Deutsche Nationalbibliothek verzeichnet diese Publikation in der Deutschen Nationalbibliografie; detaillierte bibliografische Daten sind im Internet über http://dnb.d-nb.de abrufbar.

Zugl.: Göttingen, Univ., Diss., 2019

Gedruckt auf alterungsbeständigem, säurefreiem Papier.
Druck und Bindung: CPI books GmbH, Leck

D7
ISSN 2193-262X
ISBN 978-3-631-81134-4 (Print)
E-ISBN 978-3-631-82896-0 (E-PDF)
E-ISBN 978-3-631-82897-7 (EPUB)
E-ISBN 978-3-631-82898-4 (MOBI)
DOI 10.3726/b17315

Peter Lang – Berlin · Bern · Bruxelles · New York · Oxford · Warszawa · Wien

Diese Publikation wurde begutachtet.

www.peterlang.com

Vorwort

Die vorliegende Arbeit entstand während meiner Tätigkeit als wissenschaftliche Mitarbeiterin am Lehrstuhl für Bürgerliches Recht, Handelsrecht, deutsches und ausländisches Zivilprozessrecht an der Georg-August-Universität Göttingen. Sie wurde im Wesentlichen im Frühjahr 2017 fertiggestellt und vom Promotionsausschuss der Juristischen Fakultät der Georg-August-Universität Göttingen im Wintersemester 2018/2019 als Dissertation angenommen. Literatur und Rechtsprechung entsprechen in der Druckfassung überwiegend dem aktuellen Stand von Januar 2020.

Die Umsetzung des Themas war für mich in jeder Hinsicht eine bereichernde Herausforderung und ich möchte an dieser Stelle allen danken, die mich unterstützt und gefördert haben.

Mein besonderer Dank gilt meinem Doktorvater, Herrn Professor Dr. Joachim Münch, der die Themenstellung der Untersuchung angeregt und mich als Mitarbeiterin seines Lehrstuhls stets engagiert bei der Verwirklichung dieser Arbeit unterstützt hat.

Herrn Professor Dr. Ivo Bach danke ich für die zügige Erstellung des Zweitgutachtens. Ebenfalls bedanke ich mich bei Frau Professor Dr. Barbara Völzmann-Stickelbrock für die freundliche Aufnahme der Arbeit in die Schriftenreihe zum Privat-, Wirtschafts- und Verfahrensrecht.

Mein größter Dank gilt jedoch meiner Familie, die mich zu jeder Zeit bedingungslos und geduldig unterstützt. Durch ihren Zuspruch und ihre zahlreichen Ermutigungen hat sie einen wesentlichen Anteil zum Gelingen dieser Arbeit beigetragen: Ohne Euch ginge es nicht und Euch ist diese Arbeit gewidmet.

Hamburg, im Januar 2020

Johanna Post

Inhaltsverzeichnis

Abkürzungsverzeichnis

a.A.	andere Ansicht
a.E.	am Ende
AAY	Austrian Arbitration Yearbook
Abs.	Absatz
AcP	Archiv für die civilistische Praxis
a.F.	Alte Fassung
Allgem.	Allgemein(e)
ASA	Association suisse de l'arbitrage (Schweizer Vereinigung für Schiedsgerichtsbarkeit)
ASA Bull.	Bulletin de l'Association suisse de l'arbitrage
AT	Österreich
Aufl.	Auflage
BayObLG	Bayrisches Oberstes Landesgericht
BB	Betriebs-Berater
BBL	Bundesgesetzblatt
Bd.	Band
Beschl.	Beschluss
BG	Schweizerisches Bundesgericht
BGE	Entscheidungen des Schweizerischen Bundesgerichts, Amtliche Sammlung
BGH	Bundesgerichtshof
BGHZ	Entscheidungssammlung des Bundesgerichtshofes in Zivilsachen, Amtliche Sammlung
BlgNR	Bundesgesetzblatt Nummer (Österreich)
BSG	Bundessozialgericht
BT-Drucks.	Drucksachen des deutschen Bundestages
Bull.	Bulletin
BVerfG	Bundesverfassungsgericht
BVerfGE	Entscheidungssammlung des Bundesverfassungsgerichts, Amtliche Sammlung
bzw.	beziehungsweise
c.p.c.	Code de procédure civile
CH	Schweiz
d.h.	das heißt

DAV	Deutscher Anwaltsverein
Diss.	Dissertation
DR	Deutsches Recht
DStR	Deutsches Steuerrecht
DZWiR	Deutsche Zeitschrift für Wirtschafts- und Insolvenzrecht
Ed.	Edition
Einl.	Einleitung
EN	England
ErläutRV	Erläuterungen der Regierungsvorlage
EÜ	Europäisches Übereinkommen über die internationale Handelsschiedsgerichtsbarkeit von 1965
EuGH	Europäischer Gerichtshof
EWiR	Entscheidungen zum Wirtschaftsrecht
f.	folgende/ folgender
ff.	mehrere folgende
Fn.	Fußnote
FR	Frankreich
FS	Festschrift
gem.	gemäß
ggf.	gegebenenfalls
GS	Gedächtnisschrift
GVG	Gerichtsverfassungsgesetz
h.Lit.	herrschende Literatur
h.M.	herrschende Meinung
Hrsg.	Herausgeber
i.S.d.	im Sinne des
i.S.v.	im Sinne von
i.V.m.	in Verbindung mit
ICC	International Chamber of Commerce
insbes.	insbesondere
Int. Arb.	International Arbitration
Int'l Lawyer	The International Lawyer
IPRG	(schweizerisches) Bundesgesetz über das Internationale Privatrecht
IWRZ	Zeitschrift für internationales Wirtschaftsrecht
J Int'l Arb.	Journal of International Arbitration
JA	Juristische Arbeitsblätter
JBl	Juristische Blätter
JbPrSch	Jahrbuch für die Praxis der Schiedsgerichtsbarkeit

JR	Juristische Rundschau
JW	Juristische Wochenschrift
JZ	Juristenzeitung
Kap.	Kapitel
KSG	(Schweizer) Konkordat vom 27.03.1969 über die Schiedsgerichtsbarkeit
KTS	Zeitschrift für Konkurs-, Treuhand- und Schiedsgerichtswesen
LAG	Landesarbeitsgericht
li.Sp.	linke Spalte
lit.	litera (Buchstabe)
LMK	Kommentierte BGH-Rechtsprechung Lindenmaier-Möhring (elektronische Ressource)
m. Anm.	mit Anmerkungen
m.w.N.	mit weiteren Nachweisen
MDR	Monatsschrift für deutsches Recht
n.c.p.c.	Nouveau code de procédure civile
n.F.	Neue Fassung
NJW	Neue Juristische Wochenschrift
Nr.	Nummer
OGH	Oberste Gerichtshof der Republik Österreich
OLG	Oberlandesgericht
öZPO	Österreichische Zivilprozessordnung
re.Sp.	rechte Spalte
RG	Reichsgericht
RGZ	Die Entscheidungssammlungen der Entscheidungen des Reichsgerichts in Zivilsachen, Amtliche Sammlung
RIS	Rechtsinformationssystem (Datenbank des österreichischen Rechts)
RIW	Recht der internationalen Wirtschaft
Rn.	Randnummer
Rspr.	Rechtsprechung
S.	Satz, Seite
s.	siehe
SchiedsVZ	Schiedsverfahrenszeitung
SJZ	Schweizerische Juristenzeitung
sog.	sogenannte
SR	Systematische Sammlung des Bundesrechts (Schweiz)

sZPO	Schweizerische Zivilprozessordnung
u.	und
u.a.	und andere
UNCITRAL-MG	Modellgesetz der United Nations Commission on International Trade Law; der originale Gesetzestext von 1985 und die geänderte Fassung aus dem Jahr 2006 sind abrufbar unter: https://uncitral.un.org/en/texts/arbitration/modellaw/commercial_arbitration (Stand: 01/2020)
UNÜ	New Yorker Übereinkommen über die Anerkennung und Vollstreckung ausländischer Schiedssprüche von 1961
Urt.	Urteil
v.	vom
Vgl.	vergleiche
Z.B.	zum Beispiel
ZfRV	Zeitschrift für Europarecht, internationales Privatrecht und Rechtsvergleichung
ZfRV	Zeitschrift für Europarecht, internationales Privatrecht und Rechtsvergleichung (Wien)
ZIP	Zeitschrift für Wirtschaftsrecht
Zit.	zitiert
ZPO	Zivilprozessordnung
ZSR	Zeitschrift für Schweizerisches Recht
Zust.	Zustimmend
ZZP	Zeitschrift für Zivilprozess
ZZPInt	Zeitschrift für Zivilprozess international
ZZZ	Schweizerische Zeitschrift für Zivilprozess- und Zwangsvollstreckungsrecht

§ 1. Einleitung

Parallelverfahren vor Schiedsgerichten und Staatsgerichten sind ein bekanntes Phänomen und prozessualer „Dauerbrenner" in der Rechtspraxis. Aufgrund der Vielzahl von Möglichkeiten, über die Regelungen der §§ 1032, 1040 Abs. 3 und 1059 Abs. 1–3 ZPO eine Klärung der Kompetenzfrage herbeizuführen[1], treten Parallelverfahren regelmäßig im Zusammenhang mit Streitigkeiten über die Zuständigkeit der vermeintlich richtigen Gerichtsbarkeit auf. Das Zusammenspiel von gesetzlich verankerter (vorläufiger) Kompetenz-Kompetenz des Schiedsgerichts und staatlicher Letztentscheidungsbefugnis provoziert Doppelzuständigkeiten von Schiedsgericht und Staatsgericht, denen stets die Gefahr divergierender Entscheidungen über die Zuständigkeit des Schiedsgerichts inhärent ist. Parallelverfahren können von denselben Parteien vor unterschiedlichen Gerichtsforen initiiert werden oder sich als Ergebnis unterschiedlicher Parteistrategien zeigen. Parallele Verfahren entstehen also grundsätzlich nicht automatisch, sondern durch das Bestreben der Parteien, Verfahren an mehreren Gerichten durchzuführen.[2] Die Parteien können die Gerichte derselben Jurisdiktion bemühen, in unterschiedlichen Staaten und Rechtsräumen prozessieren oder vor privaten Schiedsgerichten und ordentlichen Gerichten klagen. Die Motive der Parteien, vor mehreren Gerichten zu prozessieren, richten sich regelmäßig danach, ob die Verfahren von derselben Partei bei unterschiedlichen Foren anhängig gemacht werden oder ob jeweils eine Partei vor einem jeweils anderen Gericht Klage erhoben hat.[3] In der Regel wird in letzterem Fall eine Partei die Streitigkeit vor ein Schiedsgericht bringen, während die andere Partei ein staatliches Gerichtsverfahren einleitet. Da Schiedsgerichte nach dem Prinzip der Kompetenz-Kompetenz selbst über ihre Zuständigkeit entscheiden und den staatlichen Gerichten hinsichtlich der Zuständigkeit des Schiedsgerichts eine Kontrollbefugnis bzw. Letztentscheidungsbefugnis zukommt, können sowohl Schiedsrichter als auch staatliche Richter in unterschiedlichen Verfahren (doppelt) über die Zuständigkeit des Schiedsgerichts entscheiden. Parallele Verfahren sind in diesem Fall vorprogrammiert. Die Parteien nehmen dabei eine jeweils umgekehrte Rollenverteilung ein: Die klagende Partei des einen Verfahrens ist beklagte Partei des anderen Verfahrens. Die Parteien bestreiten dabei spiegelverkehrt die

1 Siehe dazu BayObLG Beschl. v. 07.10.2002 – 4 Z SchH 8/02, SchiedsVZ 2003, 187, 188.

2 *Hau*, Positive Kompetenzkonflikte im Internationalen Zivilprozeßrecht, S. 29.

3 Vgl. *McGuire*, Verfahrenskoordination, S. 20 f.

Zuständigkeit des von der anderen Partei angerufenen Gerichts, um ihr eigenes Anliegen durchzusetzen.[4]

Die vorliegende Untersuchung konzentriert sich auf Parallelverfahren vor staatlichen Gerichten und Schiedsgerichten im Kompetenzkonflikt. Solche Parallelverfahren sind dabei strikt von parallelen Hauptsacheverfahren auf der Ebene des Sachentscheids zu trennen, für die – abhängig von der Wirksamkeit der Schiedsvereinbarung – eine ausschließliche Zuständigkeit des Schiedsgerichts oder des staatlichen Gerichts besteht. Neben dem klassischen Kompetenzkonflikt zwischen ordentlichen Gerichten und Schiedsgerichten wird insbesondere auch das bestehende Konfliktpotenzial im Rahmen paralleler staatlicher Prozesse einbezogen. Untersucht werden die verschiedenen klassischen Koordinationsmechanismen der Rechtshängigkeit und Rechtskraft im Hinblick auf ihre Effektivität zur Vermeidung sich widersprechender Zuständigkeitsentscheidungen. Insbesondere da die Regelungen der §§ 1032 Abs. 3 ZPO und 1040 Abs. 3 S. 3 ZPO eine Parallelität von Schiedsverfahren und staatlichen Kontrollverfahren explizit aussprechen, ist zu untersuchen, ob die gesetzlichen Vorgaben es erlauben, eine verfahrenssperrende Wirkung im Verhältnis von Schiedsgerichtsbarkeit und staatlicher Gerichtsbarkeit im deutschen Recht zu implementieren. Darüber hinaus werden schiedsspezifische Besonderheiten, wie beispielweise der „effet négatif de la compétence-compétence", sowie alternative Koordinationsmechanismen beleuchtet.

4 Siehe zu der Skizzierung der dem Kompetenzkonflikt inhärenten „Kreuzstruktur" im grenzüberschreitenden Rechtsverkehr insbes. *Liatowitsch*, Schweizer Schiedsgerichte und Parallelverfahren vor Staatsgerichten im In- und Ausland, S. 4 f.

§ 2. Kompetenzkonflikt und Parallelverfahren

A. Grundlagen paralleler Verfahren

Eine allgemeingültige Definition des Terminus „Parallelverfahren" existiert nicht.[5] Die Bezeichnung wird in unterschiedlichen Zusammenhängen und oft synonym zu „konkurrierende Verfahren" oder „Doppelprozesse" verwendet.[6] Beschrieben werden Parallelverfahren in der Literatur als solche Verfahren, die in ihren wesentlichen Charakteristika übereinstimmen und deren Entscheidungen „potentiell kollidieren könnten, indem sie – rechtlich oder tatsächlich – nicht miteinander zu vereinbaren wären."[7] Vergleichsweise weit definiert auch die INTERNATIONAL LAW ASSOCIATION den Terminus im Verhältnis von Schiedsgerichtsbarkeit und ordentlicher Gerichtsbarkeit: „any other proceedings pending before a domestic court or another tribunal in which the parties and one or more of the issues are the same or substantially the same as the one before the arbitral tribunal in the Current Arbitration (‚Parallel Proceedings')."[8] Im Fokus dieser Definitionen steht die Identität des Streitgegenstandes und der Parteien. Ergänzend ist für die Bestimmung, welche Verfahren als Parallelverfahren bzw. parallele Verfahren zu betrachten sind, auch die zeitliche Komponente maßgeblich.

I. Zeitliche Komponente

Der Terminus „parallel" legt intuitiv nahe, dass die Verfahren zeitgleich oder zumindest mit nur geringem zeitlichen Abstand stattfinden. Es kann aber auch nach Abschluss eines (ersten) Verfahrens ein zweites Verfahren, das auf demselben Interessenskonflikt beruht, eingeleitet werden. Dieses zweite Verfahren wird nachfolgend als sog. „sukzessives Verfahren" bezeichnet.[9] Für divergierende Kompetenzentscheidungen ist es im Kollisionsfall völlig unerheblich, ob

---

5 Vgl. *Erk*, Parallel Proceedings in International Arbitration, S. 16.

6 Zur uneinheitlichen Terminologie vgl. *Hau*, Positive Kompetenzkonflikte im Internationalen Zivilprozeßrecht, S. 1 f. mit Fn. 3.

7 *Schmehl*, Parallelverfahren und Justizgewährung, S. 7. Vgl. auch *McGuire*, Verfahrenskoordination, S. 20; ähnlich auch *Cremades/Madalena*, Arb. Int. 24 (2008), 507, 508.

8 *De Ly/Sheppard*, ILA Final Report on Lis Pendens and Arbitration (2006), Arb. Int. 25 (2009), 3 ff., Rn. 5.13 (1).

9 Dieser Ausdruck geht auf *McGuire*, Verfahrenskoordination, S. 10 („sukzessive Verfahren") zurück. Dieselbe begriffliche Unterscheidung trifft auch *Teitz*, Int'l Lawyer 26 (1992), 21, 27 („concurrent or successive actions").

diese aus zeitgleichen oder zeitversetzten Verfahren hervorgegangen sind. Die vorliegende Untersuchung konzentriert sich daher auf zeitgleiche und sukzessive gerichtliche oder schiedsgerichtliche (Erkenntnis-) Verfahren, in denen die jeweiligen Spruchkörper mit der Frage nach der Zuständigkeit des Schiedsgerichts befasst sind. Das betrifft insbesondere Fallkonstellationen im Rahmen des § 1032 und § 1040 ZPO. Daneben kann aber im Zusammenhang mit der Kollision schiedsgerichtlicher und gerichtlicher Entscheidungen, die aus einer tatsächlichen Parallelität der Erkenntnisverfahren resultieren, auch das Vollstreckbarerklärungs- und Anerkennungsverfahren gem. §§ 1059, 1060 ZPO im Verhältnis zu einem vorangegangenen Schiedsverfahren betroffen sein.

II. Identität des Streitgegenstandes

Um Parallelverfahren zu konkretisieren, wird regelmäßig an die zum Prinzip der Rechtshängigkeit entwickelten Merkmale der „Identität der Streitsache“ und der „Identität der Parteien“ angeknüpft.[10] In der Literatur wurde der allgemeine Streitgegenstandsbegriff dogmatisch umfangreich aufgearbeitet und diskutiert. Vertreten werden verschieden Begriffstheorien[11], wobei sich die Lehre vom prozessualen zweigliedrigen Streitgegenstandsbegriff[12] durchgesetzt hat. Allgemeiner Streitgegenstand im Zivilprozess ist nach der herrschenden Meinung nicht der konkret geltend gemachte materiell-rechtliche Anspruch, sondern der als Rechtsschutzbegehren

10 Vgl. *McGuire*, Verfahrenskoordination, S. 20; siehe hierzu auch *Erk*, Parallel Proceedings in International Arbitration, S. 16 ff., sowie S. 23 f.

11 Im Überblick bei *Rosenberg/Schwab/Gottwald*, Zivilprozessrecht, § 92 Rn. 16–22; sehr ausführlich Stein/Jonas/*Roth*, vor § 253 Rn. 11–45. U.a. auch zur mehrdeutigen Verwendung der Terminologie „Streitgegenstand“ Zöller/*Vollkommer*, Einleitung Rn. 60 ff.
Siehe zum prozessualen eingliedrigen Streitgegenstand insbesondere *Schwab*, Der Streitgegenstand im Zivilprozess (1954), dazu aktuell auch *Althammer*, ZZP 123 (2010), 163; zum materiell-rechtlichen Streitgegenstandsbegriff v.a. *Henckel*, Parteilehre und Streitgegenstand im Zivilprozeß (1961).

12 Ständige Rspr.: vgl. BGH Beschl. v. 27.11.2013 – III ZB 59/13, BGHZ 199, 159, 165 [Rn. 16]; BGH Urt. v. 13.01.2009 – XI ZR 66/08, SchiedsVZ 2009, 122, 124 [Rn. 17]; BGH Beschl. v. 29.06.2006 – III ZB 36/06, NJW-RR 2006, 1502, 1503 [Rn. 8]; BGH Urt. v. 19.11.2003 – VIII ZR 60/03, BGHZ 157, 47, 50 [juris Rn. 9] u. BGH Urt. v. 19.12.1991 – IX ZR 96/91, BGHZ 117, 1, 5 [juris Rn. 14]; sowie h.L im Schrifttum: siehe z.B. Hk-ZPO/*Saenger*, Einf Rn. 97 ff.; MüKoZPO/*Becker-Eberhard*, Vor §§ 253 ff. Rn. 32 ff.; umfassend Thomas/Putzo/*Reichold*, Einl II Rn. 1–14; differenzierend Stein/Jonas/*Roth*, vor § 253 Rn. 46 ff.

oder Rechtsfolgenbehauptung verstandene eigenständige prozessuale Anspruch.[13] Dieser wird bestimmt durch den Antrag des Klägers und dem Lebenssachverhalt, aus dem der Kläger die begehrte Rechtsfolge herleitet.[14] Im Rahmen der Begutachtung paralleler Verfahren zwischen Schiedsgericht und Staatsgericht ist für die besondere Konstellation des Kompetenzkonflikts jedoch nicht zwingend ein „identischer Streitgegenstand" nach strengen zivilverfahrensrechtlichen Maßstäben zugrunde zu legen. Andernfalls wäre beispielsweise das Feststellungsverfahren nach § 1032 Abs. 2 ZPO nicht als Parallelverfahren im Verhältnis zum schiedsgerichtlichen oder staatlichen Hauptsacheverfahren zu qualifizieren, da das Hauptsacheverfahren auf die Geltendmachung eines bestimmten (Leistungs-) Anspruchs gerichtet ist, das Feststellungsverfahren hingegen auf die Feststellung der Zulässigkeit oder Unzulässigkeit des Schiedsverfahrens. Deshalb kommt es im Rahmen der hier zu untersuchenden Parallelverfahren maßgeblich darauf an, ob und dass in einem gerichtlichen oder schiedsgerichtlichen Verfahren, ggf. auch im Rahmen eines präjudiziellen Rechtsverhältnisses, über die Zulässigkeit des Schiedsverfahrens entschieden wird.[15]

III. Identität der Parteien

Eine weitere Voraussetzung paralleler Verfahren ist die Identität der Parteien, wobei damit nicht die Identität der Parteien im Sinne einer Wesenseinheit gemeint ist. Erfasst wären sonst nur solche Verfahren, in denen eine Partei in der Rolle des Klägers mehrere Verfahren gegen die beklagte Partei anstrengt. Der Fall der umgekehrten Parteirollen, in dem die Parteien wechselseitig als Kläger

---

13 Demgegenüber vertritt der *EuGH* in seiner sog. Kernpunkttheorie einen wesentlich weiteren Streitgegenstandsbegriff als er für das deutsche Recht gilt. Nach EuGH-Rspr. ist unabhängig von der formalen Identität der Klagen eine Identität der Streitgegenstände anzunehmen, wenn die Klage auf dem gleichen Sachverhalt und der gleichen Rechtsvorschrift beruht und beide Klagen den gleichen Zweck verfolgen, wobei es bereits genügt, dass die Klagen *im Kern* den gleichen Gegenstand haben. Grundlegend EuGH Urt. v. 08.12.1987 – 144/86 *(Gubisch Maschinenfabrik/Palumbo)*, Slg 1987, 4861 = NJW 1989, 665, 666 [Rn. 16 f.]; vgl. auch Rauscher/*Leible*, EuZPR/EuIPR, Art. 27 Brüssel I-VO Rn. 8b; Stein/Jonas/*Wagner*, Art. 27 EuGVVO, Rn. 18, 23. Zu der EuGH-Rspr. und deren Einfluss auf das nationale Recht siehe *Rüßmann*, ZZP 111 (1998), 399 u. *Walker*, ZZP 111 (1998), 429.

14 Eine ausführliche Auseinandersetzung mit dem „Antrag" und „Sachverhalt", auch in Bezug auf verschiedene Klagearten, findet sich bei *Otto*, Die subjektiven Grenzen der Rechtshängigkeitssperre, S. 53 ff.

15 Vgl. auch *Cremades/Madalena*, Arb. Int. 24 (2008), 507, 508; *Hau*, Positive Kompetenzkonflikte im Internationalen Zivilprozeßrecht, S. 6; *Schmehl*, Parallelverfahren und Justizgewährung, S. 8 f.

und Beklagter in zwei unterschiedlichen Verfahren streiten, würde unberücksichtigt bleiben. Gerade für die spezielle Konstellation des Zuständigkeitsstreits vor staatlichen Gerichten und Schiedsgerichten wird jedoch regelmäßig die eine Partei vor dem Schiedsgericht, die andere vor dem staatlichen Gericht zur Durchsetzung ihrer unterschiedlichen Ansprüche klagen. Parallelverfahren sind im Kompetenzkonflikt geradezu exemplarisch. Das Merkmal der Parteiidentität umfasst daher immer auch den Fall der umgekehrten Parteirollen[16] in den jeweils spiegelbildlichen, sog. kontradiktorischen Verfahren.

B. Prüfung der schiedsgerichtlichen Zuständigkeit

Im Kompetenzkonflikt nehmen Parallelverfahren zwischen Schiedsgerichtsbarkeit und ordentlicher Gerichtsbarkeit eine besondere Rolle ein: Anders als staatliche Gerichte leitet das private Schiedsgericht seine Legitimation zur Entscheidung eines konkreten Rechtsstreits nicht aus einer hoheitlichen Ermächtigungsgrundlage ab. Im Rahmen der Privatautonomie ist es Aufgabe der Parteien, durch den Abschluss einer Schiedsvereinbarung eine Grundlage und einen Rahmen für das Schiedsverfahren zu schaffen. Eine wirksame Schiedsvereinbarung bewirkt die Zuständigkeit des Schiedsgerichts hinsichtlich des konkret zu bestimmenden, schiedsfähigen Streitgegenstandes.[17] Steht eine Schiedsvereinbarung im Raum, ist deren Wirksamkeitsprüfung und die damit verbundene Frage nach der Zulässigkeit des Schiedsverfahrens Ausgangspunkt eines jeden Schiedsverfahrens. Die Prüfungskompetenz kann, je nach Verfahrenssituation, in den Zuständigkeitsbereich des Schieds- oder des Staatsgerichts fallen. Die Voraussetzungen einer wirksamen Schiedsvereinbarung und die Grundsätze zur Schiedsfähigkeit einer Streitsache stehen für die Problematik der parallelen Verfahren im Kompetenzkonflikt jedoch nicht im Mittelpunkt.[18] Parallelverfahren im Kompetenzkonflikt, die gerade der Prüfung der Schiedsvereinbarung dienen,

---

16 So auch in den gängigen Darstellungen bei *Hau*, Positive Kompetenzkonflikte im Internationalen Zivilprozeßrecht, S. 7; *Nelle*, Anspruch, Titel und Vollstreckung, 501 f.; *Schmehl*, Parallelverfahren und Justizgewährung, S. 8; *McGuire*, Verfahrenskoordination, S. 20–24.

17 Vgl. *Schlosser*, Internationale Schiedsgerichtsbarkeit, Rn. 379a; Wieczorek/*Schütze*, § 1029 Rn. 3.

18 Hinsichtlich der Voraussetzungen einer Schiedsvereinbarung und dem Erfordernis der Schiedsfähigkeit wird deshalb exemplarisch verwiesen auf MüKoZPO/*Münch*, § 1029 Rn. 44 ff., 69 ff., 93 ff. u. § 1030 Rn. 11–24; sowie BeckOK-ZPO/*Wolf/Eslami*, § 1029 Rn. 6–17 u. 1030 Rn. 3–9.

können unabhängig davon, ob eine wirksame Schiedsvereinbarung existiert, eingeleitet werden. Maßgeblich sind daher vielmehr die Prüfungskompetenzen des Schiedsrichters bzw. des ordentlichen Richters, wenn die Zuständigkeit des Schiedsgerichts von einer der Parteien behauptet bzw. bestritten wird. Abgebildet werden im Folgenden daher die Grundzüge der Kompetenzregelungen, ohne jedoch sämtliche Zuständigkeitsproblematiken im Einzelnen zu erörtern.

I. Konzeption der Kompetenz-Kompetenz

Ursprünglich entwickelte sich der Begriff der Kompetenz-Kompetenz in der deutschen Rechtsordnung in Anlehnung an die bis zum 31.03.1960 gültige Fassung des GVG.[19] § 17 Abs. 1 GVG bestimmte dem damaligen Wortlaut nach: „*Die Gerichte entscheiden über die Zulässigkeit des Rechtswegs.*“ Weil diese Zuständigkeitsentscheidung bindende Wirkung für sämtliche Behörden entfaltete, wurde sie in der Literatur als Kompetenz-Kompetenz bezeichnet.[20] Auch für die Schiedsgerichtsbarkeit stellte sich vor diesem Hintergrund die Frage, ob den Schiedsgerichten eine vergleichbare Kompetenz-Kompetenz zukommen kann. Aus dem Gesetz ergab sich eine solche bindende Kompetenzzuweisung nicht.[21] Bis zur Neuregelung des Schiedsverfahrensrechts in der ZPO im Jahr 1997[22] billigte jedoch die – nicht unumstrittene[23] – Rechtsprechung des BGH[24]

---

19 Gerichtsverfassungsgesetz vom 27.01.1877, RGBl 1877 Nr. 4, S. 41 u. 77.

20 *Zeltner*, Die Kompetenz-Kompetenz der Schiedsgerichte, S. 5; *Baumbach/Schwab*, Schiedsgerichtsbarkeit, 2. Aufl., S. 73; *Baumbach*, Zivilprozeßordnung, 8. Aufl., § 17 GVG Anm. 1 A, *Baumbach/Lauterbach*, Zivilprozeßordnung, 25. Aufl., § 17 GVG Vorbem. B. Anm. 1.

21 *Ahrendt*, Der Zuständigkeitsstreit im Schiedsverfahren, S. 22; *Baumbach/Schwab*, Schiedsgerichtsbarkeit, 2. Aufl., S. 73; *Zeltner*, Die Kompetenz- Kompetenz der Schiedsgerichte, S. 44–46; *Habscheid*, FS Baur (1981), 425, 427 f.

22 SchiedsVfG vom 22.12.1997, BGBl I 1997, S. 3224 [in Kraft ab 01.01.1998].

23 Befürwortend insbes. *Habscheid*, KTS 1959, 113, 114 f. u. KTS 1964, 146, 151 ff.; *Schlosser*, EWiR 1988, 1143; Stein/Jonas/*Schlosser* ZPO, 21. Aufl., § 1037 Rn. 3–5 m.w.N. zum Meinungsstand.
Ablehnend: *Zeltner*, Die Kompetenz-Kompetenz der Schiedsgerichte, S. 60–66 u. S. 127; *Schwab*, KTS 1961, 17, 24, 25; *Schottelius*, KTS 1959, 134, 141; *Leipold*, ZZP 91 (1978), 479, 481 ff.; *Baur*, FS Fasching (1988), 81, 86 f.; *Kornblum*, JA 1979, 393, 399 f. u. JbPrSch 3 (1989), 38, 43, 46.
Einen Überblick über den Streitstand gibt *Ahrendt*, Der Zuständigkeitsstreit im Schiedsverfahren, S. 23 ff.

24 BGH Urt. v. 06.06.1991 – III ZR 68/90, NJW 1991, 2215; BGH Urt. v. 26.05.1988 – III ZR 46/87, WM 1988, 1430 = JZ 1989, 201 m. Anm. *Bosch*; BGH Urt.

die Möglichkeit, kraft einer zweiten Schiedsvereinbarung den Schiedsgerichten vertraglich eine solche Kompetenz-Kompetenz zuzuweisen. Durch diese sog. Kompetenz-Kompetenz-Klausel[25] konnte den Schiedsgerichten bindende Entscheidungskompetenz gegenüber staatlichen Rechtsprechungskörpern übertragen werden. Die Prüfungskompetenz staatlicher Gerichte beschränkte sich auf die Wirksamkeit der Kompetenz-Kompetenz-Klausel selbst.[26]

Diese Rechtsprechung wurde nach der Neuregelung des Schiedsverfahrensrechts in der ZPO ausdrücklich aufgegeben.[27] Anlass war die amtliche Begründung des Gesetzgebers, wonach ausdrücklich und in bewusster Abkehr von der bis zur ZPO-Reform ständigen Rechtsprechung des Bundesgerichtshofs dem staatlichen Gericht die Entscheidung über die Zuständigkeit des Schiedsgerichts zusteht.[28] Die gesetzliche Novellierung habe, so die höchstrichterliche Interpretation, zwingenden Charakter und stehe nicht zur Disposition der Parteien.[29] Deshalb sei die Möglichkeit einer endgültigen Entscheidungskompetenz den Schiedsgerichten selbst dann versagt, wenn die Parteien eine Kompetenz-Kompetenz-Klausel vereinbart haben.[30] Die Regelung des § 1040 ZPO beseitigt daher nach ganz herrschender Meinung[31] den langen Streit um die

v. 05.05.1977 – III ZR 177/74, BGHZ 68, 356; BGH Urt. v. 03.03.1955 – II ZR 323/55, KTS 1961, 26.

25 Als Wegbereiter der dogmatischen Kompetenz-Kompetenz-Klausel gilt *Habscheid*, vgl. KTS 1955, 33, 38 (Begründung); KTS 1959, 113, 115 u. KTS 1964, 146, 152 (Vertiefung); später auch *Habscheid*, FS Baur (1981), 425, 430 ff.
Vgl. aber auch schon *Beitzke*, ZZP 60 (1936/1937), 317, 324. Im Anschluss an *Habscheid* auch Stein/Jonas/*Schlosser* ZPO, 19. Aufl., § 1037 Anm. III.

26 Siehe nur *Habscheid*, KTS 1964, 146, 151, 154; sowie zu den Grenzen staatlicher Kontrolle *Habscheid*, FS Baur (1981), 425, 436 ff.

27 BGH Urt. v. 13.01.2005 – III ZR 265/03, SchiedsVZ 2005, 95, 96 [juris Rn. 16].
Zustimmend insbes. nun *Schlosser*, in: *Gottwald* (Hrsg.), Revision des EuGVÜ, S. 163, 165 f., 169; vgl. auch *Borges*, ZZP 111 (1998), 487, 491.

28 Vgl. BT-Drucks. 13/5274, S. 26 u. 44.

29 BGH Urt. v. 13.01.2005 – III ZR 265/03, SchiedsVZ 2005, 95, 96 [juris Rn. 16].

30 BGH Urt. v. 13.01.2005 – III ZR 265/03, SchiedsVZ 2005, 95, 96 [juris Rn. 16]; bestätigend BGH Beschl. v. 24.06.2014 – III ZB 83/13, SchiedsVZ 2014, 303 [Rn. 10].

31 Vgl. z.B. *Hau*, LMK 2005, 68, 69; *Huber/Bach*, SchiedsVZ 2005, 98, 99; *Huber*, SchiedsVZ 2003, 73; Stein/Jonas/*Schlosser* ZPO, § 1040 Rn. 1 u. § 1032 Rn. 18a; MüKoZPO/*Münch*, § 1040 Rn. 1 f.; Zöller/*Geimer*, § 1040 Rn. 1; *Schwab/Walter*, Schiedsgerichtsbarkeit, Kap. 6 Rn. 9; *Raeschke-Kessler/Berger*, Recht und Praxis des Schiedsverfahrens, Rn. 567–569; *Lachmann*, Handbuch für die Schiedsgerichtspraxis, Rn. 690–692; *Wagner*, in: *Weigand* (Hrsg.), Practitioner`s Handbook on International Arbitration, 1. Aufl., S. 685, 705.

Kompetenz-Kompetenz des Schiedsgerichts. Die Letztentscheidungsbefugnis ist nun ausdrücklich den staatlichen Gerichten vorbehalten.[32]

II. Kompetenzprüfung durch den Schiedsrichter

Die grundsätzliche Befugnis des Schiedsgerichts über seine Zuständigkeit zu entscheiden ergibt sich unmittelbar aus § 1040 Abs. 1 S. 1 ZPO. Diese Vorschrift regelt die Frage der Kompetenz-Kompetenz des Schiedsgerichts[33] und statuiert in Übereinstimmung mit Art. 16 UNCITRAL-Modellgesetz[34], dass ein privates Schiedsgericht über seine Zuständigkeit entscheiden können muss, da jede Sachentscheidung inzident die Aussage enthält, dass die Zuständigkeit des Schiedsgerichts gegeben ist und eine wirksame Schiedsvereinbarung besteht.[35] Die Kernaussage im Zusammenhang mit der gesetzlich angeordneten Kompetenz-Kompetenz der Schiedsgerichte ist hingegen § 1040 Abs. 3 S. 2 ZPO zu entnehmen: Gegen die positive Entscheidung des Schiedsgerichts kann staatliche Kontrolle erwirkt werden, sodass dem staatlichen Gericht in der Zuständigkeitsfrage das letzte und endgültige Wort zukommt. Daraus folgt die Beschränkung der schiedsgerichtlichen Kompetenz, lediglich vorläufig, d.h. unter Vorbehalt einer staatlichen Gerichtsentscheidung, über die eigene Jurisdiktion befinden zu können.

---

32 A.A. weiterhin *Habscheid*, FS Schlosser (2005), 247, 253, der „seinem Kinde" auch nach der ZPO-Reform treu bleibt und deklariert, dass die neue Gesetzesfassung die Unzulässigkeit der Kompetenz-Kompetenz-Abrede nicht regelt. Mit dieser Auffassung nimmt *Habscheid* jedoch eine ausgesprochen singuläre Stellung in der Literatur ein. Selbst *Schlosser*, sein wohl treuester Weggefährte im Streit um die Kompetenz-Kompetenz-Klausel, erteilt eben dieser nach der Reform des Zehnten Buches der ZPO eine klare Absage, vgl. zuletzt Stein/Jonas/*Schlosser* ZPO, 23. Aufl., § 1040 Rn. 1 f.

33 BT-Drucks. 13/5274, S. 43 re.Sp.

34 Der originale Gesetzestext von 1985 sowie die geänderte Fassung aus dem Jahr 2006 sind abrufbar unter: https://uncitral.un.org/en/texts/arbitration/modellaw/commercial_arbitration (Stand 01/2020).
Eine inoffizielle deutsche Übersetzung ist zu finden auf: http://www.dis-arb.de/de/51/materialien/uncitral-modellgesetz-f%C3%BCr-die-internationale-handelsschiedsgerichtsbarkeit-85-id31 (Stand 01/2020).

35 PG-ZPO/*Prütting*, § 1040 Rn. 2; Musielak/*Voit*, ZPO, § 1040 Rn. 2, wobei diese „Selbstverständlichkeit" auf reine Sachentscheidungen zu begrenzen ist! Dass § 1040 Abs. 1 S. 1 ZPO jedoch nicht nur rein deklaratorischer Natur ist, sondern gerade für den Fall der negativen Zuständigkeitsentscheidung des Schiedsgerichts die gesetzlich manifestierte Kompetenz-Kompetenz ausschlaggeben ist, wird unter Gliederungspunkt § 6.C, S. 167 ff. erörtert.

1. *Prüfung von Amts wegen*

Zu Beginn eines jeden Schiedsverfahrens, gleich nach Konstituierung des Schiedsgerichts, haben die Schiedsrichter von Amts wegen inzident ihre Zuständigkeit zu prüfen[36], da die Schiedsrichter nur bei Existenz einer wirksamen Schiedsvereinbarung überhaupt rechtlich tätig werden dürfen.[37] Diese Prüfungskompetenz besteht unabhängig von einer Unzuständigkeitsrüge i.S.v. § 1040 Abs. 2 ZPO. Zwar führt die rügelose Einlassung gem. § 1031 Abs. 6 ZPO zu einer Heilung des Formmangels und gegebenenfalls zur Präklusion des Einwands der Unzuständigkeit des Schiedsgerichts.[38] Allerdings hat das Schiedsgericht seine Zuständigkeit auch im Fall der rügelosen Einlassung des Beklagten zu begründen bzw. abzulehnen.[39] Andernfalls könnte, beispielsweise bei unheilbaren Mängeln wie der Geschäftsunfähigkeit einer Schiedspartei, ein zukünftiger Schiedsspruch mit einer drohenden Aufhebung belastet sein.[40] Dieses Ergebnis kann nicht im Sinne einer ökonomischen Verfahrensführung stehen. Gerade auch weil § 1040 Abs. 2 ZPO nur die Rüge der Unzuständigkeit des Schiedsgerichts nicht aber die Rüge der Schiedsfähigkeit des Streitgegenstandes umfasst, ist ein von der Rüge durch die Beteiligten des Schiedsverfahrens unabhängiges Prüfungsrecht des Schiedsgerichts unumgänglich. Betrifft die Schiedsvereinbarung jedoch einen objektiv nicht schiedsfähigen Gegenstand, ist sie nichtig und nicht heilbar.[41] Die Pflicht des Schiedsgerichts zur Prüfung von Amts wegen muss deshalb auch bestehen, weil andernfalls aufhebbare Schiedssprüche produziert würden bzw. werden müssten.[42]

2. *Positive Kompetenzentscheidung*

In Ausübung der gesetzlichen Kompetenz-Kompetenz prüft das Schiedsgericht die Wirksamkeit und Reichweite der dem Rechtsstreit zugrundeliegenden

---

36 MüKoZPO/*Münch*, § 1040 Rn. 4; Hk-ZPO/*Saenger*, § 1040 Rn. 2; Musielak/*Voit*, ZPO, § 1040 Rn. 5.

37 Hk-ZPO/*Saenger*, § 1040 Rn. 2; Stein/Jonas/*Schlosser* ZPO, § 1040 Rn. 2; PG-ZPO/*Prütting*, § 1040 Rn. 1 f. Im Ergebnis ebenso Musielak/*Voit*, ZPO, § 1040 Rn. 2.

38 Wieczorek/*Schütze*, § 1040 Rn. 23. Zu den Präklusionsfolgen ausführlich auch unter Gliederungspunkt § 6.C.II, S. 180.

39 Vgl. MüKoZPO/*Münch*, § 1040 Rn. 5.

40 So Musielak/*Voit*, ZPO, § 1040 Rn. 5.

41 BeckOK-ZPO/*Wolf/Eslami*, § 1030 Rn. 15.

42 Vgl. MüKoZPO/*Münch*, § 1040 Rn. 16 u. Rn. 4; Musielak/*Voit*, ZPO, § 1040 Rn. 5.

Schiedsvereinbarung sowie die Schiedsfähigkeit des Streitgegenstandes. Bei positiven Kompetenzentscheidungen ergeht *„in der Regel"* ein Zwischenentscheid nach § 1040 Abs. 3 S. 1 ZPO, der die Zuständigkeit des Schiedsgerichts in einem frühen Stadium des Schiedsverfahrens feststellt. Die Entscheidung durch einen Zwischenentscheid ist jedoch nicht zwingend.[43] Lehnt das Schiedsgericht einen Parteiantrag auf Erlass eines Zwischenentscheids ab, liegt darin weder ein Zwischenentscheid über die Zuständigkeit des Schiedsgerichts gem. § 1040 Abs. 3 S. 1 ZPO noch ein Schiedsspruch i.S.v. § 1054 ZPO.[44] Es handelt sich um eine verfahrensleitende Verfügung, die weder nach § 1059 ZPO angefochten noch mithilfe eines Antrags nach § 1040 Abs. 3 S. 2 ZPO gerichtlicher Kontrolle unterstellt werden kann.[45] Es besteht damit kein justiziabler Anspruch auf den Erlass eines Zwischenentscheids, es liegt vielmehr im Ermessen des Schiedsgerichts, einen positiven Zwischenentscheid zu erlassen.[46] Ist das Schiedsgericht beispielsweise der Auffassung, die Unzuständigkeitsrüge wurde aus taktischen Gründen erhoben und soll, weil sie offensichtlich keine Aussicht auf Erfolg hat, lediglich das Schiedsverfahren verzögern, kann es unter Umständen sachgerechter sein, die Zuständigkeitsfrage erst mit dem Schiedsspruch zur Sache zu bejahen.[47]

3. Negative Kompetenzentscheidung

Der Wortlaut von § 1040 Abs. 3 S. 1 ZPO sieht den Erlass eines Zwischenentscheids ausdrücklich nur bei positiver Zuständigkeitsentscheidung vor. Die negative Zuständigkeitsentscheidung ist nach der amtlichen Gesetzesbegründung durch förmlichen Schiedsspruch auszusprechen, da zuständigkeitsverneinende Entscheidungen „weder als Zwischenentscheid bzw. im Wege der Vorfrage, noch in einem Schiedsspruch zur Sache getroffen werden."[48] Auch nach Auffassung des BGH ist der (förmliche) Prozessschiedsspruch legitime Entscheidungsform für eine zuständigkeitsverneinende Entscheidung – entsprechend dem Vorbild des Prozessurteils im Fall einer unzulässigen Klage vor dem

---

43 BeckOK-ZPO/*Wolf/Eslami*, § 1040 Rn. 22; *Huber*, SchiedsVZ 2003, 73, 75; vgl. auch BT-Drucks. 13/5274 S. 44 li.Sp.

44 OLG Köln Beschl. v. 20.07.2000 – 9 Sch 6/00 (DIS-Datenbank).

45 Zöller/*Geimer* § 1040 Rn. 25; *Kröll*, SchiedsVZ 2004, 113, 117.

46 Vgl. Schütze, SchiedsVZ 2009, 241, 244; Hk-ZPO/*Saenger*, § 1040 Rn. 11; *Lachmann*, Handbuch für die Schiedsgerichtspraxis, Rn. 725; AiG/*Huber/Bach*, § 1040 Rn. 26 f.

47 Vgl. AiG/*Huber/Bach*, § 1040 Rn. 27; MüKoZPO/*Münch*, § 1040 Rn. 26; BT-Drucks. 13/5274 S. 44 li.Sp.

48 BT-Drucks. 13/5274 S. 44 li.Sp.

staatlichen Gericht.[49] Der BGH lehnt damit eine in der Literatur und oberlandesgerichtlichen Rechtsprechung teilweise vertretene Ansicht[50] ab, nach der das Schiedsgericht seine Unzuständigkeit durch verfahrensbeendenden Beschluss und nicht durch echten Schiedsspruch auszusprechen habe. Allerdings setzt sich der BGH in seinem Urteil mit dieser Gegenauffassung nicht ernsthaft auseinander. Er führt lediglich aus, dass die Kompetenz-Kompetenz der Schiedsgerichte „im Fall der Unzuständigkeit des Schiedsgerichts besser durch den Erlass eines (Prozess-) Schiedsspruchs zum Ausdruck gebracht [wird], als wenn das Schiedsgericht nach Ankündigung die weitere Betätigung bloß einstellt."[51] Insbesondere Voit vertritt daher auch im Anschluss an diese BGH-Entscheidung weiter die Meinung, dass ein endgültiger Prozessschiedsspruch keine probate Form der Zuständigkeitsverneinung sei. Mangels wirksamer Ermächtigung durch die Parteien bestünde gerade keine Kompetenz, einen Schiedsspruch zu erlassen. Vielmehr sei das Schiedsgericht mangels Schiedsvereinbarung überhaupt nicht befugt, durch einen Schiedsspruch in der Streitsache zu entscheiden. Das Verfahren solle dann, hält sich das Schiedsgericht für nicht zuständig, durch einen Beschluss nach § 1056 Abs. 2 Nr. 3 ZPO beendet werden.[52] Der Großteil der im Schrifttum vertretenen Auffassungen hat sich hingegen der Rechtsprechung angeschlossen.[53]

---

49 BGH Beschl. v. 06.06.2002 – III ZB 44/01, BGHZ 151, 79, 80 = SchiedsVZ 2003, 39 m. Anm. *Münch* [juris Rn. 6].

50 Musielak/*Voit*, § 1040 Rn. 8; *Voit*, FS Musielak (2004), 594; BayObLG München Urt. v. 21.12.1973 – 23 U 2494/73, KTS 1974, 174, 175; ähnlich wohl auch mit rechtsvergleichenden Überlegungen *Mezger*, FS Habscheid (1989), 177, 178 („Zwischenentscheidung"), 182 („nicht vorgesehene und auch nicht erlaubte negative Entscheidung des Schiedsgerichts").
Zudem *Schwab/Walter*, Schiedsgerichtsbarkeit, 6. Aufl. (2000), Kap. 7 Rn. 11; wohl auch Thomas/Putzo/*Thomas*, 24. Aufl., § 1040 Rn. 9. Unter Berufung auf die Grundsatzentscheidung des BGH wurden diese Auffassungen in den jeweiligen Folgeauflagen revidiert: *Schwab/Walter*, Schiedsgerichtsbarkeit, 7. Aufl. (2005), Kap. 16 Rn. 12 u. Thomas/Putzo/*Thomas/Reichold*, 25. Aufl., § 1040 Rn. 9.

51 BGH Beschl. v. 06.06.2002 – III ZB 44/01, BGHZ 151, 79, 80 = SchiedsVZ 2003, 39 m. Anm. *Münch* [juris Rn. 7]

52 Musielak/*Voit*, § 1040 Rn. 8; *Voit*, FS Musielak (2004), 594.

53 Vgl. z.B. *Huber*, SchiedsVZ 2003, 73, 75; B/L/A/H/G/*Anders*, § 1040 Rn. 29; Stein/Jonas/*Schlosser* ZPO, § 1040 Rn. 22; MüKoZPO/*Münch*, § 1040 Rn. 4; Hk-ZPO/*Saenger*, § 1040 Rn. 15. Siehe auch Zöller/*Geimer*, § 1040 Rn. 13, der einen negativen Zwischenentscheid entsprechend § 1040 Abs. 3 ZPO vorschlägt.
Vgl. aus der Rechtsprechung z.B. OLG Frankfurt a.M. Beschl. v. 17.01.2013 – 26 Sch 24/12, SchiedsVZ 2013, 341, 342 f. [juris Rn. 18].

Die Ansicht der herrschenden Meinung, wonach das Schiedsgericht bei eigener Unzuständigkeit die Klage in einem Prozessschiedsspruch als unzulässig abzuweisen hat, erscheint aus mehreren Gründen vorzugswürdig. Die Argumentation von Voit berücksichtigt die Aspekte der gesetzlichen Kompetenz-Kompetenz nicht in vollem Umfang. Das Gesetz erteilt dem Schiedsgericht explizit die Befugnis, eine Entscheidung hinsichtlich seiner Zuständigkeit zu fällen, ohne diese Kompetenz von dem Bestehen einer wirksamen Schiedsvereinbarung abhängig zu machen. Vor dem Hintergrund des Kompetenz-Kompetenz-Grundsatzes vermag die Begründung, das Ineinandergreifen der gesetzlichen Regelungen von § 1040 Abs. 3 ZPO und § 1059 Abs. 2 ZPO zeige, dass ein Schiedsspruch ohne wirksame Schiedsvereinbarung keinen Bestand habe und ohne Schiedsvereinbarung kein Schiedsspruch ergehen dürfe[54], nicht zu überzeugen. Denn für die Wirksamkeit des Schiedsspruchs kommt es nicht auf das Vorliegen einer Schiedsvereinbarung an. Ihr Mangel zeigt sich erst im Rahmen der Frage, ob ein Schiedsspruch aufzuheben oder für vollstreckbar zu erklären ist.[55] Der Rückschluss, ohne Schiedsvereinbarung dürfe mangels Kompetenz auch kein Schiedsspruch erlassen werden, rechtfertigt daher nicht die Annahme, dass eine negative Zuständigkeitsentscheidung in der Form eines Beschlusses ergehen muss. Vielmehr spricht der Wortlaut des § 1056 ZPO selbst gegen die Unzuständigkeitserklärung in Form eines Beschlusses: Nach § 1056 Abs. 1 ZPO ist der Schiedsspruch die regelmäßige Entscheidungsform des Schiedsgerichts. Nur in den in § 1056 Abs. 2 ZPO aufgezählten Ausnahmefällen soll die Entscheidung durch einen Beschluss erfolgen.[56] Die Erklärung der Unzuständigkeit fällt jedoch nicht in die beschriebenen Ausnahmetatbestände, sodass der Wortlaut der Norm klar gegen eine Kategorisierung der Unzuständigkeitserklärung in der Form eines Beschlusses spricht. Erschwerend ist bei der „Beschluss-Lösung" zu berücksichtigen, dass der Beschluss im Vergleich zum (Prozess-) Schiedsspruch jeder Form von staatlicher Kontrolle entzogen ist: § 1059 ZPO eröffnet das Aufhebungsverfahren bereits vom Wortlaut nur für förmliche Schiedssprüche, nicht hingegen für Beschlüsse. Daneben scheidet auch eine Kontrolle im Rahmen des § 1040 Abs. 3 S. 2 ZPO aus, der eine gerichtliche Intervention

---

54 *Voit*, FS Musielak (2004), 594, 599.

55 *Spohnheimer*, Gestaltungsfreiheit bei antezipiertem Legalanerkenntnis des Schiedsspruchs, S. 63.

56 Vgl. *Illmer*, Der Arglisteinwand an der Schnittstelle von staatlicher Gerichtsbarkeit und Schiedsgerichtsbarkeit, S. 109.

nur im Falle eines positiven Zwischenentscheids erlaubt.[57] Auch der Vergleich zum staatlichen Gerichtsverfahren spricht für eine Klageabweisung durch Prozessschiedsspruch: Das staatliche Gericht erlässt im Falle der Unzuständigkeit ein klageabweisendes Prozessurteil. Der Gedanke der Gleichwertigkeit von Schiedsgerichtsbarkeit und staatlicher Gerichtsbarkeit und der insoweit auch vergleichbaren Funktion beider Gerichtsbarkeiten spricht daher ebenfalls für eine schiedsgerichtliche Unzuständigkeitserklärung in Form eines Prozessschiedsspruchs als spiegelbildliches Pendant zum Prozessurteil im gerichtlichen Verfahren.[58]

III. Kompetenzprüfung durch den staatlichen Richter

Kehrseite der bloß vorläufigen Kompetenz-Kompetenz des Schiedsgerichts ist die Letztentscheidungsbefugnis staatlicher Gerichte zur Frage der Zulässigkeit eines schiedsrichterlichen Verfahrens, die sich in der gesetzlich verankerten Anfechtung des positiven Zwischenentscheids durch ein staatliches Gericht äußert. Daneben eröffnet das Gesetz verschiedene gerichtliche Kontrollmöglichkeiten, nämlich die staatliche Überprüfung der schiedsgerichtlichen Zuständigkeit vor dem Erlass eines endgültigen Schiedsspruchs (sog. „präarbitrale Phase“) und danach (sog. „postarbitrale Phase“).[59] Im Rahmen der präarbitalen Phase findet staatliche Kontrolle zeitgleich zu einem Schiedsverfahren statt, in dem möglicherweise bereits ein positiver Zwischenentscheid über die Zuständigkeit ergangen ist. In der postarbitralen Phase überprüft ein staatlicher Richter nach Abschluss eines Schiedsverfahrens die in dem Schiedsspruch inzident enthaltene Zuständigkeitsentscheidung des Schiedsgerichts.

---

57 Nach dem BGH ist für den Prozessschiedsspruch das Aufhebungsverfahren hingegen statthaft, kann auch die Unzuständigkeitserklärung als solche mangels speziellen Aufhebungsgrundes nicht angegriffen werden: BGH Beschl. v. 06.06.2002 – III ZB 44/01, BGHZ 151, 79, 80 = SchiedsVZ 2003, 39 m. Anm. *Münch* [juris Rn. 8 ff.]. Diese Problematik findet Eingang in die Diskussion unter Gliederungspunkt § 6.C.III.2, S. 186.

58 So ausdrücklich auch *Illmer*, Der Arglisteinwand an der Schnittstelle von staatlicher Gerichtsbarkeit und Schiedsgerichtsbarkeit, S. 109.

59 Diese Begrifflichkeit prägt *Haas*, in: *Oberhammer* (Hrsg.), Schiedsgerichtsbarkeit in Zentraleuropa, S. 19 ff.; sowie in FS Rechberger (2005), 187.

1. *(Erst-) Kontrolle im Hauptsacheverfahren*

In einem ordentlichen Gerichtsverfahren kann eine beklagte Partei unter den Voraussetzungen des § 1032 Abs. 1 ZPO eine wirksam geschlossene Schiedsvereinbarung im staatlichen Verfahren durchsetzen, indem sie im Hauptsacheverfahren vor dem staatlichen Gericht die Schiedseinrede erhebt.[60] Die beklagte Partei ist jedoch nicht dazu verpflichtet, die Schiedseinrede zu erheben, selbst wenn die Schiedsvereinbarung wirksam sein sollte.[61] Die Erhebung der Schiedseinrede ist an keine bestimmte Form gebunden, der Willen der Partei, dass eine Entscheidung in der konkreten Streitsache von einem Schiedsgericht getroffen werden soll, muss aber hinreichend deutlich zum Ausdruck gebracht werden.[62] § 1032 Abs. 1 ZPO setzt einen zeitlichen Rahmen für die Geltendmachung der Schiedseinrede, die *„vor Beginn der mündlichen Verhandlung zur Hauptsache"* erhoben werden muss. Andernfalls droht Präklusion. Mit der Novellierung des Schiedsverfahrensrechts wurde dieser ausdrückliche Wortlaut in § 1032 Abs. 1 ZPO aufgenommen.[63] Damit widerspricht § 1032 Abs. 1 ZPO den in der ZPO normierten allgemeinen Präklusionsvorschriften, insbesondere den praktisch wichtigen Fällen der §§ 282 Abs. 3, 296 Abs. 3 ZPO. Nach Ansicht des BGH

---

60 Eine Schiedsvereinbarung wird nicht von Amts wegen berücksichtigt, sondern erfordert die Geltendmachung als Einrede durch eine Partei. Vgl. BGH Beschl. v. 04.07.1996 – III ZR 145/95, NJW-RR 1996, 1150; PG-ZPO/*Prütting*, § 1032 Rn. 1 u. 2; MüKoZPO/*Münch*, § 1032 Rn. 2; Stein/Jonas/*Schlosser* ZPO, § 1032 Rn. 1.
Eine Parteivereinbarung, das staatliche Gericht habe eine Schiedsvereinbarung von Amts wegen zu beachten, sofern es durch den Vortrag einer Partei von deren Vorliegen Kenntnis erlangt, wäre ohne Bedeutung: OLG Hamm Urt. v. 12.01.2012 – 5 U 91/11 [Rn. 26] (zit. nach juris); *Zöller/Geimer*, § 1032 Rn. 2.

61 Vgl. MüKoZPO/*Münch*, § 1032 Rn. 4.
Lässt sich die beklagte Partei im staatlichen Gerichtsverfahren rügelos ein, kann unter Umständen eine stillschweigende Abbedingung der Schiedsvereinbarung gewollt sein. In jedem Fall verliert aber das Interesse der beklagten Partei, an der Schiedsvereinbarung und dem Vorrang des schiedsrichterlichen Verfahrens festzuhalten, an Schutzbedürftigkeit. Vgl. *Kreindler/Schäfer/Wolff*, Schiedsgerichtsbarkeit, Rn. 195 f.

62 BGH Urt. v. 08.02.2011 – XI ZR 168/08, NJWRR 2011, 1188, 1190 [juris Rn. 28]; BGH Urt. v. 13.01.2009 – XI ZR 66/08, SchiedsVZ 2009, 122, 125; OLG Karlsruhe Urt. v. 15.07.2008 – 17 U 79/07, SchiedsVZ 2008, 311, 313.

63 § 1027a ZPO a.F. enthielt hingegen keine Angaben zur zeitlichen Geltendmachung der Schiedseinrede. Die Rspr. zum alten Recht bestimmte den Zeitpunkt der Erhebung der Schiedseinrede daher nach den allgemeinen Fristbestimmungen der §§ 282 Abs. 3, 296 Abs. 3 ZPO. Vgl. BGH Urt. v. 26.05.1988 – III ZR 46/87, NJW-RR 1988, 1526, 1527; OLG München Urt. v. 01.10.1994 – 23 u 2130/94, NJW-RR 1995, 127.

verdrängt § 1032 Abs. 1 ZPO als lex specialis die allgemeinen Präklusionsvorschriften.[64] Für die Behandlung als Sonderregelung spricht neben dem ausdrücklichen Wortlaut auch der Wille des Gesetzgebers, mit § 1032 Abs. 1 ZPO eine dem § 39 ZPO entsprechende Norm schaffen zu wollen.[65] Nach § 39 ZPO kann der Beklagte bis zum Beginn der mündlichen Verhandlung zur Hauptsache mit der Geltendmachung der Unzuständigkeit des Gerichts warten.[66] Dieser Rechtsprechung hat sich auch die überwiegende Meinung in der Literatur[67] angeschlossen. Für die Präklusion der Schiedseinrede gilt daher nach herrschender Meinung die absolute Frist des 1032 Abs. 1 ZPO.

Prüfungsgegenstand im Rahmen einer Schiedseinrede ist die Wirksamkeit der geltend gemachten Schiedsvereinbarung und ihre Reichweite im Hinblick auf den im staatlichen Verfahren erhobenen prozessualen Anspruch.[68] Der staatliche Richter prüft hingegen nicht, ob eine etwaige Klage vor dem Schiedsgericht insgesamt zulässig oder materiell begründet wäre. Der Prüfungsumfang beschränkt sich auf die Wirksamkeit, Reichweite und Durchführung[69] der

---

64 BGH Urt. v. 10.05.2001 – III ZR 262/00, BGHZ 147, 394, 396 f. [juris Rn. 11]; zust. OLG München Urt. v. 09.08.2012 – 23 U 4173/11, ZIP 2012, 1756, 1761 [juris Rn. 166].

65 Vgl. BT-Drucks. 13/5274, S. 38 li.Sp.

66 BGH Urt. v. 10.05.2001 – III ZR 262/00, BGHZ 147, 394, 396 f. [juris Rn. 11].

67 Musielak/*Voit* ZPO, § 1032 Rn. 7; *Kreindler/Schäfer/Wolff*, Schiedsgerichtsbarkeit, Rn. 197; AiG/*Huber/Bach*, § 1032 Rn. 12–14; Stein/Jonas/*Schlosser* ZPO, § 1032 Rn. 5; *Illmer*, Der Arglisteinwand, S. 4 f.; *Kröll*, NJW 2003, 791, 792. A.A. aber MüKo-ZPO/*Münch*, § 1032 Rn. 16; *Schütze*, Schiedsgericht und Schiedsverfahren, Rn. 255; *Schwab/Walter*, Schiedsgerichtsbarkeit, Kap. 7 Rn. 1.

68 *Schwab/Walter*, Schiedsgerichtsbarkeit, Kap. 7 Rn. 9 a.E.; *Haas*, FS Rechberger (2005), 187, 190; Spohnheimer, FS Käfer (2009), 357, 356; MüKoZPO/*Münch*, § 1032 Rn. 7; *Hußlein-Stich*, Das UNCITRAL-Modellgesetz, S. 47. Dazu auch *Holtzmann/Neuhaus*, UNCITRAL Model Law, S. 315 [Nr. 77].

69 Eine Schiedsvereinbarung ist beispielsweise undurchführbar (und damit nach 1032 Abs. 1 ZPO unwirksam), wenn ein notwendiger Streitgenosse nicht schiedsgebunden ist, eine nicht (mehr) existierende Schiedsorganisation vereinbart wurde, der Kläger mittellos ist und deshalb die Kosten des Schiedsverfahrens nicht aufbringen kann oder auch wenn das Schiedsgericht sich für unzuständig hält. Vgl. hierzu z.B. BeckOK-ZPO/*Wolf/Eslami*, § 1032 Rn. 17; Musielak/*Voit* ZPO, § 1032 Rn. 4; MüKo-ZPO/*Münch*, § 1032 Rn. 8; zur Mittellosigkeit des Klägers siehe beispielsweise auch BGH Urt. v. 14.09.2000 – III ZR 33/00, NJW 2000, 3720 u. OLG Nürnberg Beschl. v. 21.01.2013 – 1 U 316/12, BeckRS 2014, 3774.

Schiedsvereinbarung.[70] Existiert eine wirksame Schiedsvereinbarung[71], die sich ihrem Umfang nach auf den prozessualen Anspruch der gerichtlichen Klage erstreckt, derogiert diese Schiedsvereinbarung die Zuständigkeitskompetenz der ordentlichen Gerichte für die konkrete (schiedsfähige) Streitigkeit. Das Gericht hat gem. § 1032 Abs. 1 ZPO die Klage *„als unzulässig abzuweisen"*. Stellt das Gericht hingegen fest, dass die Schiedsvereinbarung *„nichtig, unwirksam oder undurchführbar"* ist, wird das Hauptsacheverfahren fortgesetzt. Über die Zulässigkeit der Klage – und damit über die Wirksamkeit der Schiedsvereinbarung – kann das Gericht nach seinem Ermessen durch ein gesondertes Zwischenurteil gem. § 280 ZPO oder im Endurteil zur Sache entscheiden.[72]

2. Prüfung der Zuständigkeit des Schiedsgerichts im Feststellungsverfahren

Eine weitere Möglichkeit der frühzeitigen gerichtlichen Kontrolle statuiert § 1032 Abs. 2 ZPO. Auf entsprechenden Parteiantrag entscheidet das nach § 1062 Abs. 1 Nr. 2 Alt. 1 ZPO sachlich und örtlich zuständige[73] Oberlandesgericht über die Zulässigkeit oder Unzulässigkeit eines Schiedsverfahrens. § 1032

---

70 OLG Köln Beschl. v. 01.10.2011 – 19 SchH 7/11, SchiedsVZ 2012, 222 [Rn. 27]; OLG München Beschl. v. 07.01.2009 – 34 SchH 14/08, OLGR München 2009, 221 [juris Rn. 12]; Thomas/Putzo/*Seiler*, § 1032 Rn. 3.

71 Nicht ausreichend ist ein Schiedsvorvertrag, vgl. MüKoZPO/*Münch*, § 1032 Rn. 5; *Zöller/Geimer*, § 1029 Rn. 2; sowie ein Schiedsgutachtenvertrag, vgl. BGH Urt. v. 03.03.1982 – VIII ZR 10/81, NJW 1982, 1878, 1879; Musielak/*Voit* ZPO, § 1032 Rn. 2. Allerdings greift § 1032 Abs. 1 ZPO auch bei nach § 1066 ZPO vorgesehenen Schiedsgerichten, obwohl in solchen Fällen gerade keine Schiedsvereinbarung gegeben ist.

72 *Huber*, SchiedsVZ 2003, 73 f. u. AiG/*Huber*, 1. Aufl., § 1032 Rn. 27 f.; sowie AiG/*Huber/Bach*, § 1032 Rn. 30 f.

73 Nach § 1062 Abs. 1 ZPO richtet sich die örtliche Zuständigkeit nach der Parteivereinbarung oder nach dem Ort des Schiedsverfahrens. Im Bereich der internationalen Schiedsgerichtsbarkeit ist § 1032 Abs 2 ZPO als deutscher Sonderfall besonders interessant. Dieser findet gem. § 1025 Abs. 2 ZPO nämlich auch dann Anwendung, wenn der Ort des Schiedsverfahrens im Ausland liegt. Aus § 1062 Abs. 2 ZPO ergibt sich die internationale Zuständigkeit deutscher Oberlandesgerichte im Hinblick auf die Feststellung der Zulässigkeit oder Unzulässigkeit eines jeden ausländischen Schiedsverfahrens. Im Falle eines ausländischen Schiedsortes, richtet sich die Zuständigkeit des Oberlandesgerichts nach § 1062 Abs. 2 ZPO. Vgl. zur Zuständigkeit bei ausländischem Schiedsort auch MüKoZPO/*Münch*, § 1062 Rn. 14 ff. m.w.N.; allgem. zur (internationalen) Zuständigkeit auch *Schroeter*, SchiedsVZ 2004, 288, 289 f.

Abs. 2 ZPO ist nationale Besonderheit insofern, als dass kein Gegenstück im Modellgesetz existiert. In Anlehnung an § 1046 ZPO a.F. sollte die negative Feststellungsklage gewahrt und ausdrücklich um den auch im alten Recht durch richterliche Rechtsfortbildung anerkannten positiven Feststellungsantrag[74] erweitert werden.[75] Auf diese Weise soll das der vorläufigen Kompetenz-Kompetenz der Schiedsgerichte inhärente Risiko der Parteien minimiert werden, Zeit und Geld in ein Schiedsverfahren zu investieren, dessen Unzulässigkeit dann während des Schiedsverfahrens oder möglicherweise im Anfechtungsverfahren von einem ordentlichen Gericht festgestellt wird.[76] Aufgrund der abschließenden Kompetenz-Kompetenz der ordentlichen Gerichte ist es sinnvoll, in einem möglichst frühen Verfahrensstadium einen Weg zu den staatlichen Gerichten zu eröffnen und einen Kontrollmechanismus zu schaffen, der Unsicherheiten über das Bestehen einer gültigen Schiedsvereinbarung im konkreten Fall frühzeitig beseitigen kann.[77] Als zeitliche Grenze sieht § 1032 Abs. 2 ZPO die Antragstellung *„bis zur Bildung des Schiedsgerichts“* vor.[78] Für die Bestimmung des Zeitpunktes ist der Antragseingang bei Gericht maßgeblich, nicht hingegen die Zustellung des Antrags an die Gegenseite.[79] Das Schiedsgericht ist gebildet, wenn alle Schiedsrichter, einschließlich des Vorsitzenden, bestellt wurden und das angetragene Amt angenommen haben.[80] Soweit die Annahmeerklärung gegenüber einer Schiedsinstitution oder gegenüber einem Gericht zu erfolgen hat[81], ist für den Zeitpunkt der Konstituierung richtigerweise auf die Kenntnis der Parteien abzustellen.[82] Auf diese Weise werden die Parteien davor geschützt,

---

74 Bereits das Reichsgericht erkannte die positive Klage auf Feststellung der Zulässigkeit des Schiedsverfahrens an: RG Urt. v. 04.03.1889 – VI 337/88, RGZ 23, 424, 426; später auch BGH Urt. v. 24.09.1952 – II ZR 19/51, BGHZ 7, 184.

75 Vgl. BT-Drucks. 13/5274 S. 38 li.Sp.

76 Vgl. AiG/*Böckstiegel/Kröll/Nacimiento*, 1. Aufl., General Overview Rn. 43.

77 Vgl. *Spohnheimer*, FS Käfer (2009), 357, 361.

78 Nicht maßgeblich sind hingegen die Einleitung bzw. der Beginn des Schiedsverfahrens, wie im Umkehrschluss aus § 1032 Abs. 3 Alt. 1 ZPO folgt: Das Schiedsverfahren kann *„gleichwohl eingeleitet“* werden.

79 BGH Beschl. v. 30.06.2011 – III ZB 59/10, SchiedsVZ 2011, 281, 282 [Rn. 10]; OLG Frankfurt a.M. Beschl. v. 10.06.2014 – 26 SchH 2/14, SchiedsVZ 2015, 47, [Rn. 17].

80 BayObLG Beschl. v. 09.09.1999 – 4Z SchH 3/99, BB Beilage 2000, Nr. 8, 16, [juris Rn. 77]; *Huber*, SchiedsVZ 2003, 73, 74; *Lachmann*, Handbuch für die Schiedsgerichtspraxis, Rn. 675.

81 Vgl. dazu *Schroeter*, SchiedsVZ 2004, 288, 290.

82 *Spohnheimer*, FS Käfer (2009), 357, 364.

im Vertrauen auf die noch nicht erfolgte Bildung des Schiedsgerichts, einen ggf. unzulässigen Feststellungsantrag zu stellen. Die Ansicht von VOIT, der Feststellungsantrag solle auch nach Bildung des Schiedsgerichts zulässig sein, wenn das Schiedsgericht im konkreten Fall keinen Zwischenentscheid erlassen hat[83], ist abzulehnen. Das Gesetz räumt dem Schiedsgericht mit der Regelung des § 1040 Abs. 3 S. 1 ZPO Ermessen hinsichtlich der Form der Zuständigkeitsentscheidung ein. Selbst wenn das Gericht ermessensfehlerhaft keinen Zwischenentscheid erlassen haben sollte, besteht keine Notwendigkeit, entgegen des eindeutigen Wortlauts von § 1032 Abs. 2 ZPO einen Feststellungsantrag auch nach Bildung des Schiedsgerichts für zulässig zu halten. Entgegen der Ansicht von VOIT[84] drohen keine Rechtsschutzlücken, da der Schiedsspruch im Aufhebungs- oder Vollstreckbarerklärungsverfahren angegriffen werden kann, sodass der Justizgewährungsanspruch der Parteien gewahrt wird.[85]

Prüfungsgegenstand i.S.d. § 1032 Abs. 2 ZPO ist allein die „globale (Un-) Zulässigkeitsprüfung“[86] des Schiedsverfahrens. Festgestellt werden kann sowohl die Wirksamkeit bzw. Unwirksamkeit der Schiedsvereinbarung als auch, dass ein konkreter Rechtsstreit von der Schiedsvereinbarung erfasst bzw. nicht erfasst wird.[87] Der eröffnete Prüfungsrahmen beschränkt sich dabei stets darauf, ob eine wirksame Schiedsvereinbarung vorliegt, diese durchführbar ist und der Gegenstand des Schiedsverfahrens der Schiedsvereinbarung unterfällt.[88] Ebenso wie bei § 1032 Abs. 1 ZPO sind alle übrigen Zulässigkeitskriterien einer Schiedsklage nicht Prüfungsgegenstand des Feststellungsantrags.[89] Der Beschluss des Oberlandesgerichts enthält somit keine generalisierende Aussage darüber, ob ein Schiedsverfahren allgemein zulässig ist.[90]

83 Musielak/*Voit*, § 1040 Rn. 11.

84 Vgl. Musielak/*Voit*, § 1040 Rn. 11.

85 Im Ergebnis so auch *Schroeter*, SchiedsVZ 2004, 288, 290 f.; *Spohnheimer*, FS Käfer (2009), 357, 364; Zöller/*Geimer*, § 1032 Rn. 25.

86 MüKoZPO/*Münch*, § 1032 Rn. 23, 31.

87 BeckOK-ZPO/*Wolf/Eslami*, § 1032 Rn. 27.

88 Vgl. hierzu OLG München Beschl. v. 12.02.2008 – 34 SchH 6/07 [Rn. 17] (zit. nach juris); OLG Saarbrücken Beschl. v. 29.05.2008 – 4 Sch 2/08, SchiedsVZ 2008, 313, 315 [juris Rn. 29]; OLG Naumburg Beschl. v. 20.01.2005 – 10 SchH 2/04, OLGR Naumburg 2006, 76, 77; BayObLG Beschl. v. 09.09.1999 – 4Z SchH 3/99 (zit. nach juris).

89 Ganz h.M., vgl. nur BGH Beschl. v. 19.07.2012 – III ZB 66/11, SchiedsVZ 2012, 281, 282 [Rn. 4] m.w.N. zu Rspr. und Lit.

90 Vgl. auch *Schroeter*, SchiedsVZ 2004, 288, 294.

3. *Überprüfung einer schiedsgerichtlichen Zuständigkeitsentscheidung*

Die Zuständigkeitsfrage kann auch Gegenstand eines staatlichen Überprüfungsverfahrens sein, wenn das Schiedsgericht seine Kompetenz-Kompetenz bereits ausgeübt und über seine Zuständigkeit entschieden hat. Das staatliche Gericht fungiert dann gewissermaßen als Rechtsmittelinstanz eigener Art gegen den Zuständigkeitsentscheid des Schiedsgerichts. So ist Kehrseite der vorläufigen Kompetenz-Kompetenz des Schiedsgerichts die regelmäßige gerichtliche Kontrolle des positiven Zwischenentscheids. Dieser kann innerhalb eines Monats nach schriftlicher Mitteilung gem. § 1040 Abs. 3 S. 1 ZPO angefochten werden. Das nach § 1062 Abs. 1 Nr. 2 Var. 3 ZPO zuständige Oberlandesgericht entscheidet vollumfänglich über die Existenz einer wirksamen Schiedsvereinbarung und die Schiedsfähigkeit des Streitgegenstandes, wobei jeder Partei der Antrag auf gerichtliche Überprüfung offensteht.[91] Die gerichtliche Entscheidung ergeht als Beschluss, gegen den gem. § 1065 Abs. 1 Alt. 1 und Alt. 2 ZPO Rechtsbeschwerde beim BGH eingelegt werden kann.[92] Die frühe gerichtliche Überprüfung soll das Schiedsverfahren auf eine sichere Basis stellen und den Parteien im frühestmöglichen Verfahrensstadium Rechtssicherheit hinsichtlich des statthaften Rechtswegs garantieren. Könnte nur der endgültige Schiedsspruch angefochten werden, wären die Parteien gezwungen ein möglicherweise langwieriges und kostenintensives Schiedsverfahren zu führen, bevor sie Gewissheit über die Zulässigkeit des Schiedsverfahrens und damit auch die Anerkennungsfähigkeit des Schiedsspruchs erlangen könnten. Diese Nachteile zu vermeiden ist Aufgabe des zwischengeschalteten Kontrollverfahrens i.S.v. § 1040 Abs. 3 S. 1 ZPO.[93]

Je nach Verfahrenslauf kann die Zuständigkeitsentscheidung des Schiedsgerichts auch im Aufhebungs- und Vollstreckbarerklärungsverfahren der gerichtlichen Überprüfung zugeführt werden. Gerichtliche Kontrolle findet im Aufhebungs- und Vollstreckbarerklärungsverfahren nur in den engen Grenzen der § 1059 Abs. 2 und § 1060 Abs. 2 ZPO in normierten Aufhebungsgründen statt. § 1060 Abs. 2 ZPO implementiert die Aufhebungsgründe des § 1059 Abs. 2 ZPO in das Vollstreckbarerklärungsverfahren, sodass verfahrensübergreifend Entscheidungseinklang erreicht wird.[94] Eine generelle Kontrolle der inhaltlichen

---

91 *Haas*, FS Rechberger (2005), 187, 192; PG-ZPO/*Prütting*, § 1040 Rn. 5; B/L/A/H/G/*Anders*, § 1040 Rn. 5.

92 Die Rechtsbeschwerde nach § 1065 ZPO entspricht der nach den §§ 574 ff. ZPO, sodass die Frist gem. § 574 Abs. 1 ZPO einen Monat ab Zustellung der anzufechtenden Entscheidung beträgt. Siehe Wieczorek/*Schütze*, § 1065 Rn. 10, 13.

93 Vgl. *Haas*, in: *Oberhammer* (Hrsg.), Schiedsgerichtsbarkeit in Zentraleuropa, 19, 26.

94 Vgl. z.B. MüKoZPO/*Münch*, § 1060 Rn. 2.

Richtigkeit des Schiedsspruchs verbietet sich allerdings sowohl im Aufhebungs- als auch im Vollstreckbarerklärungsverfahren. Es gilt das „Verbot der révision au fond".[95] Gerichtliche Kontrolle der Zuständigkeit ist nur innerhalb der enumerativen Gründe des § 1059 Abs. 2 ZPO statthaft: Das Fehlen einer wirksamen Schiedsvereinbarung kann von den Parteien über § 1059 Abs. 2 Nr. 1a ZPO geltend gemacht werden. Daneben regelt § 1059 Abs. 2 Nr. 2a ZPO den von Amts wegen zu berücksichtigenden Mangel der Schiedsfähigkeit. Wesentliches Ausschlusskriterium für die Geltendmachung des § 1059 Abs. 2 Nr. 1a ZPO ist die versäumte Anfechtung des Zwischenentscheids nach § 1040 Abs. 3 S. 1 ZPO. Dessen Monatsfrist ist echte Präklusionsfrist. Im Grunde ist es daher unbestritten, dass die Geltendmachung der Unzuständigkeit des Schiedsgerichts auch im Aufhebungs- und Vollstreckbarerklärungsverfahren präkludiert, wenn die Parteien es zuvor versäumt oder unterlassen haben, innerhalb der Monatsfrist des § 1040 Abs. 3 S. 2 ZPO einen Antrag auf gerichtliche Kontrolle des schiedsgerichtlichen Zwischenentscheids zu stellen.[96] Dieses Ergebnis entspricht dem ausdrücklichen Willen des Gesetzgebers und orientiert sich am Sinn und Zweck des § 1040 ZPO, welcher die endgültige Klärung der Kompetenzfrage in einem frühen Verfahrensstadium sicherstellen soll.[97] Insofern beschränkt sich der Anwendungsbereich auf die Fälle, in denen der Beklagte gar nicht am Schiedsverfahren teilgenommen hat[98] oder das Schiedsgericht seine Zuständigkeit erst inzident

95 Beispielhaft nur BGH Beschl. v. 28.01.2014 – III ZB 40/13, SchiedsVZ 2014, 98 [Rn. 5 ff.]; BGH Beschl. v. 24.07.2014 – III ZB 83/13, SchiedsVZ 2014, 303, 305 [Rn. 12]; OLG Brandenburg Beschl. v. 24.07.2015 – 11 Sch 2/13 [Rn. 71, 72] (zit. nach juris); Hans. OLG Bremen Beschl. v. 10.10.2014 – 2 Sch 2/14 [Rn. 34] (zit. nach juris). Siehe ergänzend MüKoZPO/*Münch*, § 1059 Rn. 7 mit Fn. 13.

96 BGH Beschl. v. 27.03.2003 – III ZB 83/02, SchiedsVZ 2003, 133, 133 f. [juris Rn. 2, 4]; BT-Drucks. 13/5274, S. 44 li.Sp.; *Lachmann*, Handbuch für die Schiedsgerichtspraxis, Rn. 646; Zöller/*Geimer*, § 1040 Rn. 20; *Kröll*, SchiedsVZ 2004, 113, 118; Haas, FS Rechberger (2005), 187, 200; Musielak/*Voit*, § 1040 Rn. 13; *Borges*, ZZP 111 (1998), 487, 490 (für das Aufhebungsverfahren); siehe auch *Hausmann*, FS Stoll (2001), 593, 597 f., 601 f.
A.A. zunächst noch Thomas/Putzo/*Thomas/Reichold*, 25. Aufl., § 1040 Rn. 5, die ihre gegenteilige Ansicht unter Berufung auf die BGH-Grundsatzentscheidung jedoch in der Folgeauflage Aufgaben: Thomas/Putzo/*Thomas/Reichold*, 26. Aufl., § 1040 Rn. 5.

97 Siehe BT-Drucks. 13/5274, S. 44 li.Sp und BGH Beschl. v. 27.03.2003 – III ZB 83/02, SchiedsVZ 2003, 133, 134 [juris Rn. 4].

98 Zöller/*Geimer*, § 1040 Rn. 21, weist darauf hin, dass die Rüge der Unzuständigkeit des Schiedsgerichts nur präkludiert, wenn der Schiedsbeklagte auch tatsächlich am Schiedsverfahren teilgenommen hat. Bloße Untätigkeit führt nicht zur Präklusion; andernfalls müsse man sich allein deshalb am Verfahren beteiligen, um die

mit dem Schiedsspruch zur Sache entscheidet. In letzterem Fall kann es auf die Frist des § 1040 Abs. 3 S. 2 ZPO gerade nicht ankommen. Die Möglichkeit einer frühen gerichtlichen Kontrolle nach § 1040 Abs. 3 S. 2 ZPO besteht nicht, wenn sich das Schiedsgericht dem Regelfall des § 1040 Abs. 3 S. 1 ZPO entzieht und keinen Zwischenentscheid über seine Zuständigkeit erlässt. Da es im Ermessen des Schiedsgerichts steht, einen (nicht justiziablen) Zwischenentscheid zu erlassen, kann sich die Frist des § 1040 Abs. 3 S. 2 ZPO nicht zulasten der Parteien auswirken, wenn ein solcher nicht ergeht.[99] Vielmehr ist bei inzidenter Entscheidung über die Zuständigkeit im Endschiedsspruch die Anfechtung im Aufhebungs- bzw. Vollstreckbarerklärungsverfahren die einzige statthafte Vorgehensweise, für die gem. § 1059 Abs. 3 ZPO eigene Fristbestimmungen gelten.

C. Parallelverfahren im Kompetenzkonflikt

Die gesetzliche Gestaltung der schiedsgerichtlichen und gerichtlichen Prüfungskompetenz erlaubt gerade die Durchführung paralleler Verfahren im Kontext des Zuständigkeitskonflikts. Parallelverfahren im Kompetenzkonflikt sind daher exemplarisch für die doppelte Befassung von Schieds- und Staatsgerichten hinsichtlich derselben Rechtsfrage: die Wirksamkeit und Reichweite der Schiedsvereinbarung.

I. Koordination paralleler Verfahren im Allgemeinen

Parallele Verfahren vor verschiedenen Gerichten erhöhen systematisch die Gefahr divergierender Zuständigkeitsentscheidungen, welche in der Konsequenz auch widersprüchliche Entscheidungen in der Sache produzieren können. Jede Rechtsordnung verfolgt daher grundsätzlich das Ziel, widersprechende Gerichtsentscheidungen im Allgemeinen zu verhindern und die Verfahren der Rechtspflege zu koordinieren. Das folgt bereits aus dem Interesse der Prozessökonomie, Justizressourcen zweckmäßig und vor allem wirtschaftlich sinnvoll einzusetzen. Von übergeordneter Bedeutung dürfte aber das Streben nach einer beständigen Rechtsprechung sein, die den streitenden Parteien durch Verfahrenskonzentration und Entscheidungseinklang effizienten Rechtsschutz bietet und Rechtsfrieden gewährleistet.[100] Diese Ziele sind jedoch nicht zu realisieren,

Unwirksamkeit der Schiedsvereinbarung rügen zu können. Zust. Musielak/*Voit*, § 1040 Rn. 13 a.E.; vgl. auch schon *Kröll*, SchiedsVZ 2004, 113, 118.

99 Musielak/*Voit*, § 1040 Rn. 13.

100 Siehe ausführlich *McGuire*, Verfahrenskoordination, S. 24 ff. Zu den Gründen für den Ausschluss paralleler Verfahren auf europäischer Ebene S. 39 ff.

wenn ein Rechtsstreit vor mehreren Foren gemacht werden kann, da die Parteien weder auf den Schutz des zu ihren Gunsten ergangenen Urteils vertrauen können, noch sich mit der Streitentscheidung zu ihren Lasten begnügen werden.

1. *Koordination über die Rechtskraft*

Das Institut der Rechtskraft bezweckt die Endgültigkeit und Verbindlichkeit gerichtlicher Entscheidungen. Der formellen Rechtskraft kommt dabei die Aufgabe zu, die Aufhebung oder Änderung einer getroffenen Entscheidung zu verhindern und auf diese Weise den endgültigen Bestand einer Entscheidung zu sichern.[101] Die materielle Rechtskraft hingegen soll der Gefahr mehrerer sich widersprechender Entscheidungen in derselben Streitsache begegnen, die durch einen nachfolgenden Zweitprozess droht.[102] Beide Formen der Rechtskraft ergänzen einander und zielen auf die Schaffung von Rechtssicherheit und Rechtsfrieden zwischen den Parteien sowie den Schutz privater und öffentlicher Rechte.[103] Dieses allgemeine Ziel gestaltet sich dabei als wesentlicher Ausfluss des Rechtsstaatsprinzips, das „nicht nur einen geregelten Verlauf des Rechtsfindungsverfahrens, sondern auch einen Abschluß, dessen Rechtsbeständigkeit gesichert ist“[104], verlangt.

Insbesondere das vornehmlich privaten Interessen der Parteien dienende Ziel[105] nach Rechtssicherheit und Rechtsfrieden erfordert eine abschließende

---

101 Vgl. MüKoZPO/*Götz*, § 705 Rn. 1 u. 17; Hk-ZPO/*Kindl*, § 705 Rn. 4; *Rosenberg/Schwab/Gottwald*, Zivilprozessrecht, § 149 Rn. 1 u. 2 sowie § 151 Rn. 1.

102 Vgl. *Rosenberg/Schwab/Gottwald*, Zivilprozessrecht, § 149 Rn. 1 u. 2 sowie § 151 Rn. 1; MüKoZPO/*Gottwald*, § 322 Rn. 2; Hk-ZPO/*Saenger*, § 322 Rn. 1.

103 Vgl. Stein/Jonas/*Althammer*, § 322 Rn. 27–30, insbes. Rn. 29; BeckOK-ZPO/*Gruber*, § 322 Rn. 1; *Schumann*, FS Bötticher (1969), 289, 319 f.; *Otto*, Die subjektiven Grenzen der Rechtshängigkeitssperre, S. 26 f.; *Schmehl*, Parallelverfahren und Justizgewährung, S. 14–17.

104 BVerfG Urt. v. 01.07.1953 – 1 BvL 23/51, BVerfGE 2, 380 [juris Rn. 81]. Vgl. ferner BVerfG Beschl. v. 14.03.1963 – 1 BvL 28/62, BVerfGE 15, 313, 319 [juris Rn. 19]: „Das Prinzip der Rechtssicherheit ist ein wesentlicher Bestandteil des Rechtsstaatsprinzips; aus ihm folgt die grundsätzliche Rechtsbeständigkeit rechtskräftiger Entscheidungen und sonstiger in Rechtskraft erwachsener Akte der öffentlichen Gewalt“; sowie BVerfG Beschl. v. 30.04.2003 – 1 PBvU 1/02, BVerfGE 107, 395, 401 f. [juris Rn. 69]: „Wesentlicher Bestandteil des Rechtsstaatsprinzips ist der Grundsatz der Rechtssicherheit.“

105 Siehe dazu *Henckel*, Prozessrecht und materielles Recht, S. 96 ff.; *Gaul*, FS Henckel (1995), 235, 238 f.; *Jacoby*, Musterprozeßvertrag, S. 8 ff.; *Germelmann*, Die Rechtskraft von Gerichtsentscheidung, S. 11 f.

Beilegung des Rechtsstreits unter den Parteien. Nur die dauerhafte Bestandskraft einer gerichtlichen Entscheidung kann den Streit der Parteien abschließend beenden und Sicherheit über die Rechtslage erreichen.[106] Die durch das Institut der materiellen Rechtskraft herbeigeführte Verbindlichkeit gerichtlicher Urteile vermeidet im Sinne dieser Zielsetzung insbesondere mehrere widerstreitende Gerichtsentscheidungen.[107] Um einen Streit der Parteien endgültig beizulegen, wird mit Blick auf das Bedürfnis nach Rechtssicherheit sogar in Kauf genommen, dass unrichtige Entscheidungen materiell rechtskräftig werden, weil dem Rechtsfrieden ein höherer Stellenwert beigemessen wird als der materiellen Gerechtigkeit.[108] Zugleich ist das Erfordernis einer endgültigen und abschließenden Streiterledigung aber auch im Zusammenhang mit dem sich aus dem Rechtsstaatsprinzip i.V.m. Art. 2 Abs. 1 GG ergebenen allgemeinen Justizgewährungsanspruch[109] der Parteien zu sehen. Dieser garantiert den Parteien die Befassung staatlicher Rechtsprechungsorgane mit dem Rechtsstreit, nicht jedoch eine darüber hinausgehende, nicht gebotene Inanspruchnahme staatlicher Gerichte.[110] Hat der Staat seine Rechtsprechungsaufgabe erfüllt, haben die Parteien keinen Anspruch auf eine erneute Sachentscheidung. Bei stetiger Neuverhandlung eines Rechtsstreits könnte eine funktionierende Rechtsprechung und Rechtsverwirklichung nicht realisiert werden. Daneben dient die Rechtskraft zugleich aber ebenso der Verwirklichung öffentlicher Interessen. Wie die Parteien selbst ist auch der Staat an Rechtssicherheit und der Vermeidung sich widersprechender Entscheidungen interessiert. Im Hinblick auf den Schutz und „das Ansehen der Gerichte" soll eine effiziente und ökonomische

---

106 Vgl. BGH Beschl. v. 16.06.1993 – I ZB 14/91, BGHZ 123, 30, 34 [juris Rn. 24]; MüKo-ZPO/*Gottwald*, § 322 Rn. 2.

107 Siehe dazu bereits CPO-Mot. = *Hahn* II/1 S. 291: Die nach *Savigny* aufgestellte Formel zum Umfang der Rechtskraft eines Urteils verhütet, „dass über dieselbe Rechtsfrage unter denselben Parteien in verschiedenen Prozessen widersprechend entschieden wird, welcher Vorzug nicht hoch genug angeschlagen werden kann, weil widersprechende Urtheile im Volke als ein schwerer Uebelstand empfunden werden müssen." Sowie *Bötticher*, Kritische Beiträge zur Lehre von der materiellen Rechtskraft im Zivilprozeß, S. 53 f., 96 u. 128 f.; *Gaul*, FS Weber (1975), 155, 156; *Koussoulis*, Beiträge zur modernen Rechtskraftlehre, S. 225 f.; *Rosenberg/Schwab/Gottwald*, Zivilprozessrecht, § 151 Rn. 1; *Bettermann*, Rechtshängigkeit und Rechtsschutzform, S. 30 f.

108 *Schilken*, ZPO, Rn. 998; *Rosenberg/Schwab/Gottwald*, Zivilprozessrecht, § 151 Rn. 2.

109 BVerfG Beschl. v. 30.04.2003 – 1 PBvU 1/02, BverfGE 107, 395, [juris Rn. 16]; siehe zudem BVerfG Beschl. v. 20.06.1995 – 1 BvR 166/93, BverfGE 93, 99 [juris Rn. 30 f.]; BVerfG Beschl. v. 02.03.1993 – 1 BvR 249/92, BVerfGE 88, 118 [juris Rn. 20].

110 *Germelmann*, Die Rechtskraft von Gerichtsentscheidung, S. 12.

Inanspruchnahme der Gerichte über das Verbot einer erneuten Entscheidung einer Streitsache erreicht und ein unnötiges, ressourcenverschlingendes Tätigwerden verhindert werden.[111] Sowohl der durch das Institut der Rechtskraft verfolgte Zweck der Rechtssicherheit, als auch die effektive Sicherstellung des Justizgewährungsanspruchs im Zusammenhang mit dem Streben nach Prozessökonomie, entwickeln sich hierbei über den subjektiven Schutz der am Rechtsstreit beteiligten Parteien hinaus und umfassen nicht nur den konkreten Rechtsstreit: Ihnen kommt vielmehr eine „überprozessuale Aufgabe"[112] zu. Sie betreffen daher das generelle öffentliche Interesse an einem allgemeinen Zustand der Rechtssicherheit und des Rechtsfriedens durch gesicherte und endgültige gerichtliche Entscheidungen.[113] Die Rechtskraft trägt damit zur Autorität und Funktionsfähigkeit des staatlichen Rechtswesens bei, indem durch die Verlässlichkeit und Endgültigkeit der Rechtsprechung das Vertrauen in diese gestärkt wird. Sie ist verfahrensrechtlich unabdingbar, damit der Streit unter den Parteien endgültig beigelegt werden kann. Ihrem wesentlichen Ziel nach dient die Rechtskraft der Vermeidung widerstreitender Entscheidungen im Sinne der Rechtssicherheit.

2. *Zusammenspiel mit der Rechtshängigkeit*

Diese grundsätzliche Zielsetzung verfolgt auch das Institut der Rechtshängigkeit. Im Sinne der Prozessökonomie ist der sinnvolle und wirtschaftliche Einsatz der begrenzten staatlichen Rechtspflegeressourcen gleichsam Zweck der Rechtshängigkeitssperre.[114] Diese hat, neben der Kostenvermeidung durch mehrere Verfahren, gerade auch – funktionsgleich mit der materiellen Rechtskraft – die Verhinderung widerstreitender Entscheidungen hinsichtlich desselben Streitgegenstandes zum Ziel.[115] Das Verhältnis und Zusammenspiel beider

---

111 Siehe *Jacoby*, Musterprozeßvertrag, S. 8 ff.; *Lühmann*, Die Rechtskraft des Schiedsspruchs, S. 19 ff.

112 *Pohle*, JBl 1957, 113, 114, der jedoch den Zweck des Prozesses und der Rechtskraft nicht in der Vermeidung widersprechender gerichtlicher Entscheidungen und der unnötigen Belastung der Gerichte sieht.

113 So *Germelmann*, Die Rechtskraft von Gerichtsentscheidung, S. 12; *Jacoby*, Musterprozeßvertrag, S. 9 f.
Vgl. auch CPO-Mot. = *Hahn* II/1 S. 291: „Sie [die Rechtskraft] führt aber weit über die Aufgabe des einzelnen Prozesses und über die Absicht der Parteien hinaus […]."

114 Vgl. insbesondere *Bettermann*, Rechtshängigkeit und Rechtsschutzform, S. 26 u. auch S. 86.

115 Siehe z.B. BGH Urt. v. 17.01.1952 – IV ZR 106/51, BGHZ 4, 314, 322 [juris Rn. 16]; BGH Urt. v. 10.10. 1985 – I ZR 1/83, NJW 1986, 2195, 2196 [juris Rn. 11]; BGH Urt.

Rechtsinstitute wird äußerst treffend von Bötticher beschrieben: „Beide Institute treten als folgerichtige Anwendung des Prinzips ne bis in idem in den Dienst der Abwehr drohender Urteilskollision. Sollen widersprechende Richtersprüche in gleicher Sache vermieden werden, so ergibt sich von selbst die Notwendigkeit, bereits das Nebeneinanderlaufen zweier Prozesse über denselben Streitgegenstand unmöglich zu machen, und zwar vom Zeitpunkt der Klageerhebung an. So gesehen stellt sich die an den Beginn der Rechtshängigkeit geknüpfte prozessuale Sperrwirkung als eine nach rückwärts vorverlegte, vorbeugende Sicherung und Wegbereitung für die von dem Urteil ausstrahlende Rechtskraftwirkung dar, die an die Stelle jenes vorläufigen ne bis in idem der Rechtshängigkeit ihr endgültiges Verbot nochmaliger Verhandlung und Entscheidung für alle Zukunft setzt."[116] Auch wenn teilweise bestritten wird[117], dass die Rechtshängigkeit direkt der Verhinderung sich widersprechender Urteile dient, so ist sie dennoch eine systematisch zweckmäßige Ergänzung zum Prinzip der Rechtskraft. Sie setzt zeitlich in einem früheren Stadium an und verhindert bereits die Entstehung widerstreitender Entscheidungen im Ursprung, sodass die nachträgliche Beseitigung im Kollisionsfall nicht mehr notwendig ist.[118] Eine vollständige Zweck- und Wesensgleichheit von Rechtskraft und Rechtshängigkeit mag sich zwar auf Grundlage der unterschiedlichen dogmatischen Entwicklung nicht im Sinne einer Gleichstellung beider Institute herleiten lassen können.[119] Zumindest muss aber für die Einrede der anderweitigen Rechtshängigkeit sowie der entgegenstehenden Rechtskraft die Vermeidung widersprechender Entscheidungen als

v. 07.03.2002 – III ZR 73/01, NJW 2002, 1503 [juris Rn. 11]; Hk-ZPO/*Saenger*, § 261 Rn. 1; Musielak/Voit/*Foerste*, § 261 Rn. 9; Stein/Jonas/*Roth*, § 261 Rn. 1; *Jauernig/Hess*, Zivilprozessrecht, § 40 Rn. 8; *Koussoulis*, Beiträge zur modernen Rechtskraftlehre, S. 225 f.; *Bettermann*, Rechtshängigkeit und Rechtsschutzform, S. 26.

116 *Bötticher*, Kritische Beiträge zur Lehre von der materiellen Rechtskraft im Zivilprozeß, S. 237. Ähnlich *Bettermann*, Rechtshängigkeit und Rechtsschutzform, S. 86: Rechtshängigkeitssperre als „eine nach rückwärts vorverlegte, vorbeugende Sicherung und Wegbereitung für die von dem Urteil ausstrahlende Rkr-wirkung"; RG Beschl. v. 04.05.1939 – IV B 17/39, RGZ 160, 191, 192: „Die Streitanhängigkeit als eine notwendige Folge der späteren Rechtskraftwirkung [...]."

117 Eindringlich *Herrmann*, Die Grundstruktur der Rechtshängigkeit, S. 30–38, insbes. S. 36 f.; zuvor bereits *Rimmelspacher*, Materiellrechtlicher Anspruch, S. 311 ff.

118 So auch *Otto*, Die subjektiven Grenzen der Rechtshängigkeitssperre, S. 27 f.

119 Siehe zur Dogmengeschichte und vergleichenden Gegenüberstellung wiederum *Herrmann*, Die Grundstruktur der Rechtshängigkeit, S. 12–26 sowie S. 29 ff.

kongruentes Ziel anerkannt werden[120], mag vorrangiger Zweck der Rechtshängigkeitssperre auch die Vermeidung doppelter Prozessführung im Sinne der Prozessökonomie sein.[121]

II. Koordinationsbedarf im Kompetenzkonflikt

Ist nur ein einzelnes Verfahren entweder vor dem Schiedsgericht oder dem staatlichen Gericht eingeleitet worden, sind die Gefahren eines Kompetenzkonflikts zwischen Schiedsgerichtsbarkeit und staatlicher Gerichtsbarkeit relativ gering und es besteht zunächst kein signifikantes Konfliktpotenzial. Allerdings existieren vielzählige Möglichkeiten, den Erstprozess durch die Einleitung eines zweiten Verfahrens zu stören und im Ergebnis widerstreitende Entscheidungen zu provozieren: So sieht § 1040 Abs. 3 S. 3 ZPO ausdrücklich die Fortsetzung des Schiedsverfahrens und den Erlass eines Schiedsspruchs neben dem gerichtlichen Antragsverfahren nach § 1040 Abs. 3 S. 1 ZPO vor. Auch besteht stets die Möglichkeit, neben einem Hauptsache- oder Feststellungsverfahren ein zweites Schiedsverfahren einzuleiten und einen Zuständigkeitskonflikt hervorzurufen. § 1032 Abs. 3 ZPO erlaubt ebenfalls ausdrücklich die Einleitung eines Schiedsverfahrens und den Erlass eines Schiedsspruchs neben einem staatlichen Verfahren. Durch diese Regelung werden Parallelverfahren im Sinne zeitgleicher Verfahren provoziert, die sich zum klassischen Fall einer Verfahrensdoppelung entwickeln: Bei Zuständigkeitskonflikten an der Schnittstelle von Schiedsgerichtsbarkeit und ordentlicher Gerichtsbarkeit wird eine Partei regelmäßig Klage in der Hauptsache vor einem staatlichen Gericht erheben. Die beklagte Partei erhebt in diesem Verfahren die Schiedseinrede und leitet daneben ein Schiedsverfahren ein. Sollte das Gericht der Hauptsache die Schiedseinrede abweisen und in der Sache entscheiden, besteht die Möglichkeit, gegen dieses Urteil Rechtsmittel einzulegen. Die schiedsbeklagte Partei wird unterdessen die Unzuständigkeit des Schiedsgerichts im Schiedsverfahren geltend machen und bei positivem Zwischenentscheid eine Prüfung nach § 1040 Abs. 3 S. 2 ZPO erwirken. Entscheidet das Schiedsgericht derweil in der Sache, wird die Partei auf Ebene des Anfechtungsverfahrens versuchen, die Unzuständigkeit des Schiedsgerichts zu rügen. Daneben kann auch ein und dieselbe Partei zunächst die Feststellung nach § 1032 Abs. 2 ZPO beantragen, um anschließend oder auch

120 Zuerkennend auch *Herrmann*, Die Grundstruktur der Rechtshängigkeit, S. 30, dann aber im Ergebnis doch verneinend, S. 37.

121 Diesen Schluss zieht *Otto*, Die subjektiven Grenzen der Rechtshängigkeitssperre, S. 28 aus der Darstellung von *Herrmann*.

zeitgleich ein Schiedsverfahren oder staatliches Verfahren auf „sicherer Grundlage“ einzuleiten.

Die erste Konstellation zeigt exemplarisch die umgekehrte Rollenverteilung der Parteien im jeweiligen Prozess: Vor dem staatlichen Gericht und Schiedsgericht ist ein Rechtsstreit anhängig, in dem die Parteien spiegelverkehrt die Zuständigkeit des jeweils anderen Gerichts bestreiten. Klagende Partei des einen Verfahrens ist beklagte Partei des anderen Verfahrens. Die Zuständigkeits- oder Sachentscheide können vor der nächsten Instanz angefochten werden, wobei infolge zeitlicher Verzögerung auch ein das staatliche Verfahren überholender Schiedsspruch ergehen kann. Sollten im Ergebnis divergierende Sachentscheidungen vorliegen, verlagert sich die Problematik auf die Vollstreckungsebene. Konsequenterweise werden die Parteien jeweils versuchen, das sie begünstigenden Urteil bzw. den eigenen Schiedsspruch zur Geltung zu bringen und die Vollstreckung bzw. Anerkennung der anderen Entscheidung zu obstruieren.[122] Wurde hingegen bereits über die Zuständigkeit des Schiedsgerichts entschieden, stellt sich im Rahmen des Kompetenzstreits stets die Frage nach der Wirkung dieser Entscheidung auf ein späteres Verfahren. Im Fokus stehen dabei die Auswirkungen einer Kompetenzentscheidung im Verhältnis von Schiedsgerichten und ordentlichen Gerichten, aber auch die Wechselwirkungen der staatlichen Entscheidungen untereinander. Diese wird insbesondere im Rahmen der zweiten Konstellation relevant, in der eine Partei zunächst einen Feststellungsantrag nach § 1032 Abs. 2 ZPO stellt, um dann entsprechend ein Schiedsverfahren oder staatliches Verfahren einzuleiten. In diesem Fall stellt sich insbesondere die Frage, in welchem Verhältnis staatliche Parallelverfahren nach § 1032 Abs. 1 und Abs. 2 ZPO zu sehen sind.

Das Bedürfnis einer Koordination von Parallelverfahren besteht somit an der Schnittstelle von Schiedsverfahren und ordentlichen Verfahren ebenso wie innerhalb der staatlichen Gerichtsbarkeit. Das besondere Gefährdungspotenzial liegt in der Vielzahl von unterschiedlichen Parallelprozessen im Rahmen eines Kompetenzkonflikts. Deshalb müssen auch Verfahren vor staatlichen und privaten Gerichten Koordinationsmechanismen unterliegen, die Regeln aufstellen, welches Gericht wann und mit welchen Wirkungen für das andere Verfahren über die Zulässigkeit des Schiedsverfahrens zu entscheiden hat. Die Notwendigkeit einer Koordination von staatlichen und schiedsgerichtlichen Verfahren ist

---

122 Zur Illustrierung eines internationalen Widerstreits schieds- und staatsgerichtlicher Zuständigkeit in typischer „Kreuzstruktur“ siehe *Liatowitsch*, Schweizer Schiedsgerichte und Parallelverfahren vor Staatsgerichten im In- und Ausland, S. 4 f.

darüber hinaus auch deshalb geboten, weil das Verfahren vor dem Schiedsgericht nicht losgelöst neben der zivilen Rechtspflege steht, sondern als besondere Form des privaten Streitentscheids anerkannt und in die staatliche Rechtsordnung integriert ist. Dies zeigt sich an den ausgeprägten Wechselwirkungen zwischen Schiedsgerichtsbarkeit und staatlicher Gerichtsbarkeit, beispielsweise wenn die staatlichen Gerichte unterstützend in das Schiedsverfahren eingreifen[123] oder ihre Kontrollfunktion ausüben. Die gleichwertige Funktion von staatlicher Gerichtsbarkeit und Schiedsgerichtsbarkeit wird auch durch § 1055 ZPO betont, wonach Schiedssprüche in Rechtskraft erwachsen und auf diese Weise kraft Gesetzes in die Rechtsordnung integriert werden.[124] Hierdurch wird die Schiedsgerichtsbarkeit erst zu einer gleichwertigen Alternative gegenüber staatlichen Prozessen. Das Zugeständnis der Rechtskraft eines Schiedsspruchs bedingt jedoch auch die Notwendigkeit einer Verfahrenskoordinierung von schiedsgerichtlichen Entscheidungen und staatlichem Urteilsspruch, um doppelte und einander widersprechende Entscheidungen zu vermeiden.[125] Schwerpunkt der vorliegenden Untersuchung ist daher, mit welchen Mechanismen sich parallele Verfahren vor Schiedsgerichten und staatlichen Gerichten im Rahmen der Zuständigkeitsentscheidung effektiv verhindern lassen. Anknüpfungsmoment ist der zeitliche Faktor und somit das Verfahrensstadium, in dem eine Doppelbefassung durch ein zweites Gericht – Schiedsgericht wie Staatsgericht – droht. In dem bereits beschriebenen Szenario des Kompetenzkonflikts werden die Parteien regelmäßig jeweils spiegelverkehrte Parteirollen in den entsprechenden Verfahren einnehmen und die Zuständigkeit des Schiedsgerichts bzw. des staatlichen Gerichts kreuzweise bestreiten. Eine unterschiedliche Würdigung der Wirksamkeit und Reichweite der Schiedsvereinbarung durch mehrere Spruchkörper kann dann zu unterschiedlichen Ergebnissen führen. Parallele Verfahren können dabei in unterschiedlichen Verfahrensstadien entstehen – zeitgleich oder nacheinander.

---

123 Z.B. nach den §§ 1039 i.V.m. 1034, 1041, 1050 ZPO. Zur Unterstützungsfunktion staatlicher Gerichte im Schiedsverfahren *Steinbrück*, Die Unterstützung ausländischer Schiedsverfahren durch staatliche Gerichte, passim.

124 Vgl. *Spohnheimer*, Gestaltungsfreiheit bei antezipiertem Legalanerkenntnis des Schiedsspruchs, S. 13 f.; zur Rechtskraft von Schiedssprüchen unten ab Gliederungspunkt § 6.A, S. 127.

125 Vgl. *Liatowitsch*, Schweizer Schiedsgerichte und Parallelverfahren vor Staatsgerichten im In- und Ausland, S. 63.

§ 3. Verfahrenskoordination mithilfe des „effet négatif"

A. Der „effet négatif de la compétence-compétence"

Das Prinzip der Kompetenz-Kompetenz hat sich als fester Bestandteil des internationalen Schiedsrechts und Rechtsvokabulars[126] etabliert und ist als grundlegendes Institut der internationalen Schiedsgerichtsbarkeit in den meisten nationalen Schiedsverfahrensrechten verankert.[127] Allerdings prägte die Kontroverse um die endgültige Kompetenz-Kompetenz des Schiedsgerichts speziell nur das deutsche Recht (jedenfalls bis zur ZPO-Novelle im Jahr 1997). Eine Adaption dieser endgültigen Kompetenz-Kompetenz wurde in ausländischen Jurisdiktionen dagegen regelmäßig abgelehnt.[128] Häufig wurde die Begrifflichkeit der Kompetenz-Kompetenz deshalb um die Adjektive „vorläufig" und „endgültig", „unecht" und „echt" oder „relativ" und „absolut" ergänzt, um sie von der Kompetenz-Kompetenz deutscher Fasson abgrenzen zu können. Im internationalen Kontext steht die Kompetenz-Kompetenz des Schiedsgerichts nämlich seit jeher für die Befugnis, (überhaupt) vorläufig über die eigene Zuständigkeit entscheiden zu dürfen.[129] Allgemein anerkannt ist dabei die positive Kompetenz-Kompetenz des Schiedsgerichts, d.h. die Befugnis des Schiedsrichters, selbstständig

---

126 Competence-Competence im englischen Rechtsvokabular; compétence-compétence im französischen Recht.

127 Vgl. z.B. Art. 16 Abs. 1 S. 1 UNCITRAL-MG; Art. V Abs. 3 EÜ; sowie beispielsweise folgende nationale Reglungen: § 592 Abs. 1 öZPO [AT]; Art. 8 KSG und Art. 186 IPRG [CH]; Sec. 30 Abs 1 Arb.Act 1996 [EN]; Art. 1466 c.p.c. a.F. bzw. Art. 1465 c.p.c. n.F. [FR].

128 Beispielsweise *Habscheid*, SJZ 1982, 321, 323 f. [CH]; *Fasching*, Schiedsgericht und Schiedsverfahren, S. 35 [AT].
Ausführlich zu dem Rechtsverständnis in den einzelnen Ländern auch: *Born*, International Commercial Arbitration, Vol. 1, S. 900 ff.; *Erk*, Parallel Proceedings in International Arbitration, S. 36-48; *Münch*, ZZPInt 19 (2014), 387 ff. Siehe zu Art. 16 Uncitral-MG auch *Zeiler/Hruskovicova*, in: *Association for International Arbitration* (Hrsg.), 25 years UNCITRAL model law, 109, 110 ff.

129 Vgl. *Wagner*, in: Weigand (Hrsg.), Practitioner's Handbook on International Arbitration, 1. Aufl., S. 685, 704; *Born*, International Commercial Arbitration, Vol. 1, S. 853 ff.; *Schlosser*, in: *Gottwald* (Hrsg.), Revision des EuGVÜ, S. 163, 168; ausführlich auch *Sachs/Schmidt-Ahrendts*, Diverging Concepts of the Principle of

seine Zuständigkeit hinsichtlich des konkreten Rechtsstreits festzustellen.[130] Umstritten ist hingegen die negative Kehrseite des Kompetenz-Kompetenz-Prinzips, der sog. „effet négatif de la compétence-compétence“.[131]

I. Französische Prägung des „effet négatif“

Der Grundsatz des „effet négatif de la compétence-compétence“ entspringt dem französischen Recht und formuliert eine exklusive Vorrangstellung der Schiedsgerichte hinsichtlich der Zuständigkeitsprüfung.[132] Das Schiedsgericht darf als erstes, wenngleich auch nicht als einziges Gericht über die Zuständigkeitsfrage entscheiden.[133] Die staatliche Überprüfung der Zuständigkeitsentscheidung ist beschränkt auf die nachträgliche Kontrolle des endgültigen Schiedsspruchs im Rahmen eines Vollstreckbarerklärungs- oder Aufhebungsverfahrens.[134] Durch das Prinzip des „effet négatif“ wird jedoch nicht die Kompetenz des Schiedsgerichts im Sinne einer ausschließlichen und endgültigen Beurteilung im Verhältnis zur staatlichen Gerichtsbarkeit begründet.[135] Vielmehr geht es um die Frage, ob das Schiedsgericht zeitlich vorrangig über die Wirksamkeit der Schiedsvereinbarung entscheiden darf und insofern das „erste Wort“ hat. Nach dem Verständnis der negativen Kompetenz-Kompetenz bleibt ein angerufenes ordentliches Gericht bei Erhebung der Schiedseinrede auf eine kursorische prima facie-Prüfung der Schiedsvereinbarung beschränkt, solange eine schiedsgerichtliche Kompetenzentscheidung noch nicht vorliegt. Erst nachdem das Schiedsgericht eine Entscheidung getroffen hat, möglicherweise also erst nach

---

Competence-Competence?, in: *Müller/Rigozzi* (Hrsg.), New Developments in International Commercial Arbitration 2010, S. 1 ff.

130 Siehe beispielsweise *Born*, International Commercial Arbitration, Vol. 1, S. 853; *Susler*, MqJBl 6 (2009), 119, 125; *Jones*, Arbitration 75 (2009), 56, 58. Vgl. auch unter Gliederungspunkt § 2.B.II.2, S. 17.

131 Vgl. z.B. *Brekoulakis*, AAY 2009, 237 ff.

132 *Barceló III*, Vanderbilt Journal of Transnational Law 36 (2003), 1115, 1124; *Jones*, Arbitration 75 (2009), 56, 58.

133 Siehe *Fouchard/Gaillard/Goldman*, International Commercial Arbitration, Rn. 671: „This negative effect is that the arbitrators are entitled to be the first to determine their jurisdiction (and not to be sole judges of the issue), so that the courts' review of the arbitral tribunal's jurisdiction occurs only when there is an action to enforce or set aside the arbitral award." Vgl. auch *Brekoulakis*, AAY 2009, 237, 239.

134 Vgl. *Jones*, Arbitration 75 (2009), 56, 58; *Susler*, MqJBL 6 (2009), 119, 125; *Fouchard/Gaillard/Goldman*, International Commercial Arbitration, Rn. 671.

135 So auch *Jones*, Arbitration 75 (2009), 56, 58.

Erlass eines Schiedsspruchs, ist eine umfassende Überprüfung der Zuständigkeit des Schiedsgerichts auf staatlicher Ebene möglich.[136]

Im neuen französischen Schiedsrecht[137] verkörpert art. 1465 c.p.c. n.F. die (positive) Kompetenz-Kompetenz der Schiedsgerichte: „*Le tribunal arbitral est seul compétent pour statuer sur les contestations relatives à son pouvoir juridictionnel.*“[138] Art. 1448 Abs. 1 c.p.c. n.F. kodifiziert den effet négatif und bestimmt in Anlehnung an art. 1458 c.p.c. a.F.[139], dass ein staatliches Gericht sich für unzuständig zu erklären hat, wenn es mit einer Streitigkeit befasst wird, bezüglich derer eine Schiedsvereinbarung besteht: „*Lorsqu'un litige relevant d'une convention d'arbitrage est porté devant une juridiction de l'Etat, celle-ci se déclare incompétente sauf si le tribunal arbitral n'est pas encore saisi et si la convention d'arbitrage est manifestement nulle ou manifestement inapplicable.*“ Dieser Vorrang zugunsten der schiedsgerichtlichen Entscheidung gilt auch, wenn das Schiedsverfahren noch gar nicht eingeleitet wurde, es sei denn, das Gericht hält die Schiedsvereinbarung für offensichtlich nichtig oder unanwendbar („*manifestement nulle ou manifestement inapplicable*“).[140] Ein Tätigwerden der Gerichte ist im Sinne dieser Regelung nur möglich, wenn das Schiedsgericht noch nicht konstituiert ist und der Rechtsstreit offensichtlich – prima facie-Prüfung! – nicht einem Schiedsgericht übertragen werden kann.[141] Mindestens eine Partei muss sich dabei auf

---

136 *Kröll*, NJW 2001, 1173, 1178 u. SchiedsVZ 2011, 131, 133; *Fouchard/Gaillard/Goldman*, International Commercial Arbitration, Rn. 671.

137 Artt. 1442–1527 in der Fassung vom 13.01.2011, Décret no. 2011–48, JORF 14.01.2011 Nr. 9 [in Kraft ab 01.05.2011].
Siehe zum neuen französischen Schiedsrecht in der Übersicht z.B. *Vogl*, RIW 2011, 359; *Kühner*, SchiedsVZ 2011, 125; *Pörnbacher/Loos/Baur*, BB 2011, 711, 715.

138 Eine deutsche Übersetzung des Gesetzestextes findet sich in SchiedsVZ 2011, 215 oder auf parisarbitration.com [Stand: 01/2020].

139 Artt. 1142–1507 in der Fassung vom 12.05.1981, Décret no. 81–500, JORF S. 1380, 1399 ff. [in Kraft ab 01.01.1982].
Vgl. zur *compétence-compétence* im alten französischen Schiedsrecht *Fouchard/Gaillard/Goldman*, International Commercial Arbitration, Rn. 672 ff.; *Gaillard*, in: *Weigand* (Hrsg.), Practitioner`s Handbook on International Commercial Arbitration, 2. Aufl., S. 423, insbes. Rn. 6.30–6.33; *Born*, International Commercial Arbitration, Vol. 1, S. 900 ff.

140 Das Kriterium der offensichtlichen Unanwendbarkeit ist eine Neuerung gegenüber dem alten Recht. Kritisch dazu *Vogl*, RIW 2011, 359, 362.

141 Art. 1448 Abs. 1 2. Hs. c.p.c. n.F.: „*sauf si le tribunal arbitral n'est pas encore saisi et si la convention d'arbitrage est manifestement nulle ou manifestement inapplicable.*“

die Unzuständigkeit des Gerichts infolge der Schiedsvereinbarung berufen. Eine Unzuständigkeitserklärung von Amts wegen darf nach art. 1448 Abs. 2 c.p.c. n.F., anders als im deutschen Recht, nicht erfolgen: „*La juridiction de l'Etat ne peut relever d'office son incompétence.*“ Das französische Recht kodifiziert eine Vorrangstellung der Schiedsgerichte hinsichtlich der Zuständigkeitsentscheidung und entfaltet (echte) „prozessuale Sperrwirkung“[142] gegenüber staatlichen Gerichten, die als Adressaten des effet négatif von der frühzeitigen Entscheidung des Rechtsstreits ausgeschlossen sind. In der Einredesituation haben die Gerichte ihre Zuständigkeit automatisch abzulehnen, es sei denn, eine prima facie-Prüfung ergibt die Unwirksamkeit der Schiedsvereinbarung. Das französische Recht vertritt damit eine äußerst progressive Interpretation der Kompetenz-Kompetenz, indem es den effet négatif als solchen nicht nur anerkennt, sondern gesetzlich normiert. Staatliche Kontrolle wird im Anfangsstadium nahezu ausgeschlossen und im Umkehrschluss den Schiedsgerichten fast uneingeschränkt zugestanden. Eine zeitgleiche, parallele Befassung von Schieds- und Staatsgerichten mit derselben Streitsache und hinsichtlich der Zuständigkeitsfrage selbst ist nahezu ausgeschlossen. Dieser Ansatz garantiert eine Koordination paralleler Verfahren gerade im Zuständigkeitskonflikt zu einem hohen Grad. Es ist anzunehmen, dass aufgrund der restriktiven Prüfungskompetenz der staatlichen Gerichte im Regelfall die Erwähnung einer Schiedsvereinbarung für die Unzuständigkeitserklärung eines staatlichen Gerichts ausreichen wird.[143] Allerdings ist auch im französischen Recht die Entscheidungspriorität der Schiedsgerichte nur eine vorläufige. Die Gerichte haben stets das endgültige Wort – nur eben nicht im frühen Stadium der präarbitralen Kontrolle, sondern erst nach Erlass des Schiedsspruchs.[144]

II. Das Schweizer Modell

Das Schweizer Schiedsrecht unterscheidet nach der Nationalität der Schiedsverfahren und sieht ein duales Regelungssystem für internationale und nationale Schiedsverfahren vor: Für die ausschließlich nationale Streitigkeiten betreffende Binnenschiedsgerichtsbarkeit gilt seit dem 01.01.2011 die neue schweizerische

142 *Münch*, ZZPInt 19 (2014), 387, 403.

143 Ähnlich *Brekoulakis*, AAY 2009, 237, 242.

144 *Sachs/Schmidt-Ahrendts* in: *Müller/Rigozzi* (Hrsg.), New developments in International Commercial Arbitration 2010, 1, 29; umfassend auch *Münch*, ZZPInt 19 (2014), 387, 403 f.

ZPO.[145] Diese neue bundesrechtliche Regelung enthält ein eigenes Kapitel über die interne Schiedsgerichtsbarkeit und ersetzt die zwar einheitlichen, aber kantonalen Regelungen des Konkordats über die Schiedsgerichtsbarkeit.[146] Die Regelungen der internationalen Schiedsgerichtsbarkeit gelten hingegen für Schiedsverfahren mit Auslandsberührung und sind im Bundesgesetz für das internationale Privatrecht[147] kodifiziert. Diese Vorschriften sind gem. Art. 176 Abs. 1 IPRG anzuwenden, wenn ein Schiedsgericht seinen Sitz in der Schweiz hat und zum Zeitpunkt des Abschlusses der Schiedsvereinbarung zumindest eine Partei ihren Wohnsitz oder ihren gewöhnlichen Aufenthalt nicht in der Schweiz hatte.[148]

---

145 Schweizerische Zivilprozessordnung vom 19.12.2008 (sZPO), AS 2010 S. 1739 = SR 272.
Im Vorfeld der neuen ZPO wurde erwogen, die traditionelle Unterscheidung zwischen nationaler und internationaler Schiedsgerichtsbarkeit aufzugeben. Obwohl sich die Neuregelung an dem Erfolg des IPRG orientieren sollte, um durch flexible und weitestgehend disponible Regelungen die Bedeutung der Schweiz als Schiedsplatz zu steigern, wurde an dem Dualismus nationale Schiedsgerichtsbarkeit einerseits und internationale Schiedsgerichtsbarkeit andererseits festgehalten. Grund dafür ist die als notwendig erachtete Beibehaltung besonderer, im Konkordat niedergelegter Regelungen, die speziell für die nationale Schiedsgerichtsbarkeit Anwendung finden. Aus diesem Grund wurde auch bei der Ausgestaltung der ZPO das Modellgesetz nicht als Vorlage verwendet, da es in erster Linie den Bedürfnissen der internationalen Schiedsgerichtsbarkeit gerecht wird, vgl. Botschaft zur Schweizerischen Zivilprozessordnung [06.062], BBl 2006, S. 7221, 7391 f.
Allerdings findet der Geltungsbereich der ZPO-Vorschriften seine Grenze in dem Willen der Parteien: gem. Art. 353 Abs. 2 ZPO können die Parteien eine Anwendung des zwölften Kapitels des IPRG vereinbaren. Die Parteien können dadurch also etwaige Nachteile des dualistischen Systems umgehen. Siehe dazu auch *Müller*, ASA Bull. 24 (2006), 647, 662 f.

146 Konkordat vom 27.03.1969 über die Schiedsgerichtsbarkeit (KSG), AS 1969 S. 1093 = SR 279.

147 Bundesgesetz vom 18.12.1987 über das Internationale Privatrecht (IPRG), AS 1988 S. 1776 = SR 291 [in Kraft ab 01.01.1989]; §§ 176–194 IPRG. Als eines der wenigen europäischen Länder hat die Schweiz die Vorgaben des UNCITRAL-Modellgesetzes nicht übernommen.

148 Allerdings können auch bei internationalen Streitigkeiten die Anwendung der Regelungen zur Binnenschiedsgerichtsbarkeit gem. Art. 176 Abs. 2 IPRG, als Pendant zu Art. 353 Abs. 2 sZPO, vereinbart werden.

1. Positive Kompetenz-Kompetenz

Auch in der Schweiz gilt das Prinzip der Kompetenz-Kompetenz[149] des Schiedsgerichts, kodifiziert in Art. 359 Abs. 1 sZPO[150] für die nationale Schiedsgerichtsbarkeit bzw. in Art. 186 Abs. 1 IPRG[151] für internationale Schiedsverfahren. Gem. Art. 186 Abs. 3 IPRG fällt das Schiedsgericht seine positive wie negative Zuständigkeitsentscheidung in der Regel durch einen Vorentscheid, der nach Art. 190 Abs. 3, Abs. 2 lit. b IPRG anfechtbar ist.[152] Das staatliche Gericht entscheidet endgültig über die Zuständigkeit des Schiedsgerichts und prüft den Vorentscheid umfassend mit freier Kognition.[153] Bei Rechtsstreitigkeiten ohne Auslandsbezug entscheidet das Schiedsgericht nach Art. 359 Abs. 1 sZPO über seine Zuständigkeit mit *„Zwischenentscheid oder im Entscheid über die Hauptsache."* Beide Formen der schiedsgerichtlichen Entscheidung sind nach Art. 392 lit. a sZPO (Endschiedsspruch) und Art. 392 lit. b i.V.m. Art. 393 lit. b sZPO (Zwischenentscheid) anfechtbar und vollumfänglich staatsgerichtlich überprüfbar.[154] Dem Schiedsgericht kommt daher grundsätzlich sowohl bei nationalen als auch internationalen Schiedsverfahren in der Schweiz ausschließlich eine relative, d.h. vorläufige Kompetenz-Kompetenz zu. Der schiedsgerichtliche

149 Zum Begriff der Kompetenz-Kompetenz in der Schweiz vgl. insbesondere *Berger/Kellerhals*, Internationale und interne Schiedsgerichtsbarkeit in der Schweiz, Rn. 607–617 bzw. *Berger/Kellerhals*, International and Domestic Arbitration in Switzerland, Rn. 668–678; sowie BG Urt. v. 16.01.1995, BGE 121 III, S. 38, 41 [2b], 41; *Gehrlein*, ZIP 1995, 964, 965 f.; *Habscheid*, SJZ 1982, 321, 323; *Poudret*, FS Walder (1994), 341, 344.

150 Art. 359 Abs. 1 sZPO: *„Werden die Gültigkeit der Schiedsvereinbarung, ihr Inhalt, ihre Tragweite oder die richtige Konstituierung des Schiedsgerichts vor dem Schiedsgericht bestritten, so entscheidet dieses darüber mit Zwischenentscheid oder im Entscheid über die Hauptsache."*

151 Art. 186 Abs. 1 IPRG: *„Das Schiedsgericht entscheidet selbst über seine Zuständigkeit."*

152 Auf den Anfechtungsgrund kann unter den Voraussetzungen des Art. 192 Abs. 1 IPRG verzichtet werden. In diesem Fall kommt dem Schiedsgericht eine weitergehende Kompetenz-Kompetenz zu. Siehe dazu BG Urt. v. 04.02.2005 - 4P_236/2004, BGE 131 III, S. 173 [4.2.3.2.]; BG Urt. v. 19.12.1990, BGE 116 II, S. 639 [2].
Aber auch bei einem Rechtsmittelverzicht kann es zu einer Überprüfung des Schiedsspruchs im Rahmen der Vollstreckbarerklärung gem. Art. 192 Abs. 2 IPRG i.V.m. Art. 5 NYÜ, sofern der Entscheid in der Schweiz vollstreckt werden soll.

153 BG Urt. v. 09.04.1991, BGE 117 II, 94 [5b] m.w.N.

154 *Schott* in: Sutter-Somm/Hasenböhler/Leuenberger, ZPO, Art. 393 Rn. 20 und *Müller-Chen/Egger* in: Sutter-Somm/Hasenböhler/Leuenberger, ZPO, Art. 359 Rn. 4.

Zuständigkeitsentscheid kann retrospektiv vom staatlichen Gericht überprüft werden. Ihm bleibt die endgültige Entscheidung vorbehalten.[155]

2. *Negative Kompetenz-Kompetenz in der internationalen Schiedsgerichtsbarkeit?*

Das Schweizer Schiedsrecht enthält keine Regelungen dahingehend, dass ein Schiedsgericht im Sinne einer negativen Kompetenz-Kompetenz prioritär über seine Zuständigkeit entscheiden kann.[156] Allerdings hat das Bundesgericht hinsichtlich der Prüfungskompetenz eines staatlichen Gerichts in Bezug auf eine geltend gemachte Schiedsvereinbarung zumindest für internationale Schiedsverfahren mit Sitz in der Schweiz einen eingeschränkten summarischen Prüfungsmaßstab festgestellt. Nach der Regelung in Art. 7 IPRG hat ein schweizerisches Gericht seine Zuständigkeit grundsätzlich abzulehnen, wenn die Parteien eine Schiedsvereinbarung getroffen haben, es sei denn, die Schiedsvereinbarung ist hinfällig, unwirksam oder nicht erfüllbar.[157] Hinsichtlich der Frage, welchen Prüfungsumfang das Gericht bei der Prüfung der Schiedsvereinbarung zugrunde zu legen hat, differenziert das Bundesgericht danach, ob ein Schiedsgericht mit Sitz in der Schweiz oder mit Sitz im Ausland nach der geltend gemachten Schiedsvereinbarung zuständig wäre.[158] Das Bundesgericht legt Art. 7 lit. b IPRG dahingehend aus, dass bei einem ausländischen Schiedsverfahren – also bei Eröffnung des Anwendungsbereichs von Art. II Abs. 3 NYÜ – das staatliche Gericht die

155 Siehe auch BG Urt. v. 16.01.1995, BGE 121 III, S. 38 [2b]; BG Urt. v. 19.04.1994, BGE 120 II, S. 155 [3b/bb]: „la question dela compétence est tranchée en dernier ressort par le juge étatique.“

156 So auch BG Urt. v. 14.05.2001, BGE 127 III 279 [2c/ee]: „Il n'y a donc pas lieu d'accorder au tribunal arbitral une priorité qui n'a aucun fondement juridique et ne trouve pas des justification.“
Berger/Kellerhals, International and Domestic Arbitration in Switzerland, Rn. 674; *Born*, International Commercial Arbitration, Vol. 1, S. 904 ff.; *Perret*, ASA Special Series No. 15 (2001), 65, 66. Ausführlich, im Ergebnis eine Entscheidungspriorität zugunsten des Schiedsgerichts auf Grundlage von Art. 186 bzw. Art. 7 IPRG ebenfalls ablehnend: *Liatowitsch*, Schweizer Schiedsgerichte und Parallelverfahren vor Staatsgerichten im In- und Ausland, S. 40–44.

157 Art. 7 lit. b IPRG: *„Haben die Parteien über eine schiedsfähige Streitsache eine Schiedsvereinbarung getroffen, so lehnt das angerufene schweizerische Gericht seine Zuständigkeit ab, es sei denn: […] das Gericht stelle fest, die Schiedsvereinbarung sei hinfällig, unwirksam oder nicht erfüllbar.“*

158 Vgl. BG Urt. v. 16.01.1995, BGE 121 III 38, 41 und BG Urt. v. 29.04.1996, BGE 122 III 139.

Wirksamkeit der Schiedsvereinbarung mit umfassender Prüfungskompetenz zu prüfen hat.[159] Liegt der Schiedssitz hingegen in der Schweiz, ist das Gericht auf eine summarische prima facie-Prüfung beschränkt.[160] Mit dieser Rechtsprechung manifestiert das Bundesgericht das Konzept der negativen Kompetenz-Kompetenz, wonach das staatliche Gericht eine Schiedsvereinbarung nur summarisch prüft und die Schiedsgerichte zuerst über ihre Zuständigkeit entscheiden. Aufgrund der Differenzierung zwischen Schiedsverfahren im In- und Ausland weist die Rechtsprechung des Bundesgerichts allerdings eine „Wertungsinkoheränz“[161] auf. Die Stellung von Schweizer Schiedsgerichten wird gestärkt, indem diesen das Erstzugriffrecht gegenüber den Staatsgerichten eingeräumt wird, sofern nicht eine summarische Prüfung ergibt, dass eine Schiedsvereinbarung nicht besteht. Gegenüber Schiedsgerichten mit Sitz im Ausland prüft das Staatsgericht nach der Rechtsprechung des Schweizer Bundesgerichts die Wirksamkeit der Schiedsvereinbarung mit voller Kognition. Diese Ungleichbehandlung rechtfertigt das Bundesgericht damit, dass die Zulässigkeit eines Schiedsverfahrens mit Sitz in der Schweiz – anders als die Zuständigkeit eines Schiedsgerichts mit Sitz im Ausland – im Rahmen der Anfechtung des Schiedsspruchs von den staatlichen Rechtsmittelgerichten vollständig überprüft werden kann (Art. 190 Abs. 2 lit. b IPRG).[162]

Um den aus der Rechtsprechung des Schweizer Bundesgericht resultierenden und in der Literatur viel kritisierten[163] Wertungswiderspruch zwischen

---

159 Grundlegend BG Urt. v. 16.01.1995, BGE 121 III 38, 41 [2b]: „[...] si le tribunal arbitral a son siège à l'étranger, le juge étatique suisse, devant lequel une exception d'arbitrage est soulevée, doit statuer sur ce moyen de défense avec plein pouvoir d'examen quant aux griefs soulevés, et en particulier celui déduit de l'art. II al. 3 de la Convention de New York, sans pouvoir se limiter à un examen prima facie."
Bestätigend BG Urt. v. 25.10.2010 – 4A_279/2010, ASA Bull. 29 (2011), 129, 134 mit Anm. *Berger*, ASA Bull. 29 (2011), 33.

160 BG Urt. v. 29.04.1996, BGE 122 III 139 [2b]: „[...] si le juge étatique est saisi d'une exception d'arbitrage et que le tribunal arbitral a son siège en Suisse, le juge devra décliner sa compétence si l'examen sommaire de la convention d'arbitrage ne lui permet pas de constater que celle-ci est caduque, inopérante ou non susceptible d'être appliquée."
Bestätigend BG Urt. v. 06.08.2012 – 4A_119/2012, BGE 138 III 681, 684 [3.2].

161 *Mayer*, ASA Bull. 1996, 361, 362.

162 BG Urt. v. 06.08.2012 – 4A_119/2012, BGE 138 III 681, 684 [3.2].

163 Kritisch zu dieser Interpretation des Art. 7 lit. b IPRG etwa: *Liatowitsch*, Schweizer Schiedsgerichte und Parallelverfahren vor Staatsgerichten im In- und Ausland, S. 132–135; *Poudret*, ASA Special Series No. 15 (2001), 147, 149 f.; *Berger/Kellerhals*,

internationaler und nationaler Schiedsgerichtsbarkeit zu beseitigen, bezweckte eine bereits im Jahr 2008 vom Nationalrat CHRISTIAN LÜSCHER eingereichte parlamentarische Initiative[164], Art. 7 IPRG um einen Abs. 2 mit folgendem Wortlaut zu ergänzen: *„Bei internationalen Angelegenheiten fällt das angerufene schweizerische Gericht, unabhängig vom Sitz des Schiedsgerichts, erst einen Entscheid, wenn das Schiedsgericht über die eigene Zuständigkeit entschieden hat, es sei denn, eine summarische Prüfung ergebe, dass zwischen den Parteien keine Schiedsvereinbarung getroffen wurde.“* Nach dieser Formulierung dürfte ein Schweizer Schiedsgericht unabhängig von seinem Sitz stets zeitlich zuerst über seine Zuständigkeit entscheiden. Den Gerichten würde im Vorfeld nur noch ein summarisches Prüfungsrecht zukommen, den Schiedsgerichten hingegen würde der erste „Zugriff“ in Sinne eines effet négatif nach französischem Vorbild zustehen.

Die Kommission des Nationalrats für Rechtsfragen holte im Rahmen der Umsetzung der sog. LÜSCHER-Initiative entsprechende Expertenmeinungen ein und kam zu dem Entschluss, dass die mit dieser Initiative aufgeworfene Thematik der Beziehung zwischen staatlichen Gerichten und Schiedsgerichten nicht allein über eine Revision des Art. 7 IPRG gelöst, sondern umfassender angegangen werden sollte. Beschlossen wurde die Prüfung einer generellen Revision der IPRG-Bestimmungen.[165] Die Kommission des Nationalrats für Rechtsfragen reichte daher eine Motion ein, die den Bundesrat beauftragte, „einen Entwurf zur Nachführung der Bestimmungen über die internationale Schiedsgerichtsbarkeit des Bundesgesetzes über das internationale Privatrecht (IPRG) vorzulegen mit dem Ziel, die Attraktivität der Schweiz als internationalen Schiedsplatz zu erhalten.“[166] Der Beziehung zwischen staatlichen Gerichten und Schiedsgerichten solle dabei besondere Bedeutung beigemessen werden. Zudem solle die seit dem Inkrafttreten des IPRG in diesem Bereich erlassene Rechtsprechung des

---

International and Domestic Arbitration in Switzerland, Rn. 336; *Walter*, ZZPInt 6 (2001), 347, 350 f. Das Schweizer Bundesgericht hat zu dieser Kritik Stellung genommen und seine Rechtsprechung gleichwohl bestätigt, BG Urt. v. 06.08.2012 – 4A_119/2012, BGE 138 III 681, 684 [3.2].

Zustimmend und die summarische Prüfung auch für internationale Schiedsverfahren befürwortend dagegen *Mayer*, ASA Bull. 1996, 361, 363 ff.

164 Sog. LÜSCHER-Initiative [08.417]; kritisch *Berger*, ASA Bull. 29 (2011), 33, 38–43.

165 Vgl. die Ausführungen in der Botschaft des Bundesrats „Botschaft zur Änderung des Bundesgesetzes über das Internationale Privatrecht“ [18.076], BBl 2018, S. 7163, 7169 f.; sowie LÜSCHER-Initiative [08.417], Ziffer 3.

166 Vgl. Motion [12.3012]: „Bundesgesetz über das internationale Privatrecht. Die Attraktivität der Schweiz als internationalen Schiedsplatz erhalten.“

Bundesgerichts bei dieser Gelegenheit im Gesetz aufgenommen und nötigenfalls korrigiert werden.[167]

Im Rahmen dieser Motion prüfte der Bundesrat auch das Anliegen der LÜSCHER-Initiative, sodass diese zwischenzeitlich, im Mai 2016, abgeschrieben wurde.[168] Der Bundesrat erkannte hingegen beim Verhältnis von staatlicher Gerichtsbarkeit zur Schiedsgerichtsbarkeit keinen Handlungsbedarf und lehnte eine Neuregelung bzw. eine Verankerung der negativen Wirkung des Prinzips der schiedsgerichtlichen Kompetenz-Kompetenz im Oktober 2018 ab.[169] Nach Auffassung des Bundesrats fehle es an einer einheitlichen Meinung in der Lehre, ob eine Schiedsvereinbarung bei erhobener Schiedseinrede unabhängig vom Sitz des Schiedsgerichts stets frei oder generell nur einschränkend zu prüfen sei. Die Rechtsprechung des Bundesgerichts gebe hingegen eine klare Lösung vor und führe in der Praxis kaum zu Problemen. Dieser Auffassung stimmte nunmehr im Dezember 2019 auch der Nationalrat zu.[170] Die Differenzierung zwischen Schiedsgerichten mit Sitz in der Schweiz und mit Sitz im Inland bleibt damit hinsichtlich des Prüfungsumfangs der Schiedsvereinbarung bestehen. Eine gesetzliche Normierung der negativen Kompetenz-Kompetenz erfolgt nicht.[171]

3. *Prüfungsmaßstab bei nationalen Schiedsverfahren*

Für nationale Schiedsverfahren bestimmt Art. 61 lit b i.V.m. Art. 359 sZPO, dass ein angerufenes staatliches Gericht seine Zuständigkeit abzulehnen hat, es sei denn *„das Gericht stelle fest, dass die Schiedsvereinbarung offensichtlich ungültig oder nicht erfüllbar sei.“* Diese Norm bestimmt nach wohl herrschender Meinung einen grundsätzlichen Vorrang der Schiedsgerichte, über ihre Kompetenz entscheiden zu dürfen und beschränkt gleichsam die Prüfungskognition staatlicher Gerichte hinsichtlich der Wirksamkeit und Durchführbarkeit der

---

167 Vgl. Motion [12.3012]: „Bundesgesetz über das internationale Privatrecht. Die Attraktivität der Schweiz als internationalen Schiedsplatz erhalten.“

168 LÜSCHER-Initiative [08.417]; vgl. auch die Botschaft des Bundesrats zur Änderung des Bundesgesetzes über das Internationale Privatrecht [18.076], BBl 2018, S. 7163, 7177.

169 Botschaft des Bundesrats zur Änderung des Bundesgesetzes über das Internationale Privatrecht [18.076], BBl 2018, S. 7163, 7176. Vgl. zu den Zielen und vorgesehenen Änderungen des Revisionsentwurfs auch *Fountoulakis*, IWRZ 2019, 159.

170 Dies ergibt sich aus einer Pressemitteilung vom 19.12.2019 zur Debatte im Nationalrat zur Botschaft des Bundesrats zur Änderung des Bundesgesetzes über das Internationale Privatrecht [18.076], BBl 2018, S. 7163, abrufbar unter https://www.parlament.ch/de/ratsbetrieb/suche-curia-vista/geschaeft?AffairId=20180076 (Stand: 01/2020).

171 Siehe hierzu auch (kritisch) *Fountoulakis*, IWRZ 2019, 159, 162.

Schiedsvereinbarung auf eine prima facie-Prüfung („*offensichtlich*“).[172] Interessant ist in diesem Zusammenhang ein Urteil des Schweizer Bundesgerichts[173] zur Auslegung des Art. 61 lit. b sZPO. Das Schweizer Bundesgericht führt aus, das staatliche Gericht habe mit voller Kognition zu prüfen, ob die Parteien eine Schiedsvereinbarung abgeschlossen haben und diese sich auf eine schiedsfähige Streitsache bezieht. Erst wenn eine Schiedsvereinbarung vorliegt, werde nach Art. 61 lit. b sZPO summarisch geprüft, ob diese offensichtlich ungültig oder nicht erfüllbar ist. Art. 61 lit. b sZPO sei zwar als Kodifizierung der IPRG-Rechtsprechung zu Art. 7 lit. b IPRG zu sehen („*offensichtlich*“), sodass ein lediglich summarischer Prüfungsmaßstab anzusetzen sei. Dieser beziehe sich jedoch ausschließlich auf die inhaltliche Tragweite der Schiedsvereinbarung sowie auf pathologische Schiedsklauseln.[174]

Diese Rechtsprechung wendet sich damit gegen eine Implementierung des Prinzips der negativen Kompetenz-Kompetenz in das nationale Schiedsverfahrensrecht. Die Pflicht zur lediglich summarischen Prüfung einer Schiedsvereinbarung wird vom Bundesgericht dahingehend eingeschränkt, dass de facto nur die Prüfung der Gültigkeit und Erfüllbarkeit einer prima facie-Beurteilung unterfällt. Ob überhaupt eine Schiedsvereinbarung vorliegt, wird hingegen vollumfänglich geprüft. Dieses Ergebnis verwundert angesichts des Wortlauts von Art. 61 lit. b sZPO. Der ausdrücklich normierte Prüfungsmaßstab einer offensichtlichen (!) Ungültigkeit oder Unerfüllbarkeit der Schiedsvereinbarung läuft quasi ins Leere, wenn das staatliche Gericht gleichwohl umfassend prüfen soll, ob überhaupt eine Schiedsvereinbarung geschlossen wurde. Ob die umfassende Prüfung der Existenz einer Schiedsvereinbarung von der lediglich nach prima facie-Maßstab zu beurteilenden Frage der Gültigkeit bzw. Ungültigkeit der Schiedsvereinbarung getrennt werden kann, bleibt fraglich. Vielmehr ist davon auszugehen, dass die Feststellungen zum grundsätzlichen Abschluss einer Schiedsvereinbarung regelmäßig auch Erwägungen über die Wirksamkeit der Schiedsvereinbarung inkludieren werden, sodass sich

---

172 Ohne jedoch den Begriff des „effet négatif“ oder der „negativen Kompetenz-Kompetenz“ zu nennen: *Müller-Chen* in: Sutter-Somm/Hasenböhler/Leuenberger, Art. 61 ZPO Rn. 2 u. 12–14; Kurzkommentar-ZPO/*Domej*, Art. 61 Rn. 3; ausdrücklich auch BSK-ZPO/*Gehri*, Art. 61 Rn. 2: Das Schiedsgericht kann aufgrund seiner Kompetenz-Kompetenz als primäres und erstes (nicht aber einziges) Gericht über seine eigene Zuständigkeit entscheiden – bevor ein staatliches Gericht einschreitet!

173 BG Urt. v. 30.06.2014 – 4A_560/2013, BGE 140 III, S. 367 = ASA Bull. 32 (2014), 530.

174 BG Urt. v. 30.06.2014 – 4A_560/2013, BGE 140 III, S. 367, 369 f. [2.2.3]; zust. *Berger*, ASA Bull. 32 (2014), 539, 541 f.

die umfassende Prüfungskognition im Ergebnis auch auf die Wirksamkeit der Schiedsvereinbarung erstreckt. Dies unterscheidet sich dann aber erheblich von der Prüfungskompetenz staatlicher Gerichte in Bezug auf die internationale Schiedsgerichtsbarkeit mit Sitz in der Schweiz, für die nach der Rechtsprechung des Bundesgerichts lediglich eine summarische Prüfungskompetenz besteht. Warum die Prüfungskompetenz staatlicher Gerichte für nationale Schiedsverfahren, die ihren Sitz stets in der Schweiz haben, und für internationale Schiedsverfahren mit Sitz in der Schweiz unterschiedlich bewertet werden sollte, ist jedoch nicht nachvollziehbar.[175] Die Schiedssprüche beider Verfahren wären, wie vom Bundesgericht zur Begründung der Ungleichbehandlung internationaler Schiedsverfahren mit Sitz in der Schweiz und im Ausland angeführt[176], jedenfalls im Rahmen der Anfechtung gerichtlich umfassend überprüfbar.

B. Negative Kompetenz-Kompetenz im deutschen Recht

Relevant wäre ein Entscheidungsvorrang zugunsten der Schiedsgerichte im deutschen Recht im Falle der Klageerhebung vor dem staatlichen Gericht. Der staatliche Richter prüft im Falle des § 1032 Abs. 1 ZPO die Wirksamkeit der Schiedsvereinbarung umfänglich. Ein Vorrang der Schiedsgerichtsbarkeit hätte zur Folge, dass der staatliche Richter auf eine kursorische prima facie-Prüfung beschränkt wäre und erst im Anschluss an die schiedsgerichtliche Entscheidung die Wirksamkeit der Schiedsvereinbarung vollumfänglich prüfen dürfte. Eine solche Prüfungsreihenfolge entspricht prinzipiell der Verfahrenssituation des § 1040 ZPO: Das angerufene Schiedsgericht entscheidet gem. § 1040 Abs. 1 ZPO über seine Zuständigkeit. Bei entsprechender Zuständigkeitsrüge und auf Parteiantrag überprüft das staatliche Gericht gem. § 1040 Abs. 3 ZPO diese Zuständigkeitsentscheidung und die Wirksamkeit der Schiedsvereinbarung.

I. Entscheidungspriorität kraft Gesetzes

Für einen effet négatif im Sinne einer Prioritätsregelung zugunsten deutscher Schiedsgerichte, verbunden mit der Pflicht einer prima facie-Prüfung der Schiedsvereinbarung seitens staatlicher Gerichte, ist im deutschen Recht nach

175 Als Reaktion auf dieses Urteil wird beispielsweise von *Berger*, ASA Bull. 32 (2014), 539, 541 a.E. bereits gefordert, die einschränkende Interpretation von Art. 61 lit. b sZPO auch auf die Auslegung des Art. 7 IPRG zu übertragen.

176 Vgl. BG Urt. v. 06.08.2012 – 4A_119/2012, BGE 138 III 681, 684 [3.2].

einhelliger Meinung kein Raum.[177] Zwar sichert § 1032 Abs. 1 ZPO den „Vorrang eines Verfahrens vor dem Schiedsgericht“[178], allerdings kann daraus keine echte Entscheidungspriorität zugunsten des Schiedsgerichts abgeleitet werden. Die herrschende Ansicht kommt regelmäßig ohne eine Begründung ihrer ablehnenden Haltung aus, kann sich aber auf einschlägige Gesetzesregelungen stützen.

1. Regelung des § 1032 ZPO

Bereits der Wortlaut von § 1032 Abs. 1 ZPO enthält im Unterschied zu art. 1448 Abs. 1 c.p.c. n.F. und Art. 61 lit. b sZPO keine entsprechende Formulierung (*„manifestement“* bzw. *„offensichtlich“*), in die eine summarische Prüfung hineingelesen werden könnte. Auch hat der deutsche Gesetzgeber in Abkehr von Art. 8 Abs. 1 UNCITRAL-MG eine Abweisung der Klage als unzulässig und nicht bloß eine Verweisung der Parteien auf das Schiedsverfahren und eine Sistierung des Verfahrens vorgesehen. Die Abweisung der Klage soll nach der Gesetzesbegründung der möglichst frühzeitigen Schaffung klarer Verhältnisse dienen und setzt voraus, „daß das Gericht die Gültigkeit und Durchführbarkeit der Schiedsvereinbarung prüft und bejaht.“[179] Bei statthafter Schiedseinrede ergeht im deutschen Recht sodann ein Prozessurteil mit Rechtskraftwirkung. Es stellt die Unzuständigkeit der staatlichen Gerichte mit bindender Wirkung für nachfolgende Gerichte fest.[180] Eine solche Rechtskraftwirkung wäre jedoch mit der Annahme eines summarischen Prüfungsmaßstabs nur schwer zu vereinbaren. Ein Prozessurteil müsste bereits dann erlassen werden, wenn dem äußeren Anschein nach eine wirksame Schiedsvereinbarung vorliegt. Auf der Grundlage einer prima facie-Prüfung darf aber mangels hinreichender

177 Vgl. Stein/Jonas/*Schlosser*, § 1040 Rn. 2 a.E. i.V.m. § 1032 Rn. 18a; AiG/*Böckstiegel/Kröll/Nacimiento*, 1. Aufl., General Overwiew, Rn. 43; differenzierend aber *Münch*, ZZP 128 (2015), 1, 15–20, der eine (leichte) Annäherung an die französisch-schweizerische Sicht unter Praxisaspekten begrüßen würde.

178 Musielak/*Voit*, § 1032 Rn. 1.

179 BT-Drucks. 13/5274, S. 38 li.Sp. Über den Umfang der Prüfung schweigt die Gesetzesbegründung.

180 Das Prozessurteil erwächst grundsätzlich in Rechtskraft und stellt die Unzulässigkeit der Klage im ordentlichen Rechtsweg fest, vgl. z.B. *Kröll*, NJW 2001, 1173, 1178; Hk-ZPO/*Saenger*, § 1032 Rn. 10; Stein/Jonas/*Schlosser*, § 1032 Rn. 33.
Höchst umstritten ist hingegen, ob auch die Wirksamkeit der Schiedsvereinbarung für das weitere Schiedsverfahren rechtskräftig festgestellt wird; bejahend z.B. *Schwab/Walter*, Schiedsgerichtsbarkeit, Kap. 7 Rn. 3; PG/*Prütting*, § 1032 Rn. 5; MüKoZPO/*Münch*, § 1032 Rn. 21. Ausführlich dazu unter § 6.B.I.3, S. 153.

Prüfung keine rechtskräftige Entscheidung ergehen, sodass die gerichtliche Klageabweisung nicht (mehr) in Form eines Prozessurteils ergehen könnte. Eine Verweisung an das Schiedsgericht hingegen widerspräche nicht nur dem Willen des Gesetzgebers, sondern auch dem ausdrücklichen Wortlaut von § 1032 Abs. 1 ZPO, der eine Klageabweisung durch das Gericht impliziert.

Darüber hinaus ist § 1032 Abs. 1 ZPO nicht isoliert zu betrachten, sondern in seinem Gesamtzusammenhang zu lesen. Die verschiedenen Absätze der Norm bilden ein homogenes System präarbitraler Kontrolle und ergänzen einander: § 1032 Abs. 3 ZPO erlaubt die nachträgliche Einleitung bzw. Fortsetzung des Schiedsverfahrens neben dem staatlichen Verfahren. Die staatliche Entscheidungskompetenz bleibt dadurch unangetastet. Insbesondere führt die nachträgliche Einleitung eines Schiedsverfahrens erkennbar nicht zu einer (rückwirkenden) Beschränkung staatlicher Prüfungsmacht. Gegenstand des Antrages nach § 1032 Abs. 2 ZPO ist die Entscheidung über die Zulässigkeit des schiedsgerichtlichen Verfahrens, welche als Feststellungsbeschluss in Rechtskraft erwächst und alle staatlichen Gerichte und Schiedsgerichte in nachfolgenden Verfahren bindet.[181] Dafür muss der Beschluss des zuständigen Oberlandesgerichts über die Existenz einer wirksamen Schiedsvereinbarung mit vollumfänglicher Kognition gefällt werden. Andernfalls ließe sich eine Rechtskraftwirkung nicht rechtfertigen. Warum nun aber § 1032 Abs. 1 ZPO ein anderer Prüfungsmaßstab zugrunde liegen soll als § 1032 Abs. 2 ZPO erschließt sich nicht.[182]

Bei genauerer Betrachtung von § 1032 Abs. 2 ZPO bleibt jedoch zu überlegen, ob die zeitliche Grenze, nach der ein Feststellungsantrag nur bis zur Bildung des Schiedsgerichts zulässig ist, für eine Begrenzung staatlicher Kontrollbefugnisse spricht. Gerade weil den Parteien die Feststellung der Zulässigkeit oder Unzulässigkeit des Schiedsverfahrens nur bis zur Konstituierung des Schiedsgerichts offensteht, könnte daraus folgen, dass nach dessen Bildung auch nur das Schiedsgericht über diese Frage entscheiden soll – vorbehaltlich späterer Kontrolle durch staatliche Gerichte. So wird teilweise eine Erstentscheidungskompetenz des Schiedsgerichts über die Frage der Wirksamkeit der Schiedsvereinbarung ab diesem Zeitpunkt angenommen.[183] Dies als generelle Entscheidungspriorität gegenüber allen staatlichen Gerichten zu werten, ginge jedoch zu weit.[184]

---

181 Hierzu ausführlich unter Gliederungspunkt § 6.B.II, S. 164.

182 Siehe BGH Beschl. v. 19.07.2012 – III ZB 66/11, SchiedsVZ 2012, 281, 282 [Rn. 4].

183 Musielak/*Voit*, § 1040 Rn. 3; MüKoZPO/*Münch*, § 1040 Rn. 13; Hk-ZPO/*Saenger*, § 1030 Rn. 2.

184 So jedoch *Rehm*, Die Schiedsgerichtsbarkeit im Rechtssystem, Rn. 335 u. 344.

An die Stelle des § 1032 Abs. 2 ZPO tritt die Rüge der Unzuständigkeit des Schiedsgerichts nach § 1040 Abs. 2 ZPO und die richterliche Kontrolle nach § 1040 Abs. 3 ZPO. Bei Nichterlass eines Zwischenentscheids und der Verwehrung staatlicher Kontrolle über § 1040 Abs. 3 S. 2 ZPO bleibt die Möglichkeit, den endgültigen Schiedsspruch im Anfechtungs- oder Vollstreckungsverfahren anzufechten. Dieses Ineinandergreifen der unterschiedlichen staatlichen Kontrollmechanismen umfasst auch die Konstellation des § 1032 Abs. 2 ZPO und lässt eine Beschränkung staatlicher Prüfungsbefugnisse systematisch nicht zu. Darüber hinaus ließe sich die Argumentation anhand des Wortlauts von § 1032 Abs. 2 ZPO auch umdrehen: Bis zur Konstituierung des Schiedsgerichts, d.h. ausdrücklich vor einer schiedsgerichtlichen Entscheidung, kann und muss das Gericht eine umfassende Prüfung der Schiedsvereinbarung vornehmen, sodass gerade keine Entscheidungspriorität des Schiedsgerichts angenommen werden kann. Vielmehr könnte diese Bestimmung als eine Erstentscheidungsbefugnis des staatlichen Gerichts interpretiert werden. Wollte man dennoch aus § 1032 Abs. 2 ZPO einen generellen Entscheidungsvorrang der Schiedsgerichte herauslesen, müsste dieser schließlich an folgendem Umkehrschluss scheitern: Mangels ausdrücklicher Zeitgrenzen im Gesetzeswortlaut von § 1032 Abs. 1 ZPO kann im Vergleich zu § 1032 Abs. 2 ZPO ein genereller Entscheidungsvorrang für die Einredesituation gerade nicht begründet werden.

Diese Überlegungen zeigen, dass die zeitliche Beschränkung auf den Kontext des staatlichen Feststellungsverfahrens und den Moment der Konstituierung des Schiedsgerichts zugeschnitten ist, sodass ein „Vorrang der Schiedsgerichte“ bzw. vielmehr ein Ausschluss staatlicher Gerichte nur für dieses spezielle Verhältnis angenommen werden kann. Daraus ergibt sich kein echtes Primat schiedsgerichtlicher Entscheidungskompetenz, weil parallel zum Schiedsverfahren staatliche Kontrolle in der Einredesituation und über § 1040 Abs. 3 ZPO eröffnet ist.

2. *Norminhalt von § 1040 ZPO*

Auch die Regelung des § 1040 Abs. 1 ZPO lässt keinen Rückschluss auf eine negative Kompetenz-Kompetenz-Regelung zu. Sie kodifiziert ausdrücklich die vorläufige (positive) Kompetenz-Kompetenz des Schiedsgerichts und will den gedanklichen Zirkelschlusses[185] umgehen, welcher die wirksame Schiedsvereinbarung als notwendigen Tatbestand einer legitimierten Kompetenzentscheidung

---

185 Speziell unter alter Rechtslage war die Legitimierung einer negativen Kompetenzentscheidung des Schiedsgerichts problematisch. Siehe dazu *Synatschke*, Die Unzuständigkeitserklärung des Schiedsgerichts, S. 88 ff. sowie Gliederungspunkt § 6.C, S. 167.

voraussetzt: Dem Schiedsgericht wird Entscheidungskompetenz hinsichtlich der Zuständigkeitsfrage zugesprochen, die unabhängig von der Wirksamkeit der Schiedsvereinbarung besteht. In welchem Maße daneben staatliche Kontrolle gewährt wird, ist keine Frage des § 1040 Abs. 1 ZPO, sondern „systembedingt etwas völlig anderes."[186] § 1040 Abs. 1 ZPO will generell die Befugnis des Schiedsgerichts statuieren, über seine Zuständigkeit entscheiden zu dürfen, ohne jedoch damit ein „erstes Wort" der Schiedsgerichte zu garantieren und ein Prioritätsverhältnis im Sinne einer negativen Kompetenz-Kompetenz festzulegen. Eine Beschränkung staatlicher Prüfungskompetenz auf einen lediglich summarischen Maßstab folgt hieraus nicht. Das staatliche Gericht ist gerade nicht gezwungen, die ohnehin nur vorläufige Kompetenzentscheidung des Schiedsgerichts abzuwarten, bevor es eine Entscheidung über die Schiedseinrede oder die (Un-) Zulässigkeit des schiedsrichterlichen Verfahrens trifft.[187]

3. *Kein Vorrang staatlicher Prüfungskompetenz*

Ergänzend ist darauf hinzuweisen, dass § 1040 ZPO selbstverständlich auch einer generellen Entscheidungspriorität zugunsten staatlicher Gerichte entgegensteht. Diese scheitert offensichtlich bereits an der positiven Kompetenz-Kompetenz des Schiedsgerichts: Es kann und muss über die eigene Zuständigkeit und im Zusammenhang hiermit über die Wirksamkeit der Schiedsvereinbarung entscheiden. Würde man aus der Letztentscheidungsbefugnis gleichsam den ersten Zugriff staatlicher Gerichte im Ringen um den Kompetenzentscheid ableiten, käme dies einer Aushebelung der im Gesetz ausdrücklich angeordneten vorläufigen Kompetenz-Kompetenz der Schiedsgerichte gleich. Denn welche Anwendungsfälle blieben dem Schiedsrichter, wenn der staatliche Richter nicht nur abschließend, sondern auch als erster – und damit einziger – Richter über die Wirksamkeit der Schiedsvereinbarung entscheiden dürfte? Das „letzte Wort" staatlicher Gerichte gibt diesen daher nicht das „erste" bzw. „einzige Wort".

II. Entscheidungspriorität kraft Parteivereinbarung?

Nach alter Rechtslage wurde jedoch die Vereinbarung eines Prioritätsverhältnisses zugunsten des Schiedsgerichts teilweise mit der Begründung bejaht,

---

186 *Münch*, ZZP 128 (2015), 1, 18, der im Übrigen vor einer solchen Umkehrung der Argumentationskette („wer A sagt müsse konsequent B zugestehen") warnt, da diese gesetzlich zugebilligte Kompetenzermächtigung u.U. rückgängig gemacht werden könnte: „wer kein B will, muß auch nicht A sagen!"

187 BGH Urt. v. 13.01.2005 – III ZR 265/03, SchiedsVZ 2005, 95, 97 [juris Rn. 19].

den Parteien stehe es frei, für eine bestimmte Zeit auf die Inanspruchnahme staatlichen Rechtsschutzes zu verzichten.[188] Anders als die Kompetenz-Kompetenz-Klausel, durch die gerichtliche Kontrolle auf die Überprüfung der zweiten Schiedsvereinbarung reduziert wird, würden die Überprüfungsmöglichkeiten des Staatsgerichts im Falle der vereinbarten Erstentscheidungsbefugnis nicht eingeschränkt, sondern lediglich zeitlich hinausgeschoben: Die Kompetenzentscheidung der Schiedsrichter soll mit entsprechendem Willen der Parteien vor der Anrufung staatlicher Gerichte ergehen können.[189] Parallel zur Problematik der Fehleridentität bei einer Kompetenz-Kompetenz-Abrede wurde auch für die Primärzuständigkeit eines Schiedsgerichts die Gefahr gesehen, dass diese Vereinbarung unter demselben rechtlichen Mangel leiden könnte wie die Schiedsvereinbarung selbst.[190] Daher scheint es, ebenso wie bei der Kompetenz-Kompetenz-Klausel, überhaupt fraglich, ob durch eine entsprechende Vereinbarung über die prioritäre Entscheidungsbefugnis des Schiedsgerichts Kompetenzstreitigkeiten vermieden werden könnten. Bei Bestreiten der Zuständigkeit des Schiedsgerichts wird stets auch die gerichtliche Überprüfung der entsprechenden Parteivereinbarung über die Primärzuständigkeit gerichtlicher Überprüfung unterstellt sein. Ebenso wie bei der Kompetenz-Kompetenz-Klausel könnte echte Entscheidungspriorität nur bei einer wirksamen Parteivereinbarung erwirkt werden. In den häufigsten Fällen dürften Kompetenz-Kompetenz-Abrede bzw. „Vorrangsvereinbarung“ und Hauptschiedsvertrag jedoch an denselben Fehlern leiden.

Nach der Reform des Schiedsverfahrensrechts wird hingegen die Vereinbarung einer negativen Kompetenz-Kompetenz, sofern überhaupt angedacht, für nicht mehr möglich gehalten.[191] Der BGH begründet dies mit dem gesetzgeberischen Willen, die bisherigen Rechtsprechung zur Kompetenz-Kompetenz-Klausel nicht weiterzuführen zu wollen, da die gesetzliche Neuregelung zur abschließenden Kompetenz-Kompetenz der staatlichen Gerichte zwingender Natur sei.[192] Bei einem – wenn auch nur zeitweiligen – Ausschluss frühen staatlichen Rechtsschutzes bestünde dann aber die Gefahr einer Verkürzung des Justizgewährleistungsanspruchs, was letztlich zu einer temporären Justizverweigerung

188 Stein/Jonas/*Schlosser*, 21. Aufl., § 1037 Rn. 7; *Wolf*, Die institutionelle Handelsschiedsgerichtsbarkeit, S. 110; *Schlosser*, Internationale Schiedsgerichtsbarkeit, Rn. 556.

189 *Wolf*, Die institutionelle Handelsschiedsgerichtsbarkeit, S. 110.

190 *Wolf*, Die institutionelle Handelsschiedsgerichtsbarkeit, S. 111.

191 Soweit ersichtlich nur Stein/Jonas/*Schlosser*, § 1032 Rn. 21 a.E. mit Verweis auf BT-Drucks. 13/5274, S. 44.

192 BGH Urt. v. 13.01.2005 – III ZR 265/03, SchiedsVZ 2005, 95, 96 [juris Rn. 18].

führen würde.[193] Der Umfang und Zeitpunkt der gesetzlich vorgeschriebenen staatlichen Kontrolle kann daher im Einklang mit der neuen Rechtsprechung des BGH nicht zur Disposition der Parteien stehen. Dies zeigt auch das Verbot der vormals erlaubten originären Kompetenz-Kompetenz. Konsequenterweise können die Parteien die gesetzlichen Kontrollregelungen der §§ 1032, 1040 ZPO nicht durch eine entsprechende Vereinbarung abbedingen und nach ihrem Ermessen auf den Einsatz staatlicher Kontrollverfahren verzichten, auch nicht temporär bis zum Aufhebungs- bzw. Vollstreckbarerklärungsverfahren.[194] Die gesetzlich manifestierte frühzeitige Prüfung der schiedsgerichtlichen Zuständigkeit darf deshalb auch durch entsprechende Parteivereinbarung nicht abbedungen werden.

III. Zusammenfassung

Im Ergebnis erlauben weder § 1032 noch § 1040 ZPO einen Rückschluss auf das Rangverhältnis der Zuständigkeitsentscheidung von ordentlichen Gerichten und Schiedsgerichten in der Weise, dass dem Schiedsgericht oder dem staatlichen Gericht eine echte Entscheidungspriorität zukommen würde. Durch die gesetzlichen Regelungen wird das Problem von Verfahrensüberschneidungen im Kontext des Kompetenzkonflikts nicht gelöst. Vielmehr kann von staatlichen und schiedsgerichtlichen Instanzen sogar parallel über die Zulässigkeit eines schiedsrichterlichen Verfahrens entschieden werden. Auch eine negative Kompetenz-Kompetenz durch entsprechende Parteivereinbarung wäre nach geltender Rechtslage nicht wirksam, da eine solche Parteivereinbarung nach der Revision der ZPO und der Rechtsprechungsänderung zur endgültigen Kompetenz-Kompetenz der Schiedsgerichte nicht mehr ins System passt.

---

193 In diese Richtung *Rehm*, Die Schiedsgerichtsbarkeit im Rechtssystem, Rn. 562.

194 Vgl. zum zwingende Charakter der §§ 1032, 1040 ZPO auch AiG/*Huber*/*Bach*, § 1032 Rn. 8 u. § 1040 Rn. 3; MüKoZPO/*Münch*, § 1042 Rn. 13 sowie § 1032 Rn. 51; B/L/A/H/G/*Anders*, § 1040 Rn. 5.

§ 4. Verfahrenskoordination mithilfe der Rechtshängigkeit

A. Rechtshängigkeit im staatlichen Verfahren und im Schiedsverfahren

In den meisten kontinentaleuropäischen Rechtsordnungen ist der Grundsatz der Rechtshängigkeit, auch Lis-pendens oder Lis-alibi-pendens genannt, fest verankert und wird als Prioritätsprinzip verstanden, das der zuerst anhängigen Klage den Vorrang vor einer zweiten Klage gewährt.[195] Im Hinblick auf die Koordination zeitgleich anhängiger Verfahren konzentrieren sich die Ausführungen allein auf die verfahrenssperrende Wirkung der Rechtshängigkeit. Da Regelungen zu einer Rechtshängigkeit im Schiedsverfahren lediglich rudimentär existieren, ist auf der Grundlage der für das staatliche Verfahren relevanten Prinzipien zu überlegen, ob ein der Rechtshängigkeit vergleichbares Rechtsinstitut für das Schiedsverfahren existiert und welche Wirkungen diesem beizumessen sind.

I. Grundsatz der Verfahrenssperre

Die für die Vermeidung paralleler Verfahren interessante Regelung ist § 261 Abs. 3 Nr. 1 ZPO, wonach es den Parteien versagt ist, für die Dauer der Rechtshängigkeit der Streitsache diese anderweitig anhängig zu machen.[196] Damit ist die wesentliche prozessuale Wirkung der Rechtshängigkeit bereits beschrieben: Erreicht ein Anspruch das Stadium der Rechtshängigkeit und wird derselbe prozessuale Anspruch in einem neuen Verfahren bei einem anderen oder demselben Gericht anhängig gemacht, ist diese spätere Klage durch Prozessurteil als unzulässig abzuweisen. Die anderweitige Rechtshängigkeit ist als negative Prozessvoraussetzung[197] von dem angerufenen Gericht von Amts wegen

---

195 *De Ly/Sheppard*, ILA Final Report on Lis Pendens and Arbitration (2006), Arb. Int. 25 (2009), 3 ff., Rn. 2.16, siehe zum Verständnis der lis pendens in Common Law-Jurisdiktionen Rn. 2.1–2.15.

196 Siehe zu sämtlichen Rechtshängigkeitswirkungen einer Klage *Bettermann*, Rechtshängigkeit und Rechtsschutzform, passim.

197 BGH Urt. v. 19.11.2003 – VIII ZR 60/03, BGHZ 157, 47, 50 [juris Rn. 9]. Eine Klage ist nur dann vollumfänglich zulässig, wenn eine anderweitige Rechtshängigkeit des betreffenden Streitgegenstandes nicht besteht. So Stein/Jonas/*Roth*, § 261 Rn. 22, *Schilken*, ZPO, Rn. 236. Anders aber BGH Urt. v. 17.05.2001 – IX ZR 256/99, NJW 2001, 3713 [juris Rn. 10] u. BGH Urt. v. 20.01.1989 – V ZR 173/87, NJW 1989,

zu beachten.[198] Insofern ist die Bezeichnung als „Einwand“ der anderweitigen Rechtshängigkeit, der die Geltendmachung der verfahrenssperrenden Wirkung i.S.d. § 261 Abs. 3 Nr. 1 ZPO beschreibt, missverständlich.

Über diese Sperrwirkung werden mehrere Verfahren zwischen identischen Parteien über den identischen Streitgegenstand[199] nach dem Grundsatz der Priorität koordiniert. Eine Identität der Parteien besteht dabei unabhängig von der jeweiligen Rolle der Parteien im jeweiligen Prozess[200], sodass auch die Doppelverfahren inhärente typische Konstellation der umgekehrten Parteirollen erfasst ist. Die zuerst rechtshängige Klage, nicht zwingend auch die zuerst anhängige, sperrt nach § 261 Abs. 3 Nr. 1 ZPO eine spätere Klage bezüglich desselben Streitgegenstandes.[201] Ausschlaggebend für den Eintritt der Rechtshängigkeit ist gem. § 261 Abs. 1 ZPO hierbei der Zeitpunkt der ordnungsgemäßen Klageerhebung. Dies setzt nach § 253 Abs. 1 ZPO die Einreichung der Klageschrift vor einem deutschen Gericht[202] und ihre Zustellung an den Beklagten voraus, wobei die formalen Erfordernisse des § 253 Abs. 2 ZPO einzuhalten sind. Eine diesen Voraussetzungen genügende Klageschrift bewirkt mit der Zustellung an die gegnerische Partei die Rechtshängigkeit des Streitgegenstandes.[203] Die Klageerhebung

---

2064. In diesen Entscheidungen bezeichnet der BGH Rechtshängigkeit als „Prozesshindernis“. Das scheint insofern unpräzise, da die Rechtshängigkeit nicht erst auf Rüge hin zu beachten ist.

198 Allgem. Ansicht, beispielsweise: BGH Urt. v. 20.01.1989 – V ZR 173/87, NJW 1989, 2064 [juris Rn. 12]; BGH Urt. v. 10.10.1952 – V ZR 159/51, BGHZ 7, 268, 269 [juris Rn. 15]; B/L/A/H/G/*Weber*, § 261 Rn. 26; MüKoZPO/*Becker-Eberhard*, § 261 Rn. 42; Stein/Jonas/*Roth*, § 261 Rn. 22; BeckOK-ZPO/*Bacher*, § 261 Rn. 13; *Bettermann*, Rechtshängigkeit und Rechtsschutzform, S. 9.

199 Vgl. die Ausführungen zum Streitgegenstandsbegriff unter Gliederungspunkt § 2.A.II, S. 22.

200 BGH Urt. v. 17.05.2001 – IX ZR 256/99, NJW 2001, 3713, 3714.

201 OLG Stuttgart Beschl. v. 06.05.2004 – 20 U 16/03 = MDR 2004, 1017 [juris Rn. 11]; MüKoZPO/*Becker-Eberhard*, § 261 Rn. 42.

202 *Schumann*, FS Lüke (1997), 767 f.
Auch die vor einem unzuständigen Gericht erhobene Klage ist für den Eintritt der Rechtshängigkeit ausreichend. Ein örtlich oder sachlich unzuständiges Gericht verweist nach § 281 ZPO an das zuständige Gericht und beseitigt so den Mangel der Unzuständigkeit. Das Gericht des unzulässigen Rechtswegs verweist nach § 17a Abs. 2 GVG; die Rechtshängigkeit wirkt gem. § 17b Abs. 1 S. 2 GVG fort. Siehe zur rechtswegübergreifenden Rechtshängigkeit auch *Schumann*, FS Lüke (1997), 767 f., der auf *Lüke*, GS Bruns (1980), 129, 137 ff. verweist.

203 Davon zu unterscheiden ist die Anhängigkeit einer Streitsache. Anhängigkeit geht der Rechtshängigkeit als Vorstufe voraus und wird bereits durch die Einreichung der

vor einem Schiedsgericht wird hingegen von der herrschenden Meinung als nicht ausreichend erachtet, eine „echte" Rechtshängigkeit i.S.d. § 261 ZPO zu begründen.[204]

Die Rechtshängigkeit endet in der Regel, mit dem Eintritt der formellen Rechtskraft des Urteils nach § 705 ZPO.[205] Darüber hinaus wird die Rechtshängigkeit beispielsweise auch durch eine Klagerücknahme, übereinstimmende Erledigungserklärungen in der Hauptsache und einem Prozessvergleich beendet[206] – anders aber bei einem außergerichtlichen Vergleich.[207] Wird die Rechtshängigkeit eines prozessualen Anspruchs beendet, gilt auch die Sperre des § 261 Abs. 3 Nr. 1 ZPO nicht mehr. An die Stelle des Einwands anderweitiger Rechtshängigkeit tritt der Einwand der rechtskräftig entschiedenen Sache.[208]

Klageschrift bei Gericht erreicht. Vgl. hierzu OLG Hamm Beschl. v. 11.11.1966 – 14 W 140/66, NJW 1967, 939; OLG Frankfurt Beschl. v. 03.11.1964 – 6 W 446/64, NJW 1965, 306. Eine umfassende Auseinandersetzung mit der Bedeutung der „Anhängigkeit" im Zivilprozess findet sich bei *Schilken*, JR 1984, 446–450.

204 Vgl. BGH Beschl. v. 30.06.2011 – III ZB 59/10, SchiedsVZ 2011, 281, 283 [Rn. 10 f.]; *Schwab/Walter*, Schiedsgerichtsbarkeit, Kap. 16 Rn. 4; *Lachmann*, Handbuch für die Schiedsgerichtspraxis, Rn. 1450 u. 762; Stein/Jonas/*Schlosser*, § 1044 Rn. 4; MüKo-ZPO/*Münch*, § 1044 Rn. 29; Musielak/*Voit*, § 1032 Rn. 8; AiG/*Sachs/Lörcher*, § 1044 Rn. 13; BeckOK-ZPO/*Wolf/Eslami*, § 1032 Rn. 8; Zöller/*Geimer*, § 1032 Rn. 4 u. 27 und § 1044 Rn. 5. Vgl. hierzu zudem die Ausführungen unter Gliederungspunkt § 4.A.II.3, S. 74.

205 Allgem. Ansicht: BGH Beschl. v. 01.02.1995 – VIII ZB 53/94, NJW 1995, 1095, 1096 [juris Rn. 8]; BGH Urt. v. 24.11.1983 – IX ZR 93/82, NJW 1984, 353 [juris Rn. 6]; RG Urt. v. 22.02.1917 – VI 232/16, RGZ 89, 424, 426; B/L/A/H/G/*Weber*, § 261 Rn. 15; Zöller/*Greger*, § 261 Rn. 7; *Rosenberg/Schwab/Gottwald*, Zivilprozessrecht, § 98 Rn. 17.

206 Thomas/Putzo/*Reichold*, § 261 Rn. 9; vgl. auch die Aufzählung bei B/L/A/H/G/*Weber*, ZPO, § 261 Rn. 16; *Kleinbauer*, JA 2007, 416.
Stillstand, Aussetzung, Unterbrechung des Verfahrens oder Verweisung bei Unzuständigkeit führen hingegen nicht zu einem Ende der Rechtshängigkeit, vgl. Musielak/Voit/*Foerste*, § 261 Rn. 8.

207 Die Beendigung der Rechtshängigkeit ist nicht unmittelbare Folge eines außergerichtlichen Vergleichs. Allerdings kann der materiell-rechtliche Inhalt einer Fortsetzung des Prozesses entgegenstehen, soweit der ursprünglich eingeklagte Anspruch für erledigt erklärt worden ist, und so mittelbar das Stadium der Rechtshängigkeit beenden, so BGH Urt. v. 07.03.2002 – III ZR 73/01, NJW 2002, 1503.

208 BGH Urt. v. 11.12.1986 – IX ZR 165/85, NJW-RR 1987, 683 [juris Rn. 34]. Zum Zusammenhang von Rechtshängigkeit und Rechtskraft siehe bereits Gliederungspunkt § 2.C.I, ab S. 40 ff.

II. Ein der Rechtshängigkeit entsprechendes Rechtsinstitut im Schiedsverfahren

Die Überschrift suggeriert zwar, dass eine Rechtshängigkeit, wie sie aus dem staatlichen Zivilprozess bekannt ist, auch im schiedsgerichtlichen Verfahren existiert. Bezüglich des Umfangs einer Rechtshängigkeitssperre für das Schiedsverfahren bestehen jedoch erhebliche Zweifel, da eine Rechtshängigkeit in den meisten nationalen Schiedsrechten nur – wenn überhaupt – sehr partiell geregelt ist. Diese rudimentären Vorschriften legen regelmäßig nicht die Wirkungen der Rechtshängigkeit eines Schiedsverfahrens fest. Das deutsche Prozessrecht bestimmt für den staatlichen Richter durch die Regelung des § 261 Abs. 3 Nr. 1 ZPO den genauen Verfahrensablauf im Falle zweier rechtshängiger (Parallel-) Prozesse vor jeweils staatlichen Gerichten. Für das Schiedsverfahren fehlt es hingegen bereits an einer schiedsspezifischen Norm, die einen Zeitpunkt fixiert, an dem eine den Regelungsmechanismen im Zivilprozess entsprechende Situation geschaffen wäre, in der ein Verfahren vor dem Schiedsgericht nach der ZPO[209] als rechtshängig bzw. schiedshängig bezeichnet werden könnte. Die Diskrepanz der gesetzlichen Regelungen für den staatlichen und schiedsgerichtlichen Verfahrensgang verwundert, sind doch das Prinzip der Rechtshängigkeit und der Rechtskraft als effiziente Koordinationsinstrumente im Zivilprozess unbestritten.

1. *Begriff der Schiedshängigkeit*

Der Begriff der Schieds(gerichts)hängigkeit hat sich aus Literatur und Rechtsprechung[210] heraus entwickelt und bezeichnet parallel zur Rechtshängigkeit im staatlichen Verfahren die Anhängigkeit einer Klage vor einem Schiedsgericht.

---

209 Es wird nicht zwischen der Betrachtung von ad hoc und institutionellen Schiedsverfahren differenziert, obwohl je nach Wahl der einschlägigen Schiedsordnung ein genauer Zeitpunkt für den Eintritt einer Rechts- bzw. Schiedshängigkeit festgelegt sein kann. Die Schiedsregelungen sind jedoch allein nicht maßgeblich, können sie selbst keine mit dem Eintritt einer Schiedshängigkeit verbundenen Wirkungen konstituieren. Welche Wirkungen durch eine Klageerhebung vor dem Schiedsgericht erzeugt werden hängt allein von der lex arbitri ab. Vgl. *Bosch*, Rechtskraft und Rechtshängigkeit im Schiedsverfahren, S. 173.

210 BGH Urt. v. 11.04.1985 – VIII ZR 190/57, NJW 1985, 950: *„Einrede der Rechtshängigkeit (Schiedsgerichtshängigkeit)"*; *Baur*, FS Fasching (1988), 81, 82; *Schütze/Tscherning/Wais*, Handbuch des Schiedsverfahrens, Rn. 385; *Schäfer*, FS Henckel (1995), 723, 726; *Bosch*, Rechtskraft und Rechtshängigkeit im Schiedsverfahren, S. 2 sowie S. 172.

Die Verwendung des Begriffs erfolgt jedoch nicht einheitlich. In Bezug auf die Frage, ob das staatliche Gericht unter Umständen eine bereits erhobene Klage vor dem Schiedsgericht zu beachten hat, wird häufig von einer Rechtshängigkeit des Schiedsverfahrens gesprochen. Die Bezeichnung der Schiedshängigkeit wird dann zumeist nur für konkurrierende Prozesse innerhalb der Schiedsgerichtsbarkeit und nicht verfahrensübergreifend verwand, sodass die Schiedshängigkeit einer Klage, wenn überhaupt, nur in einem anderen Schiedsprozess gelten gemacht werden kann.[211] Im Rahmen dieser Untersuchung thematisiert die Schiedshängigkeit parallel zur Rechtshängigkeit im Schiedsverfahren hingegen die „Rechts"- bzw. Schiedshängigkeit einer Klage vor dem Schiedsgericht im Verhältnis zu Schiedsgerichten und staatlichen Gerichten. Mit dieser Bezeichnung soll jedoch keine Aussage über die „Qualität" der Schiedshängigkeit getroffen werden. Die Begriffswahl impliziert insbesondere nicht, dass der Schiedshängigkeit andere, unter Umständen mindere Wirkung zukommt als der Rechtshängigkeit im Zivilprozess.[212] Vielmehr wird dieser Terminus verwendet, um zu verdeutlichen, dass eine Klage vor einem Schiedsgericht anhängig ist und diese Verfahrenssituation sich auf andere Prozesse auswirken kann – unabhängig davon, ob diese staatlicher oder privater Natur sind.

2. *Eintritt der Schiedshängigkeit*

Erste Anhaltspunkte für die Existenz einer Schiedshängigkeit lassen sich § 204 Abs. 1 Nr. 11 BGB entnehmen, der die Hemmung der Verjährungsfristen durch den Beginn des schiedsrichterlichen Verfahrens festlegt. Damit sind materiellrechtliche Wirkungen einer Schiedshängigkeit angesprochen, die implizit voraussetzen, dass eine solche generell existiert. Nicht geregelt ist hingegen, zu welchem Zeitpunkt das Stadium der Schiedshängigkeit eintritt.

211 Vgl. *Schwab/Walter*, Schiedsgerichtsbarkeit, Kap. 16 Rn. 4; B/L/A/H/G/*Anders*, § 1044 Rn. 3; BeckOK-ZPO/*Wilske/Markert* § 1044 Rn. 6, nach denen allerdings das Rechtsschutzbedürfnis für ein weiteres Schiedsverfahren entfällt; Stein/Jonas/*Schlosser*, § 1044 Rn. 4 f.; unklar *Schlosser*, Internationale Schiedsgerichtsbarkeit, Rn. 615 u. 617. Siehe aber *Lionnet/Lionnet*, Handbuch der internat. u. nat. Schiedsgerichtsbarkeit, S. 319 m.w.N., die den Begriff der Rechtshängigkeit für das Schiedsverfahren durch den Begriff der Schiedshängigkeit ersetzt wissen wollen.

212 Aufgrund dieser Überlegung entscheidet sich *Bosch*, Rechtskraft und Rechtshängigkeit im Schiedsverfahren, S. 2 mit Fn. 5 sowie S. 172 mit Fn. 38, gegen den Begriff der Schiedshängigkeit und spricht ausschließlich von Rechtshängigkeit im schiedsrichterlichen Verfahren. Ebenso *Pohl*, Doppelte Rechtshängigkeit im schiedsgerichtlichen Verfahren, S. 135 f.

Die Einleitung eines Schiedsverfahrens erfolgt grundsätzlich in mehreren Stufen: Nach § 1044 S. 1 ZPO beginnt das Schiedsverfahrens mit dem Tag, an dem die beklagte Partei den Antrag des Schiedsklägers, eine bestimmte Streitigkeit einem Schiedsgericht vorzulegen, empfängt. § 1044 S. 2 ZPO bestimmt parallel zu § 253 Abs. 2 ZPO konstitutive, nicht zur Parteidisposition stehende Essentialia, denen dieser Antrag genügen muss. Die Parteien und der Streitgegenstand müssen angeben werden und es muss ein Hinweis auf die Schiedsvereinbarung enthalten sein. Dieser Antrag ist von der Klageschrift als solcher zu trennen, die in § 1046 ZPO kodifiziert ist. Nach § 1046 ZPO Abs. 1 ZPO ist erst innerhalb der vereinbarten oder vom Schiedsgericht gesetzten Fristen (d.h. nach Beginn des Schiedsverfahrens i.S.d. § 1044 ZPO) eine Klageschrift einzureichen und der Anspruch hinreichend darzulegen, nicht bereits mit Antragstellung nach § 1044 ZPO.[213] Diese Differenzierung zeigt, dass die Bezeichnung des Streitgegenstandes i.S.v. § 1044 ZPO geringeren Anforderungen unterliegen muss, als die Darlegung des Anspruchs nach § 1046 ZPO oder der Angabe von Streitgegenstand und -grund des erhobenen Anspruchs gem. § 253 Abs. 2 Nr. 2 ZPO.[214]

Diese verschiedenen Anforderungen im Rahmen von § 1044 ZPO und § 1046 ZPO an die Bezeichnung des Streitgegenstandes bzw. Darlegung des Anspruchs erschweren die Festlegung eines konkreten Zeitpunktes für den Beginn der Schiedshängigkeit, der dem Status der Rechtshängigkeit im Zivilprozess entspricht. Ist dieser parallel zu der Regelung der §§ 261, 253 ZPO im Beginn des Schiedsverfahrens nach § 1044 ZPO oder in der Übermittlung der Klageschrift nach § 1046 ZPO zu sehen? Spielt der Zeitpunkt der (vollständigen) Konstituierung des Schiedsgerichts eine entscheidende Rolle? Letzteres ist jedenfalls zu verneinen: Regelmäßig bedarf es einer Mitwirkungspflicht der Parteien an der Bestellung der Schiedsrichter und der Bildung des Schiedsgerichts. Wäre die Konstituierung des Schiedsgerichts maßgeblicher Zeitpunkt für den Eintritt der Schiedshängigkeit könnte dieser durch die beklagte Partei beeinflusst und hinausgezögert werden, beispielsweise durch die Weigerung, einen Schiedsrichter zu bestellen. In der Zwischenzeit stünde es der beklagten Partei ihrerseits offen, eine Klage im staatlichen Verfahren einzureichen, Rechtshängigkeit zu erwirken und so möglicherweise das Schiedsverfahren zu obstruieren. Die vollständige

213 Vgl. BeckOK-ZPO/*Wilske/Markert*, § 1044 Rn. 3; Musielak/*Voit*, ZPO, § 1044 Rn. 2 (Schlüssigkeit des Antrags i.S.v. § 1044 ZPO nicht erforderlich).

214 Stein/Jonas/*Schlosser*, § 1044 Rn. 1; PG-ZPO/*Prütting*, § 1044 Rn. 3; vgl. auch *Münch*, FS Schlosser (2005), 613, 622–625.

Konstituierung hängt daher regelmäßig von Faktoren ab, auf die der Schiedskläger nur bedingt Einfluss hat.[215] Um einem solchen Missbrauch im Vorfeld zu begegnen, kann der Eintritt einer der Rechtshängigkeit vergleichbaren Schiedshängigkeit nicht von dem Umstand der Bildung des Schiedsgerichts abhängig gemacht werden.[216]

Hinsichtlich der Differenzierung zwischen Verfahrensbeginn nach § 1044 und Klageerhebung nach § 1046 ZPO könnte für § 1046 Abs. 1 ZPO als Anknüpfungspunkt für den Eintritt eines der Rechtshängigkeit entsprechenden Stadiums der Schiedshängigkeit sprechen, dass erst nach dem formalen Beginn des Schiedsverfahrens i.S.v. § 1044 ZPO eine Klageschrift eingereicht werden muss, in welcher der Anspruch schlüssig dargelegt wird. Diese Situation ist vergleichbar mit der Fixierung des Streitgegenstandes i.S.v. § 253 Abs. 2 Nr. 2 ZPO. Vorwiegend wird jedoch auf den Beginn des schiedsrichterlichen Verfahrens nach § 1044 ZPO als maßgeblicher Zeitpunkt abgestellt.[217] Mit dem Antrag nach § 1044 ZPO ist der Streitgegenstand so hinreichend zu bestimmen, dass die beklagte Partei auf Grund der konkreten, nicht bloß schlagwortartigen Beschreibung Kenntnis darüber erlangen kann, um welchen Streitgegenstand es sich handelt.[218] Zudem wird angenommen, dass mit dem Beginn des Schiedsverfahrens analog zur Rechtshängigkeit des staatlichen Verfahrens[219] jedenfalls eine Schiedshängigkeit im Verhältnis zu anderen Schiedsverfahren eintritt[220] und diese sogar der Einleitung eines weiteren Schiedsverfahrens entgegensteht.[221] Bei der Festlegung eines

215 B/L/A/H/G/*Anders*, § 1044 Rn. 3; *Pohl*, Doppelte Rechtshängigkeit im schiedsgerichtlichen Verfahren, S. 156; siehe auch BT-Drucks. 13/5274, S. 48 li.Sp.
Ähnlich auch zu Art. VI Abs. 3 EÜ Stein/Jonas/*Schlosser*, Anhang zu § 1061 Rn. 426.

216 Die Konstituierung des Schiedsgerichts für den Eintritt einer Rechtshängigkeit voraussetzend hingegen *Bosch*, Rechtskraft und Rechtshängigkeit im Schiedsverfahren, S. 174; Thomas/Putzo/*Seiler*, § 1044 Rn. 2; wohl auch *Baur*, FS Fasching (1988), 81, 83.

217 Ohne freilich eine Schiedshängigkeit im Sinne einer prozessualen Sperrwirkung anzunehmen: KG Berlin Beschl. v. 12.08.2010 – 20 Sch 02/10, SchiedsVZ 2011, 110, 111; *Kreindler/Schäfer/Wolff*, Schiedsgerichtsbarkeit, Rn. 385; Zöller/*Geimer*, § 1044 Rn. 1 u. 4; PG-ZPO/*Prütting*, § 1044 Rn. 4; Stein/Jonas/*Schlosser*, § 1044 Rn. 5; *Rosenberg/Schwab/Gottwald*, Zivilprozessrecht, § 179 Rn. 41 f.

218 Vgl. Musielak/*Voit*, § 1044 Rn. 2.

219 PG-ZPO/*Prütting*, § 1044 Rn. 1.

220 B/L/A/H/G/*Anders*, § 1044 Rn. 3; Musielak/*Voit*, § 1044 Rn. 7 u. § 1042 Rn. 16; Stein/Jonas/*Schlosser*, § 1044 Rn. 5; AiG/*Sachs/Lörcher*, Rn. 13; BeckOK-ZPO/*Wilske/Markert*, § 1044 Rn. 6.

221 Dazu noch unter § 4.C, S. 108.

maßgeblichen Zeitpunktes danach zu differenzieren, ob ein zweites mögliches Verfahren vor einem Schiedsgericht oder einem staatlichen Gericht stattfinden könnte, ist nicht nur wenig praktikabel, sondern liegt darüber hinaus nicht im Klägerinteresse. Bei der Einleitung eines Schiedsverfahrens wird oftmals noch nicht feststehen, ob und vor welcher Gerichtsbarkeit Doppelverfahren drohen, zumal es auch in den Händen der beklagten Partei liegt, parallel vor einem anderen (Schieds-) Gericht zu prozessieren. Den zeitliche Anknüpfungspunkt einer etwaigen Verfahrenssperre danach zu bestimmen, ob ein nachfolgendes Verfahren vor einem Schieds- oder einem Staatsgericht stattfindet, führt nicht nur zu erheblicher Rechtsunsicherheit, sondern entbehrt auch einer sachlichen Grundlage.[222] Mit dem Antrag auf Einleitung des Schiedsverfahrens nach § 1044 ZPO ist der Streitgegenstand bereits hinreichend konkretisiert, auch wenn der Antrag noch nicht schlüssig dargelegt werden muss. Sinnvoll ist daher, den Eintritt der Schiedshängigkeit auf den Beginn des Schiedsverfahrens i.S.d. § 1044 ZPO festzulegen.

3. *Status quo zur Existenz eine Verfahrenssperre*

Eine verfahrenssperrende Wirkung zwischen den Verfahren der ordentlichen Gerichtsbarkeit und der Schiedsgerichtsbarkeit ist im deutschen Recht höchst umstritten. Gerade um eine unnötige Inanspruchnahme der Gerichte und der Parteien zu verhindern, ist jedoch auch im Verhältnis von Schiedsgerichtsbarkeit und staatlicher Gerichtsbarkeit die Koordination in einem möglichst frühen Verfahrensstadium sinnvoll.[223] Eine gesetzliche Regelung der Schiedshängigkeit und ihrer verfahrensrechtlichen Wirkungen fehlt jedoch und kann lediglich aus allgemeinen Erwägungen hergeleitet werden. Die generelle Existenz einer Schiedshängigkeit wird für das deutsche Schiedsverfahrensrecht zwar nicht bestritten, jedoch i.d.R. auf materiell-rechtliche Wirkung beschränkt. Darüber hinausgehende prozessuale Wirkungen im Sinne einer der Rechtshängigkeit vergleichbaren Sperrwirkung gem. § 261 Abs. 3 Nr. 1 ZPO werden nach herrschender Meinung abgelehnt.[224] Bedenken ergeben sich im Hinblick auf die

---

222 In diesem Sinne argumentiert auch *Pohl*, Doppelte Rechtshängigkeit im schiedsgerichtlichen Verfahren, S. 155.

223 *Ahrendt*, Der Zuständigkeitsstreit im Schiedsverfahren, S. 4.

224 BGH Urt. v. 11.04.1958 – VIII ZR 190/57, NJW 1958, 950; BGH Beschl. v. 30.06.2011 – III ZB 59/10, SchiedsVZ 2011, 281, 283 [Rn. 10 f.]; Stein/Jonas/*Schlosser*, § 1044 Rn. 4; Musielak/*Voit*, § 1032 Rn. 8; *Rosenberg/Schwab/Gottwald*, Zivilprozessrecht, § 179 Rn. 41; BeckOK-ZPO/*Wolf/Eslami*, § 1032 Rn. 8; AiG/*Sachs/Lörcher*, § 1044 Rn. 13; MüKoZPO/*Münch*, § 1044 Rn. 29; Zöller/*Geimer*, § 1032 Rn. 4 u. 27 und § 1044

unterschiedlichen Anforderungen, die das Gesetz an den Eintritt der Rechtshängigkeit bzw. Schiedshängigkeit stellt: Vor dem staatlichen Gericht ist die Erhebung der Klage erforderlich, vor dem Schiedsgericht die Einleitung des Schiedsverfahrens durch Vorlageantrag ausreichend. Auf diese Abweichung bezieht sich wohl auch der BGH, wenn er ausführt: „für das Verhältnis zwischen staatlicher Gerichtsbarkeit und der Schiedsgerichtsbarkeit fehlt es dementsprechend auch an einer auf die Rechtshängigkeit – Erhebung der Klage durch Zustellung der Klageschrift (§ 261 Abs. 1, § 253 Abs. 1 ZPO) – abstellenden Regelung wie im Klageverfahren (§ 261 Abs. 3 Nr. 1 ZPO)."[225] Warum Schiedshängigkeit mehrheitlich nicht als gleichwertiges Korrelat der Rechtshängigkeit gewertet wird, bleibt jedoch regelmäßig offen.

III. Regelungsbedürftiger Kompetenzkonflikt

Diese ablehnende Haltung zur Sperrwirkung einer Klage vor dem Schiedsgericht überrascht angesichts des Stellenwerts, den die Rechtshängigkeit innerhalb des staatlichen Verfahrens einnimmt. Wird die Gleichwertigkeit von Schiedsverfahren und ordentlichem Verfahren stets betont, zeigen sich hier mit der herrschenden Meinung gravierende Unterschiede. Die Gefahren doppelter

---

Rn. 5; *Schwab/Walter*, Schiedsgerichtsbarkeit, Kap. 16 Rn. 4; *Haas*, FS Rechberger (2005), 187, 196; Lachmann, Handbuch für die Schiedsgerichtspraxis, Rn. 1450 u. 762; *Kreindler/Schäfer/Wolff*, Schiedsgerichtsbarkeit, Rn. 734. A.A. bereits *Beitzke*, ZZP 60 (1936/1937), 317 ff.; *Bosch*, Rechtskraft und Rechtshängigkeit im Schiedsverfahren, S. 185 ff.

Nach alter Rechtslage wurde für diese Konstellation der Einwand anderweitiger Rechtshängigkeit mit dem Hinweis auf § 1027a ZPO a.F., der dem heutigen § 1032 Abs. 1 ZPO entspricht, abgelehnt: *„Wird das Gericht wegen einer Rechtsstreitigkeit angerufen, für die die Parteien einen Schiedsvertrag geschlossen haben, so hat das Gericht die Klage als unzulässig abzuweisen, wenn der Beklagte sich auf den Schiedsvertrag beruft."* Aus dieser Norm, so die h.M., gehe hervor, dass eine schiedsgerichtliche Rechtshängigkeit keine von Amts wegen zu berücksichtigende Rechtshängigkeit begründe, sondern nur im Rahmen der Einrede des Schiedsvertrages geltend gemacht werden könne. Siehe dazu BGH Urt. v. 11.04.1958 – VIII ZR 190/57, NJW 1958, 950; *Habscheid,* KTS 1958, 177, 178 f.; Schütze/Tscherning/*Wais*, Handbuch des Schiedsverfahrens, Rn. 385; MüKoZPO/*Maier*, 1. Aufl., § 1027a, Rn. 2; *Glossner/Bredow/Bühler*, Das Schiedsgericht in der Praxis, Rn. 120.

225 BGH Beschl. v. 30.06.2011 – III ZB 59/10, SchiedsVZ 2011, 281, 283 [Rn. 10], wobei der Schwerpunkt der Entscheidung auf der Klärung des Verhältnisses von § 1032 Abs. 2 und 3 ZPO im Rahmen des Zeitpunktes für den Feststellungsantrag (Anhängigkeit, nicht Rechtshängigkeit) liegt.

Verfahrensführung und divergierender Entscheidungen bestehen jedoch nicht nur im Verhältnis mehrerer staatlicher Gerichte, sondern auch im Verhältnis von Staatsgerichten und Schiedsgerichten. Teilweise wird in diesem Zusammenhang angeführt, ein Rückgriff auf die Rechtshängigkeitsregeln sei ausgeschlossen, weil im Verhältnis der Staats- zur Schiedsgerichtsbarkeit eine ausschließliche Entscheidungszuständigkeit einer der beiden Gerichtsbarkeiten bestehe – abhängig von der Wirksamkeit der Schiedsvereinbarung.[226] Die Rechtshängigkeit habe hingegen die Koordination solcher Verfahren im Sinn, die zwar vor unterschiedlichen Entscheidungsinstanzen anhängig gemacht werden, prinzipiell aber beide Foren zuständig wären. Vor diesem Hintergrund stehe eine Doppelbefassung staatlicher Gerichte und Schiedsgerichte bereits im Widerspruch zum Wesen der Schiedsgerichtsbarkeit. Da das Schiedsverfahren gerade den Ausschluss der staatlichen Gerichtsbarkeit bedinge, bedürfe es überhaupt keines Rückgriffs auf die Mechanismen der Lis-pendens.[227]

Dieser Ansatz berücksichtigt jedoch die Besonderheiten des Kompetenzkonflikts zwischen Schiedsgerichten und Staatsgerichten nicht hinreichend: Zentraler Anknüpfungspunkt im Rahmen des Zuständigkeitsstreits ist zunächst die Wirksamkeit und Reichweite der Schiedsvereinbarung. Ein Vorrang der schiedsgerichtlichen Entscheidung besteht jedoch nur im Hinblick auf einen Sachentscheid: (Nur) soweit eine wirksame Schiedsvereinbarung existiert, ist ein staatliches Parallelverfahren über das Institut der Schiedseinrede ausgeschlossen.[228] Im Zuständigkeitsstreit selbst besteht dagegen gerade eine konkurrierende Entscheidungszuständigkeit der staatlichen Gerichte und Schiedsgerichte. Selbst wenn eine wirksame Schiedsvereinbarung besteht, kann und muss ein staatliches Gericht möglicherweise im Rahmen der eigenen Zuständigkeitsprüfung über die Wirksamkeit und damit über die Zuständigkeit des Schiedsgerichts (mit-) entscheiden. Die Argumentation, zeitgleiche Verfahren zur Klärung der Zuständigkeitsfrage prinzipiell deshalb nicht Lis-pendens-Grundsätzen zu unterwerfen, weil nur eine ausschließliche Gerichtszuständigkeit besteht, verkennt daher die spezielle Kompetenzzuweisung im Verhältnis von Schieds- und Staatsgerichten: Dieser Kompetenzkonflikt impliziert gerade eine doppelte Verfahrenseinleitung vor beiden Gerichtsbarkeiten.[229] Insbesondere der Kompetenzkonflikt

226 *Schäfer*, FS Henckel (1995), 723, 728.

227 So *Schäfer*, FS Henckel (1995), 723, 728 f.

228 Vgl. dazu bereits die Ausführungen unter § 3.B, S. 60.

229 Ähnlich bejaht auch *Liatowitsch*, Schweizer Schiedsgerichte und Parallelverfahren vor Staatsgerichten im In- und Ausland, S. 117 f. eine „litispendenzrelevante Konfliktlage";

als exemplarische Verfahrenskonstellation paralleler Verfahren ist deshalb im Zusammenhang mit den Grundsätzen der Rechts- und Schiedshängigkeit zu beleuchten. Auch im Rahmen der Schiedsgerichtsbarkeit kann einer Lis-pendens-Regelung dabei nur dann Wirkung beigemessen werden, wenn im Verfahren vor dem Schieds- und Staatsgericht derselbe Streitgegenstand zwischen denselben Parteien geltend gemacht wird.[230]

B. Zeitgleiche Verfahren aus Sicht des nachfolgenden (Schieds-) Richters

Die nachfolgenden Erörterungen knüpfen bei der Bewertung zeitgleicher Verfahren zwischen Schiedsgerichten und staatlichen Gerichten daran an, welches Verfahren zuerst eingeleitet wurde. Untersucht wird die verfahrenssperrende Wirkung des zeitlich früheren Verfahrens auf das jeweils nachfolgende staatliche Verfahren bzw. das nachfolgende Schiedsverfahren. Differenziert wird daher zwischen der Perspektive des staatlichen Richters und des Schiedsrichters.

I. Zeitgleiche Verfahren im deutschen Recht

Zu untersuchen ist, ob die Schiedshängigkeit eines Schiedsverfahrens eine Sperrwirkung für die staatlichen Gerichte bewirkt und wie im umgekehrten Fall eine rechtshängige Klage vor einem staatlichen Gericht aus Sicht eines Schiedsgerichts zu bewerten ist.

1. *Zeitgleiche Verfahren aus Sicht des staatlichen Richters*

Die Verfahrenskonstellation, in der zuerst ein Schiedsverfahren schiedshängig ist und nachträglich Klage vor dem staatlichen Gericht erhoben wird, ist im Prinzip auf die Fälle des § 1032 Abs. 1 ZPO beschränkt. Der Feststellungsantrag i.S.v. § 1032 Abs. 2 ZPO kann nur bis zur Bildung des Schiedsgerichts gestellt werden, sodass ein später eingeleitetes Feststellungsverfahren

---

ähnlich auch *Pohl*, Doppelte Rechtshängigkeit im schiedsgerichtlichen Verfahren, S. 173 f.
Siehe ebenfalls *De Ly/Sheppard*, ILA Final Report on Lis-pendens and Arbitration (2006), Arb. Int. 25 (2009), 3 ff., Rn. 4.3–4.5; *Born*, International Commercial Arbitration, Vol. 3, S. 3795 f.

230 Siehe zu der besonderen Konstellation der disparaten Streitgegenstände von Feststellungsantrag gem. § 1032 Abs. 2 ZPO und Leistungsklage i.S.v. § 1032 Abs. 1 ZPO Gliederungspunkt § 7.B, S. 202.

bereits unzulässig ist. Theoretisch ist es zwar möglich, dass der Antrag auf Feststellung der Zulässigkeit oder Unzulässigkeit des Schiedsverfahrens zwischen Einleitung des Schiedsverfahrens (§ 1044 ZPO) und Konstituierung des Schiedsgerichts (§ 1034 ZPO) gestellt wird, in der Praxis dürften diese Fälle aber eher selten vorkommen.[231]

a) Herrschende Meinung: Keine Sperrwirkung der Schiedshängigkeit

Nach herrschender Meinung hat der Beginn des Schiedsverfahrens keine prozessualen Folgen für eine nachträgliche Klageerhebung vor einem staatlichen Gericht in der Form, dass der Eintritt der Schiedshängigkeit eine der Rechtshängigkeit vergleichbare Sperrwirkung entfalten könnte.[232] Eine direkte Anwendung von § 261 Abs. 3 Nr. 1 ZPO für das Verhältnis anhängiger Verfahren vor Schieds- und Staatsgerichten scheitert an der Konzeption der Norm, welche für das Verhältnis staatlicher Parallelverfahren ausgelegt ist. Eine analoge Anwendung von § 261 Abs. 3 Nr. 1 ZPO wird, sofern sie überhaupt Gegenstand der Diskussion ist, in der Regel mit dem Hinweis auf § 1032 Abs. 1 und insbesondere Abs. 3 ZPO verneint. Der Gesetzgeber habe, so die überwiegende Meinung, eine parallele Befassung von Schiedsgericht und staatlichem Gericht mit demselben Streitgegenstand aus Gründen der Verfahrensbeschleunigung ausdrücklich normiert, sodass es bereits an einer für die analoge Anwendung von Verfahrensnormen notwendigen Regelungslücke fehle.[233] Zudem wird eine verfahrenssperrende Wirkung immer wieder mit der knappen Behauptung verneint, der Klageerhebung vor dem Schiedsgericht käme nicht dieselbe Wirkung zu, wie einer Rechtshängigkeit im staatlichen Verfahren.[234]

b) Ausnahmefälle aufgrund der gesetzlichen Regelungen?

Das Normsystem der §§ 1032 Abs. 3, 1040 Abs. 3 ZPO steht prinzipiell nicht der Durchführung eines zweiten Gerichtsverfahrens entgegen. Der Wortlaut des

---

231 Eben diesen Fall hatte allerdings der BGH bereits zu entscheiden: Maßgebliches Kriterium für die Antragstellung i.S.v. § 1032 Abs. 2 ZPO ist der Eingang des Antrags bei Gericht (Anhängigkeit). Dieses muss bis zur Bildung des Schiedsgerichts erfüllt sein, vgl. BGH Beschl. v. 30.06.2011 – III ZB 59/10, SchiedsVZ 2011, 281, 283 [Rn. 10].

232 Vgl. hierzu die Nachweise in Fn. 224.

233 Insbesondere *Triebel/Coenen*, BB Beilage 2003, Nr. 5, 2, 3; siehe auch *Mansel*, FS Kühne (2009), 809, 811; BT-Drucks. 13/5274, S. 38 re.Sp.

234 Beispielhaft Hk-ZPO/*Saenger*, § 1044 Rn. 4; BeckOK-ZPO/*Wilske/Markert*, § 1044 Rn. 6 u. BeckOK-ZPO/*Wolf/Eslami*, § 1032 Rn. 8; MüKoZPO/*Münch*, § 1044 Rn. 29. Kritisch *Pohl*, Doppelte Rechtshängigkeit im schiedsgerichtlichen Verfahren, S. 176.

§ 1032 Abs. 3 Var. 2 ZPO bestimmt zunächst ausdrücklich, dass ein Schiedsverfahren fortgesetzt werden kann, obwohl ein Verfahren im Sinne des § 1032 Abs. 1 oder Abs. 2 ZPO anhängig ist. Im Umkehrschluss bedeutet diese Regelung, dass die Möglichkeit bestehen muss, ein Hauptsacheverfahren trotz bereits anhängigem Schiedsverfahren einzuleiten. Andernfalls wäre nur eine (spätere) Einleitung, nicht hingegen eine Fortsetzung des Schiedsverfahrens möglich. Daneben sieht § 1040 Abs. 3 S. 2 ZPO eine gerichtliche Überprüfung des positiven Zuständigkeitsentscheids ausdrücklich vor. Die dort angeordnete Kompetenz-Kompetenz der staatlichen Gerichte ist unabdingbar und darf nicht unterlaufen werden.[235] Die gesetzlichen Regelungen erlauben daher grundsätzlich ein paralleles, in Bezug auf die Zuständigkeit nachgelagertes Verfahren und lassen somit berechtigte Zweifel zu, ob überhaupt eine Regelungslücke besteht, die durch eine analoge Anwendung der Lis-pendens-Grundsätze geschlossen werden müsste.

Die § 1032 Abs. 3 ZPO und § 1040 Abs. 3 S. 2 ZPO könnten ihrem Wortlaut nach jedoch dahingehend interpretiert werden, dass der Lis-pendens-Grundsatz als generelles Prinzip des Zivilprozessrechts durchaus auch im Schiedsverfahren Anwendung findet. So argumentiert Mansel, § 1040 Abs. 3 S. 2 ZPO erlaube ein Fortsetzen des staatlichen Verfahrens parallel zu einem schiedsgerichtlichen Verfahren nur für den Zeitraum und Gegenstand des Kontrollverfahrens hinsichtlich des schiedsgerichtlichen Zwischenentscheids.[236] Über diese Ausnahmeregelung hinaus seien Parallelverfahren hingegen ausgeschlossen. Derselbe Umkehrschluss ließe sich nach Schlussfolgerung von Mansel auch für § 1032 Abs. 3 Alt. 2 ZPO ziehen: Der Wortlaut gestatte eine parallele Fortsetzung des Schiedsverfahrens bzw. Einleitung des staatlichen Verfahrens trotz Schiedsverfahren nur im Kontext der Verfahren nach § 1032 Abs. 1 und Abs. 2 ZPO – also im Verhältnis zur Schiedseinrede und zum Feststellungsantrag. Beide Verfahren würden der Klärung der Kompetenzfrage dienen. Nicht ausgeschlossen sei deshalb, dass durch § 1032 Abs. 3 ZPO und § 1040 Abs. 3 ZPO wiederum Ausnahmeregelungen zu Rechtshängigkeitsregeln im Hinblick auf die gesetzlichen Kontrollverfahren geschaffen werden sollten.[237] In allen übrigen Fällen könne eine parallele Befassung staatlicher und schiedsgerichtlicher Gerichte hingegen weder gewünscht noch von der „Parallelitätsregelung" der §§ 1032, 1040 ZPO

---

235 Vgl. MüKoZPO/*Münch*, § 1042 Rn. 13; Thomas/Putzo/*Seiler*, § 1040 Rn. 8 a.E.

236 *Mansel*, FS Kühne (2009), 809, 811. Sich anschließend *Pohl*, Doppelte Rechtshängigkeit im schiedsgerichtlichen Verfahren, S. 177.

237 *Mansel*, FS Kühne (2009), 809, 811 f.

erfasst sein.[238] Generell überzeugt diese Argumentation zwar und öffnet den Weg für eine Lis-pendens-Wirkung zwischen Schiedsverfahren und ordentlichem Prozess. Dieser Lösungsansatz vermag allerdings das Problem der Doppelprozesse um die Zuständigkeitsklärung gerade nicht zu lösen. Selbst nach der Begründung von Mansel bleiben parallele Verfahren im Rahmen der Überprüfung der Wirksamkeit und Reichweite der Schiedsvereinbarung von dem Einwand anderweitiger Schiedshängigkeit ausgenommen. Die §§ 1032 Abs. 1/2, 1040 Abs. 3 S. 2 ZPO stellen Ausnahmetatbestände dar, die aufgrund ihres eindeutigen Regelungsinhalts auch im Einklang mit den dargestellten Argumenten eine parallele Zweitbefassung des staatlichen Richters neben einem laufenden Schiedsverfahren nicht auszuschließen vermögen.

c) Rechtshängigkeitsprinzip als ius cogens?

Die Relevanz des Rechtshängigkeitsinstituts im deutschen und internationalen Zivilprozess zur Koordination paralleler Verfahren spricht jedenfalls dafür, den Grundsatz der Lis-pendens auch auf das Verhältnis paralleler Schiedsverfahren und staatlicher Verfahren zu projizieren. Auf die im Widerspruch zur angestrebten Gleichwertigkeit der Schiedsgerichtsbarkeit und staatlichen Gerichtsbarkeit stehende Diskrepanz zwischen Rechts- und Schiedshängigkeit wurde bereits mehrfach hingewiesen, das Koordinationsbedürfnis wurde aufgezeigt. Kernelement des Versuchs, die Rechtshängigkeit in das Schiedsverfahren zu implementieren, ist der Umstand, dass Schiedsrichter die wesentlichen Grundsätze, die für das Verfahren vor den ordentlichen Gerichten entwickelt worden sind und auf die in keinem geordneten Gerichtsverfahren verzichtet werden kann, einzuhalten haben.[239] Ein Ansatz zur Inkorporierung des Rechtshängigkeitsgedankens könnte daher sein, das Rechtsinstitut der Lis-pendens als zwingenden, auch im Schiedsverfahren geltenden Verfahrensgrundsatz zu qualifizieren.[240] Einen gesetzlichen Anhaltspunkt für diese Überlegung bietet § 1042 Abs. 3 ZPO:[241] § 1042 ZPO bestimmt „Allgemeine Verfahrensregeln“ und normiert in

---

238 Vgl. auch *Pohl*, Doppelte Rechtshängigkeit im schiedsgerichtlichen Verfahren, S. 177–180.

239 In diesem Sinne bereits BGH Urt. v. 08.10.1959 – VIII ZR 87/58, KTS 1959, 190, 191; BGH Urt. v. 24.09.1962 – VII ZR 89/61, KTS 1962, 240.

240 In diese Richtung ist wohl auch die Kommentierung bei Stein/Jonas/*Schlosser*, § 1042 Rn. 74 i.V.m. Rn. 1 zu lesen.

241 Für den umgekehrten Fall der prioritären staatlichen Klage und deren Auswirkungen auf das Schiedsverfahren greift *Mansel*, FS Kühne (2009), 809, 812, auf § 1040 Abs. 3 ZPO zurück, ohne dessen Anwendung näher zu erläutern. Diesen Gedanken

Abs. 3 den Geltungsvorrang parteiautonomer Ausgestaltung des Schiedsverfahrens, wobei die Parteiautonomie begrenzt ist durch zwingende zivilprozessuale Grundmaxime und Gesetzesregelungen.[242]

Von maßgeblicher Bedeutung ist jedoch, dass im Schiedsverfahren neben den besonderen schiedsrechtlichen Verfahrensregeln die allgemeinen prozessrechtlichen Grundsätze und Regeln nur insoweit Anwendung finden können, als sich aus der Natur des Schiedsverfahrens keine erforderlichen Modifikationen gegenüber den zivilprozessualen Maximen ergeben.[243] Als eben solche schiedsspezifische Abwandlung wurden die Regelungsinhalte der §§ 1032 Abs. 3, 1040 Abs. 3 ZPO identifiziert, die im Rahmen der Zuständigkeitsprüfung zeitgleiche Verfahren vor Schieds- und Staatsgerichten erlauben und einer Beachtung der Verfahrenssperre als allgemeines Verfahrensprinzip entgegenstehen. Der Lis-pendens-Einwand lässt sich daher nicht auf die Problematik der Parallelverfahren im Kompetenzkonflikt übertragen. Das Regelungssystem der §§ 1032 Abs. 3, 1040 Abs. 3 ZPO erlaubt ausdrücklich eine parallele Zuständigkeit der staatlichen und schiedsgerichtlichen Rechtsprechungskörper. Aufgrund dieser klaren Anordnung ist es weder statthaft eine Regelungslücke zu bejahen noch einen Ausnahmetatbestand zu implementieren.

2. *Zeitgleiche Verfahren aus Sicht des Schiedsrichters*

Umgekehrt kann sich für den Schiedsrichter das Problem paralleler Verfahren klassischerweise im Verhältnis zu einem anderen staatlichen Verfahren stellen, wenn die Parteien einen dort rechtshängigen Rechtsstreit anschließend vor einem Schiedsgericht als Zweitforum anhängig machen. Prägend für Konfliktsituationen im Zuständigkeitsstreit ist beispielsweise die Durchführung eines Hauptsache- oder Feststellungsverfahrens nach § 1032 Abs. 1/2 ZPO und die anschließende Einleitung eines Schiedsverfahrens. Daneben stellt sich innerhalb der Konstellation des § 1040 Abs. 3 ZPO die Frage, wie ein Schiedsgericht zu verfahren hat, wenn es sich mit einem Antragsverfahren nach § 1040 Abs. 3 S. 2

---

aufgreifend und insbesondere für die Verfahrenskonstellation zweier Schiedsverfahren grundlegend untersuchend *Pohl*, Doppelte Rechtshängigkeit im schiedsgerichtlichen Verfahren, S. 230 ff., vgl. noch unter § 4.C.I.3, S. 112.

242 MüKoZPO/*Münch*, § 1042 Rn. 6 i.V.m. Rn. 13.

243 Ausdrücklich *Schwab/Walter*, Schiedsgerichtsbarkeit, Kap. 16 vor Rn. 1; siehe auch *Rosenberg/Schwab/Gottwald*, Zivilprozessrecht, § 178 Rn. 1. Darauf verweist auch *Pohl*, Doppelte Rechtshängigkeit im schiedsgerichtlichen Verfahren, S. 233 mit Fn. 1200.

ZPO konfrontiert sieht, wobei dieser Sachverhalt streng genommen bereits ein früheres Schiedsverfahren voraussetzt.

a) *Keine Sperrwirkung der Rechtshängigkeit*

Für die Konstellation der nachträglichen Einleitung eines identischen Schiedsverfahrens bei vorheriger Rechtshängigkeit der Klage vor einem staatlichen Gericht wird mehrheitlich eine Wirkung der Rechtshängigkeit in das Schiedsverfahren abgelehnt[244], sodass trotz Rechtshängigkeit eines staatlichen Prozesses ein Schiedsverfahren im Anschluss durchgeführt werden kann.[245]

Noch unter der alten Rechtslage argumentierte allerdings Bettermann, dass die Rechtshängigkeit einer Streitsache die Anrufung des Schiedsgerichts hindere: Da letztlich das staatliche Gericht bindend über die Schiedseinrede entscheide, „versperre die Anrufung des staatlichen Richters solange den Weg zum Schiedsgericht, als nicht der staatliche Richter durch Verwerfung der Klage wegen Zuständigkeit des Schiedsgerichts den Weg zu diesem wieder freigegeben hat."[246] Gegen diese Auffassung wendete sich Bosch, der darauf hinweist, dass Bettermann fälschlicherweise darauf abstelle, durch die Verhinderung der Schiedsklage die abschließende Kompetenz des staatlichen Richters hinsichtlich der Zulässigkeit des schiedsrichterlichen Verfahrens durchzusetzen, nicht hingegen eine Verfahrenskollision zwischen staatlichem und schiedsgerichtlichen Prozess zu vermeiden.[247] Es sei aber keineswegs sichergestellt, dass im staatlichen Verfahren in rechtskraftfähiger Weise über die Zuständigkeit des Schiedsgerichts entschieden werde, sodass in letzter Konsequenz das staatliche Verfahren stets prioritär wäre, so Bosch. Gegen diese Ansicht spräche zudem die (bis

---

244 Allerdings wird der Einwand anderweitiger Rechtshängigkeit im Verhältnis von staatlichen Verfahren zur Schiedsgerichtsbarkeit in der Regel generell abgelehnt, ohne zwischen den hier untersuchten Verfahrenskonstellationen des zuerst rechtshängigen staatlichen Verfahrens und des zuerst eingeleiteten Schiedsverfahrens zu unterscheiden.
Differenzierter Hk-ZPO/*Saenger*, § 1044 Rn. 4: „Ist schließlich vor dem staatlichen Gericht ein Verfahren anhängig u wird sodann hierzu das Schiedsverfahren eingeleitet, lässt dies das schiedsrichterliche Verfahren grds unberührt."
(Knappe) Ausführungen zu der hier behandelten Anrufung eines Schiedsgerichts nach Klageerhebung vor dem staatlichen Gericht auch bei Bosch, Rechtskraft und Rechtshängigkeit im Schiedsverfahren, S. 211–213.

245 Siehe nur BT-Drucks. 13/5274, S. 38 re.Sp.; Musielak/*Voit*, § 1032 Rn. 15 u. § 1042 Rn. 16; *Haas*, FS Rechberger (2005), 187, 195.

246 *Bettermann*, Rechtshängigkeit und Rechtsschutzform, S. 113.

247 *Bosch*, Rechtskraft und Rechtshängigkeit im Schiedsverfahren, S. 212.

zur Schiedsrechtsreform geltende) Fassung des § 1037 ZPO: „*Die Schiedsrichter können das Verfahren fortsetzen und den Schiedsspruch erlassen, auch wenn die Unzulässigkeit des schiedsrichterlichen Verfahrens behauptet, insbesondere wenn geltend gemacht wird, daß ein rechtsgültiger Schiedsvertrag nicht bestehe, daß der Schiedsvertrag sich auf den zu entscheidenden Streit nicht beziehe, oder daß ein Schiedsrichter zu den schiedsrichterlichen Verrichtungen nicht befugt sei.*“[248] Wenn doch aber, so Bosch, das Schiedsgericht trotz Zweifel an der eigenen Kompetenz das Schiedsverfahren mit einem Schiedsspruch beenden könne, dann müsse im Umkehrschluss ein schiedsgerichtliches Verfahren eingeleitet werden können.[249]

Nach der aktuellen Rechtslage spricht jedenfalls spiegelverkehrt zu der Konstellation, in der trotz schwebendem Schiedsverfahren nachträglich Klage vor einem staatlichen Gericht erhoben wird, nach der überwiegenden Ansicht der Literatur gegen eine analoge Anwendung von § 261 Abs. 3 Nr. 1 ZPO der ausdrückliche Wortlaut des § 1032 Abs. 3 ZPO, diesmal in dessen Var. 1: Trotz der Anhängigkeit eines Verfahrens im Sinne des § 1032 Abs. 1 oder 2 ZPO kann ein schiedsrichterliches Verfahren in derselben Streitsache gleichwohl eingeleitet werden. Parallel zur vorherigen Diskussion der Wirkung einer Schiedshängigkeit im staatlichen Prozess wird eine Regelungslücke im System des § 1032 ZPO verneint, da dessen Abs. 1 Alt. 1 deutlich mache, dass eine parallele Befassung von Schiedsgericht und Staatsgericht mit demselben Streitgegenstand – und somit eine parallele Rechts- und Schiedshängigkeit – gerade vorgesehen ist und Verfahrenskollisionen bewusst hingenommen werden.[250]

b) Keine Ausnahme für Parallelverfahren beim Kompetenzkonflikt

Wiederum spricht sich Mansel[251] in der dogmatischen Diskussion dafür aus, die Systematik des § 1032 Abs. 3 ZPO hinreichend zu berücksichtigen und die Norm dahingehend auszulegen, dass deren Regelungsinhalt lediglich solche Verfahren als Parallelverfahren zulasse, welche der Überprüfung einer wirksamen Schiedsvereinbarung dienen. Gesetzlich erlaubte Doppelprozesse zwischen Schiedsgerichten und staatlichen Gerichten würden sich mithin in der Klage nach § 1032 Abs. 1 ZPO oder dem Antrag auf Feststellung der Zulässigkeit

---

248 § 1037 ZPO; ZPO vom 30.01.1877, RGBl 1877, S. 83, in der Fassung vom 01.01.1964, gültig bis zum 31.12.1997.

249 *Bosch*, Rechtskraft und Rechtshängigkeit im Schiedsverfahren, S. 212.

250 Siehe dazu erneut *Triebel/Coenen*, BB Beilage 2003, Nr. 5, 2, 3; *Mansel*, FS Kühne (2009), 809, 811.

251 *Mansel*, FS Kühne (2009), 809, 811 f.

oder Unzulässigkeit des Schiedsverfahrens gem. § 1032 Abs. 2 ZPO erschöpfen. Für die Klage i.S.d. § 1032 Abs. 1 ZPO gelte dies allerdings nur, soweit die Wirksamkeit der Schiedsvereinbarung noch geprüft werde bzw. noch keine Schiedseinrede erhoben wurde. Ist hingegen das Verfahren in der Hauptsache erreicht, entweder weil keine Schiedseinrede erhoben oder diese vom Gericht als unbegründet verworfen wurde, gelte die Duldung paralleler Verfahren nach § 1032 Abs. 3 ZPO nicht mehr, sodass im Folgenden ein Schiedsverfahren nicht mehr eingeleitet werden könne.[252] Auch für die hier untersuchte Konstellation des zuerst rechtshängigen staatlichen Kontrollverfahrens gilt diese Argumentation nur für die Anwendung des Lis-pendens-Einwands im Hinblick auf parallele Verfahren zur Hauptsache. Parallelverfahren um die Zuständigkeit des Schiedsgerichts bleiben hingegen ausdrücklich als Ausnahme erlaubt. Auch die Systematik und der Wortlaut des § 1040 Abs. 3 S. 3 ZPO erlauben für diese Verfahrensfälle ausdrücklich die Fortsetzung eines schiedsgerichtlichen Verfahrens trotz der Anhängigkeit eines Überprüfungsantrags. Ein Ausnahmetatbestand zum Lis-pendens-Einwand kann daher – kongruent zu den dargestellten Ergebnissen der prioritären Schiedsklage – gerade nicht für die Verfahren im Kompetenzkonflikt konstituiert werden.

II. Rechtsvergleichende Betrachtungen

Das Prinzip der Rechtshängigkeit findet in unterschiedlichen Ausprägungen auch in den meisten kontinentaleuropäischen Schiedsverfahrensrechten Anwendung.[253]

1. Österreich

Im österreichischen Zivilprozessrecht gilt seit dem 01.06.2006 ein neues Schiedsrecht[254], das in seinen §§ 577 ff. öZPO sehr detailliert das Verhältnis zwischen

---

252 Ähnlich *Schwab/Walter*, Schiedsgerichtsbarkeit, Kap. 7 Rn. 18: „§ 1032 III ZPO bestimmt, dass in den Fällen von Abs. 1 und 2, in denen ‚die (Un-) Zulässigkeit des schiedsrichterlichen Verfahrens' behauptet wird, das Schiedsgericht (…) sein Verfahren einleiten bzw. fortsetzen darf."

253 Vgl. *Söderlund*, J Int'l Arb. 22 (2005), S. 301 ff.; dazu *De Ly/Sheppard*, ILA Final Report on Lis Pendens and Arbitration (2006), Arb. Int. 25 (2009), 3 ff., Rn. 1.2–1.6 m. Fn. 3; siehe insbes. auch *Born*, International Commercial Arbitration, Vol. 3, S. 3793, 3795.

254 Österreichische Zivilprozessordnung (öZPO) in der Fassung des Schiedsrechts-Änderungsgesetz 2006 – SchiedsRÄG 2006 BGBl I Nr. 7/2006.
Auf Grundlage des UNCITRAL-Modellgesetz und der darauf aufbauenden deutschen Reform des Schiedsrechts entschied sich der österreichische Gesetzgeber nicht nur

staatlichem Gericht und Schiedsgericht bestimmt und insbesondere auch das Problem paralleler Verfahren vor Gericht und Schiedsgericht lösen will. Relevante Norm für die Koordination zeitgleicher Verfahren über das Institut der Rechts- bzw. Schiedshängigkeit ist § 584 öZPO.[255]

a) Eintritt der Schiedshängigkeit

Das österreichische Schiedsrecht enthält im Unterschied zur deutschen ZPO und zum UNICTRAL-Modellgesetz keine Aussagen über den Beginn des Schiedsverfahrens, sodass auch der Eintritt der Schiedshängigkeit nicht gesetzlich geregelt ist. Im Einklang mit der zur alten Rechtslage ergangenen Rechtsprechung ist, soweit keine anderweitigen Parteivereinbarungen vorliegen, für den Eintritt der Schiedshängigkeit auf den Zeitpunkt abzustellen, in welchem die Klage oder verfahrenseinleitende Anzeige dem Beklagten zugestellt wird und dieser somit Kenntnis von dem Verfahren nehmen kann.[256] Diese Auffassung orientiert sich dogmatisch an der analogen Anwendung der für die Streitanhängigkeit

für eine Novellierung des alten Rechts, sondern für eine gänzlichen Neufassung des bestehenden österreichischen Schiedsverfahrensrechts auf Basis des UNCITRAL-Modellgesetzes. Siehe dazu *Oberhammer*, SchiedsVZ 2006, 57 u. *Ischia/Mayr*, RIW 2006, 881, die eine ausführliche Einführung in die Entstehungsgeschichte des neuen österreichischen Schiedsverfahrensrecht geben.

255 Relevant für die hier untersuchte Problematik ist vor allem § 584 Abs. 1 u. Abs. 3 öZPO. Abs. 1 lautet: „*Wird vor einem Gericht Klage in einer Angelegenheit erhoben, die Gegenstand einer Schiedsvereinbarung ist, so hat das Gericht die Klage zurückzuweisen, sofern der Beklagte nicht zur Sache vorbringt oder mündlich verhandelt, ohne dies zu rügen. Dies gilt nicht, wenn das Gericht feststellt, dass die Schiedsvereinbarung nicht vorhanden oder undurchführbar ist. Ist ein solches Verfahren noch vor einem Gericht anhängig, so kann ein Schiedsverfahren dennoch eingeleitet oder fortgesetzt werden und ein Schiedsspruch ergehen.*“

Abs. 3 lautet: „*Ist ein Schiedsverfahren anhängig, so darf über den geltend gemachten Anspruch kein weiterer Rechtsstreit vor einem Gericht oder einem Schiedsgericht durchgeführt werden; eine wegen desselben Anspruches angebrachte Klage ist zurückzuweisen. Dies gilt nicht, wenn die Unzuständigkeit des Schiedsgerichts vor diesem spätestens mit der Einlassung in die Sache gerügt wurde und eine Entscheidung des Schiedsgerichtes hierüber in angemessener Dauer nicht zu erlangen ist.*“

256 So z.B. OGH v. 18.03.2004 – 2 Ob 53/04i a.E. (zit. nach ris) sowie OGH v. 02.10.2003 – 6 Ob 41/03b, JBl 2004, 387, 389. Dazu auch *Fasching*, Schiedsgericht und Schiedsverfahren, S. 33 u. 100; *Baur*, FS Fasching (1988), 81, 85.

im staatlichen Verfahren entsprechenden Norm des § 233 Abs. 1 öZPO[257] und erfordert naturgemäß die hinreichend konkrete Bestimmung des Streitgegenstandes.[258] Allerdings wirft auch die österreichische Rechtsprechung die Frage auf, ob das Schiedsgericht bereits konstituiert sein muss, damit Schiedshängigkeit eintreten kann und die Zustellung der Klageschrift durch das Schiedsgericht erfolgt. So führt der OGH aus, dass die Zustellung der Klage an den Gegner die Streitanhängigkeit begründet und die Anhängigkeit derselben Rechtsstreitigkeit zumindest dann verhindert wird, „wenn sich das Schiedsgericht bereits konstituiert hat und sich die Parteien der Schiedsordnung des Gerichts unterwarfen und nicht in der Parteivereinbarung etwas anderes bestimmt ist."[259]

Auch für das österreichische Recht sollte eine solche Ansicht jedoch mit gleicher Begründung wie im deutschen Recht abgelehnt werden: Den Zeitpunkt der Konstituierung als maßgebenden Umstand für den Eintritt der Schiedshängigkeit zu wählen, würde dem Beklagten ein Mittel an die Hand geben, durch obstruktives Verhalten die Schiedshängigkeit hinauszuzögern und unter Umständen ein ordentliches Gerichtsverfahren einzuleiten. Dadurch würde zusätzlich die in § 584 Abs. 3 öZPO verbriefte Vorrangstellung der Schiedsgerichte ausgehebelt, was nicht zuletzt der Prozessökonomie zuwiderliefe.[260] Vielmehr ist für den Eintritt der Schiedshängigkeit ausreichend, dass der Schiedskläger dem Beklagten die Schiedsklage, verbunden mit der Aufforderung zur Schiedsrichterbestellung, zustellt oder die Absicht über die Erhebung einer Klage vor dem Schiedsgericht bekannt gibt. Wie im deutschen Recht auch, ist nicht erforderlich, dass der einleitende Schriftsatz sämtliches Vorbringen des Klägers substantiiert darlegt.[261]

---

257 § 233 Abs. 1 öZPO: *„Die Rechtshängigkeit der Streitsache (Streitanhängigkeit) wird durch die Zustellung der Klageschrift an den Beklagten begründet. Zur Wahrung einer Frist sowie zur Unterbrechung des Ablaufes einer Frist genügt, wenn nichts anderes vorgeschrieben ist, die Überreichung der Klage bei Gericht."*

258 Siehe nur *Fremuth-Wolf* in: *Riegler* [u.a.], Arbitration, § 584 Rn. 8 f. m.w.N.

259 OGH v. 02.10.2003 – 6 Ob 41/03b, JBl 2004, 387, 389.
In eine ähnliche Richtung tendiert auch eine jüngere Entscheidung des OGH v. 26.06.2014 – 6 Ob 84/14t [Rn. 5] (zit. nach ris): „Der Vollständigkeit halber ist darauf hinzuweisen, dass im vorliegenden Fall die zwischenzeitig eingebrachte Schiedsklage nicht das Prozesshindernis der Streitanhängigkeit zur Folge hatte, weil die Zustellung der Schiedsklage nur dann Streitanhängigkeit bewirkt, wenn diese vom Schiedsgericht, nicht jedoch – wie im vorliegenden Fall – vom Vertreter der Schiedsklägerin zugestellt wurde."

260 So *Koller*, ecolex 2014, 1056, 1058.

261 Siehe *Schumacher*, FS Jud (2012), 643, 646.

b) Wirkung der Schiedshängigkeit

Mit § 584 Abs. 3 öZPO ist als bemerkenswerte Neuerung im österreichischen Schiedsrecht eine echte Schiedshängigkeit eingeführt worden: *„Ist ein Schiedsverfahren anhängig, so darf über den geltend gemachten Anspruch kein weiterer Rechtsstreit vor einem Gericht oder einem Schiedsgericht durchgeführt werden; eine wegen desselben Anspruches angebrachte Klage ist zurückzuweisen. Dies gilt nicht, wenn die Unzuständigkeit des Schiedsgerichts vor diesem spätestens mit der Einlassung in die Sache gerügt wurde und eine Entscheidung des Schiedsgerichtes hierüber in angemessener Dauer nicht zu erlangen ist.“* Die Streitanhängigkeit vor einem Schiedsgericht hindert als von Amts wegen zu berücksichtigendes Prozesshindernis das Verfahren vor einem ordentlichen Gericht. Die Klage ist von Amts wegen zurückzuweisen. Damit stellt das österreichische Schiedsrecht die Schiedshängigkeit und Rechtshängigkeit auf dieselbe Stufe und normiert letztlich die bisherige Rechtspraxis: Bereits unter alter Rechtslage wurde eine schiedsgerichtliche Streitanhängigkeit analog § 232 öZPO bejaht. Diese löste im Verhältnis der staatlichen Gerichtsbarkeit und Schiedsgerichtsbarkeit dieselbe Verfahrenssperre aus, wie eine Klageerhebung vor dem staatlichen Gericht.[262] Insofern ist § 584 Abs. 3 öZPO „weniger revolutionär als das deutschen Betrachtern womöglich zunächst erscheint“[263], wirkte die Einleitung eines Schiedsverfahrens doch bereits vor der Reformierung als echtes negatives Prozesshindernis.

Parallel zur Regelung des § 584 Abs. 3 öZPO regelt § 584 Abs. 1 öZPO den Fall, dass in einer Angelegenheit, die Gegenstand einer Schiedsvereinbarung ist, zunächst das staatliche Gericht angerufen wird: *„Wird vor einem Gericht Klage in einer Angelegenheit erhoben, die Gegenstand einer Schiedsvereinbarung ist, so hat das Gericht die Klage zurückzuweisen, sofern der Beklagte nicht zur Sache vorbringt oder mündlich verhandelt, ohne dies zu rügen. Dies gilt nicht, wenn das Gericht feststellt, dass die Schiedsvereinbarung nicht vorhanden oder undurchführbar ist. Ist ein solches Verfahren noch vor einem Gericht anhängig, so kann ein Schiedsverfahren dennoch eingeleitet oder fortgesetzt werden und ein Schiedsspruch ergehen.“*[264] Der Einleitung oder Fortsetzung eines Schiedsverfahrens

---

262 OGH v. 02.10.2003 – 6 Ob 41/03b, JBl 2004, 387, 389; OGH Beschl. v. 25.09.1002 – 6 Ob 533/92 (implizit); *Fasching*, Schiedsgericht und Schiedsverfahren, S. 33; *Matscher*, JBl 1975, 412, 419; *Baur*, FS Fasching (1988), 80, 88.

263 *Münch*, ZZPInt 19 (2014), 387, 393.

264 Die Zulässigkeit des Rechtswegs als Prozessvoraussetzung soll vor Gericht (wie bisher) von Amts wegen in limine litis geprüft werden und kann darüber hinaus nur mehr auf rechtzeitige Einrede des Beklagten (vor Sacheinlassung) wahrgenommen werden, vgl. ErläutRV 1158 BlgNR 22. GP, S. 10 [Zum § 584, Rn. 4]. Da das Gericht nur in

steht die Rechtshängigkeit eines gerichtlichen Verfahrens „über die Zuständigkeit oder schon in der Hauptsache“[265] nicht entgegen. § 584 Abs. 1 S. 3 öZPO bringt hier trotz unbestrittener Letztentscheidungsbefugnis der ordentlichen Gerichte nicht nur die Gleichstellung, sondern vielmehr die Vorrangstellung des Schiedsverfahrens zum Ausdruck: Das Schiedsgericht ist trotz anhängigem gerichtlichen Verfahren ermächtigt, sein Verfahren einzuleiten oder fortzuführen und mit einem Schiedsspruch abzuschließen.[266] Vereinfacht ausgedrückt bewirkt Schiedshängigkeit die Zurückweisung der Klage vor dem ordentlichen Gericht, umgekehrt verhindert Rechtshängigkeit nicht die Schiedshängigkeit.[267]

Bemerkenswert ist, dass bereits der Umstand der Schiedshängigkeit die Einleitung eines gerichtlichen Verfahrens verhindert, ohne dass eine Prüfung der Gültigkeit und Durchführbarkeit der vorgelegten Schiedsvereinbarung seitens des staatlichen Gerichts erfolgen würde bzw. dürfte.[268] Insofern unterscheiden sich § 584 Abs. 1 und Abs. 3 öZPO in ihren Rechtsfolgen sehr deutlich voneinander: Wird das staatliche Gericht vor der Einleitung eines Schiedsverfahrens angerufen, prüft das Gericht im Rahmen einer erhobenen Schiedseinrede die Existenz einer wirksamen Schiedsvereinbarung mit voller Kognition, wohingegen diese Prüfungskompetenz entfällt, wenn das staatliche Gericht erst nach der Anhängigkeit eines schiedsgerichtlichen Verfahrens angerufen wurde.[269] Die amtliche Erläuterung zum Schiedsverfahrensrecht begründet diese Ungleichbehandlung der Zuständigkeitsfrage vor dem ordentlichen Gericht und dem Schiedsgericht mit dem Willen der Parteien, durch eine Schiedsvereinbarung eine Rechtsstreitigkeit

---

Ausnahmefällen von der Existenz einer Schiedsvereinbarung Kenntnis erlangen wird, ist diese Möglichkeit der Unzulässigkeitsfeststellung praktisch kaum von Belang. Im Ergebnis wird vielmehr das Gericht regelmäßig so vorgehen, wie es das deutsche Recht ausdrücklich in § 1032 Abs. 1 ZPO regelt: Es wird die Klage in einer Angelegenheit, die Gegenstand einer Schiedsvereinbarung ist, dann als unzulässig abweisen, wenn der Beklagte dies rechtzeitig rügt. Dazu Fasching/Konecny/*Hausmaninger*, ZPO, § 584 Rn. 4, 49; *Rechberger* in: *Liebscher/Oberhammer/Rechberger* (Hrsg.), Schiedsverfahrensrecht Band I, Rn. 6/15.

265 ErläutRV 1158 BlgNR 22. GP, S. 10 [Zum § 584, Rn. 2].

266 Vgl. *Rechberger* in: *Liebscher/Oberhammer/Rechberger* (Hrsg.), Schiedsverfahrensrecht Band I, Rn. 6/42; *Schumacher*, FS Jud (2012), 643, 647.

267 Siehe weiter Fasching/Konecny/*Hausmaninger*, ZPO, § 584 Rn. 31; *Oberhammer* in: *Kloiber/Rechberger/Oberhammer/Haller* (Hrsg.), Das neue Schiedsrecht, S. 125 f.; *Kröll*, FS Horn (2006), 989, 1000 f.

268 ErläutRV 1158 BlgNR 22. GP, S. 10 [Zum § 584, Rn. 3].

269 Vgl. auch *Rechberger* in: *Liebscher/Oberhammer/Rechberger* (Hrsg.), Schiedsverfahrensrecht Band I, Rn. 6/51; *Koller*, ecolex 2014, 1056, 1059.

der ordentlichen Gerichtsbarkeit zu entziehen. Respektiere man diesen Parteiwillen, könnten sich „die Auswirkungen des Schiedsverfahrens auf ein anderes gerichtliches Verfahren nicht substanziell von den Auswirkungen, die ein bereits laufendes gerichtliches Verfahren hat, unterscheiden. Auch in diesem Fall blockiert aber nicht die tatsächliche Zuständigkeit eines anderen Gerichts, sondern bereits die Anhängigkeit vor einem anderen Gericht die Einleitung eines weiteren Verfahrens."[270] Gegen diese gesetzliche Regelung wird in der Literatur angeführt, auch bei Schiedshängigkeit habe zumindest eine summarische prima facie-Prüfung der Wirksamkeit der Schiedsvereinbarung durch das ordentliche Gericht zu erfolgen. Andernfalls käme es zu „absurde[n] Konsequenzen"[271] dergestalt, dass bereits eine erfundene Schiedsvereinbarung die Zuständigkeit staatlicher Gerichte aufschieben könnte und auf diese Weise Rechtsschutzdefizite entstünden. Die unterschiedliche Ausprägung der Prüfungskompetenz des staatlichen Gerichts in § 584 Abs. 3 gegenüber der Kompetenz des Schiedsrichters in Abs. 1 öZPO berge zudem die Gefahr, dass in der Praxis ein zeitlicher Wettlauf um die Anrufung des ordentlichen Gerichts bzw. des Schiedsgerichts beginnen würde und dem Zeitpunkt des Eintritts und der Beendigung der Schiedshängigkeit eine enorme praktische Bedeutung zukäme.[272]

c) *Relativität der Ausschlusswirkung*

§ 584 Abs. 3 S. 2 öZPO statuiert für die Wirkung der Schiedshängigkeit eine Ausnahmeregel: Wurde die Unzuständigkeit des Schiedsgerichts im Schiedsverfahren spätestens mit der Einlassung zur Sache gerügt und ist eine Entscheidung des Schiedsgerichts über seine Zuständigkeit nicht in angemessener Dauer zu erlangen, soll der ordentliche Rechtsweg trotz anhängigem Schiedsverfahren freigegeben werden, „um zu verhindern, dass die Schiedsgerichtsbarkeit nur zur Obstruktion der Rechtsverfolgung vor den ordentlichen Gerichten genützt wird."[273] Das Schiedsgericht verliert demnach seine in § 592 Abs. 1

---

270 ErläutRV 1158 BlgNR 22. GP, S. 10 [Zum § 584, Rn. 4].

271 Fasching/Konecny/*Hausmaninger*, ZPO, § 587 Rn. 29 [Zit.] u. § 584 Rn. 31. Ebenso *Reiner*, ecolex 2005, 523.
Kritisch zur Vereinbarkeit einer prima facie-Prüfung mit dem Prinzip der Schiedshängigkeit im Sinne des Gesetzeswortlauts: eindringlich *Koller*, ecolex 2014, 1056, 1059; *Rechberger* in: *Liebscher/Oberhammer/Rechberger* (Hrsg.), Schiedsverfahrensrecht Band I, Rn. 6/53.

272 *Reiner*, Das neue österreichische Schiedsrecht, § 584 Rn. 56; Fasching/Konecny/*Hausmaninger*, ZPO, § 584 Rn. 32; *Rechberger* in: *Liebscher/Oberhammer/Rechberger* (Hrsg.), Schiedsverfahrensrecht Band I, Rn. 6/51.

273 ErläutRV 1158 BlgNR 22. GP, S. 10 [Zum § 584, Rn. 3].

öZPO[274] normierte Kompetenz-Kompetenz[275], über seine Zuständigkeit entscheiden zu dürfen, sofern diese Entscheidung nicht *„in angemessener Dauer"* ergeht. Das staatliche Gericht setzt, obgleich es später angerufen wurde, sein Verfahren fort.[276]

Problematisch an dieser Regelung ist der Zeitrahmen für den Begriff der „angemessenen Dauer". Die Erläuterungen nehmen Bezug auf Art. 6 EMRK[277], schweigen aber hinsichtlich einer konkreteren Definition. Letztlich wird es daher der Rechtsprechung überlassen sein, diesen unbestimmten Rechtsbegriff auszufüllen. Dabei wird speziell auch den verfahrensrechtlichen Besonderheiten der Zuständigkeitsentscheidung, die in der Regel isoliert, je nach Einzelfall aber auch zusammen mit der Sachentscheidung getroffen werden kann, Rechnung zu tragen sein.[278] Diese Regulierung des § 584 Abs. 3 S. 2 öZPO bewirkt, dass auch im österreichischen Recht die Schiedshängigkeit nicht absolut verfahrensausschließende Sperrwirkung im Verhältnis zwischen staatlichen Gerichten und Schiedsgerichten herbeiführt. Speziell bei Streitigkeiten hinsichtlich der Zuständigkeit des Schiedsgerichts und bei drohenden zeitlichen Verzögerungen kann der Grundsatz der Schiedshängigkeit durchbrochen werden.[279] Wenn auch die Schiedshängigkeit relativ wirkt, kommt ihr gleichwohl eine sehr weitgehende Sperrwirkung zu. Diese unterstreicht die Regelung des § 584 Abs. 1 S. 3 öZPO,

---

274 § 592 Abs. 1 öZPO: *„Das Schiedsgericht entscheidet selbst über seine Zuständigkeit. Die Entscheidung kann mit der Entscheidung in der Sache getroffen werden, aber auch gesondert in einem eigenen Schiedsspruch."*

275 Dem Schiedsgericht kommt lediglich eine Kompetenz-Kompetenz im weiteren Sinne zu. Unter der alten Rechtslage haben sich in der Lehre zwei verschiedene Definitionen der Kompetenz-Kompetenz herausgebildet: Die Kompetenz-Kompetenz im weiteren Sinn und die Kompetenz-Kompetenz im engeren Sinn. Letztere meint die Befugnis des Schiedsgerichts endgültig und bindend, d.h. ohne gerichtliche Nachkontrolle, über seine eigene Zuständigkeit entscheiden zu können. Die Kompetenz-Kompetenz im weiteren Sinn meint hingegen die nur vorrübergehende Zuständigkeitsentscheidung des Schiedsgerichts, die auf Antrag der Parteien vom staatlichen Gericht vollumfänglich überprüft werden kann. Ausführlich Fasching/Konecny/*Hausmaninger*, ZPO, § 592 Rn. 4; *Fremuth-Wolf* in: *Riegler* [u.a.], Arbitration, § 592 Rn. 3.

276 *Schumacher*, FS Jud (2012), 643, 647; *Rechberger/Melis* in: *Rechberger*, ZPO, § 584 Rn. 4.

277 ErläutRV 1158 BlgNR 22. GP, S. 10 [Zum § 584, Rn. 3].

278 *Rechberger/Melis* in: *Rechberger*, ZPO, § 584 Rn. 4; *Rechberger* in: *Liebscher/Oberhammer/Rechberger* (Hrsg.), Schiedsverfahrensrecht Band I, Rn. 6/58. Zum Kriterium der „angemessenen Dauer": *Schumacher*, YYA 2008, 43, 50.

279 *Schumacher*, FS Jud (2012), 643, 647.

die ebenfalls die Relativität der Sperrwirkung im Verhältnis eines anhängigen staatlichen Verfahrens gegenüber einem zweiten Schiedsverfahren zum Ausdruck bringt: Das Schiedsgericht kann sein Verfahren gleichwohl einleiten oder fortsetzen und einen Schiedsspruch erlassen, sofern im staatlichen Verfahren rechtzeitig die Schiedseinrede erhoben wurde. Auf eine zeitliche Verzögerung des staatlichen Richters wird hier, anders als in § 584 Abs. 3 S. 2 öZPO, nicht abgestellt, sodass – im Einklang mit den Darstellungen oben – die Privilegierung des Schiedsverfahrens hervorgehoben wird.[280]

2. *Schweiz*

Verglichen mit dem deutschen Schiedsverfahrensrecht gelten auch in der Schweiz einige Besonderheiten hinsichtlich der Streitanhängigkeit vor Schiedsgerichten. Sowohl die Vorschriften für nationale als auch für internationale Schiedsverfahren enthalten Regelungen über die Streitanhängigkeit vor Schiedsgerichten. Diese lösen das Problem zeitgleicher Parallelverfahren über den Lis-pendens-Grundsatz, der nach Schweizer Recht generell auch im Verhältnis zwischen staatlichem Gericht und Schiedsgericht eine Sperrwirkung herbeiführt.[281]

a) Nationale Schiedsgerichtsbarkeit

Relevante Vorschrift für die Streitanhängigkeit vor einem Schiedsgericht ist Art. 372 Abs. 1 sZPO[282], der den Zeitpunkt der Schiedshängigkeit definiert: *„Das Schiedsverfahren ist rechtshängig: a. sobald eine Partei das in der Schiedsvereinbarung bezeichnete Schiedsgericht anruft; oder b. wenn die Vereinbarung kein Schiedsgericht bezeichnet: Sobald eine Partei das Verfahren zur Bestellung des Schiedsgerichts oder das von den Parteien vereinbarte vorausgehende Schlichtungsverfahren einleitet.“* Unter Einleitung des Schiedsverfahrens ist dem Gesetzeswortlaut nach das *„Verfahren zur Bestellung des Schiedsgerichts“* zu verstehen, dessen Voraussetzungen sich wiederum aus der Vereinbarung der Parteien ergeben[283] bzw. sich bei institutionellen Schiedsverfahren regelmäßig nach den jeweiligen Schiedsgerichtsordnungen richten.[284]

---

280 Ausführlich *Schumacher*, FS Jud (2012), 643, 647 f.

281 Dazu *Berger/Kellerhals*, Internationale und interne Schiedsgerichtsbarkeit in der Schweiz, Rn. 927 ff., insbes. Rn. 948.

282 Zuvor Art. 13 KSG, der sich inhaltlich mit Art. 372 sZPO deckt.

283 Kurzkommentar-ZPO/*Dasser*, Art. 372 Rn. 9.

284 Siehe zum Eintritt der Rechtshängigkeit in ausgewählten Schiedsordnungen *Oetiker*, Rechtshängigkeit in der internationalen Schiedsgerichtsbarkeit, Rn. 124–132; *Pohl*, Doppelte Rechtshängigkeit im schiedsgerichtlichen Verfahren, S. 252–267.

Auffällig ist, dass die Gesetzesterminologie von Rechtshängigkeit des Schiedsverfahrens und nicht von Schiedshängigkeit spricht. In der Literatur wird hingegen der Begriff der Schiedshängigkeit befürwortet: Das „Anhängigmachen" der Schiedsklage führe letztlich zur Schiedshängigkeit; zudem werde dem Umstand Rechnung getragen, dass die Wirkungen der Schiedshängigkeit nicht vollständig deckungsgleich mit denen der Rechtshängigkeit im staatlichen Verfahren sind.[285] Anders als im deutschen Recht rührt diese Inkohärenz zwischen Rechts- und Schiedshängigkeit daher, dass Rechtshängigkeit im Schiedsverfahren keine Zuständigkeit zur Erhebung einer Widerklage begründet[286], nicht hingegen aus dem Umstand, dass die Schiedshängigkeit keine prozessuale Sperrwirkung gegenüber parallel eingeleiteten staatlichen Verfahren zu begründen vermag.[287]

Die Wirkung der Schiedshängigkeit ist in Art. 372 Abs. 2 sZPO beschrieben und betrifft das Verhältnis zwischen staatlichem Gericht und Schiedsgericht: „*Werden bei einem staatlichen Gericht und einem Schiedsgericht Klagen über denselben Streitgegenstand zwischen denselben Parteien rechtshängig gemacht, setzt das zuletzt angerufene Gericht das Verfahren aus, bis das zuerst angerufene Gericht über seine Zuständigkeit entschieden hat.*" Das zuletzt angerufene – staatliche wie schiedsrichterliche – Gericht hat demnach sein Verfahren mit sofortiger Wirkung auszusetzen, wenn zuvor eine Klage entweder bei einem staatlichen Gericht oder einem Schiedsgericht anhängig ist: Ist das prioritär angerufene Gericht ein staatliches Gericht, hat das zweitbefasste Schiedsgericht sein Verfahren zu sistieren; ist das staatliche Gericht das Zweitgericht hat es seinerseits das Verfahren auszusetzen; sind Erst- und Zweitgericht Schiedsgerichte mit Sitz in der Schweiz hat auch in diesem Verhältnis das jeweils Letztere sein Verfahren zu sistieren (obwohl diese Konstellation nicht ausdrücklich in Art. 372 sZPO erwähnt ist).[288] Art. 372 Abs. 2 sZPO normiert das Prioritätsprinzip und ordnet

---

285 *Müller* in: Sutter-Somm/Hasenböhler/Leuenberger, Art. 372 ZPO Rn. 6; BSK-ZPO/*Habegger*, Art. 372 Rn. 3; siehe auch BSK-IPRG/*Pfisterer*, Art. 181 Rn. 1.

286 So bereits Botschaft zur Schweizerischen Zivilprozessordnung [06.062], BBl 2006, S. 7221, 7398 [zu Art. 370].

287 Grundsätzlich wirkt die Sperrwirkung auch im Verhältnis zwischen staatlichem Gericht und Schiedsgericht, vgl. *Berger/Kellerhals*, Internationale und interne Schiedsgerichtsbarkeit in der Schweiz, Rn. 927 ff., insbes. Rn. 948.

288 Vgl. BSK-ZPO/*Habegger*, Art. 372 Rn. 17, 29; *Müller* in: Sutter-Somm/Hasenböhler/Leuenberger, Art. 372 ZPO Rn. 22, 30; ausführlich auch *Berger/Kellerhals*, International and Domestic Arbitration in Switzerland, Rn. 1036, 1057 u. 1062 f. (Art. 372 analog für zwei Schiedsverfahren).

eine in beide Richtungen strahlende prozessuale Sperrwirkung an, um auf diese Weise nicht nur Verfahren, sondern auch widersprüchliche Entscheidungen zu verhindern[289]: Das später angerufenen Gericht hat das Verfahren solange auszusetzen, *„bis das zuerst angerufene Gericht über seine Zuständigkeit entschieden hat."* Erst mit der Zuständigkeitsentscheidung ist das zweite Verfahren wieder freigegeben, sofern das prioritär angerufene Gericht seine Zuständigkeit abgelehnt hat. Bei positiver Kompetenzentscheidung erübrigt sich eine weitere Prüfung des später angerufenen Gerichts, insbesondere eine eigenständige Zuständigkeitsprüfung unterbleibt in diesem Falle vollständig.[290]

b) Internationale Schiedsgerichtsbarkeit

Für Schiedsverfahren mit Auslandsbezug statuiert Art. 181 IPRG den Zeitpunkt, wann ein Schiedsverfahren anhängig ist: *„Das Schiedsverfahren ist hängig, sobald eine Partei mit einem Rechtsbegehren den oder die in der Schiedsvereinbarung bezeichneten Schiedsrichter anruft oder, wenn die Vereinbarung keinen Schiedsrichter bezeichnet, sobald eine Partei das Verfahren zur Bildung des Schiedsgerichts einleitet."* Art. 181 IPRG trägt die offizielle Überschrift „Rechtshängigkeit" und verwendet den Terminus „hängig". Anders als im deutschen Recht trennt das Schweizer IPRG nicht zwischen den Begriffen der Anhängig- und Rechtshängigkeit eines Verfahrens. Art. 181 IPRG unterscheidet parallel zu Art. 372 Abs. 1 sZPO danach, ob die Schiedsrichter in der Schiedsvereinbarung benannt sind und diese vom Schiedskläger angerufen werden oder die Zusammensetzung des Schiedsgerichts in der Schiedsvereinbarung nicht festgelegt wurde. In letzterem Fall ist das Schiedsverfahren ab dem Zeitpunkt hängig, in dem eine Partei die Konstituierung des Schiedsgerichts einleitet, wobei tendenziell, anders als im deutschen Recht, auf den Zeitpunkt der Absendung der erforderlichen Mitteilung an den Beklagten abgestellt wird, nicht auf den Tag der Zustellung.[291] Art. 181 IPRG normiert hingegen nicht die Wirkungen der Rechtshängigkeit. Diese sind im Hinblick auf eine Verfahrenssperre im Verhältnis zwischen staatlichen Gerichten und Schiedsgerichten im Rahmen grenzüberschreitender

---

289 *Müller* in: Sutter-Somm/Hasenböhler/Leuenberger, Art. 372 ZPO Rn. 30.

290 BSK-ZPO/*Habegger*, Art. 372 Rn. 29, 30; *Müller* in: Sutter-Somm/Hasenböhler/Leuenberger, Art. 372 ZPO Rn. 30a.

291 Dahingehend *Oetiker*, Rechtshängigkeit in der internationalen Schiedsgerichtsbarkeit, Rn. 100; *Berger/Kellerhals*, Internationale und interne Schiedsgerichtsbarkeit in der Schweiz, Rn. 944; anders aber BSK-IPRG/*Pfisterer*, Art. 181 Rn. 11.

Konflikte nachfolgend danach zu untersuchen, ob prioritär ein Schiedsgericht oder ein ordentliches Gericht angerufen wurde.

aa) Hängige Klage vor einem ausländischen staatlichen Gericht aus Sicht des Schiedsrichters

Ist ein internationales Schiedsgericht mit Sitz in der Schweiz mit einem Streitgegenstand konfrontiert, der von den identischen Parteien zuvor bereits vor einem staatlichen Gericht im Ausland anhängig gemacht worden ist, entscheidet das später angerufene Schiedsgericht ungeachtet einer Rechtshängigkeit vor einem anderen ausländischen Gericht über seine Zuständigkeit. Das Prioritätsprinzip wird in dieser Konstellation ausgesetzt, das Schiedsgericht sistiert sein Verfahren nicht. Diese Rechtsfolge ergibt sich aus Art. 186 Abs. 1bis IPRG: *„Es [das Schiedsgericht] entscheidet über seine Zuständigkeit ungeachtet einer* bereits *vor einem staatlichen Gericht oder einem anderen Schiedsgericht hängigen Klage über denselben Gegenstand zwischen denselben Parteien, es sei denn, dass beachtenswerte Gründe ein Aussetzen des Verfahrens erfordern."* Art. 186 Abs. 1bis IPRG hält mit dieser Formulierung zugleich die Möglichkeit einer Sistierung des nachfolgend eingeleiteten Schiedsverfahrens für den Fall offen, dass beachtenswerte Gründe vorliegen. Das Schiedsverfahren könnte demnach auszusetzen sein, wenn die Einleitung offensichtlich missbräuchlich ist, da beispielsweise die Schiedseinrede vor dem staatlichen Gericht nicht erhoben wurde oder die Schiedsvereinbarung eine Frist zur Anrufung des Schiedsgerichts vorsieht, die bereits verstrichen ist.[292]

Art. 186 Abs. 1bis IPRG ist auf die sog. Formento-Entscheidung des Schweizer Bundesgerichts[293] zurückzuführen, welcher folgender – verkürzt

292 Vgl. Bericht der Kommission für Rechtsfragen des Nationalrates vom 17.02.2006 zur Parlamentarischen Initiative zur Änderung von Artikel 186 des Bundesgesetzes über das Internationale Privatrecht [02.415], BBl 2006, S. 4677, 4685; BSK-IPRG/*Schott/Courvoisier*, Art. 186 Rn. 22. Äußerst kritisch zu diesen Beispielen *Berger/Kellerhals*, International and Domestic Arbitration in Switzerland, Rn. 1046–1051.

293 BG v. 14.05.2001, BGE 127 III, S. 279; siehe dazu *Oetiker*, Arb. Int. 18 (2002), 137 ff. Der sog. Condesa-Entscheid, BG v. 19.12.1997, BGE 124 III, S. 83, legte den Grundstein für den Formento-Entscheid: Zwar wurde die Frage, ob Art. 9 IPRG auch im Verhältnis zwischen einem staatlichen Gericht und einem Schiedsgericht anwendbar ist, noch offen gelassen, das Schweizer Bundesgericht hielt aber fest, dass die Rechtshängigkeit der Klage vor einem ausländischen Gericht Ausschlusswirkung für ein schiedsgerichtliches Verfahren in der Schweiz haben könnte, wenn der ausländische Entscheid nach Schweizer Recht anerkennungsfähig wäre – was in der Condesa-Entscheidung jedoch nicht der Fall war (vgl. BG v. 19.12.1997, BGE 124 III, S. 86).

dargestellter – Sachverhalt zugrunde lag: Eine Partei klagte zunächst vor den ordentlichen Gerichten des Staates Panama, gegen deren Zuständigkeit die beklagte Partei die Schiedseinrede erhob und anschließend ein Schiedsverfahren mit Sitz in der Schweiz einleitete. Das Schiedsgericht erklärte sich für zuständig, ohne eine Entscheidung der Gerichte in Panama abzuwarten. Gegen diese Entscheidung rief die schiedsbeklagte Partei das Bundesgericht an. Dieses hatte daraufhin zu entscheiden, ob das Schweizer Schiedsgericht rechtmäßig über seine Zuständigkeit entscheiden durfte oder das Verfahren nach Lis-pendens-Grundsätzen hätte sistieren müssen, bis das panamaische Gericht seine Zuständigkeit endgültig bejaht oder verneint hätte. Das Bundesgericht bestimmte, dass ein Schiedsgericht mit Sitz in der Schweiz Art. 9 IPRG anzuwenden und sein Verfahren auszusetzen hat, wenn in der gleichen Sache bereits ein Verfahren vor einem schweizerischen oder ausländischen staatlichen Gericht anhängig ist.[294] Art. 9 Abs. 1 IPRG normiert: „*Ist eine Klage über denselben Gegenstand zwischen denselben Parteien zuerst im Ausland hängig gemacht worden, so setzt das schweizerische Gericht das Verfahren aus, wenn zu erwarten ist, dass das ausländische Gericht in angemessener Frist eine Entscheidung fällt, die in der Schweiz anerkennbar ist.*" Das Schiedsgericht hat, so das Bundesgericht, in gleichem Rahmen wie das staatliche Gericht i.S.d. Art. 9 Abs. 1 IPRG eine Anerkennungsprognose vorzunehmen und zu prüfen, ob das ausländische Urteil nach Art. 25 IPRG anzuerkennen ist.[295]

Diese Rechtsprechung wurde zum Teil stark kritisiert, weil im Ergebnis durch die Einreichung einer Klage bei einem ausländischen Gericht das Schiedsverfahren in der Schweiz unter Umständen für mehrere Jahre außer Kraft gesetzt werden kann und die Rechtsprechung des Bundesgerichts deshalb nicht zuletzt die Schweiz als beliebten internationalen Schiedsplatz gefährdet.[296] Die Kommission

294 BG v. 14.05.2001, BGE 127 III, S. 279, 284 f. [2c/cc]: „La doctrine majoritaire estime également qu'un tribunal arbitral siégeant en Suisse doit appliquer l'Art. 9 LDIP s'il est saisi de la même cause que celle déjà pendante devant un tribunal étatique, suisse ou étranger. […] Il faut donc admettre que la règle de compétence figurant à l'Art. 9 LDIP, qui repose sur des considérations d'ordre public, doit également être appliquée par un tribunal arbitral siégeant en Suisse."

295 Zu den Voraussetzungen der Anerkennung bereits der Condesa-Entscheid, BG v. 19.12.1997, BGE 124 III, S. 83, 86 f. [5b]; kritisch *Liatowitsch*, ASA Bull. 19 (2001), 422, 427 ff.; *Oetiker*, Rechtshängigkeit in der internationalen Schiedsgerichtsbarkeit, Rn. 213–218.

296 So Bericht der Kommission für Rechtsfragen des Nationalrates vom 17.02.2006 zur Parlamentarischen Initiative zur Änderung von Artikel 186 des Bundesgesetzes über das Internationale Privatrecht [02.415], BBl 2006, S. 4677, 4684.

für Rechtsfragen des Nationalrats beantragte daher im Jahr 2006 eine Ergänzung des IPRG dergestalt, dass ein „Schiedsgericht unabhängig von einer zum gleichen Streitstand zwischen den gleichen Parteien vor einem anderen Gericht hängigen Klage über seine Zuständigkeit entscheidet."[297] Im Bericht der Kommission für Rechtsfragen wird ausgeführt, durch diese Neuregelung solle der Missbrauchsgefahr, durch Einreichung einer Klage in einer ausländischen schiedsfeindlichen Rechtsordnung das Schiedsverfahren in der Schweiz zu behindern, entgegengewirkt werden. Die Revision gewährleiste, dass ein Schiedsgericht mit Sitz in der Schweiz sein Verfahren ungeachtet einer Klage vor einem ausländischen Gericht fortsetzen kann und mache die Einreichung von Klagen in einer ausländischen, schiedsfeindlichen Rechtsordnung im Ergebnis wirkungslos.[298] Auf Grundlage des Änderungsvorschlages der Kommission wurde die Einführung des Art. 186 Abs. 1bis IPRG zum 01.03.2007 beschlossen.[299] Diese Intervention des Gesetzgebers korrigiert die zuvor ergangene Entscheidung des Bundesgerichts dahingehend, dass ein Schiedsgericht unabhängig von einer bereits rechtshängigen Klage vor einem ausländischen staatlichen Gericht über seine Zuständigkeit entscheiden darf, es sei denn, dass beachtenswerte Gründe ein Aussetzen des Verfahrens erfordern.

bb) Hängige Klage vor einem inländischen staatlichen Gericht aus Sicht des Schiedsrichters

Für die Konstellation, in der ein staatliches Gericht in der Schweiz mit einem Streitgegenstand befasst ist und anschließend ein internationales Schiedsgericht

---

Kritisch zur Formento-Entscheidung (diese aber nicht zwingend ablehnend) zudem *Liatowitsch*, ASA Bull. 19 (2001), 422 ff.; *Stacher*, ZZZ 2006, 509 ff.; *Scherer*, ASA Bull. 19 (2001), 451 ff.; *Oetiker*, Rechtshängigkeit in der internationalen Schiedsgerichtsbarkeit, Rn. 212–218; *Söderlund*, J Int'l Arb. 22 (2005), 301, 314.

297 Bericht der Kommission für Rechtsfragen des Nationalrates vom 17.02.2006 zur Parlamentarischen Initiative zur Änderung von Artikel 186 des Bundesgesetzes über das Internationale Privatrecht [02.415], BBl 2006, S. 4677.
Kritisch zur rechtstheoretischen Begründung der Einführung von Art. 186 Abs. 1bis IPRG *Müller*, ASA Bull. 24 (2006), 647, 649–653, der die Neuerung aber grundsätzlich begrüßt. Zudem *Stacher*, ZZZ 2006, 509 ff.

298 Bericht der Kommission für Rechtsfragen des Nationalrates vom 17.02.2006 zur Parlamentarischen Initiative zur Änderung von Artikel 168 des Bundesgesetzes über das Internationale Privatrecht [02.415], BBl 2006, S. 4677, 4684.

299 Nach positiver Stellungnahme des Bundesrates vom 17.05.2006, BBl 2006, S. 4691, wurde die Änderung des Art. 186 Abs. 1bis IPRG nach den Schlussabstimmungen im National- und Ständerat in der Bundesversammlung der Schweizerischen Eidgenossenschaft beschlossen und ist seit dem 01.03.2007 in Kraft, AS 2007 387.

mit Sitz in der Schweiz hinsichtlich derselben Rechtsstreitigkeit angerufen wird, ist unklar, ob das internationale Schiedsgericht sein Verfahren nach Art. 186 Abs. 1bis IPRG fortsetzen darf oder Art. 372 Abs. 2 sZPO auf diesen Fall analog anzuwenden und das Schiedsverfahren zu sistieren ist. Dem Wortlaut nach trifft Art. 186 Abs. 1bis IPRG keine Differenzierung zwischen einer hängigen Klage vor einem inländischen oder einem ausländischen Staatsgericht. Für eine Aussetzung des Schiedsverfahrens nach Art. 372 Abs. 2 sZPO analog spricht, dass der Zweck des Art. 186 Abs. 1bis IPRG darin besteht, die Torpedierung inländischer Schiedsverfahren durch die Verfahrenseinleitung vor ausländischen, langsam arbeitenden Gerichten im Vorfeld zu verhindern, sodass der weite Wortlaut des Art. 186 Abs. 1bis IPRG teleologisch auf Verfahren vor ausländischen Gerichten zu reduzieren wäre.[300] Allerdings steht dem wohl entgegen, dass ein internationales Schiedsgericht in der Schweiz systematisch den Regeln des IPRG unterworfen ist, während Art. 372 Abs. 2 sZPO auf die Binnenschiedsgerichtsbarkeit zugeschnitten ist.[301] Letztlich wird dem Schiedsgericht deshalb auch bei Rechtshängigkeit einer Klage vor einem schweizerischen Gericht nur die Anwendung von Art. 186 Abs. 1bis IPRG offen stehen. Jedoch könnte der Umstand, dass ein inländisches staatliches Gericht entscheidet, aus teleologischen Erwägungen einen beachtenswerten Grund i.S.v. Art. 186 Abs. 1bis IPRG darstellen.[302] Letztlich wäre das Schiedsverfahren doch zu sistieren – aber über Art. 186 Abs. 1bis IPRG, nicht hingegen nach Art. 372 Abs. 2 sZPO.

cc) *Rechtshängigkeit eines Schiedsverfahrens aus Sicht des staatlichen Richters*

Wird zunächst ein ausländisches Schiedsgericht mit dem Streitfall befasst und anschließend derselbe Streitgegenstand vor einem staatlichen Gericht in der Schweiz anhängig gemacht, stellt sich die Frage, ob die Rechtshängigkeit der Klage vor einem Schiedsgericht mit Sitz im Ausland das ordentliche Verfahren unzulässig macht und dieses auszusetzen ist oder der Richter sogar die Klage abzuweisen hat.

Das IPRG enthält für diesen Anwendungsfall keine spezielle Regelung. Das Bundesgericht, das diese konkrete Konstellation soweit ersichtlich noch nicht entschieden hat, äußerte sich in einem obiter dictum positiv zur Anwendung der allgemeinen Lis-pendens-Regeln auch im Zuständigkeitskonflikt zwischen

---

300 So *Berger/Kellerhals*, International and Domestic Arbitration in Switzerland, Rn. 1058.
301 BSK-IPRG/*Schott/Courvoisier*, Art. 186 Rn. 24.
302 So auch BSK-IPRG/*Schott/Courvoisier*, Art. 186 Rn. 24 a.E.

staatlichen Gerichten und Schiedsgerichten.[303] Auf dieser Grundlage wird in der Literatur mehrheitlich die analoge Anwendung von Art. 9 IPRG[304] durch das Schiedsgericht befürwortet.[305] Dieser regelt das Verhältnis mehrerer staatlicher Gerichtsverfahren bei grenzüberschreitenden Kompetenzkonflikten.[306] Im Sinne des Prioritätsprinzips ist das später eingeleitete Gerichtsverfahren auszusetzen. Mit der analogen Anwendung des Art. 9 IPRG auf den Zuständigkeitskonflikt vor Staats- und Schiedsgerichten kommt dem zuerst eingeleiteten Schiedsverfahren prioritäre Entscheidungsbefugnis zu. Das staatliche Verfahren hingegen wird ausgesetzt. Eingeschränkt wird der Prioritätsgrundsatz, ebenso wie im rein staatlichen Kompetenzkonflikt, durch das Anerkennungserfordernis des Art. 9 Abs. 1, 2. Hs. IPRG: Der Schweizer Richter hat zu prüfen, ob der Entscheid des ausländischen Schiedsgerichts in der Schweiz anzuerkennen und zu vollstrecken wäre. Da es sich um einen ausländischen Schiedsspruch handelt, wären die Regeln des New Yorker Übereinkommen[307] zugrunde zu legen. Im Rahmen dieser Anerkennungsprognose wäre daher auch zu prüfen, ob es sich um eine nach Schweizer Recht schiedsfähige Streitsache handelt und eine wirksame Schiedsvereinbarung vorliegt. Allzu hohe Anforderungen an diese Prognose sind jedoch

---

303 Z.B. BG v. 20.12.1995, BGE 121 III, S. 495, 502: „Les conflits que peut engendrer ce concours de compétences doivent être résolus par application des règles régissant la litispendance (cf., par ex., l'Art. 9 LDIP), l'autorité de la chose jugée ou la reconnaissance et l'exécution des décisions étrangères (Art. 25 ss LDIP)."
Implizit auch BG v. 19.12.1997, BGE 124 III, S. 83, 85

304 Insbesondere Art. 9 Abs. 1 und 3 IPRG: *„(1) Ist eine Klage über denselben Gegenstand zwischen denselben Parteien zuerst im Ausland hängig gemacht worden, so setzt das schweizerische Gericht das Verfahren aus, wenn zu erwarten ist, dass das ausländische Gericht in angemessener Frist eine Entscheidung fällt, die in der Schweiz anerkennbar ist. […]*
(3) Das schweizerische Gericht weist die Klage zurück, sobald ihm eine ausländische Entscheidung vorgelegt wird, die in der Schweiz anerkannt werden kann."

305 *Berger/Kellerhals*, Internationale und interne Schiedsgerichtsbarkeit in der Schweiz, Rn. 638, 667 u. *Berger/Kellerhals*, International and Domestic Arbitration in Switzerland, Rn. 1038 f.; *Oetiker*, Rechtshängigkeit in der internationalen Schiedsgerichtsbarkeit, Rn. 190; BSK-IPRG/*Berti/Droese*, Art. 7 Rn. 9; BSK-IPRG/*Schott/Courvoisier*, Art. 186 Rn. 25 f.
Eine analoge Anwendung von Art. 9 IPRG für den umgekehrten Fall, das Schiedsgericht ist Zweitgericht, ablehnend *Liatowitsch*, Schweizer Schiedsgerichte und Parallelverfahren vor Staatsgerichten im In- und Ausland, S. 136–138.

306 Im Binnenverhältnis gilt selbiges, vgl. Art. 64 sZPO.

307 UN-Übereinkommen über die Anerkennung und Vollstreckung ausländischer Schiedssprüche (UNÜ) vom 21.04.1961, BGBl 1961, S. 122.

nicht zu stellen. Ausreichend ist, wenn eine Anerkennung vernünftigerweise (im Sinne einer prima facie-Prüfung) nicht ausgeschlossen werden kann.[308]

Wird hingegen die Rechtshängigkeit vor einem internationalen Schiedsgericht mit Sitz in der Schweiz begründet, bevor ein staatliches Gericht in gleicher Sache angerufen wurde, wird eine analoge Anwendung des Art. 372 sZPO befürwortet.[309] Danach hat das staatliche Gericht sein Verfahren auszusetzen, bis das zuerst angerufene Schiedsgericht über seine Zuständigkeit entschieden hat. Das widerspricht letztlich jedoch dem binären Regelungssystem innerhalb des IPRG und der sZPO: Die sZPO regelt nur nationale Sachverhalte. Adressat der sZPO sind ausschließlich Binnenschiedsgerichte, nicht hingegen internationale Schiedsgerichte.[310] Daher sollte auch in dieser Konstellation das staatliche Gericht sein Verfahren über Art. 9 IPRG analog aussetzen. Denn durch die Einführung des Art. 186 Abs. 1bis IPRG ist die Kompetenz-Kompetenz des Schiedsgerichts (wieder) mehr in den Fokus gerückt worden. Dieser Wertung entspricht es, wenn das staatliche Gericht zunächst sein Verfahren aussetzt, bis das Schiedsgericht, sei es ein ausländisches oder ein internationales Schiedsgericht mit Schweizer Sitz, seine Zuständigkeit geprüft hat.[311]

c) Zusammenfassung

Für die internationale Schiedsgerichtsbarkeit in der Schweiz gilt somit Folgendes: Die Anhängigkeit einer Klage vor einem staatlichen Gericht hat das Schiedsgericht ausdrücklich nicht zu berücksichtigen, sondern es kann sein Verfahren unter den Bestimmungen des Art. 186 Abs. 1bis IPRG fortsetzen. Im

308 *Oetiker*, Rechtshängigkeit in der internationalen Schiedsgerichtsbarkeit, Rn. 188 f.; CHK-IPRG/*Schramm/Buhr*, Art. 9, Rn. 20; ZK-IPRG/*Volken*, Art. 9, Rn. 76 f.

309 *Berger/Kellerhals*, Internationale und interne Schiedsgerichtsbarkeit in der Schweiz, Rn. 949; *Müller* in: Sutter-Somm/Hasenböhler/Leuenberger, Art. 372 ZPO Rn. 30–31.

310 So argumentieren auch BSK-IPRG/*Schott/Courvoisier*, Art. 186 Rn. 27, die dann aber, statt eine (analogen) Anwendung von Art. 372 sZPO zu bejahen, eine Beachtung der Rechtshängigkeit des Schiedsverfahrens durch das als Zweitgericht angerufenen staatlichen Gerichts über Art. 64 Abs. 1 lit. a sZPO i.V.m. Artt. 59, 61 sZPO befürworten, was im Ergebnis zum Erlass eines Nichteintretensentscheids führen würde.

311 Diese Rechtshängigkeitssperre berührt nicht die Letztentscheidungsbefugnis des staatlichen Gerichts, die in Art. 190 IPRG normiert ist. Das staatliche Gericht kann stets die Zulässigkeit des schiedsgerichtlichen Verfahrens überprüfen, hat aber zu warten, bis das Schiedsgericht einen eigenen positiven oder negativen Zuständigkeitsentscheid gefällt hat. Siehe dazu auch noch Gliederungspunkt § 6.C.I.1.c), S. 175 (zur positiven Kompetenzentscheidung) u. § 6.C.III.2.c), S. 191 (zur negativen Kompetenzentscheidung).

Rahmen der beachtenswerten Gründe, die ein Aussetzen seitens des Schiedsgerichts erfordern, steht der Schiedsrichter vor der Herausforderung, diesen unbestimmten Rechtsbegriff auszulegen und zu konkretisieren. Ob hierunter eine Rechtshängigkeit vor staatlichen Gerichten der Schweiz fällt ist offen, aber unter Berücksichtigung des Telos von Art. 186 Abs. 1bis IPRG jedenfalls zu erwägen. Bemerkenswert ist, dass in der spiegelverkehrten Situation das staatliche Gericht regelmäßig ein anhängiges Schiedsverfahren zu beachten und sein Verfahren zu sistieren hat. Es gilt jedoch die Ausnahme des Art. 9 Abs. 1 IPRG, wonach das schweizerische Gericht sein Verfahren auszusetzen hat, wenn eine Klage über denselben Gegenstand zwischen denselben Parteien zuerst vor einem ausländischen Gericht anhängig gemacht wurde und eine Entscheidung in einer angemessenen Frist zu erwarten ist. Im Schweizer Recht kann mithin eine leichte Inkohärenz der verfahrenssperrenden Rechtshängigkeitswirkungen festgestellt werden – und zwar zugunsten eines schiedsgerichtlichen Verfahrens. Anders als im deutschen Recht enthalten sowohl die internationalen Regeln über die Schieds- bzw. Rechtshängigkeit als auch über die interne Binnenschiedsgerichtsbarkeit eine Verfahrenssperre. Diese wirkt sowohl im Hinblick auf das nachträglich eingeleitete schiedsgerichtliche wie auch ordentliche Verfahren. Der Grundsatz der Lis-pendens als prozessuales Hindernis verhindert so unerwünschte Parallelverfahren und wirkt gleichwertig im Schiedsverfahren und staatlichen Verfahren.[312]

3. *Internationale Schiedsübereinkommen: UNÜ und EÜ*

Als Herzstück der internationalen Schiedsgerichtsbarkeit enthält das New Yorker Übereinkommen[313] keine ausdrücklichen Regelungen für staatliche Richter, wenn diese mit einer Klage befasst werden, welche einen identischen Streitgegenstand zu einer bereits vor einem Schiedsgericht anhängigen Klage aufweist.[314] Zwar bestimmt Art. II Abs. 3 UNÜ folgendes: „*Wird das Gericht eines Vertragsstaates wegen eines Streitgegenstandes angerufen, hinsichtlich dessen die*

312 Siehe zur Übersicht auch die tabellarische Darstellung bei *Pfisterer/Schnyder*, Internationale Schiedsgerichtsbarkeit, S. 77 f. u. BSK-IPRG/*Schott/Courvoisier*, Art. 186 Rn. 31.

313 UN-Übereinkommen über die Anerkennung und Vollstreckung ausländischer Schiedssprüche (UNÜ) vom 21.04.1961, BGBl 1961, S. 122.

314 *De Ly/Sheppard*, ILA Final Report on Lis Pendens and Arbitration (2006), Arb. Int. 25 (2009), 3 ff., Rn. 4.20.

Parteien eine Vereinbarung im Sinne dieses Artikels getroffen haben [d.h. eine Schiedsvereinbarung], so hat das Gericht auf Antrag einer der Parteien sie auf das schiedsrichterliche Verfahren zu verweisen, sofern es nicht feststellt, daß die Vereinbarung hinfällig, unwirksam oder nicht erfüllbar ist." Diese Regelung setzt jedoch nicht auf der Ebene tatsächlicher, zeitgleicher Verfahren vor Schieds- und Staatsgerichten an, sondern knüpft die Verweisungsvorschrift an das Bestehen und Vortragen einer Schiedsvereinbarung hinsichtlich des klageweise geltend gemachten Streitgegenstandes, nicht an die (vorherige) Einleitung eines Schiedsverfahrens selbst. Art. II Abs. 3 UNÜ ist daher weniger eine Vorschrift zur Koordination von parallelen Verfahren vor Schiedsgerichten und Gerichten, sondern vielmehr die Regelung der Schiedseinrede auf internationaler Ebene.[315] Die Verweisung auf das schiedsrichterliche Verfahren wirkt jedoch nicht im technischen Verweisungssinne des § 281 ZPO, sondern führt über die lex fori des jeweiligen Staates, dessen Gerichte mit der Sache befasst sind, zu den nationalen Rechtsvorschriften.[316] Ist demnach ein deutsches Gericht mit einem einer Schiedsvereinbarung unterfallenden Rechtsstreit im Anwendungsbereich des UNÜ befasst, führt Art. II Abs. 3 UNÜ direkt zu § 1032 ZPO, wonach eine bloße Verweisung der Parteien auf das Schiedsverfahren unzulässig wäre.[317] Vielmehr muss das deutsche Gericht bei erhobener Schiedseinrede vollumfänglich prüfen, ob eine Schiedsvereinbarung i.S.d. Art. II UNÜ vorliegt[318] und entsprechend dem Prüfungsergebnis die Klage als unzulässig abweisen oder zur Hauptsache verhandeln. Durch diese Regelung wird die Sachentscheidung eines staatlichen Gerichts solange verhindert, bis den Parteien die Durchführung eines Schiedsverfahrens nicht mehr möglich ist.[319] Eine Koordinierung etwaiger Verfahrenskonflikte im Zuständigkeitsstreit vor Schiedsgerichten und staatlichen Gerichten wird hingegen nicht erreicht.

---

315 Ausführlich MüKoZPO/*Adolphsen*, § 1061 Anh. 1 Art. 2 UNÜ Rn. 25 ff.

316 Stein/Jonas/*Schlosser*, Anhang zu § 1061 Rn. 44; *Schwab/Walter*, Schiedsgerichtsbarkeit, Kap. 45 Rn. 1.

317 Siehe Reithmann/Martiny/*Hausmann*, Internationales Vertragsrecht, Rn. 8.390; *Schwab/Walter*, Schiedsgerichtsbarkeit, Kap. 45 Rn. 1.

318 Voraussetzung ist, dass die in Art. II Abs. 1 u. 2 UNÜ genannten Kriterien erfüllt sind und der Streitgegenstand schiedsfähig ist, vgl. MüKoZPO/*Adolphsen*, § 1061 Anh. 1 Art. 2 UNÜ Rn. 28; *Schwab/Walter*, Schiedsgerichtsbarkeit, Kap. 45 Rn. 2; Reithmann/Martiny/*Hausmann*, Internationales Vertragsrecht, Rn. 8.385 mit Rn. 8.393; siehe zudem Stein/Jonas/*Schlosser*, Anhang zu § 1061 Rn. 45, 50 ff.

319 Stein/Jonas/*Schlosser*, Anhang zu § 1061 Rn. 44.

Im Vergleich hierzu stellt Art. VI Abs. 3 des Europäischen Übereinkommens über die internationale Handelsschiedsgerichtsbarkeit[320] fest, dass ein staatliches Gericht im Falle einer vorherigen Schiedshängigkeit sein Verfahren auszusetzen hat: *„Ist ein schiedsrichterliches Verfahren vor der Anrufung eines staatlichen Gerichts eingeleitet worden, so hat das Gericht eines Vertragsstaates, das später mit der Klage auf Feststellung, daß die Schiedsvereinbarung nicht bestehe, nichtig oder hinfällig geworden sei, befaßt wird, die Entscheidung über die Zuständigkeit des Schiedsgerichts auszusetzen, bis der Schiedsspruch ergangen ist, es sei denn, daß ein wichtiger Grund dem entgegensteht.*" Das EÜ enthält somit eine explizite Verfahrensregel für Parallelprozesse vor Staats- und Schiedsgerichten. Ein prioritär eingeleitetes Schiedsverfahren blockiert die nachfolgende Zuständigkeit eines staatlichen Gerichts und zwingt den Richter zur Aussetzung des Verfahrens. Die Schiedshängigkeit ist vom staatlichen Gericht zwar nur auf Parteieinrede hin zu beachten, allerdings hat das Gericht bereits mit Erheben der Einrede sein Verfahren auszusetzen, ohne dass eine Prüfung hinsichtlich der Statthaftigkeit der Einrede und somit der Wirksamkeit der Schiedsvereinbarung erfolgen dürfte.[321] Die Verfahrenssistierung ist somit nicht davon abhängig, dass de facto eine wirksame Schiedsvereinbarung besteht, sodass von einer „in Parallele zu Rechtshängigkeit stehenden Schiedshängigkeit"[322] gesprochen werden kann. Die Pflicht zur Aussetzung tangiert die Kompetenz der staatlichen Gerichte nicht nur hinsichtlich der Feststellung der Zu- oder Unzulässigkeit des Schiedsverfahrens, sondern betrifft auch die Befugnis, in der Hauptsache als solche zu entscheiden, da diese nicht zuletzt von der Wirksamkeit der Schiedsvereinbarung abhängt.[323] Allerdings erfährt diese prinzipielle Aussetzungspflicht der staatlichen Gerichte im letzten Halbsatz des Art. VI Abs. 3 EÜ eine Einschränkung, vergleichbar mit der Regelung des § 584 Abs. 3 S. 2 öZPO.[324] Der recht ungenaue Ausnahmetatbestand sieht eine Fortsetzung des staatlichen Verfahrens vor, wenn der Aussetzung *„ein wichtiger Grund"* entgegensteht. Dadurch soll das Obstruieren

---

320 Genfer Europäisches Übereinkommen über die internationale Handelsschiedsgerichtsbarkeit (EÜ) vom 21.04.1961, BGBl II 1964, S. 425.

321 MüKoZPO/*Adolphsen*, § 1061 Anh. 2 Art. VI EuÜ Rn. 15–18; Stein/Jonas/*Schlosser*, Anhang zu § 1061 Rn. 425.

322 Stein/Jonas/*Schlosser*, Anhang zu § 1061 Rn. 422; ähnlich bereits auch in: Internationale Schiedsgerichtsbarkeit, Rn. 618.

323 *Schlosser*, Internationale Schiedsgerichtsbarkeit, Rn. 621; Reithmann/Martiny/*Hausmann*, Internationales Vertragsrecht, 6. Aufl., Rn. 3.372 a.E.; MüKoZPO/*Adolphsen*, § 1061 Anh. 2 Art. VI EuÜ Rn. 16.

324 Vgl. zu § 584 Abs. 3 S. 2 öZPO § 4.B.II.1.c), S. 89.

des staatlichen Verfahrens durch vorheriges Einleiten eines Schiedsverfahrens – möglicherweise „ins Blaue hinein" – verhindert werden.[325] Diese unbestimmte Ausschlussklausel des „wichtigen Grundes" ist eng auszulegen. Es besteht jedoch weitestgehend Einigkeit darüber, dass der Ausnahmetatbestand, im Falle der – wohl prima facie – feststehenden Unzuständigkeit des Schiedsgerichts Anwendung findet. Gleiches gilt, wenn das Schiedsgericht seinerseits das Verfahren ausgesetzt hat, um Bedenken hinsichtlich seiner Zuständigkeit durch ein staatliches Gericht prüfen zu lassen.[326]

III. Zusammenfassung und Rückschlüsse für das deutsche Recht

Der rechtsvergleichende Überblick führt zunächst die unterschiedliche Handhabung des Phänomens der parallelen (Zuständigkeits-) Verfahren in den nationalen Rechtsordnungen vor Augen. Das österreichische Schiedsrecht bietet einen ganzheitlichen Ansatz zur Vermeidung von Parallelverfahren vor staatlichen Gerichten und Schiedsgerichten und stärkt die Position der Schiedsrichter über die umfassende Regelung des § 584 Abs. 3 öZPO.[327] Unabhängig von tatsächlichen Zuständigkeitsvoraussetzungen hat der staatliche Richter als Zweitrichter die vorgebrachte Klage zurückzuweisen. Bereits die Tatsache der Schiedshängigkeit als solche hemmt eine weitere Klage mit demselben Streitgegenstand, sowohl vor staatlichen Gerichten als auch vor Schiedsgerichten, ohne dass die Zuständigkeit des Schiedsgerichts ergänzend geprüft wird. Insofern werden von der Verfahrenskoordination auch drohende Zuständigkeitskonflikte erfasst. Allerdings ist auch hier der Blick explizit auf die Konstellation des Zuständigkeitskonflikts zu richten, normiert § 584 Abs. 3 S. 2 öZPO doch eine Ausnahme der verfahrenssperrenden Wirkung, wenn eine schiedsgerichtliche Entscheidung über die eigene Zuständigkeit nicht in einer angemessenen Dauer zu erlangen ist. Der Lis-pendens-Einwand kann in dieser Verfahrenskonstellation nicht vorgebracht werden, sodass ein Nebeneinander von schiedsgerichtlichem und

---

325 *Schlosser*, Internationale Schiedsgerichtsbarkeit, Rn. 624.

326 Reithmann/Martiny/*Hausmann*, Internationales Vertragsrecht, 6. Aufl., Rn. 3.373; MüKoZPO/*Adolphsen*, § 1061 Anh. 2 Art. VI EuÜ Rn. 19; Stein/Jonas/*Schlosser*, Anhang zu § 1061 Rn. 427; *Schwab/Walter*, Schiedsgerichtsbarkeit, Kap. 45 Rn. 7 a.E.

327 § 584 Abs. 3 öZPO: *„Ist ein Schiedsverfahren anhängig, so darf über den geltend gemachten Anspruch kein weiterer Rechtsstreit vor einem Gericht oder einem Schiedsgericht durchgeführt werden; eine wegen desselben Anspruches angebrachte Klage ist zurückzuweisen. Dies gilt nicht, wenn die Unzuständigkeit des Schiedsgerichts vor diesem spätestens mit der Einlassung in die Sache gerügt wurde und eine Entscheidung des Schiedsgerichtes hierüber in angemessener Dauer nicht zu erlangen ist."*

staatlichem Verfahren dennoch besteht. Die Ausnahmeregelung wirkt jedoch weniger umfangreich als im deutschen Recht, ist sie zusätzlich noch an das Erfordernis der unangemessenen Dauer der Entscheidungserlangung geknüpft. Dem Schiedsverfahren wird mithin zusätzlicher Spielraum gewährt. Auch § 584 Abs. 1 öZPO[328] ist zu entnehmen, dass Parallelverfahren nicht vollständig ausgeschlossen werden. Während eines Hauptsacheverfahrens, in dem im Rahmen der Schiedseinrede die Wirksamkeit und Reichweite der Schiedsvereinbarung geprüft wird, ist ein Verfahren vor dem Schiedsgericht zulässig. Diese Regelung entspricht § 1032 Abs. 1 ZPO. Sowohl Deutschland als auch Österreich orientierten sich bei der Novelle ihrer Schiedsrechte am UNCITRAL-Modellgesetz. Nicht unerwähnt bleiben soll in diesem Zusammenhang, dass sich in Art. 8 Abs. 1 UNCITRAL-Modellgesetz zwar die Normierung der Schiedseinrede, jedoch keine spezifische Regelung zur Schiedshängigkeit findet. Dieser Umstand erklärt zum Teil die ähnliche Gesetzesgestaltung der Einredesituation bzw. die unterschiedliche Ausgestaltung der Schiedshängigkeit in den nationalen Rechtsordnungen. Dem österreichischen Recht ist gleichwohl die Tendenz zu entnehmen, den Grundsätzen der Lis-pendens auch im Rahmen des Kompetenzkonflikts weitgehende Beachtung zu schenken und erst im Falle der „Obstruktion der Rechtsverfolgung vor ordentlichen Gerichten“[329] korrigierend einzugreifen. Insgesamt zeigen sich die Regeln der öZPO daher als harmonisches Gesamtkonzept, das im Hinblick auf eine umfassendere, schiedsfreundlichere Anwendung des Lis-pendens-Prinzips dem deutschen Recht als Vorlage dienen könnte.

Die Analyse der Schweizer Normen zu Binnenschiedsgerichtsbarkeit zeigt eine ähnliche Tendenz: Das Prioritätsprinzip gilt gem. Art. 372 Abs. 2 sZPO zweifelsfrei auch zwischen Schweizer Schieds- und Staatsgerichten und macht darüber hinaus keine Ausnahme vor Überprüfungsverfahren hinsichtlich der Zuständigkeitsentscheidung. Generell ist bei Ausübung der in Art. 359 sZPO normierten vorläufigen Kompetenz-Kompetenz des Schiedsgerichts eine staatliche Beurteilung der schiedsgerichtlichen Zuständigkeit daher erst im Rechtsmittelprozess

328 § 584 Abs. 1 öZPO: *„Wird vor einem Gericht Klage in einer Angelegenheit erhoben, die Gegenstand einer Schiedsvereinbarung ist, so hat das Gericht die Klage zurückzuweisen, sofern der Beklagte nicht zur Sache vorbringt oder mündlich verhandelt, ohne dies zu rügen. Dies gilt nicht, wenn das Gericht feststellt, dass die Schiedsvereinbarung nicht vorhanden oder undurchführbar ist. Ist ein solches Verfahren noch vor einem Gericht anhängig, so kann ein Schiedsverfahren dennoch eingeleitet oder fortgesetzt werden und ein Schiedsspruch ergehen.“*

329 ErläutRV 1158 BlgNR 22. GP, S. 10 [Zum § 584, Rn. 3 a.E.].

zulässig.[330] Allerdings kann ein zuständigkeitsbejahender Zwischenschiedsspruch gem. Art. 392 lit. b i.V.m. Art. 393 lit. b sZPO auch angefochten werden, bevor das Schiedsverfahren in der Hauptsache beendet wurde.[331] In diesem Fall wäre die zeitgleiche Befassung eines staatlichen Gerichts und eines Schiedsgerichts daher nicht ausgeschlossen, sofern das Schiedsgericht nicht sein Verfahren sistiert um die staatsgerichtliche Entscheidung abzuwarten. Durch die Regelung des Art. 372 Abs. 2 sZPO und die explizite Einbeziehung der Zuständigkeitsentscheidung des zuerst angerufenen Spruchkörpers werden durch die Anwendung des Lis-pendens-Prinzips jedenfalls Parallelverfahren auch im Kompetenzkonflikt minimiert. Ein letztes Risiko besteht als mittelbare Rückwirkung der endgültigen Kompetenz-Kompetenz staatlicher Gerichte gleichwohl.

Auch in der internationalen Schiedsgerichtsbarkeit tendieren schweizerische Rechtsprechung und Literatur zu der Anwendung des Lis-pendens-Prinzips und befürworten eine Aussetzungspflicht des staatlichen Richters analog Art. 9 Abs. 1 IPRG[332], wobei prima facie die Wirksamkeit und Reichweite der Schiedsvereinbarung sowie die Schiedsfähigkeit des Streitgegenstandes durch das staatliche Gericht festzustellen sind. Durch die Begrenzung des Prüfungsumfangs auf das offensichtliche Nichtbestehen einer wirksamen Schiedsvereinbarung oder die fehlende Schiedsfähigkeit des Streitgegenstandes werden parallele Zuständigkeitskonflikte auf ein Mindestmaß eingeschränkt, ohne den Parteien eine Torpedierung des staatlichen Verfahrens zu erlauben, wenn offenkundig eine Schiedsvereinbarung nicht besteht.

Die Regelungen des EÜ überlagern bei Eröffnung des Anwendungsbereichs die Normen der ZPO. Das EÜ ist gem. Art. I Abs. 1 lit. a EÜ anzuwenden, wenn die Streitigkeit aus einem internationalen Handelsgeschäft rührt und die Parteien der Schiedsvereinbarung bei deren Abschluss ihren gewöhnlichen Aufenthalt in unterschiedlichen Vertragsstaaten haben.[333] Das EÜ knüpft demnach an

---

330 Vgl. BSK-ZPO/*Habegger*, Art. 359 Rn. 11.

331 BSK-ZPO/*Habegger*, Art. 359 Rn 26.

332 Art. 9 Abs. 1 IPRG: *„Ist eine Klage über denselben Gegenstand zwischen denselben Parteien zuerst im Ausland hängig gemacht worden, so setzt das schweizerische Gericht das Verfahren aus, wenn zu erwarten ist, dass das ausländische Gericht in angemessener Frist eine Entscheidung fällt, die in der Schweiz anerkennbar ist."*

333 Vgl. *Fouchard/Gaillard/Goldman*, International Commercial Arbitration, Rn. 278 f.; *Solomon*, Die Verbindlichkeit von Schiedssprüchen, S. 171; ausführlich auch Reithmann/Martiny/*Hausmann*, Internationales Vertragsrecht, Rn. 8.362–8.365.
Ein Index der Vertragsstaaten des EÜ findet sich bei Stein/Jonas/*Schlosser*, Anhang zu § 1061 Rn. 526 ff. oder MüKoZPO/*Adolphsen*, § 1061 Anh. 2 vor Art. I EuÜ.

die Schiedsvereinbarung und die Vertragsparteien selbst an, nicht hingegen an den Schiedsspruch. Als Rechtsfolge ist das spätere staatliche Verfahren, unabhängig davon ob eine wirksame Schiedsvereinbarung besteht, auszusetzen, und zwar nach dem Wortlaut von Art. VI Abs. 3 EÜ auch und gerade hinsichtlich der zu klärenden Zuständigkeitsfrage: Das Gericht eines Vertragsstaates hat *„die Entscheidung über die Zuständigkeit des Schiedsgerichts auszusetzen, bis ein Schiedsspruch ergangen ist.“*[334] Auch das EÜ verfolgt jedoch nicht die ausnahmslose Anwendung des Lis-pendens-Prinzips, sondern sieht – vergleichbar Art. 186 Abs. 1bis IPRG – die Fortsetzung des staatlichen Verfahrens trotz Schiedshängigkeit vor, wenn *„ein wichtiger Grund“* die parallele Befassung von Schieds- und Staatsgerichten legitimiert.

Nach aktueller Gesetzeslage im deutschen Recht kann hingegen ein entsprechender Lis-pendens-Grundsatz dogmatisch zumindest nicht auf der für diese Untersuchung relevanten Ebene des Kompetenzkonflikts ansetzen. Zwar sprechen überzeugende Gründe für die Implementierung der Rechtshängigkeitsregeln in das Schiedsverfahren, allerdings kann nach dem Regelungssystem der §§ 1032, 1040 ZPO eine Verfahrenssperre nicht für parallele Verfahren zur Klärung der Zuständigkeit des Schiedsgerichts etabliert werden. Der staatliche Richter, der zeitlich nachfolgend mit dem Zuständigkeitsstreit befasst ist, muss sein Verfahren weder aussetzen noch deshalb als unzulässig abweisen, weil das Schiedsgericht bereits über die Kompetenzfrage entscheidet. Da ein „effet négatif“ im deutschen Recht keine Anwendung findet und kein Vorrang der schiedsgerichtlichen Zuständigkeitsentscheidung existiert[335], steht der Durchführung paralleler Verfahren nicht die (vorläufige) Kompetenz-Kompetenz des Schiedsgerichts entgegen. Insbesondere ist wesentliches Charakteristikum des deutschen Schiedsverfahrensrechts, dass die Entscheidungsbefugnisse des staatlichen Richters und Schiedsrichters hinsichtlich des „Erstzugriffsrechts“ und der Kompetenzprüfung gleichwertig ausgestaltet sind – kommt dem staatlichen Richter letztlich auch die abschließende Kompetenz-Kompetenz zu. Die Verfahren vor den staatlichen Gerichten, in denen die Kompetenzfrage sowohl erstmalig geprüft als auch kontrollierend überprüft werden kann, können parallel zu einem bereits eingeleiteten Schiedsverfahren durchgeführt werden.

---

334 Siehe dazu auch noch einmal Stein/Jonas/*Schlosser*, Anhang zu § 1061 Rn. 422.
335 Vgl. Gliederungspunkt § 3.B, S. 60 ff.

Eine Öffnung des deutschen Rechts zugunsten einer Sperrwirkung auch zwischen Schiedsverfahren und staatlichen Verfahren ist daher nicht zu beobachten. Innerhalb der österreichischen und schweizerischen Rechtsordnung kann hingegen die Tendenz festgestellt werden, die Schiedshängigkeit bzw. den Lis-pendens-Einwand stärker in den Fokus zu rücken und ihren Anwendungsbereich auf das Verhältnis von Schiedsverfahren und staatlichen Gerichtsverfahren auszuweiten. Das gilt nicht nur für ein Nebeneinander von Verfahren der Hauptsache, sondern soll gerade auch für die Parallelverfahren im Zuständigkeitsstreit Gültigkeit genießen, wenn auch mit den aufgezeigten Einschränkungen. Diese ergeben sich zwangsläufig aus dem engen Zusammenspiel von vorläufiger und endgültiger Kompetenz-Kompetenz der Schieds- bzw. Staatsgerichte. Schwierigkeiten bei der Herausarbeitung allgemeiner Leitlinien bereiten jedoch auch die verschiedenen nationalen Ausprägungen des Kompetenz-Kompetenz-Konzepts. Insbesondere am Beispiel des französischen Schiedsrechts, das den schiedsrichterlichen Entscheidungen generell den Vorrang einräumt und die staatlichen Richter ihr Verfahren aussetzen lässt, zeigen sich die unterschiedlichen Ansätze, Parallelverfahren auf der Ebene des Sachentscheids aber auch im Rahmen der Zuständigkeitsklärung zu koordinieren und zu verhindern.

Gleichwohl bleibt die Öffnung der österreichischen und schweizerischen Normen für das deutsche Recht ein wichtiger Anhaltspunkt. So hat der österreichische Gesetzgeber nicht nur Vorgaben des Modellgesetztes diskutiert, sondern auch explizit die Überlegungen im deutschen Reformprozess berücksichtigt.[336] Insofern können die Regeln der öZPO durchaus auch als Weiterentwicklung der deutschen Ausgestaltung interpretiert und als Anreiz verstanden werden, das Lis-pendens-Prinzip auch ins deutsche Rechts zu implementieren, wobei auf die Besonderheiten der Verfahrenskoordination im Kompetenzkonflikt besonderen Wert zu legen ist. Eine absolute Bevorzugung des Schiedsrichters gegenüber dem staatlichen Richter ist dabei nicht das zwingend einzige Ergebnis. Vielmehr könnte der staatliche (deutsche) Richter sein Verfahren zur Klärung der Zuständigkeitsfrage in Anwendung eines Ausnahme-Regel-Prinzips nach österreichischem Vorbild auszusetzen haben. Im Zusammenhang entsprechender Änderungsvorschläge wäre auch zu beachten, dass im deutschen Recht bisher keine Aussetzung des späteren Verfahrens vorsehen ist, sondern nur die endgültige Abweisung der Klage als unzulässig.

336 ErläutRV 1158 BlgNR 22. GP, S. 2.

C. Exkurs: Parallele Schiedsverfahren

Relevanz kann aus Sicht des Schiedsrichters im Hinblick auf Parallelverfahren nicht nur ein anderes staatliches Verfahren, sondern auch ein zeitgleiches schiedsgerichtliches Verfahren erlangen. Die Parallelität von zwei schiedsgerichtlichen Verfahren wurde jüngst eingehend untersucht[337] und wird in dieser Arbeit daher lediglich kurz umrissen. Die Problematik doppelter Schiedsverfahren wird für ein Schiedsgericht relevant, wenn beispielsweise bereits ein anderes Schiedsgericht mit der identischen Streitsache auf Grundlage der gleichen Schiedsvereinbarung befasst ist oder auch wenn beide Schiedsparteien unabhängig voneinander ein Schiedsverfahren vor unterschiedlichen Schiedsforen initiieren und die Frage nach der „richtigen" Zuständigkeit aufgeworfen wird.

I. Meinungsstand zum Lis-pendens-Einwand

Die ZPO enthält für die Konfliktkonstellationen mehrerer Schiedsverfahren keine Normen. Dennoch besteht weitestgehend Einigkeit, dass der Umstand der Schiedshängigkeit für ein zweites Verfahren zumindest auch prozessuale Wirkungen entfaltet.[338]

1. Bejahende Ansichten

Der weit überwiegende Teil der Literatur spricht der Schiedshängigkeit eine verfahrenssperrende Ausschlusswirkung im Verhältnis zu einem anderen Schiedsverfahren zu. So vertritt F. Baur[339] – noch zur alten Rechtslage – die Auffassung, dass bei Klageerhebung vor einem Schiedsgericht im Verhältnis zu einem nachfolgenden Schiedsverfahren die im ordentlichen Prozess geltenden Regeln anzuwenden sind.[340] Während der Dauer der Schiedshängigkeit, die im Übrigen von

---

337 *Pohl*, Doppelte Rechtshängigkeit im schiedsgerichtlichen Verfahren, insbes. ab S. 196 ff.

338 B/L/A/H/G/*Anders*, § 1044 Rn. 3; PG-ZPO/*Prütting*, § 1044 Rn. 4 a.E.; MüKoZPO/*Münch*, § 1044 Rn. 30; Musielak/*Voit*, § 1044 Rn. 7 i.V.m. § 1042 Rn. 16; BeckOK-ZPO/*Wilske/Markert*, § 1044 Rn. 6 (einem weiteren Schiedsverfahren fehlt das Rechtsschutzbedürfnis); *Schwab/Walter*, Schiedsgerichtsbarkeit, Kap. 16 Rn. 4; implizit auch *Schütze/Tscherning/Wais*, Handbuch des Schiedsverfahrens, Rn. 385 mit Fn. 98: „eine Art Rechtshängigkeit könnte allenfalls in Betracht kommen, wenn die Streitsache bei einem anderen Schiedsgericht anhängig gemacht wurde."

339 *Baur*, FS Fasching (1988), 81, 88.

340 Ebenso PG-ZPO/*Prütting*, § 1044 Rn. 4 a.E.

Amts wegen[341] zu berücksichtigen sei, könne der Rechtsstreit von keiner Partei vor einem anderen Schiedsgericht anhängig gemacht werden. Auffällig ist, dass BAUR bereits den Begriff der Schiedshängigkeit als prägende Bezeichnung für die Rechtshängigkeit im Schiedsverfahren übernimmt und ihr im Verhältnis zu einem zweiten Schiedsverfahren, die gleiche prozessuale Sperrwirkung zuspricht, wie der Rechtshängigkeit im Zivilprozess.

Nach Ansicht von SCHLOSSER[342] wird das Institut der Schiedshängigkeit praxisrelevant, wenn eine Schiedsvereinbarung den Parteien ein Wahlrecht hinsichtlich verschiedener Schiedsgerichte zugesteht und vereinbart wurde, dass der potenzielle Schiedskläger seine Ansprüche alternativ vor einem der Schiedsgerichte geltend machen kann.[343] Nach Ausübung dieses Wahlrechts und Klageerhebung vor einem der vertraglich zuständigen Schiedsgerichte wäre eine Klageerhebung bei jedem anderen Schiedsgericht durch das Instrument der Schiedshängigkeit, sowie ergänzend auch durch den Grundsatz von Treu und Glauben[344], ausgeschlossen. Den Ausführungen von SCHLOSSER lässt sich entnehmen, dass seiner Ansicht nach die Begrifflichkeit der „Schiedshängigkeit" nur den Zuständigkeitskonflikt zwischen zwei Schiedsgerichten beschreibt, nicht hingegen das Verhältnis von staatlichen Gerichten und Schiedsgerichten.[345] Daraus folgt sodann eine unterschiedliche Betrachtungsweise des Konkurrenzverhältnisses zweier Schiedsgerichte: SCHLOSSER bietet im Falle einer Wahlrechtsvereinbarung zugunsten des potenziellen Schiedsklägers eine Lösung über den Inhalt des Schiedsvertrags, verbunden mit dem Grundsatz von Treu und

---

341 *Baur*, FS Fasching (1988), 81, 88. So später auch MüKoZPO/*Münch*, § 1044 Rn. 30. Zudem geht *Baur* auch von einer entsprechenden Geltung des § 261 Abs. 3 Nr. 2 ZPO aus; der Grundsatz der perpetuatio fori könne aber ebenfalls nur innerhalb der Schiedsgerichtsbarkeit Anwendung finden, nicht hingegen im Verhältnis zur staatlichen Gerichtsbarkeit.

342 Ebenfalls zum alten Recht: *Schlosser*, Internationale Schiedsgerichtsbarkeit, Rn. 616; siehe auch die Kommentierung zum neuen Recht, zuletzt in Stein/Jonas/*Schlosser*, § 1044 Rn. 4 f.

343 Hält hingegen jede Partei ein anderes Schiedsgericht für zuständig, kann aber tatsächlich nur eines zuständig sein, so ist nach Auffassung von *Schlosser* einer der möglicherweise ergangenen Schiedssprüche ohne Rechtsgrundlage erlassen worden. Eine zeitliche Reihenfolge spielt dabei keine Rolle, auch das zuerst angerufenen Schiedsgericht kann unzulässiger Weise ohne zuständigkeitslegitimierende Schiedsvereinbarung tätig geworden sein.

344 Vgl. *Schlosser*, Internationale Schiedsgerichtsbarkeit, Rn. 616.

345 Vgl. *Schlosser*, Internationale Schiedsgerichtsbarkeit, Rn. 615 u. Stein/Jonas/*Schlosser*, § 1044 Rn. 5.

Glauben, an, welche über die Auslegung der Schiedsvereinbarung bereits einen Kollisionsfall verhindern können soll. Ein zweites (Wahl-) Schiedsgericht kann über denselben Gegenstand nur dann ein Schiedsverfahren eröffnen, wenn eine vorherige Schiedsklage zurückgenommen wurde. Es kann insbesondere nicht seine eigene Zuständigkeit mit der Begründung, das zuerst angerufene Schiedsgericht sei nach der Schiedsvereinbarung (nicht mehr) zuständig, bejahen.[346] Ergänzend, insbesondere für die Fälle eines beiden Schiedsparteien zustehenden alternativen Wahlrechts[347], gilt der Lis-pendens-Grundsatz. Danach begründet die erste Anrufung eines Schiedsgerichts Schiedshängigkeit und schließt eine „durch dieselbe Partei vorzunehmende Erhebung der gleichen Klage bei jedem anderen Schiedsgericht“[348] aus.

Nach MANSEL[349] muss der § 261 Abs. 3 Nr. 1 ZPO zugrundeliegende Regelungsgedanke konsequent auch auf die Situation paralleler Schiedsprozesse übertragen werden: Der Koordination zweier Schiedsverfahren läge insoweit eine der Konfliktkonstellation mehrerer staatlicher Gerichtsverfahren vergleichbare Interessenlage zugrunde. Die Ratio der Rechtshängigkeits- bzw. Verfahrenssperre sei daher in gleichem Maße angesprochen, wie im Hinblick auf Parallelprozesse vor staatlichen Rechtsprechungskörpern. Parallele Verfahren seien gerade wegen der Gefahr widersprüchlicher Entscheidungen im Interesse der Rechtssicherheit zu vermeiden. Daneben müssten auch Parteiinteressen hinreichend geschützt werden, insbesondere das Interesse nach Ressourcensicherheit im Sinne eines effektiven Einsatzes von Kosten und Mittel der Rechtsverteidigung, so MANSEL. Im Ergebnis stelle der Regelungsgedanke des § 261 Abs. 3 Nr. 1 ZPO – und somit das Lis-pendens-Prinzip als solches – einen zwingenden Verfahrensgrundsatz i.S.v. § 1042 Abs. 3 ZPO dar.[350]

---

346 Ein fehlendes Rechtsschutzbedürfnis für ein weiteres Schiedsverfahren betont *Schlosser* auch in seiner zuletzt im Jahr 2014 erschienene Kommentierung Stein/Jonas/*Schlosser*, § 1044 Rn. 5. Auf das fehlende Rechtsschutzbedürfnis verweisen auch BeckOK-ZPO/*Wilske/Markert*, § 1044 Rn. 6.

347 *Schlosser*, Internationale Schiedsgerichtsbarkeit, Rn. 616 a.E. Siehe dazu auch *Pohl*, Doppelte Rechtshängigkeit im schiedsgerichtlichen Verfahren, S. 204 u. *Bosch*, Rechtskraft und Rechtshängigkeit im Schiedsverfahren, S. 207 f.

348 *Schlosser*, Internationale Schiedsgerichtsbarkeit, Rn. 616.

349 *Mansel*, FS Kühne (2009), 809, 814 ff.

350 *Mansel*, FS Kühne (2009), 809, 816.
Darüber hinaus entwickelt *Mansel* nicht nur für Schiedsverfahren, die unter Geltung des deutschen Schiedsverfahrensrechts als lex loci arbitri durchgeführt werden, einen Lösungsansatz zur Behandlung paralleler Schiedsverfahren, sondern bezieht auch

2. *Verneinende Ansichten*

Die Wirkungen eines rechtshängigen Schiedsverfahrens gegenüber einem anderen Schiedsverfahren werden in der Grundsatzanalyse von Bosch zur Rechtskraft und Rechtshängigkeit im Schiedsverfahren überraschend knapp dargestellt.[351] Das rührt vermutlich daher, dass Bosch der Konstellation mehrerer konkurrierender Schiedsgerichte generell keine große Relevanz einräumt. Bei ad hoc-Schiedsgerichten verneint Bosch eine solche Gefahr sogar völlig, da ein zweites Schiedsverfahren bereits daran scheitern würde, dass die beklagte Partei die Konstituierung des zweiten Schiedsgerichts durch Verweigerung einer Schiedsrichterbestellung verhindern könne.[352] Insgesamt steht Bosch dem Lis-pendens-Einwand innerhalb der Schiedsgerichtsbarkeit ablehnend gegenüber und baut seine Argumentation anhand von Fallbeispielen auf, in denen seiner Meinung nach der Einwand anderweitiger Schiedshängigkeit – wobei Bosch ausschließlich von dem Begriff der Rechtshängigkeit im Schiedsverfahren Gebrauch macht[353] – zu keinem vorzugswürdigen Ergebnis führt. Wird beispielsweise zunächst ein unzuständiges Schiedsgericht angerufen und in einem zweiten Schritt der Rechtsstreit vor das zuständige Schiedsgericht gebracht, ist der Rückgriff auf den Lis-pendens-Einwand nach Ansicht von Bosch wenig sinnvoll: In dem ersten, unzulässigen Schiedsverfahren wäre die Rüge der Unzuständigkeit von der schiedsbeklagten Partei geltend zu machen. Missachtet das Schiedsgericht dennoch seine Unzuständigkeit, so könne und müsse gegen den erlassenen Schiedsspruch im Wege des Aufhebungsverfahrens vorgegangen werden. Ein zweites Schiedsverfahren mithilfe des Lis-pendens-Einwands zu blockieren, würde zu einem erheblichen, nicht im Parteiinteresse stehenden Zeitverlust führen, da dieses zweite Verfahren erst nach erfolgreicher Aufhebung des in unzulässiger Weise ergangenen Schiedsspruchs geführt werden könne.[354]

Schiedsverfahren auf Grundlage der ICC Rules mit ein. Als Ergebnis haben auch ICC-Schiedsgerichte, die ihren Schiedsort in Deutschland haben, den Lis-pendens-Grundsatz anzuwenden: Zum einen gelte dieser nach deutscher und internationaler Auffassung als zwingendes Verfahrensrecht, zum anderen würde eine Nichtbeachtung der Schiedshängigkeit eine Verletzung des Art. 35 S. 2 ICC Rules bedeuten. Vgl. ausführlich *Mansel*, FS Kühne (2009), 809, 817.

351 Die Ausführungen beschränken sich auf lediglich vier Seiten: *Bosch*, Rechtskraft und Rechtshängigkeit im Schiedsverfahren, S. 207–211.

352 *Bosch*, Rechtskraft und Rechtshängigkeit im Schiedsverfahren, S. 208.

353 Vgl. *Bosch*, Rechtskraft und Rechtshängigkeit im Schiedsverfahren, S. 2 mit Fn. 5 sowie S. 172 mit Fn. 38

354 *Bosch*, Rechtskraft und Rechtshängigkeit im Schiedsverfahren, S. 208 f.

Auch bei der Einleitung zweier Schiedsverfahren durch die klagende Partei bzw. der Vereinbarung eines alternativen Wahlrechts zwischen mehreren Schiedsgerichten sei, ganz im Sinne von SCHLOSSER, der Schiedsvertrag als Regulativ vollkommen ausreichend: Werde der immanente Inhalt einer Schiedsvereinbarung, die ein Wahlrecht enthalte, unter Berücksichtigung von Treu und Glauben ausgelegt, könne die Einleitung eines zweiten Schiedsverfahrens nur ein rechtsmissbräuchliches Verhalten darstellen, sodass bei Durchführung des Schiedsverfahrens ein ergehender Schiedsspruch aufgehoben werden könne. Mehr könne aber auch über den Lis-pendens-Einwand nicht erreicht werden.[355]

Soweit ersichtlich spricht sich darüber hinaus allein noch WAGNER gegen die Berücksichtigung des Lis-pendens-Einwands im Rahmen paralleler Schiedsverfahren aus: „The pendency of a claim before an arbitral tribunal does not effect the inadmissibility of subsequent proceedings concerning the same dispute in courts of law or before other arbitral tribunals."[356] Allerdings begründet WAGNER lediglich die Nichtanwendbarkeit des Lis-pendens-Einwands im Verhältnis zwischen staatlichen Gerichten und Schiedsgerichten anhand der bestehenden gesetzlichen Regeln, ohne sich eingehender mit der Konstellation zweier Schiedsverfahren auseinanderzusetzen.

3. *Lösungskonzept von* POHL

POHL[357] befasst sich mit der Frage, inwiefern ein Lis-pendens-Einwand als zwingender Verfahrensgrundsatz i.S.v. § 1042 Abs. 3 ZPO zu qualifizieren und deshalb auch von Schiedsgerichten zu beachten ist.[358] POHL kommt zu dem Ergebnis, dass sich die Ratio des Lis-pendens-Grundsatzes als elementares Verfahrensprinzip über § 1042 Abs. 3 ZPO in das Schiedsverfahren integrieren

355 *Bosch*, Rechtskraft und Rechtshängigkeit im Schiedsverfahren, S. 210 f.

356 *Wagner* in: *Weigand* (Hrsg.), Practitioner`s Handbook on International Arbitration, 1. Aufl., S. 685, 709, Rn. 81.

357 *Pohl*, Doppelte Rechtshängigkeit im schiedsgerichtlichen Verfahren, S. 196–287.

358 *Pohl*, Doppelte Rechtshängigkeit im schiedsgerichtlichen Verfahren, ab S. 230. Den Anstoß für die Implementierung des Rechtshängigkeitsgedankens über § 1042 Abs. 3 ZPO gab wohl *Mansel*, FS Kühne (2009), 809 ff., der den Stein/Jonas/*Schlosser*, § 1042 Rn. 74 i.V.m. Rn. 1 zu entnehmenden Hinweis auf die zwingende Beachtung der Rechtshängigkeit im Schiedsverfahren dahingehend interpretiert, dass der Lis-pendens-Grundsatz zwingend nach § 1042 Abs. 3 ZPO auch im Schiedsverfahren zu beachten ist, ohne diese Ansicht allerdings zu begründen.

ließe.[359] Eine Lösung des Kollisionsfalls zweier Schiedsverfahren über § 261 Abs. 3 Nr. 1 ZPO stehe insbesondere nicht im Widerspruch zu § 1042 Abs. 3 ZPO, da der Lis-pendens-Grundsatz als ungeschriebener Rechtssatz in den Anwendungsbereich des § 1042 Abs. 3 ZPO mit einzubeziehen sei.[360]

Darüber hinaus beschäftigt sich Pohl eingehend mit der Frage nach der prozessualen Umsetzung des Lis-pendens-Einwands[361], der im Wege der Einrede und nicht ipso iure zu berücksichtigen sei: Das Rügeerfordernis entspreche dem Wesen und der Systematik des Schiedsverfahrensrechts, dem eine Verpflichtung des Schiedsgerichts zur Prüfung bestimmter Voraussetzungen von Amts wegen fremd ist.[362] Zum anderen betont Pohl, dass parallele Schiedsverfahren sich auch übereinstimmend aus dem Willen beider Parteien ergeben können, beispielsweise wenn beide Schiedsparteien die Besetzung des ersten Spruchkörpers nicht (mehr) befürworten würden.[363] Die Berücksichtigung der anderweitigen Schiedshängigkeit erst infolge einer parteiseitig erhobenen Einrede entspräche daher dem Willen und den Interessen der Parteien und biete eine interessen- und systemgerechte Lösung.[364]

---

359 *Pohl*, Doppelte Rechtshängigkeit im schiedsgerichtlichen Verfahren, S. 236 f.

360 *Pohl*, Doppelte Rechtshängigkeit im schiedsgerichtlichen Verfahren, S. 237 f.; die zudem auf MüKoZPO/*Münch*, § 1042 Rn. 17 verweist, wonach es „jenseits normierter zwingender Schranken noch weitere – ungeschriebene – Grenzen gibt." Zudem argumentiert *Pohl* auch mit der Gesetzessystematik der Vorschriften zum Schiedsverfahrensrecht, denen sich ihrer Auffassung nach nicht entnehmen lasse, dass ausschließlich geschriebenes Verfahrensrecht im Sinne einer engen Interpretation des Wortlauts zum Verfahrensrecht dieses Zehnten Buches der ZPO zählen würde.

361 In der zuvor dargestellten Literatur finden sich keine detaillierten Ausführungen zur prozessualen Ausgestaltung des Lis-pendens-Grundsatzes. Eine Berücksichtigung von Amts wegen wird angesprochen von *Baur*, FS Fasching (1988), 81, 88; *Mansel*, FS Kühne (2009), 809, 816 mit Fn. 33; MüKoZPO/*Münch*, § 1044 Rn. 30. Das Einredeerfordernis befürworten beispielsweise B/L/A/H/G/*Anders*, § 1044 Rn. 3; *Schwab/Walter*, Schiedsgerichtsbarkeit, Kap. 16 Rn. 4.

362 *Pohl*, Doppelte Rechtshängigkeit im schiedsgerichtlichen Verfahren, S. 240 f.

363 Dazu *Pohl*, Doppelte Rechtshängigkeit im schiedsgerichtlichen Verfahren, S. 244 ff.

364 Als maßgeblichen Zeitpunkt für die Erhebung der Lis-pendens-Einrede konkretisiert *Pohl* im Sinne der Verfahrenseffizienz und einem Interessensausgleich zwischen klagender und beklagter Schiedspartei, dass die Einrede unverzüglich nach der Kenntniserlangung von dem zweiten Schiedsverfahren geltend zu machen ist, was regelmäßig ab Erhalt des Vorlageantrags des zweiten Schiedsverfahrens der Fall ist. Siehe *Pohl*, Doppelte Rechtshängigkeit im schiedsgerichtlichen Verfahren, S. 246–249.

II. Rechtsvergleichende Überlegungen

§ 584 Abs. 3 S. 1 öZPO schließt seinem Wortlaut nach Parallelverfahren nicht nur im Verhältnis zwischen einem Schiedsverfahren und einem staatlichen Verfahren aus, sondern auch, wenn das zweite Verfahren vor einem anderen Schiedsgericht eingeleitet wird. In der gängigen österreichischen Literatur zum Schiedsverfahrensrecht werden doppelte Verfahren vor Schiedsgerichten wegen dieser eindeutigen Normierung, soweit ersichtlich, nicht umfassender diskutiert. Lediglich bei der Analyse der Gesetzesregelung unter dem Blickpunkt paralleler Verfahren vor staatlichen Gerichten und Schiedsgerichten wird erwähnt, dass die Sperrwirkung der Schiedshängigkeit über § 584 Abs. 3 S. 1 öZPO auch im Verhältnis zu einem anderen Schiedsgericht Geltung erfährt.[365]

Während in der internen Schweizer Schiedsgerichtsbarkeit Art. 372 Abs. 2 sZPO[366] nach übereinstimmender Auffassung dahingehend interpretiert wird, dass die Sistierungswirkung infolge des Prioritätsprinzips auch die Konstellation betrifft, dass derselbe Streitgegenstand zwischen zwei Schiedsgerichten „doppelt" schiedshängig ist[367], wird hingegen diskutiert, inwieweit ein internationales Schiedsgericht mit Sitz in der Schweiz ein zuerst anhängig gemachtes Schiedsverfahren mit Sitz im Ausland zu beachten hat. Vertreten wird, dass ein zweitbefasster Schiedsrichter Art. 186 Abs. 1bis IPRG anzuwenden habe und daher ungeachtet eines bereits anhängigen schiedsgerichtlichen Parallelverfahrens über seine Zuständigkeit entscheiden müsse.[368] Gegen diese Ansicht wird angeführt, dass die Ratio des Art. 186 Abs. 1bis IPRG internationale Schiedsverfahren mit Sitz in der Schweiz vor schiedsfeindlichen ausländischen Jurisdiktionen schützen wolle, nicht hingegen den Schutz vor doppelten Schiedsverfahren im Sinn habe.[369]

---

365 So z.B. *Rechberger/Melis* in: *Rechberger*, ZPO, § 584 Rn. 4; *Schumacher*, FS Jud (2012), 643, 646; *Fremuth-Wolf* in: *Riegler* [u.a.], Arbitration, § 584 Rn. 9.

366 Art. 372 Abs. 2 sZPO: *„Werden bei einem staatlichen Gericht und einem Schiedsgericht Klagen über denselben Streitgegenstand zwischen denselben Parteien rechtshängig gemacht, setzt das zuletzt angerufene Gericht das Verfahren aus, bis das zuerst angerufene Gericht über seine Zuständigkeit entschieden hat."*

367 Vgl. BSK-ZPO/*Habegger*, Art. 372 Rn. 17 m.w.N.; *Müller* in: Sutter-Somm/Hasenböhler/Leuenberger, Art. 372 ZPO Rn. 22, 30; differenzierend *Berger/Kellerhals*, International and Domestic Arbitration in Switzerland, Rn. 1063 u. 1061.

368 So IPRG/Furrer/Girsberger/*Schramm*, Artt. 182–186, Rn. 27; BSK-IPRG/*Schott/Courvoisier*, Art. 186 Rn. 28; CHK-
Siehe zur Rechtslage vor der Einführung des Art. 186 Abs. 1bis IPRG auch *Oetiker*, Rechtshängigkeit in der internationalen Schiedsgerichtsbarkeit, Rn. 224–228.

369 *Berger/Kellerhals*, International and Domestic Arbitration in Switzerland, Rn. 1060.

Befürwortet wird deshalb, dass ein Schweizer internationales Schiedsgericht, das mit einer bereits vor einem anderen (ausländischen) Schiedsgericht anhängigen Streitsache befasst ist, die „lis alibi pendens rule“[370] beachten solle. Da eine solche Schiedshängigkeitsregelung in dem Normsystem der internationalen Schiedsgerichtsbarkeit ausdrücklich nicht besteht, sondern mit Art. 186 Abs. 1bis IPRG eine explizite Ausnahme geschaffen wurde, kann diese Ausführung nur als Verweis auf Art. 372 Abs. 2 sZPO interpretiert werden. Gegen diesen Lösungsweg spricht nach erster Auffassung gleichwohl der eindeutige Wortlaut des Art. 186 Abs. 1bis IPRG, der bestimmt, dass ein Schiedsgericht stets über seine Zuständigkeit entscheidet, *„ungeachtet einer bereits vor einem staatlichen Gericht oder einem anderen Schiedsgericht hängigen Klage über denselben Gegenstand.“* Darüber hinaus steht es dem Schiedsgericht im Sinne einer sachgerechten Anwendung des Art. 186 Abs. 1bis IPRG offen, bei Vorliegen beachtenswerter Gründe das Verfahren bis zu einem Entscheid des zuerst angerufenen Schiedsgerichts zu sistieren.[371] Ob – parallel zur Konstellation der parallelen Zuständigkeitsverfahren vor Schieds- und Staatsgerichten – als beachtenswerter Grund bereits der Umstand, dass zuvor ein Schiedsverfahren über denselben Streitgegenstand bei einem anderen Schiedsgericht eingeleitet wurde, greifen könnte, bleibt hingegen offen.[372]

III. Wertung

Ein Lis-pendens-Einwand im Verhältnis doppelter Schiedsverfahren würde sich nach der überzeugenden Analyse von Pohl homogen in das Schiedsrecht einfügen und über das Einredeerfordernis den Besonderheiten des Schiedsverfahrens Rechnung tragen. Im Rahmen zeitgleicher Schiedsprozesse schlägt die Regelungssystematik der §§ 1032, 1040 ZPO nicht durch. Diese Normen sind auf den speziellen Verfahrenskonflikt im Verhältnis zu ordentlichen Gerichtsverfahren zugeschnitten und stehen eine Übertragung der Lis-pendens-Grundsätze für Doppelverfahren vor mehreren Schiedsgerichten, auch bzw. gerade im Hinblick

---

370 *Berger/Kellerhals*, International and Domestic Arbitration in Switzerland, Rn. 1060.

371 BSK-IPRG/*Schott/Courvoisier*, Art. 186 Rn. 28 a.E.

372 Wird zuerst ein Schiedsgericht mit Sitz in der Schweiz angerufen, wird nach gleichem Argumentationsmuster postuliert, dass ein internationales Schiedsgericht mit Sitz in der Schweiz das Zweitverfahren ungeachtet des ersten Schiedsverfahrens nach Art. 186 Abs. 1bis IPRG (BSK-IPRG/*Schott/Courvoisier*, Art. 186 Rn. 29) fortzuführen bzw. nach Art. 372 Abs. 2 sZPO (*Berger/Kellerhals*, International and Domestic Arbitration in Switzerland, Rn. 1062 i.V.m. Rn. 1058) zu sistieren hat. Siehe auch die tabellarische Übersicht bei BSK-IPRG/*Schott/Courvoisier*, Art. 186 Rn. 31.

auf einen möglichen Kompetenzkonflikt, nicht entgegen. Eine Anwendung der Lis-pendens-Regeln im Schiedsverfahren bedeutet jedoch nicht zuletzt, dass ein Schiedsgericht, obwohl es durch die Parteien generell im Rahmen der Schiedsvereinbarung zum Streitentscheid legitimiert ist, die Klage abweist und damit seine Zuständigkeit ablehnt, weil bereits dieselbe Klage vor einem anderen Forum anhängig ist.[373] Dadurch wird auch die in § 1040 Abs. 1 ZPO gesetzlich garantierten Kompetenz-Kompetenz der Schiedsgerichte nicht unangemessen eingeschränkt. Zunächst gilt auch für die Diskussion des Lis-pendens-Einwands das an anderer Stelle zur Kompetenz-Kompetenz Gesagte: Beiden Schiedsgerichten kommt Entscheidungsbefugnis hinsichtlich ihrer Zuständigkeit zu, das Prinzip der Kompetenz-Kompetenz gibt jedoch keine Rangfolge vor – weder im Verhältnis zur staatlichen Gerichtsbarkeit noch unter mehreren Schiedsgerichten.[374] Darüber hinaus ist hervorzuheben, dass beide Schiedsgerichte sehr wohl über ihre Zuständigkeit entscheiden und im Rahmen dieser Zuständigkeitsprüfung auch die Voraussetzungen eines geltend gemachten Lis-pendens-Einwands zu prüfen haben. Liegt eine anderweitige Schiedshängigkeit hinsichtlich desselben Streitgegenstandes und derselben Parteien vor, sperrt diese ein zweites Schiedsverfahren. Das zu einem späteren Zeitpunkt angerufene Schiedsgericht hat aufgrund seiner Zuständigkeitsprüfung die Klage als unzulässig abzuweisen.[375] Der Anwendung einer Schiedshängigkeitssperre auf Grundlage der analogen Anwendung von § 261 Abs. 3 Nr. 1 ZPO ist daher zu befürworten. Eine Vermeidung von Zuständigkeitskonflikten wäre auf diese Weise zwar nicht vollkommen ausgeschlossen, da die Sperrwirkung der prioritären Schiedsklage von der Geltendmachung der schiedsbeklagten Partei des nachfolgenden Schiedsverfahrens abhängt. Sie werden jedoch auf ein Minimum reduziert. Wird die Einrede anderweitiger Schiedshängigkeit aus den oben erwähnten Gründen nicht erhoben oder wird diese vom Schiedsgericht in unzulässiger Weise nicht beachtet, bleiben parallele Schiedsverfahren hingegen möglich. In diesem Fall wäre eine konkludente Aufhebung der ersten Schiedsvereinbarung zu überlegen. Erwägenswert ist darüber hinaus auch, den Parteien i.S.v. Schlosser die Maßgabe zur Rücknahme der ersten Schiedsklage aufzugeben, wenn übereinstimmend das nachfolgende Zweitverfahren fortgeführt werden soll. Zu beachten

---

373 Vgl. *Hobér*, in: *Cremades/Lew* (Hrsg.), Parallel state and arbitral procedures, S. 243, 253.

374 Vgl. auch die Darstellung unter § 3.B, S. 60; so auch *Oetiker*, Rechtshängigkeit in der internationalen Schiedsgerichtsbarkeit, Rn. 204.

375 Ähnlich auch *Pohl*, Doppelte Rechtshängigkeit im schiedsgerichtlichen Verfahren, S. 250 f.

ist nämlich, dass bei der Durchführung doppelter Schiedsverfahren eine Konkurrenz mehrerer Schiedssprüche über das Aufhebungsverfahren zu korrigieren bleibt, was generell dem Interesse der Schiedsparteien nach einem effektiven und schnellen Verfahrensablauf zuwiderlaufen dürfte. Gleichwohl ist der Lis-pendens-Einwand auch innerhalb der Schiedsgerichtsbarkeit ein wirkungsvoller Mechanismus, um die Entstehung paralleler Verfahren und damit verbundene Kollisionskonflikte zu einem frühen Verfahrensstadium zu unterbinden.

§ 5. Alternative Koordinationsmechanismen

Ergänzend zu den bisherigen Ausführungen werden ausgewählte alternative Regelungsmechanismen im deutschen Zivilprozess beleuchtet, die ebenfalls den Ausschluss von Parallelverfahren bezwecken und, wie die Rechtshängigkeit auch, eine Verfahrenskoordination durch eine Vorrangregelung anstreben. So könnte eine Koordination staatlicher und schiedsgerichtlicher Verfahren auch über das spezielle Instrument der Schiedseinrede, über eine Verfahrensaussetzung sowie ferner über das Rechtsschutzbedürfnis erfolgreich sein.

A. Verfahrenskoordination mittels Schiedseinrede

Untersuchungsergebnis des ersten Verfahrenskomplexes ist die Zulässigkeit eines zeitgleichen Zweitverfahrens vor einem ordentlichen Gericht neben einer prioritär erhobenen Schiedsklage. Die Schiedshängigkeit bewirkt keine Verfahrenssperre hinsichtlich des nachfolgenden Gerichtsverfahrens. Im Rahmen des Hauptsacheverfahrens kann allerdings die Schiedseinrede erhoben werden, die bei wirksamer Schiedsvereinbarung zu einer Klageabweisung durch das staatliche Gericht führt. Diese schiedsspezifische Regelung ist jedoch kein geeignetes Instrument, Parallelprozesse im Rahmen der Zuständigkeitsfrage zu koordinieren und auf diese Weise den verbotenen Rückgriff auf den Einwand anderweitiger Schiedshängigkeit zu relativieren. Zwar sichert die Schiedseinrede den Vorrang des Schiedsverfahrens vor einem staatlichen Prozess, indem das Gericht bei Vorliegen einer wirksamen Schiedsvereinbarung die Klage als unzulässig abweist und auf diese Weise eine Doppelbefassung von Schiedsgericht und Staatsgericht verhindert. Allerdings gewährleistet die Schiedseinrede, wie schon mehrfach hervorgehoben, den Vorrang des Schiedsverfahrens nur hinsichtlich eines Sachentscheids. Die spezielle Situation des Kompetenzkonflikts zwischen Staats- und Schiedsgerichten über die Frage der Zulässigkeit des Schiedsverfahrens bleibt hingegen unberührt. Die Existenz der Schiedseinrede kann die Lispendens-Sperre als äquivalenten Koordinationsmechanismus jedoch nur dann ersetzen, wenn diese sämtliche Verfahrens- und Konfliktsituationen regelt, in denen eine parallele Befassung von staatlichen Gerichten und Schiedsgerichten denkbar wäre.[376] Bereits unter Geltung der alten Rechtslage wurde im Hinblick auf § 1027a ZPO a.F. vertreten, dass die Einrede der Schiedsvereinbarung nur

---

376 Vgl. auch *Pohl*, Doppelte Rechtshängigkeit im schiedsgerichtlichen Verfahren, S. 186.

bis zum Beginn des Schiedsverfahrens eingreifen sollte und danach der Einwand der Rechtshängigkeit im Schiedsverfahren vorzubringen ist.[377] Dieser Ansatz verdeutlicht die unterschiedliche Zielsetzung der Schiedseinrede und des Lis-pendens-Einwands: Die Einrede der Schiedsvereinbarung ist prozessrechtlich eine – vom Gericht zu prüfende – Einwendung gegen die Zuständigkeit des staatlichen Gerichts und will die Durchführung eines ordentlichen Gerichtsverfahrens von Anfang an ausschließen; die Einrede der Schiedshängigkeit hingegen will dem Schiedsverfahren, anknüpfend an den Zeitpunkt seines Beginns, nach dem Prioritätsgrundsatz den Vorrang zusprechen – unabhängig von dessen Zulässigkeit.[378] Wird vor diesem Hintergrund zudem berücksichtigt, dass die Einrede der Schiedsvereinbarung nur auf Parteivorbringen wirkt und präklusionsbedroht ist, zeigt sich die Schiedseinrede nicht als ein Lis-pendens-Äquivalent zur ausreichenden Regulierung des Verfahrenskonflikts im Kompetenzstreit vor Schieds- und Staatsgerichten. Abhängig von der Gültigkeit der Schiedsvereinbarung tritt das gerichtliche Verfahren zwar hinter dem Schiedsverfahren zurück, der Entscheid über die Schiedseinrede löst jedoch nicht das Problem paralleler Verfahren, sondern beantwortet die Frage der Zuständigkeit des Schiedsgerichts.[379] Insbesondere wenn das Gericht die Schiedseinrede als unbegründet abweist und die virulente Gefahr eines positiven Kompetenzkonflikts entsteht, vermag es das Instrument der Schiedseinrede nicht, parallele Verfahren auszuhebeln und eine effektive Koordination der staatlichen und schiedsgerichtlichen Verfahren zu gewährleisten.[380]

B. Aussetzung des Schiedsverfahrens

Neben der Rechtshängigkeitssperre existiert als weiteres allgemeines Instrument zur Koordination paralleler Verfahren die Aussetzung einer Klage nach § 148 ZPO. Diese zentrale Norm verleiht einem Gericht die Befugnis, ein bereits

---

377 Andeutend bereits *Habscheid*, KTS 1958, 177, 179; ausdrücklich *Bosch*, Rechtskraft und Rechtshängigkeit im Schiedsverfahren, S. 181; so zum neuen Recht auch *Triebel/Coenen*, BB Beilage 2003, Nr. 5, 2, 3 f.

378 *Schäfer*, FS Henckel (1995), 723, 726 f.

379 Vgl. *Oetiker*, Rechtshängigkeit in der internationalen Schiedsgerichtsbarkeit, Rn. 167 im Kontext mit dessen vorangestellten Ausführungen.

380 So im Ergebnis auch *Pohl*, Doppelte Rechtshängigkeit im schiedsgerichtlichen Verfahren, S. 187 f.; *Triebel/Coenen*, BB Beilage 2003, Nr. 5, 2, 3 f.; *Liatowitsch*, Schweizer Schiedsgerichte und Parallelverfahren vor Staatsgerichten im In- und Ausland, S. 119 f. i.V.m. 43 f.; siehe auch S. 3 ff.

eingeleitetes Verfahren zu unterbrechen und den Abschluss und das Ergebnis eines anderen anhängigen Prozesses abzuwarten. Im Gegensatz zur Rechtshängigkeit setzt § 148 ZPO tatbestandlich keine Identität der Streitgegenstände oder der Parteien voraus, sondern stellt auf die Vorgreiflichkeit einer im Parallelprozess zu treffenden Entscheidung ab: Ist in einem anhängigen Rechtsstreit mit der (präjudiziellen[381]) Entscheidung über das Bestehen oder Nichtbestehen eines Rechtsverhältnisses zu rechnen, so kann das Gericht, für das die Entscheidung dieser Vorfrage relevant ist, sein Verfahren aussetzen.[382] Auch auf Rechtsfolgenseite unterscheidet sich die Aussetzung erheblich von der Rechtshängigkeitssperre: Nach Aufhebung der verfahrensaussetzenden Anordnung, nach Ablauf einer bestimmten Aussetzungsfrist oder einer Aufnahme i.S.v. § 250 S. 1 ZPO kann das ursprüngliche Verfahren fortgeführt werden, während die aufgrund der Rechtshängigkeit erfolgte Klageabweisung eine neue Klage erforderlich macht, die dann mit erneuten Kosten verbunden ist.[383] Insofern betrifft § 148 ZPO die Verfahrenskoordination im weiteren Sinne[384] und ist der schwächere Regelungsmechanismus im Vergleich zum Instrument der Lis-pendens: Die Aussetzung liegt zum einen im Ermessen des Gerichts und bewirkt zum anderen nur eine temporäre Hinauszögerung des Verfahrens, nicht hingegen dessen Sperre. Eine Klage wird nicht als unzulässig abgewiesen, sondern ein bereits eingeleitetes Verfahren wird mit dem Ziel unterbrochen, den Abschluss und das Ergebnis eines anderen Prozesses abzuwarten.[385]

Da auch ein anhängiges Schiedsverfahren unproblematisch Anlass für eine Aussetzung des staatlichen Verfahrens nach § 148 ZPO sein kann[386], stellt sich spiegelbildlich die Frage, ob § 148 ZPO analog auch für das Schiedsgericht gilt.

---

381 Die wohl herrschende Ansicht geht nicht nur von einer rechtlichen oder tatsächlichen Abhängigkeit der im maßgeblichen Prozess zu entscheidenden Rechtsfrage aus, sondern verlangt Präjudizialität. Bindungswirkung wird nicht zwingend vorausgesetzt. Näher zur Auslegung des Begriffs der Vorgreiflichkeit *Otte*, Umfassende Streitentscheidung, S. 239–249.

382 BeckOK-ZPO/*Wendtland*, § 148 Rn. 1; Thomas/Putzo/*Reichold*, § 148 Rn. 3 f.; MüKoZPO/*Fritsche*, § 148 Rn. 1.

383 Vgl. *Schmehl*, Parallelverfahren und Justizgewährung, S. 65.

384 *De Ly/Sheppard*, ILA Final Report on Lis Pendens and Arbitration (2006), Arb. Int. 25 (2009), 3 ff., Rn. 4.25.

385 Vgl. *Hau*, Positive Kompetenzkonflikte im Internationalen Zivilprozeßrecht, S. 116; *Pohl*, Doppelte Rechtshängigkeit im schiedsgerichtlichen Verfahren, S. 284.

386 BGH Urt. v. 20.12.1956 – II ZR 177/55, BGHZ 23, 17, 26 [juris Rn. 28] (implizit); Hk-ZPO/*Wöstmann*, § 148 Rn. 5; Musielak/Voit/*Stadler*, § 148 Rn. 6.

Nach einhelliger Auffassung wird bei doppelten Verfahren vor Schieds- und Staatsgerichten § 148 ZPO entsprechend angewendet: Wegen der abschließenden Kompetenz-Kompetenz staatlicher Gerichte wird regelmäßig eine Aussetzung des schiedsgerichtlichen Verfahrens durch das Schiedsgericht analog § 148 ZPO postuliert, um einer eventuellen Aufhebung des Schiedsspruchs nach § 1059 Abs. 2 Nr. 1a/c/d ZPO entgegenzuwirken.[387] Generell bietet § 148 ZPO jedoch keine Rechtsgrundlage für eine Aussetzungspflicht der Schiedsrichter, im Falle eines anhängigen staatlichen Verfahrens über die Zuständigkeit des Schiedsgerichts. Das ergibt sich aus dem Ermessensspielraum von § 148 ZPO einerseits, sowie den Regelungsinhalten von § 1032 Abs. 3 und § 1040 Abs. 3 ZPO andererseits: Selbst bei einer möglichen (faktischen) Ermessensreduzierung des schiedsgerichtlichen Entscheidungsspielraums auf die Pflicht zur Aussetzung erlauben die §§ 1032 Abs. 3, 1040 Abs. 3 ZPO unmissverständlich die Durchführung eines Schiedsverfahrens. Im Einklang mit dem Wortlaut des § 1032 Abs. 3 bzw. § 1040 Abs. 3 S. 3 ZPO, nach welchem das Schiedsgericht ebenfalls nach seinem Ermessen entscheiden kann, ob das Schiedsverfahren eingeleitet oder fortgeführt wird, kann diese Regelung durchaus als impliziter Verweis auf § 148 ZPO ausgelegt werden: Entscheidet ein Schiedsgericht, das bereits begonnenes Verfahren nicht fortzuführen, wird es nur die Möglichkeit haben, den Schiedsprozess e contrario auszusetzen. Die zivilprozessuale Handhabe bietet § 148 ZPO (analog). Es ist allerdings zu überlegen, ob die tatbestandlichen Anforderungen des § 148 ZPO überhaupt vorliegen müssen – was die Zuständigkeitsentscheidung des staatlichen Gerichts für das Schiedsverfahren ohnehin durch die Bejahung der Aussetzung des Schiedsverfahrens impliziert – oder ob nicht die §§ 1032 Abs. 3, 1040 Abs. 3 S. 3 ZPO die Aussetzung des Schiedsverfahrens bei entsprechend

---

387 BGH Beschl. v. 30.06.2011 – III ZB 59/10, SchiedsVZ 2011, 281, 283 [Rn. 11]; BT-Drucks. 13/5274, S. 83 re.Sp.; MüKoZPO/*Münch*, § 1040 Rn. 25; B/L/A/H/G/*Anders*, § 1040 Rn. 6; PG-ZPO/*Prütting*, § 1032 Rn. 7; Musielak/*Voit*, § 1032 Rn. 16; Thomas/Putzo/*Seiler*, § 1032 Rn. 6; *Schwab/Walter*, Schiedsgerichtsbarkeit, Kap. 7 Rn. 19; *Lionnet/Lionnet*, Handbuch der internat. u. nat. Schiedsgerichtsbarkeit, S. 189; *Kreindler/Schäfer/Wolff*, Schiedsgerichtsbarkeit, Rn. 210; *Spohnheimer*, FS Käfer (2009), 357, 372; *Schroeter*, SchiedsVZ 2004, 288, 291; zur Aussetzung bzw. Fortsetzung des Schiedsverfahrens in der konkreten Situation des § 1040 Abs. 3 S. 2 ZPO siehe *Lachmann*, Handbuch für die Schiedsgerichtspraxis, Rn. 730.
Jedoch keine Aussetzung des staatlichen Verfahrens mit dem Ziel, die Kompetenzentscheidung des Schiedsgerichts abzuwarten! BGH Urt. v. 13.01.2005 – III ZR 265/03, BGHZ 162, 9 = SchiedsVZ 2005, 95 [juris Rn. 19]; *Lachmann*, Handbuch für die Schiedsgerichtspraxis, Rn. 648, siehe allerdings auch Rn. 649 f.

eingeleitetem staatlichen Verfahren erschöpfend regeln. Ein Rückgriff auf § 148 ZPO wäre sodann redundant.

Zu beachten ist in diesem Zusammenhang, dass die schiedsspezifischen Normen, ebenso wie § 148 ZPO, keinen justiziablen Anspruch der Parteien auf Fortführung oder Aussetzung des Schiedsverfahrens begründen.[388] Die Aussetzung liegt ausdrücklich im Ermessen des Schiedsgerichts. Eine Pflicht der Schiedsrichter zur Aussetzung des Schiedsverfahrens wird sich daher aufgrund der entgegenstehenden gesetzlichen Regelungen schwerlich konstruieren lassen. Nicht zuletzt ist aber auch die Aussetzung eines Verfahrens „prozessleitende Maßnahme zur Verhinderung überflüssiger Mehrarbeit in parallel geführten Prozessen"[389] und dient damit ebenso wie die Rechtshängigkeit und Rechtskraft sowohl der Prozessökonomie als auch der Vermeidung mehrerer Verfahren und divergierender Entscheidungen.[390] In diesem Sinne sollte das Schiedsgericht daher in konsequenter Fortführung des Regelungsgedankens aus § 1032 Abs. 3 und § 1040 Abs. 3 S. 3 ZPO sein Verfahren gem. § 148 ZPO analog aussetzen können[391] und von diesem Ermessen pflichtgemäß auch Gebrauch machen, wenn insbesondere Verschleppungstaktiken aufseiten des Beklagten erkennbar sind, Beweismittelverlust droht oder wenn die Schiedsrichter selbst an ihrer konkreten Zuständigkeit zweifeln.[392] Allerdings bildet die Aussetzung des parallelen Schiedsverfahrens aus den genannten Gründen keine äquivalente Möglichkeit zur Verfahrenssperre durch Rechtshängigkeit, sondern ist lediglich als alternativer Koordinationsmechanismus zu verstehen. Die Aussetzung des Schiedsverfahrens bietet keinen abschließenden Schutz vor parallelen Verfahren. Vielmehr besteht dieser abhängig von der jeweiligen Ermessensausübung der berufenen Schiedsrichter. Diese entscheiden, ob ein Schiedsverfahren nur ausnahmsweise oder regelmäßig fortgesetzt wird und in welchem Umfang die Anordnung von Parallelverfahren in § 1032 Abs. 3 ZPO zur Wirkung gelangt.

388 *Spohnheimer*, FS Käfer (2009), 357, 372.

389 Thomas/Putzo/*Reichold*, § 148 Rn. 2.

390 BeckOK-ZPO/*Wendtland*, § 148 Rn. 1; Hk-ZPO/*Wöstmann*, § 148 Rn. 1; Thomas/Putzo/*Reichold*, § 148 Rn. 2; Musielak/Voit/*Stadler*, § 148 Rn. 1; MüKoZPO/*Fritsche*, § 148 Rn. 1.

391 Rechtsvergleichend zur Aussetzung des Schiedsverfahrens *De Ly/Sheppard*, ILA Final Report on Lis Pendens and Arbitration (2006), Arb. Int. 25 (2009), 3 ff., Rn. 4.26 ff.

392 So auch *Schroeter*, SchiedsVZ 2004, 288, 291; *Lionnet/Lionnet*, Handbuch der internat. u. nat. Schiedsgerichtsbarkeit, S. 189; *Thomas/Putzo/Seiler*, § 1032 Rn. 6.

C. Fehlendes Rechtsschutzbedürfnis

Alternativ könnte im Sinne einer Verfahrensregulierung auch das Rechtsschutzbedürfnis zur Koordination des Zuständigkeitskonflikts zugrunde gelegt werden. Das Rechtsschutzbedürfnis beschreibt die berechtigte Inanspruchnahme eines Zivilgerichts wegen des schutzwürdigen Interesses an der gerichtlichen Geltendmachung des eingeklagten Rechts.[393] Dieses Rechtsinstitut dient im Zivilprozess, ebenso wie die Rechtshängigkeit, der Prozessökonomie: Das Rechtsschutzbedürfnis als ungeschriebene und von Amts wegen zu prüfende Zulässigkeitsvoraussetzung einer jeden Klage[394] ist zwar grundsätzlich vorauszusetzen, fehlt aber beispielsweise dann, wenn sich ein rechtlich schützenswertes Ziel auf anderem, einfacherem und billigerem prozessualen Wege erreichen lässt oder die Klage rechtsmissbräuchliche und zweckfremde Ziele verfolgt.[395] Auf diese Weise bewirkt das Rechtsschutzinteresse eine wirtschaftliche Nutzung der Rechtsprechungsressourcen und schützt den staatlichen Rechtsprechungsapparat vor einer überflüssigen Inanspruchnahme, wobei das Rechtsschutzbedürfnis jedoch nicht lediglich unter Berufung auf Erwägungen der Prozessökonomie abgelehnt werden darf.[396] Auf Rechtsfolgenseite zeigen sich ebenfalls Überschneidungen zur Rechtshängigkeitssperre: Bei fehlendem Rechtsschutzbedürfnis muss das Gericht die Klage durch Prozessurteil als unzulässig abweisen.[397]

Im schiedsgerichtlichen Verfahren existiert zwar ebenfalls das Erfordernis eines Rechtsschutzbedürfnisses im Hinblick auf eine Schiedsklage, allerdings

---

393 Vgl. Hk-ZPO/*Saenger*, Vorbemerkung zu §§ 253–494a Rn. 27; BeckOK-ZPO/*Bacher*, § 253 Rn. 28; Musielak/Voit/*Foerste*, Vorbemerkungen § 253 Rn. 7.

394 Herrschende Meinung: BGH Urt. v. 28.03.1996 – IX ZR 77/95, NJW 1996, 2035, 2036 [juris Rn. 27]; Zöller/*Greger*, Vor § 253 Rn. 14 i.V.m. Rn. 18; B/L/A/H/G/*Anders*, Grdz. I § 253 Rn. 34; MüKoZPO/*Becker-Eberhard*, Vor §§ 253 ff. Rn. 11; *Otto*, Die subjektiven Grenzen der Rechtshängigkeitssperre, S. 28; *Schmehl*, Parallelverfahren und Justizgewährung, S. 60.

395 BGH Urt. v. 28.03.1996 – IX ZR 77/95, NJW 1996, 2035, 2036 [juris Rn. 15]; BGH Urt. v. 24.04.1990 – VI ZR 110/89, NJW 1990, 2060 [juris Rn. 9] jeweils m.w.N.; B/L/A/H/G/*Anders*, Grdz. I § 253 Rn. 34; Zöller/*Greger*, Vor § 253 Rn. 18b; Stein/Jonas/*Roth*, vor § 253 Rn. 133 mit Rn. 154; Hk-ZPO/*Saenger*, Vorbemerkung zu §§ 253–494a Rn. 27; Musielak/Voit/*Foerste*, Vorbemerkungen § 253 Rn. 8; *Rosenberg/Schwab/Gottwald*, Zivilprozessrecht, § 89 Rn. 30 f.

396 Eingehend Stein/Jonas/*Roth*, vor § 253 Rn. 133.

397 B/L/A/H/G/*Anders*, Grdz. I § 253 Rn. 35; Hk-ZPO/*Saenger*, Vorbemerkung zu §§ 253–494a Rn. 27.

sind die Anforderungen weniger streng als bei Klagen vor einem staatlichen Gericht.[398] Die Schutzfunktion des Rechtsschutzbedürfnisses gegenüber der staatlichen Rechtspflege könne sich, so die Begründung, im Schiedsverfahren nicht in gleichem Maße entwickeln, da bei Verneinung des Rechtsschutzinteresses einer Schiedsklage nicht die staatlichen Gerichte vor einer unnötigen Inanspruchnahme geschützt werden.[399] Ob das Schiedsgericht eine Entscheidung mangels Rechtsschutzinteresses ablehnen kann, richte sich vielmehr nach der Schiedsvereinbarung, die nicht ein grenzenloses Streiten zwischen den Parteien ermöglicht, sondern die Parteien auch vor einem unnötigen Schiedsverfahren schützen soll.[400] Zuzugeben ist, dass bei der Konstellation eines zweiten Schiedsverfahrens, das trotz rechtshängigem staatlichen Prozess eingeleitet wird, die Ablehnung eines Rechtsschutzbedürfnisses im Ergebnis keinerlei Schutz für die staatlichen Rechtsprechungsressourcen bedeuten würde, sodass diese Funktion des Rechtsschutzinteresses für das schiedsgerichtliche Verfahren nur eine untergeordnete Rolle spielen kann. Gegen den subsidiären oder alternativen Rückgriff auf das Rechtsschutzbedürfnis zur Koordination paralleler Verfahren spricht trotz des sachlichen Zusammenhangs zwischen Rechtshängigkeit und Rechtsschutzinteresse, dass die Rechtshängigkeitssperre nach überwiegender Ansicht als speziell geregelter Fall des Rechtsschutzbedürfnisses charakterisiert wird, sodass sich ein Rückgriff auf das allgemeine Institut des Rechtsschutzinteresses verbietet.[401] Damit korrespondieren generelle Bedenken, das Rechtsschutzbedürfnis nicht zu großzügig anzuwenden und es zu missbrauchen, um dogmatisch nicht hinreichend geklärte Fragen über dieses Rechtsinstitut zu lösen.[402] Insofern erscheint es dogmatisch nicht gerechtfertigt, den Schiedsrichtern eines

398 *Schütze/Tscherning/Wais*, Handbuch des Schiedsverfahrens, Rn. 377; *Pohl*, Doppelte Rechtshängigkeit im schiedsgerichtlichen Verfahren, S. 286.

399 *Schwab/Walter*, Schiedsgerichtsbarkeit, Kap. 16 Rn. 1.

400 Stein/Jonas/*Schlosser*, § 1042 Rn. 89; *Schwab/Walter*, Schiedsgerichtsbarkeit, Kap. 16 Rn. 1.

401 *Otto*, Die subjektiven Grenzen der Rechtshängigkeitssperre, S. 30; MüKoZPO/*Becker-Eberhard*, § 261 Rn. 7; *Zeiss/Schreiber*, Zivilprozessrecht, Rn. 345 i.V.m. Rn. 342; *Pohl*, Doppelte Rechtshängigkeit im schiedsgerichtlichen Verfahren, S. 286 f. (für die Koordination zweier Schiedsverfahren); ähnlich Stein/Jonas/*Roth*, vor § 253 Rn. 141 mit Rn. 151 und bereits *Bettermann*, Rechtshängigkeit und Rechtsschutzform, S. 30 f. u. 43 f.

402 MüKoZPO/*Becker-Eberhard*, Vor §§ 253 ff. Rn. 12; siehe auch Musielak/Voit/*Foerste*, Vorbemerkungen § 253 Rn. 7.

parallel eingeleiteten Schiedsverfahrens die Pflicht aufzuerlegen, dieses Verfahren aufgrund eines fehlenden Rechtsschutzbedürfnisses abzuweisen. Ein Mangel kann nicht sachgerecht begründet werden, zumal einmal mehr die Konzeption der §§ 1032 Abs. 3, 1040 Abs. 3 S. 3 ZPO anzuführen ist, die gerade für die Existenz eines Rechtsschutzinteresses in der Situation konkurrierender Verfahren vor einem staatlichen Gericht und einem Schiedsgericht streiten.

§ 6. Verfahrenskoordination mithilfe der Rechtskraft

A. Summarische Überlegungen zur Rechtskraft

Das Rechtsinstitut der Rechtskraft koordiniert auf der Ebene sukzessiver Verfahren doppelte Entscheidungen über denselben Streitgegenstand und ist auch für die Analyse des Kompetenzkonflikts zwischen Schiedsgerichten und staatlichen Gerichten von besonderem Interesse. Rechtskraftwirkungen und der Umfang der Rechtskraft schiedsgerichtlicher Entscheidungen sind im deutschen Recht umstritten und standen daher schon mehrfach im Zentrum prozessualer Abhandlungen.[403]

I. Formelle Rechtskraft

Die formelle Rechtskraft ist Voraussetzung der materiellen Rechtskraft[404] und tritt für gerichtliche Urteile gem. § 705 ZPO ein, wenn die Entscheidung mit ordentlichen Rechtsmitteln nicht mehr angefochten werden kann.[405] Die formelle Rechtskraft sichert das Urteil in seinem förmlichen Bestand.[406] Mit ihrem Eintritt kann gegen die gerichtliche Entscheidung regelmäßig nicht mehr vorgegangen werden.[407] Der formellen Rechtskraft fähig sind nicht nur Urteile,

---

403 Jüngst *Lühmann*, Die Rechtskraft des Schiedsspruchs; zuvor grundlegend *Bosch*, Rechtskraft und Rechtshängigkeit im Schiedsverfahren; *Loritz*, ZZP 105 (1992), S. 1–19; *Neef*, Die Rechtskraft des Schiedsspruchs (1933).

404 Vgl. z.B. Hk-ZPO/*Kindl*, § 705 Rn. 2; B/L/A/H/G/*Hunke/Weber*, Grdz. § 322 Rn. 1; MüKoZPO/*Götz*, § 705 Rn. 1; BeckOK-ZPO/*Gruber*, § 322 Rn. 1. Vgl. zum Schiedsspruch: BeckOK-ZPO/*Wilske/Markert*, § 1055 Rn. 1.4.

405 Sind Rechtsmittel gegen die Entscheidung nicht statthaft, weil beispielsweise letztinstanzlich entschieden wurde, wird die Entscheidung bereits mit ihrer Verkündung formell rechtskräftig. Vgl. *Zeiss/Schreiber*, Zivilprozessrecht, Rn. 555; Musielak/*Voit*, § 705 Rn. 2–5; MüKoZPO/*Götz*, § 705 Rn. 1; Thomas/Putzo/*Seiler*, § 705 Rn. 6–9; PG-ZPO/*Kroppenberg*, § 705 Rn. 5; Hk-ZPO/*Kindl*, § 705 Rn. 5; BeckOK-ZPO/*Vorwerk/Wolf*, § 705 Rn. 4.

406 Hk-ZPO/*Kindl*, § 705 Rn. 4; *Schilken*, ZPO, Rn. 35 u. 994.

407 Zöller/*Seibel*, § 705 Rn. 3; BeckOK-ZPO/*Vorwerk/Wolf*, § 705 Rn. 12; MüKoZPO/*Götz*, § 705 Rn. 17; *Schmehl*, Parallelverfahren und Justizgewährung, S. 12. Als Ausnahme sind die Fälle der Wiedereinsetzung gem. § 233 ZPO und der Wiederaufnahme des Verfahrens nach § 578 ZPO zu nennen.

sondern auch alle sonstigen gerichtlichen Entscheidungen, wie Beschlüsse oder selbstständig anfechtbare Zwischenurteile.[408]

Die formelle Rechtskraft eines Schiedsspruchs ist im Gesetz nicht ausdrücklich geregelt. Dass auch innerhalb der Schiedsgerichtsbarkeit formelle und materielle Rechtskraft einander bedingen, folgt nach herrschender Meinung aus der Gleichsetzung des Schiedsspruchs mit einem rechtskräftigen Gerichtsurteil.[409] Die formelle Rechtskraft ist zudem indirekt in § 1056 ZPO angelegt, wonach ein Schiedsverfahren mit einem endgültigen Schiedsspruch oder bei Vorliegen der in § 1056 Abs. 2 ZPO normierten Voraussetzungen mit einem Beschluss endet. Diese Regelung setzt konsequenterweise auch den Eintritt formeller Rechtskraft voraus.[410] Mangels schiedsspezifischer Regelungen richtet sich die formelle Rechtskraft eines Schiedsspruchs nach den allgemeinen zivilprozessualen Grundsätzen und tritt parallel hierzu ein, wenn der Schiedsspruch mit ordentlichen Rechtsmitteln nicht mehr angefochten werden kann.[411] Die „Unanfechtbarkeit" einer schiedsgerichtlichen Entscheidung tritt dabei unabhängig von etwaigen Überprüfungsmöglichkeiten durch die staatlichen Gerichte ein.[412] Ist der Aufhebungsantrag gem. § 1059 ZPO erfolgreich, wird die bis dahin bestehende formelle Rechtskraft des Schiedsspruchs rückwirkend beseitigt.[413] Dies entspricht der Situation im staatlichen Verfahren, in dem weder ein Wiederaufnahmeverfahren nach §§ 578 ff. ZPO noch die Möglichkeit der Wiedereinsetzung in den vorherigen Stand nach §§ 233 ff. ZPO für den Eintritt der formellen Rechtskraft erheblich sind, bei erfolgreicher Geltendmachung aber zu ihrem rückwirkenden

---

408 BeckOK-ZPO/*Vorwerk/Wolf*, § 705 Rn. 1. § 705 ZPO ist auf diese deshalb analog anzuwenden, *Rosenberg/Schwab/Gottwald*, Zivilprozessrecht, § 150 Rn. 1–3.

409 Siehe z.B. Wieczorek/*Schütze*, § 1055 Rn. 10. Zum inhaltsgleichen § 1040 ZPO a.F.: *Neef*, Die Rechtskraft des Schiedsspruchs, S. 11 f.; *Bosch*, Rechtskraft und Rechtshängigkeit im Schiedsverfahren, S. 38.

410 *Gaul*, FS Sandrock (2000), 285, 288 f.; so auch *Pohl*, Doppelte Rechtshängigkeit im schiedsgerichtlichen Verfahren, S. 86.

411 MüKoZPO/*Münch*, § 1055 Rn. 3.

412 Die Anfechtung eines Schiedsspruchs nach § 1059 ZPO bewirkt keinen Suspensiveffekt. Siehe insbesondere *Bosch*, Rechtskraft und Rechtshängigkeit im Schiedsverfahren, S. 38 f.; *Lühmann*, Die Rechtskraft des Schiedsspruchs, S. 41, sowie MüKoZPO/*Münch*, § 1055 Rn. 3; BeckOK-ZPO/*Wilske/Markert*, § 1055 Rn. 1.4; *Schwab/Walter*, Schiedsgerichtsbarkeit, Kap. 21 Rn. 4; *Spohnheimer*, Gestaltungsfreiheit bei antezipiertem Legalanerkenntnis des Schiedsspruchs, S. 20.

413 Hk-ZPO/*Saenger*, § 1055 Rn. 3.

Wegfall führen.[414] Für die formelle Rechtskraft des Schiedsspruchs ist daher regelmäßig nur eine Überprüfung durch ein (vereinbartes) Oberschiedsgericht im Rahmen eines schiedsgerichtlichen Instanzenzuges relevant.[415] Ist die Überprüfung eines Schiedsspruchs durch ein Oberschiedsgericht vereinbart worden, tritt erst nach Ablauf der Rechtsmittelfrist die formelle Rechtskraft ein.[416] Da ein Oberschiedsgericht jedoch eher selten vereinbart wird, wird ein Schiedsspruch regelmäßig bereits unter Beachtung der sich aus § 1054 ZPO ergebenen Förmlichkeiten mit Beendigung des Schiedsverfahrens formell rechtskräftig.[417] Erforderlich ist die einfache Übersendung des formgerecht abgefassten Schiedsspruchs an jede Partei (§ 1054 Abs. 4 ZPO), wobei der erste Benachrichtigungsakt die Existenz des Schiedsspruchs konstituiert.[418]

---

414 Musielak/*Voit*, § 705 Rn. 1 u. 2; MüKoZPO/*Götz*, § 705 Rn. 4; siehe auch BGH Urt. v. 18.03.1987 – Ivb ZR 44/86, NJW 1987, 1766, 1767.

415 Vgl. Stein/Jonas/*Schlosser*, § 1055 Rn. 1 u. 4; Thomas/Putzo/*Seiler*, § 1055 Rn. 1; MüKoZPO/*Münch*, § 1055 Rn. 3.

416 BeckOK-ZPO/*Wilske/Markert*, § 1055 Rn. 1.5; Hk-ZPO/*Saenger*, § 1055 Rn. 3. Beendigung des Schiedsverfahrens (durch Erlass eines Schiedsspruchs) und Abschluss des Schiedsverfahrens (Durchlaufens des schiedsgerichtlichen Instanzenzugs) fallen in dieser Konstellation (ausnahmsweise) zeitlich nicht zusammen. Vgl. *Lühmann*, Die Rechtskraft des Schiedsspruchs, S. 41 f.

417 BT-Drucks. 13/5274, S. 56 re.Sp.; Zöller/*Geimer*, § 1055 Rn. 5; MüKoZPO/*Münch*, § 1055 Rn. 4 f.; *Gaul*, FS Sandrock (2000), 285, 289; *Schwab/Walter*, Schiedsgerichtsbarkeit, Kap. 21 Rn. 4. Siehe zu § 1039 ZPO a.F. auch BGH Urt. v. 23.05.1985 – III ZR 57/84, NJW-RR 1986, 61 [juris Rn. 12].
Siehe auch *Schmidt*, Die Typologie von Schiedssprüchen, S. 84, der es jedoch als Tautologie bezeichnet, den Eintritt formeller Rechtskraft eines Schiedsspruchs an die Erfüllung formaler Kriterien zu knüpfen, welche dann zur Unanfechtbarkeit des Schiedsspruchs führen. Denn Charakteristikum eines jeden Schiedsspruchs sei gerade die Endgültigkeit, was aber wiederum voraussetze, dass eine Anfechtung mit ordentlichen Rechtsmitteln ausgeschlossen ist. Die Erfüllung sämtlicher Förmlichkeiten bewirke daher, so *Schmidt*, „dass die bereits der Schiedsgerichtsentscheidung immanenten Finalität (bzw. formelle Rechtskraft) in der förmlichen Gestalt des Schiedsspruchs manifestiert“ werde.

418 MüKoZPO/*Münch*, § 1055 Rn. 4. Nach altem Recht war hingegen die förmliche Zustellung des Schiedsspruchs gefordert, vgl. § 1039 Abs. 3 ZPO a.F. Hierzu BGH Urt. v. 23.05.1985 – III ZR 57/84, NJW-RR 1986, 61 [juris Rn. 12]; *Bosch*, Rechtskraft und Rechtshängigkeit im Schiedsverfahren, S. 39 ff.

II. Materielle Rechtskraft

Das für die Verhinderung paralleler Verfahren zentrale Element ist die materielle Rechtskraft. Die formelle Rechtskraft allein schützt durch die Unanfechtbarkeit der gerichtlichen Entscheidung zwar deren Bestand, kann jedoch mangels materieller Bindungswirkung nicht die erneute Verhandlung derselben Streitsache und insbesondere keine ggf. einander widersprechenden Entscheidungen verhindern. Dies erfolgt über die Bindungswirkung der materiellen Rechtskraft, wonach der Inhalt einer Entscheidung für das Gericht in künftigen Prozessen maßgeblich ist.[419]

1. Materielle Rechtskraft einer staatlichen Gerichtsentscheidung

Nach § 322 Abs. 1 ZPO erfasst die materielle Rechtskraft gerichtlicher Entscheidungen grundsätzlich nur die Entscheidung über den durch die Klage oder Widerklage erhobenen Streitgegenstand, welche den Gegenstand des Entscheidungstenors bildet. Soweit der Tenor alleine jedoch nicht ausreicht, den Inhalt und Umfang der gerichtlichen Entscheidung zu bestimmen, können auch der Tatbestand und die Entscheidungsgründe ergänzend herangezogen werden.[420] Die Wirkung der Rechtskraft ist in § 322 ZPO nicht geregelt[421], auf Grundlage der Rechtskrafttheorien aber weitestgehend geklärt. Der alte Streit[422] über die

---

419 Stein/Jonas/*Althammer*, § 322 Rn. 18.
Das gilt selbstverständlich nur innerhalb bestimmter objektiver und subjektiver Grenzen, die in dieser Darstellung lediglich angedeutet werden. Siehe ausführlich zu den Grenzen der Rechtskraft z.B. *Zeuner*, Die objektiven Grenzen der Rechtskraft im Rahmen rechtlicher Sinnzusammenhänge; *Reischl*, Die objektiven Grenzen der Rechtskraft im Zivilprozeß, S. 177 ff.; *Schack*, Drittwirkung der Rechtskraft?, NJW 1988, 865; *Musielak*, Der rechtskräftig entschiedene Lebenssachverhalt, NJW 2000, 3593; *Heiderhoff*, Der entschiedene Lebenssachverhalt und die Rechtskraftsperre bei klageabweisenden Urteilen, ZZP 118 (2005), 185.

420 Ständige Rspr., vgl.: BGH Urt. v. 12.12.1975 – IV ZR 101/74, NJW 1976, 1095 [juris Rn. 28–30]; BGH Urt. v. 17.02.1983 – III ZR 184/81, NJW 1983, 2032, [juris Rn. 14]; BGH Urt. v. 11.11.1994 – V ZR 46/93, NJW 1995, 697 [juris Rn. 6]; BGH Urt. v. 26.06.2003 – I ZR 269/99, NJW 2003, 3058, 3059 [juris Rn. 22].
Siehe auch *Rosenberg/Schwab/Gottwald*, Zivilprozessrecht, § 153 Rn. 8–22.

421 Vgl. aber § 121 VwGO, der von einer Bindungswirkung der Beteiligten und ihrer Rechtsnachfolger durch rechtskräftiges Urteil spricht.

422 Zum Theorienstreit über das Wesen der materiellen Rechtskraft und die Entwicklungen der materiell-rechtlichen und prozessualen Rechtskraftlehre insbesondere *Bötticher*, Kritische Beiträge zur Lehre von der materiellen Rechtskraft im Zivilprozeß, S. 104 ff.; *Pohle*, GS Calamandrei II (1958), 377, 381 ff.; *Koussoulis*, Beiträge zur

Wirkungsweise der materiellen Rechtskraft ist in Rechtsprechung und Literatur zugunsten der prozessualen Rechtskrafttheorie[423] entschieden worden. Danach besteht die Wirkung der materiellen Rechtskraft in der prozessualen Bindungsanordnung des künftig befassten Richters an die einmal getroffene rechtskräftige Entscheidung über eine bestehende Rechtslage. Das Wesen der Rechtskraft als prozessuale Rechtsfolge ordnet die Bindungswirkung[424] des Richters an eine zuvor rechtskräftig ergangene Entscheidung an.[425] Die heute in Rechtsprechung und Literatur herrschende sog. ne-bis-in-idem-Lehre[426] begründet die Bindungswirkung durch das Verbot der erneuten Verhandlung eines bereits

---

modernen Rechtskraftlehre, S. 22 ff.; *Gaul*, FS Flume (1978), 443, passim; *Schumann*, FS Bötticher (1969), 289, 319; *Blomeyer*, JR 1968, 407, 408; siehe aus der neueren Lit. auch *Braun*, FS Spellenberg (2010), 69.

423 *Bötticher*, Kritische Beiträge zur Lehre von der materiellen Rechtskraft im Zivilprozeß, S. 128 ff, 139 ff. (grundlegend); *Gaul*, FS Flume (1978), 443, 512 ff.; *Grunsky*, Grundlagen des Verfahrensrechts, S. 493 f.; B/L/A/H/G/*Hunke/Weber*, Grdz. § 322 Rn. 5–10 (Überblick über die verschiedenen Rechtskrafttheorien); PG-ZPO/*Völzmann-Stickelbrock*, § 322 Rn. 3. Kritisch *Braun*, FS Spellenberg (2010), 69 ff.
Zur Rspr. grundlegend BGH Beschl. v. 10.07.1951 – II ZR 30/51, BGHZ 3, 82, 85 f.; BGH Urt. v. 27.02.1961 – III ZR 116/60, BGHZ 34, 337, 339 u. BGH Urt. v. 18.01.1985 – V ZR 233/83, BGHZ 93, 287, 288 f. [juris Rn. 10].
Siehe zur materiell-rechtlichen Rechtskrafttheorie *Pagenstecher*, ZZP 37 (1908), 1, 9–12; *Reichel*, FS Wach III (1913), 1, 5; *Kohler*, FS Klein (1914), 1; *Martens*, ZZP 79 (1966), 404. Eine Darstellung der rechtshistorischen Entwicklung findet sich bei *Gaul*, FS Flume (1978), 443, passim; sowie *Reischl*, Die objektiven Grenzen der Rechtskraft im Zivilprozeß, S. 47 ff., 77 ff.
Aus der Rspr. siehe z.B. RG Urt. v. 20.02.1900 – Via 395/99, RGZ 46, 334, 336 f.; RG Urt. v. 01.07.1903 – V 78/03, RGZ 55, 157, 160; RG Urt. v. 29.02.1912 – VI 205/11, RGZ 78, 389, 395.

424 Die Herleitung dieser Bindungswirkung war ebenfalls umstritten. Siehe hierzu auch *Koussoulis*, Beiträge zur modernen Rechtskraftlehre, S. 26 ff.
Vgl. zur sog. Bindungstheorie, z.B. *Grunsky*, Grundlagen des Verfahrensrechts, S. 495; *Stein/Jonas*, 18. Aufl., § 322 Anm. II Nr. 2 f.; *Pohle*, JBl 1957, 113, 117; *Blomeyer*, JR 1968, 407, 409 f.

425 Vgl. nur *Gaul*, FS Flume (1978), 443, 512 ff.
Die Veränderungswirkung des richterlichen Urteils auf das materielle Recht ist – der besondere Fall des Gestaltungsurteils ausgenommen – nach heute vornehmlich vertretener prozessrechtlicher Auffassung hingegen nicht akzeptabel. Siehe hierzu *Musielak*, FS Nakamura (1996), 423, 426; Musielak/*Voit*, § 322 Rn. 4 f.; Wieczorek/Schütze/*Büscher* *§ 322* Rn. 30; MüKoZPO/*Gottwald*, § 322 Rn. 9.

426 Ständige Rspr. des BGH vgl. nur BGH Urt. v. 18.01.1985 – V ZR 233/83, BGHZ 93, 287, 288 f. m.w.N. [juris Rn. 10]; BGH Urt. v. 16.06.1993 – I ZB 14/91, BGHZ 123, 30,

rechtskräftig abgeurteilten Streitgegenstandes und bindet jedes weitere Gericht an die Entscheidung des ersten Verfahrens – auch im Rahmen präjudizieller Rechtsverhältnisse.[427] Das als negative Prozessvoraussetzung von Amts[428] wegen zu beachtende Wiederholungsverbot führt sowohl bei identischen Streitgegenständen als auch bei kontradiktorischen Verfahren[429] zur Unzulässigkeit und Abweisung der Klage.[430] Widersprechende Entscheidungen werden so durch ein umfassendes Wiederholungs- und Widerspruchsverbot vermieden und die nochmalige – ggf. widersprüchliche – Entscheidung über den bereits erledigten Streitgegenstand wird von Anfang an verhindert.[431]

---

33 f. [juris Rn. 24]; BGH Urt. v. 19.11.2003 – VIII ZR 60/03, BGHZ 157, 47, 50 [juris Rn. 9]; BGH Urt. v. 13.01.2009 – XI ZR 66/08, SchiedsVZ 2009, 122, 124 [Rn. 16]. Aus der Lit. siehe z.B. *Bötticher*, Kritische Beiträge zur Lehre von der materiellen Rechtskraft im Zivilprozeß, S. 128–166, 220 ff.; *Gaul*, FS Flume (1978), 443, 512 ff., 515 f.; *Schwab*, JuS 1976, 69, 73 f.; Thomas/Putzo/*Reichold*, § 322 Rn. 7; MüKo-ZPO/*Gottwald*, § 322 Rn. 9–14.; Hk-ZPO/*Saenger*, § 322 Rn. 10, 12.

427 BGH Urt. v. 26.06.2003 – I ZR 269/99, NJW 2003, 3058, 3059 [juris Rn. 22]; BGH Urt. v. 17.03.1995 – V ZR 178/93, NJW 1995, 1757 [juris Rn. 8]; BGH Urt. v. 24.06.1993 – III ZR 43/92, NJW 1993, 3204 f. [juris Rn. 16]; MüKoZPO/*Gottwald*, § 322 Rn. 51 f.; Zöller/*Vollkommer*, Vor § 322 Rn. 17–22; PG-ZPO/*Völzmann-Stickelbrock*, § 322 Rn. 17.

428 Als Folge der prozessualen Auffassung der Rechtskraftwirkung ist diese von Amts wegen zu beachten und der Parteidisposition entzogen. Ständige Rspr., z.B. BGH Urt. v. 14.02.1962 – IV ZR 156/61, BGHZ 36, 365, 367; BGH Urt. v. 21.12.1988 – VIII ZR 277/87, NJW 1989, 2133, 2134 [juris Rn. 11]; BGH Urt. v. 16.06.1993 – I ZB 14/91, BGHZ 123, 30, 32 [juris Rn. 19]; BGH Urt. v. 16.01.2008 – XII ZR 216/05, NJW 2008, 1227 f. [Rn. 9].

429 BGH Urt. v. 07.07.1993 – VIII ZR 103/92, BGHZ 123, 137, 139 f. [juris Rn. 8]. Ebenso BGH Urt. v. 17.02.1983 – III ZR 184/81, NJW 1983, 2032, [juris Rn. 12]; BGH Urt. v. 11.11.1994 – V ZR 46/93, NJW 1995, 697, 698 [juris Rn. 7]; BGH Urt. v. 26.06.2003 – I ZR 269/99, NJW 2003, 3058, 3059 [juris Rn. 21].

430 Z.B. BGH Urt. v. 19.11.2003 – VIII ZR 60/03, BGHZ 157, 47 50 [juris Rn. 50]; BGH Urt. v. 18.01.1985 – V ZR 233/83, BGHZ 93, 287, 289 [juris Rn. 10]; *Rosenberg/Schwab/Gottwald*, Zivilprozessrecht, § 151 Rn. 10. Vgl. auch *Gaul*, FS Weber (1975), 155, 163–166; sowie umfassend *Gaul*, FS Flume (1978), 443, 512 ff.

431 So *Bötticher*, Kritische Beiträge zur Lehre von der materiellen Rechtskraft im Zivilprozeß, S. 203; vgl. auch *Germelmann*, Die Rechtskraft von Gerichtsentscheidungen, S. 17 f.

2. Materielle Rechtskraft eines Schiedsspruchs

Da Schiedsgerichte im Gegensatz zu staatlichen Gerichten ihre Rechtsprechungsgewalt nicht aus dem Gesetz ableiten, sondern aufgrund einer privatautonomen Vereinbarung tätig werden, wird ein Schiedsspruch regelmäßig als ein lediglich privatrechtlicher Vertrag zwischen den Parteien über eine streitige Rechtsangelegenheit angesehen.[432] Vor diesem Hintergrund wurde nach altem Recht insbesondere die Rechtskraft und Bindungswirkung einer Kompetenzentscheidung des Schiedsgerichts verhalten diskutiert.[433] Unter der alten Rechtslage wurde die Entscheidungsgewalt der Schiedsgerichte auch für die Zuständigkeitsentscheidung ausschließlich aus dem privaten Schiedsvertrag abgeleitet, sodass eine unwirksame Schiedsvereinbarung das Schiedsgericht nicht zugleich zur Entscheidung über seine (Un-) Zuständigkeit legitimieren konnte.[434] Bei einer positiven Zuständigkeitsentscheidung hingegen bejahten die Schiedsrichter zwar die Existenz einer wirksamen Schiedsvereinbarung, aus der sich jedoch ihre Entscheidungsbefugnis selbst überhaupt erst ableitete.[435] Seit der Novellierung des Schiedsverfahrensrechts normiert § 1040 Abs. 1 ZPO jedoch ausdrücklich die selbstständige Entscheidungskompetenz des Schiedsgerichts unter dem Vorbehalt staatsgerichtlicher Kontrolle. Prüfungsrecht und Legitimation zur eigenen Zuständigkeitsfeststellung folgen nicht mehr originär aus der Vereinbarung der Parteien, sondern aus dem Gesetz.[436] Eine wirksame Schiedsvereinbarung ist Grundlage jeder Sachentscheidung, nicht jedoch konstitutives Element einer Zuständigkeitsprüfung.

---

432 Vgl. *Solomon*, Die Verbindlichkeit von Schiedssprüchen, S. 326, sowie zur Rechtsnatur der Schiedsgerichtsbarkeit S. 288 ff.; *Lorenz*, AcP 157 (1958/59), 265, 274 f.; *Spohnheimer*, Gestaltungsfreiheit bei antezipiertem Legalanerkenntnis des Schiedsspruchs, S. 8 f.

433 Vgl. *Sonnauer*, Die Kontrolle der Schiedsgerichte durch die staatlichen Gerichte, S. 35 f.; *Schlosser*, Internationale Schiedsgerichtsbarkeit, Rn. 493; *Lionnet/Lionnet*, Handbuch der internat. u. nat. Schiedsgerichtsbarkeit, S. 190; *Park*, Arb. Int. 12 (1996), 137, 147.

434 *Synatschke*, Die Unzuständigkeitserklärung des Schiedsgerichts, S. 89; ähnlich *Ahrendt*, Der Zuständigkeitsstreit im Schiedsverfahren, S. 9; *Beitzke*, ZZP 60 (1936/1937), 317, 323.

435 Synatschke bezeichnet die negative Zuständigkeitsentscheidung daher als „Paradoxon", die positive Zuständigkeitsentscheidung als „logischen Zirkelschluss". Vgl. *Synatschke*, Die Unzuständigkeitserklärung des Schiedsgerichts, S. 88.

436 Vgl. *Kröll*, Arb. Int. 20 (2004), 55, 63 f.

Gleichwohl muss einem Schiedsspruch kraft Gesetzes Rechtskraftwirkung zugewiesen werden, damit dieser in einem staatlichen Verfahren prozessuale Bedeutung erlangt und durchgesetzt werden kann.[437] Aus diesem Grund kodifiziert § 1055 ZPO die Rechtskraft des Schiedsspruchs, der danach *„unter den Parteien die Wirkungen eines rechtskräftigen gerichtlichen Urteils“* hat. Die Implementierung des Schiedsspruchs in die Rechtsordnung wird über § 1055 ZPO direkt angeordnet, ohne dass es eines Transformationsaktes durch die anerkennende Entscheidung eines staatlichen Gerichts bedarf.[438] Gleichwohl ist in der Literatur der konkrete Umfang der materiellen Rechtskraft eines Schiedsspruchs umstritten.[439] Unabhängig von diesem Streit um die tatsächliche Reichweite der materiellen Rechtskraft, regelt § 1055 ZPO jedoch grundsätzlich die materielle Rechtskraft eines Schiedsspruchs an sich.[440] Die materielle Rechtskraft tritt in

437 Siehe *Lühmann*, Die Rechtskraft des Schiedsspruchs, S. 28 ff. (rechtsvergleichend).

438 Insbes. *Spohnheimer*, Gestaltungsfreiheit bei antezipiertem Legalanerkenntnis des Schiedsspruchs, S. 13 f.; siehe auch *Lühmann*, Die Rechtskraft des Schiedsspruchs, S. 30; *Schlosser*, ASA Special Series No 15 (2001), 15, 16 f.; *Gottwald, in: Gottwald* (Hrsg.), Internationale Schiedsgerichtsbarkeit, S. 1, 95 f.

439 Kern des Streits ist u.a. eine Formulierung in der Gesetzesbegründung zu § 1055 ZPO (BT-Drucks. 13/5274, S. 56 f. re.Sp.), wonach sich die materielle Rechtskraftwirkung eines Schiedsspruchs von der eines rechtskräftigen Urteils lediglich dadurch unterscheidet, dass die Rechtskraft nicht von Amts wegen, sondern nur auf Einrede hin berücksichtigt wird. Die wohl h.M. leitet daraus einen begrenzten Umfang der materiellen Rechtskraft von Schiedssprüchen ab, da diese nur auf Einrede hin zu berücksichtigen seien und die Rechtskraft zudem zur Disposition der Parteien stünde. Vgl. z.B.: BGH Urt. v. 11.04.1958 – VIII ZR 190/57, NJW 1958, 950 (obiter dictum); MüKoZPO/*Münch*, § 1055 Rn. 12 f. u. Rn. 28 f; Stein/Jonas/*Schlosser*, § 1055 Rn. 8; *Schmidt*, Die Typologie von Schiedssprüchen, S. 85 f.; *Lühmann*, Die Rechtskraft des Schiedsspruchs, S. 188–198; *Wagner*, Prozessverträge, S. 715 f. Siehe auch noch unter § 6.A.III.2, S. 140.
Der Streit über den Umfang der Rechtskraft von Schiedssprüchen ist zudem zurückzuführen auf die Frage, ob die Schiedsgerichtsbarkeit als privatrechtliches Institut oder als Materie des Prozessrechts charakterisiert wird. Vgl. zur materiellrechtlichen Theorie *Blomeyer*, FG Rosenberg (1949), 51, 61–63; *Lorenz*, AcP 157 (1958/59), 265, 274–276 und zur prozessualen Theorie die Darstellung des Meinungsstands bei *Bosch*, Rechtskraft und Rechtshängigkeit im Schiedsverfahren, S. 67 ff.; sowie *Kisch*, ZZP 51 (1926), 321 ff., der eine vermittelnde Ansicht zwischen materiell-rechtlicher und prozessrechtlicher Theorie einnimmt.

440 So auch *Jacoby*, Musterprozeßvertrag, S. 83; *Lühmann*, Die Rechtskraft des Schiedsspruchs, S. 30; *Spohnheimer*, Gestaltungsfreiheit bei antezipiertem Legalanerkenntnis des Schiedsspruchs, S. 13 f., 22.

dem Zeitpunkt ein, in dem der Schiedsspruch nicht mehr – auch nicht mit der Aufhebungsklage – angegriffen werden kann[441] und bewirkt parallel zur materiellen Rechtskraft eines Urteils, dass der rechtskräftige Schiedsspruch einem nachfolgenden Verfahren im Sinne der ne-bis-in-idem-Lehre entgegensteht.[442] Diese Wirkung ergibt sich direkt aus dem Schiedsspruch selbst.[443]

3. *Materielle Rechtskraft einer gerichtlichen Entscheidung im Schiedsverfahren*

Grundsätzlich wirkt die materielle Rechtskraft auch rechtswegübergreifend, sodass die Bindung an das materiell rechtskräftige Urteil im Sinne der ne-bis-in-idem-Lehre auch für Gerichte anderer Verfahrensordnungen gilt.[444] Dennoch wird die Rechtskraftwirkung einer gerichtlichen Entscheidung im privaten Schiedsverfahren teilweise mit der Begründung abgelehnt, Schiedsgerichte könnten nicht aufgrund der Rechtskraft einer gerichtlichen Entscheidung im Sinne der ne-bis-in-idem-Lehre an diese gebunden sein, weil Adressat des staatlichen Verfahrensrechts die staatlichen Gerichte, nicht jedoch private Schiedsgerichte seien.[445] Rechtskräftige Urteile könnten deshalb nur innerhalb des staatlichen Rechtsprechungsapparates (Bindungs-) Wirkung entfalten.

---

441 *Raeschke-Kessler/Berger*, Recht und Praxis des Schiedsverfahrens, Rn. 882; *Schmidt*, Die Typologie von Schiedssprüchen, S. 85.

442 BeckOK-ZPO/*Wilske/Markert*, § 1055 Rn. 3; Hk-ZPO/*Saenger*, § 1055 Rn. 4; MüKoZPO/*Münch*, § 1055 Rn. 9–11; *Schwab/Walter*, Schiedsgerichtsbarkeit, Kap. 21 Rn. 5; Stein/Jonas/*Schlosser*, § 1055 Rn. 10–12. In diesem Sinne auch BGH Urt. v. 13.01.2009 – XI ZR 66/08, NJW-RR 2009, 790 [Rn. 16].

443 OLG München Beschl. v. 07.01.2015 – 34 Sch 12/14 [Rn. 30] (zit. nach juris); *Schlosser*, ASA Special Series No 15 (2001), 15, 17; siehe auch *Gottwald, in: Gottwald* (Hrsg.), Internationale Schiedsgerichtsbarkeit, S. 1, 95 f.
Davon zu unterscheiden ist die Problematik, dass dem materiell rechtskräftigen Schiedsspruch im deutschen Recht keine Titelwirkung kraft Gesetzes zukommt. Damit aus ihm die Zwangsvollstreckung betrieben werden kann, muss der Schiedsspruch von dem nach § 1062 Abs. 1 Nr. 4 ZPO zuständigen OLG für vollstreckbar erklärt werden. Anders beispielsweise für das österreichische Recht, wo dem Schiedsspruch unmittelbare Vollstreckungswirkung zukommt, vgl. § 1 Nr. 16 Exekutionsordnung.

444 MüKoZPO/*Gottwald*, § 322 Rn. 66, 69; Stein/Jonas/*Althammer*, § 322 Rn. 287, 290 ff.

445 Insbesondere in Bezug auf die Wirkung des Feststellungsbeschlusses gem. § 1032 Abs. 2 ZPO: Hk-ZPO/*Saenger*, § 1032 Rn. 16; *Schroeter*, SchiedsVZ 2004, 288, 296; Musielak/*Voit*, § 1032 Rn. 13. Die Rechtskraft auch für das Schiedsverfahren bejahend aber MüKoZPO/*Münch*, § 1040 Rn. 12.

Zu Recht weist ILLMER[446] darauf hin, dass diese Ansicht fälschlicherweise eine beziehungslose Koexistenz von privater Schiedsgerichtsbarkeit und staatlichen Rechtsprechungskörpern annimmt, in der beide Foren ohne jegliche Wechselwirkung nebeneinanderstehen. Zwar besteht, so ILLMER, generell ein Exklusivitätsverhältnis der Zuständigkeiten von staatlichen Gerichten und Schiedsgerichten, das Gesetz ordnet aber gleichwohl eine gesetzliche Wechselbeziehung beider Gerichtsbarkeiten an: § 1040 Abs. 3 S. 2 ZPO normiert die ausdrückliche Möglichkeit, von Seiten staatlicher Gerichte in das (laufende) Schiedsverfahren korrigierend einzugreifen. Für die Erstreckung des verfahrensrechtlichen Instituts der Rechtskraft in das private Schiedsverfahren spricht nach der herrschenden Meinung auch die in § 1055 ZPO (weitestgehend[447]) umgesetzte Gleichstellung staatlicher und schiedsgerichtlicher Urteile als funktional gleichwertige Rechtsschutzmöglichkeit.[448] Daraus folgt auch die Feststellung, der Schiedsrichter sei, obwohl nicht hoheitlich tätig, wie der staatliche Richter zur endgültigen und bindenden Entscheidung eines Rechtsstreits berufen und übe daher (echte) materielle Rechtsprechung.[449] Sind Schiedssprüche aber materielle Rechtsprechung und äquivalent zu staatlichen Urteilen, muss mit diesem Zugeständnis zugleich auch eine Beschränkung der materiellen Rechtskraftwirkungen einhergehen. Systemlogisch folgt aus der Einbettung der Schiedsgerichtsbarkeit in die ordentliche Gerichtsbarkeit und der positiven Zuerkennung, materiell rechtskräftige Schiedssprüche zu erlassen, dass Schiedsgerichte im selben Maße wie staatliche Gerichte an rechtskräftige Urteile gebunden sein müssen. Gerade weil Schiedsgerichten wie staatlichen Rechtsprechungskörpern die Funktion zukommt, einen Rechtsstreit endgültig und bindend zu entscheiden, darf es keine Rolle spielen, ob das zweite Verfahren vor einem Schiedsgericht

---

446 *Illmer*, Der Arglisteinwand, S. 104 f.

447 Vgl. dazu MüKoZPO/*Münch*, § 1055 Rn. 1 f.

448 *Wagner*, in: *Böckstiegel/Berger/Bredow* (Hrsg.), DIS Bd. 16, S. 7, 11; *Synatschke*, Die Unzuständigkeitserklärung des Schiedsgerichts, S. 106; siehe auch *Liatowitsch*, Schweizer Schiedsgerichte und Parallelverfahren vor Staatsgerichten im In- und Ausland, S. 69.

449 BGH Urt. v. 03.07.1975 – III ZR 78/73, BGHZ 65, 59, 61 f. [juris Rn. 15 f.]; BGH Beschl. v. 27.05.2004 – III ZB 53/03, SchiedsVZ 2004, 205, 207 [juris Rn. 16]; ähnlich bereits BGH Urt. v. 19.12.1986 – VII ZR 83 u. 84/66, BGHZ 21, 255, 258 [juris Rn. 36]; BGH Urt. v. 05.11.1970 – VII ZR 31/69, BGHZ 54, 392, 395 [juris Rn. 19]; ferner *Habscheid*, NJW 1962, 5, 7; *Kornblum*, Probleme der schiedsrichterlichen Unabhängigkeit, 1968, S. 82 ff., 115.

oder staatlichen Gericht stattfindet.[450] Die materielle Rechtskraft der staatlichen Entscheidung entfaltet daher prinzipiell auch für das Schiedsverfahren Bindungswirkung.[451] Der Schiedsrichter muss eine Klage mit identischem Streitgegenstand als unzulässig abweisen und hat präjudizielle Vorfragen in gleicher Weise zu beachten wie staatliche Gerichte.

III. Disponibilität der Rechtskraft?

Die Frage nach der Disponibilität der Rechtskraft einer gerichtlichen Entscheidung im staatlichen Verfahren ist eng verknüpft mit dem dogmatischen Theorienstreit über die Rechtsnatur der Rechtskraft. Im Einklang mit der herrschenden prozessrechtlichen Rechtskrafttheorie[452] wird die materielle Rechtskraft konstitutionell als negative Prozessvoraussetzung verortet und ist grundsätzlich in jeder Phase des (staatlichen) Verfahrens von Amts wegen zu beachten.[453] Damit einher geht nach ganz herrschender Auffassung, dass die Rechtskraft jeder Parteidisposition entzogen ist.[454] Durch Vereinbarung der Parteien kann weder auf die Rechtskraft einer Entscheidung verzichtet, noch kann dieser Rechtskraft

---

450 Vgl. *Synatschke*, Die Unzuständigkeitserklärung des Schiedsgerichts, S. 106; *Liatowitsch*, Schweizer Schiedsgerichte und Parallelverfahren vor Staatsgerichten im In- und Ausland, S. 69.

451 Beispielsweise BGH Beschl. v. 18.06.2014 – III ZB 89/13, SchiedsVZ 2014, 254, 256 [Rn. 18]; so auch Zöller/*Geimer*, § 1032 Rn. 14 für die Sachentscheidung, aber für den Feststellungsbeschluss explizit verneinend, siehe Rn. 24; Stein/Jonas/*Schlosser*, § 1059 Rn. 7 (implizit); *Illmer*, Der Arglisteinwand an der Schnittstelle von staatlicher Gerichtsbarkeit und Schiedsgerichtsbarkeit, S. 107.
Soweit ersichtlich wird dies stets im Zusammenhang mit einem Sachurteil nach § 1032 Abs. 1 ZPO gesehen. Gleiches muss aber auch gelten, wenn ein staatliches Urteil ergangen ist, ohne dass inzident über die Schiedseinrede und die Wirksamkeit der Schiedsvereinbarung entschieden wurde, sei es weil die Zuständigkeit des Schiedsgerichts zum Zeitpunkt des staatlichen Urteils überhaupt (noch) nicht vereinbart war oder die Schiedseinrede nicht erhoben wurde.

452 Vgl. BGH Beschl. v. 10.07.1951 – II ZR 30/51, BGHZ 3, 82, 85 f. sowie Gliederungspunkt § 6.A.II.1, S. 130.

453 Ständige Rspr., siehe z.B. BGH Urt. v. 14.02.1962 – IV ZR 156/61, BGHZ 36, 365, 367; BGH Urt. v. 21.12.1988 – VIII ZR 277/87, NJW 1989, 2133, 2134 [juris Rn. 11]; BGH Urt. v. 16.06.1993 – I ZB 14/91, BGHZ 123, 30, 32 [juris Rn. 19]; BGH Urt. v. 16.01.2008 – XII ZR 216/05, NJW 2008, 1227 f. [Rn. 9].

454 *Rosenberg/Schwab/Gottwald*, Zivilprozessrecht, § 152 Rn. 17; *Grunsky*, Grundlagen des Verfahrensrechts, S. 499 f.; PG-ZPO/*Völzmann-Stickelbrock*, § 322 Rn. 27; Thomas/Putzo/*Reichold*, § 322 Rn. 13; MüKoZPO/*Gottwald*, § 322 Rn. 59.

verliehen werden.[455] Dies ergibt sich bereits aus dem Sinn und Zweck der Rechtskraft, wonach es im Einklang mit dem Bedürfnis nach Rechtssicherheit nicht im Belieben der Parteien liegen kann, ob ein Gericht den Einwand der anderweitigen Rechtskraft zu beachten hat oder nicht.

1. *Disponibilität eines rechtskräftigen gerichtlichen Urteils im Schiedsverfahren*

Für das Schiedsverfahren wird dies jedoch teilweise anders gesehen. Insbesondere nach Ansicht von WAGNER[456] können die Parteien eines staatlichen Verfahrens durch vertragliche Vereinbarung auf die Rechtskraftwirkung des Urteils gegenüber einem Schiedsgericht verzichten. Das im staatlichen Prozess geltende Argument, die materielle Rechtskraft diene dem öffentlichen Interesse am effizienten Einsatz staatlicher Rechtsprechungskörper, könne nach der Auffassung von WAGNER gerade nicht auf das Schiedsverfahren übertragen werden, da die Parteien im Schiedsverfahren auf eigene Kosten streiten und darüber hinaus keine staatlichen Justizressourcen in Anspruch nehmen würden. Daraus zieht WAGNER den Schluss, die Parteien würden sowohl die prozesshindernde Wirkung der Rechtskraft und damit die Bindung des Schiedsgerichts an die vorangegangene Entscheidung, aber auch die Bindungswirkung im Hinblick auf präjudizielle Rechtsverhältnisse aufheben können. Im Ergebnis würde damit der ne-bis-in-idem-Grundsatz außer Kraft gesetzt, sodass ein Schiedsgericht über den rechtskräftig entschiedenen Streitgegenstand erneut verhandeln könnte.[457] Dem dadurch bestehenden Risiko zweier, sich möglicherweise widersprechender Entscheidungen begegnet WAGNER[458] wie folgt: Sollte die im Schiedsverfahren

---

Aus der Rspr. BSG Urt. v. 13.12.1960 – 2 RU 189/56, NJW 1961, 1499 [juris Rn. 9]; BGH Urt. v. 28.01.1987 – IVb ZR 12/86, NJW-RR 1987, 642, 643 [juris Rn. 14]; BGH Urt. v. 02.04.1991 – VI ZR 241/90, NJW 1991, 2295, 2296 [juris Rn. 13]. Anders: *Schlosser*, Einverständliches Parteihandeln, S. 12 ff.

455 Die Parteien können jedoch auf eine im Urteil festgelegte Rechtsfolge – sofern ihnen dies nach materiellem Recht möglich ist – verzichten und ihre Rechtsbeziehung abweichend davon regeln. Davon unberührt bleibt aber die Rechtskraft des Urteils als solche bestehen. Vgl. z.B. BSG Urt. v. 13.12.1960 – 2 RU 189/56, NJW 1961, 1499 [juris Rn. 9]; Stein/Jonas/*Althammer*, § 322 Rn. 212.

456 *Wagner*, in: *Böckstiegel/Berger/Bredow* (Hrsg.), DIS Bd. 16, S. 7, 49 f.

457 So auch *Triebel/Coenen*, BB Beilage 2003, Nr. 5, 2, 7 a.E.: Den Parteien steht es im Rahmen der Privatautonomie grundsätzlich frei, „auch einen rechtskräftig entschiedenen Streitgegenstand auf ihre Kosten noch einmal von einem Schiedsgericht entscheiden zu lassen."

458 *Wagner*, in: *Böckstiegel/Berger/Bredow* (Hrsg.), DIS Bd. 16, S. 7, 50.

unterliegende Partei nach dessen Abschluss versuchen, aus dem für sie günstigeren staatlichen Urteil zu vollstrecken, so könne der Vollstreckungsschuldner (die im Schiedsverfahren obsiegende Partei) im Wege der Vollstreckungsabwehrklage nach § 767 ZPO Schutz erlangen. Die Parteivereinbarung über die Aufhebung der Rechtskraft des Gerichtsurteils wäre als vollstreckungsbeschränkende Vereinbarung auszulegen. Umgekehrt könne der Schiedsspruch nicht über § 1059 Abs. 2 Nr. 2b i.V.m. § 580 Nr. 7a ZPO aufgehoben werden. Zwar sei der Restitutionsgrund des früher rechtskräftigen Urteils im Rahmen des verfahrensrechtlichen ordre public auch im Aufhebungsverfahren beachtlich, § 580 Nr. 7a ZPO gelte aber nur für den Fall des „Auffindens" eines solchen Urteils. Im Falle einer Abbedingung der Urteilsrechtskraft würde ein zweites Urteil jedoch in Kenntnis und trotz des bereits ergangenen Urteils herbeigeführt.[459]

Kernpunkte der Argumentation von Wagner sind die Funktion und der Zweck der Rechtskraft, sowie die private Natur der Schiedsgerichtsbarkeit. Wagner konzentriert sich auf den Umstand, dass die Kosten und Ressourcen der staatlichen Rechtspflege auch bei einem zweiten Schiedsverfahren über den rechtskräftig entschiedenen Rechtsstreit nicht weiter belastet werden. Zwar kann ihm grundsätzlich darin zugestimmt werden, dass ein zweites Schiedsverfahren keine Ressourcen der staatlichen Rechtsprechungsapparate in Anspruch nimmt. Dieses Argument gilt aber nur für den Fall, dass das Schiedsverfahren ohne weitere Komplikationen verläuft und nicht auf die Kontrollbefugnisse der Gerichte zurückgegriffen wird. Denn auch in einem zweiten Schiedsverfahren können nach den §§ 1040 Abs. 3 S. 2, 1059, 1060 ZPO parallel staatliche Rechtsprechungsorgane zum Einsatz kommen. Eine weitere Inanspruchnahme der Gerichte als Folge eines zweiten Schiedsverfahrens kann daher nicht mit Sicherheit ausgeschlossen werden. Zudem ist zu berücksichtigen, dass die öffentlichen Ziele der Rechtskraft neben der Ressourcenpflege gerade auch der Gewährleistung von Rechtssicherheit und der Funktionsfähigkeit der Rechtsprechung dienen. Würde ein privates Schiedsgericht nun aber erneut und abweichend über einen rechtskräftig festgestellten Streitgegenstand entscheiden dürfen, untergräbt dies einerseits die Rechtsprechungsautorität der staatlichen Gerichte, andererseits würde diese Situation auch zu Rechtsunsicherheiten unter den Parteien führen. Die Frage eines Verzichts auf die Rechtskraftwirkung im Schiedsverfahren ist letztlich auch damit verknüpft, wie viel Freiraum der Schiedsgerichtsbarkeit neben der staatlichen Gerichtsbarkeit eingeräumt werden soll. Die Gleichstellung der Schiedsgerichtsbarkeit mit der staatlichen Gerichtsbarkeit kann jedoch nicht

---

459 Vgl. *Wagner*, in: *Böckstiegel/Berger/Bredow* (Hrsg.), DIS Bd. 16, S. 7, 50.

zu einem einseitigen „Rosinenpicken" führen, sondern erfordert letzten Endes, dass auch die Beschränkungen der zivilprozessualen Rechtsinstitute im Schiedsverfahren Anwendung finden. Zu berücksichtigen ist auch, dass den Parteien, sollten nach ihrer Auffassung die Streitfrage nicht sachgerecht durch das staatliche Gericht geklärt worden sein, gegen diese Entscheidung stets der staatliche Instanzenzug verbleibt. Zudem können im Rahmen der Privatautonomie von der Entscheidung eines staatlichen Gerichts abweichende (vertragliche) Absprachen hinsichtlich der festgestellten Rechtsfolgen getroffen werden.[460] Dies kommt einer faktischen – nicht jedoch tatsächlichen – Aufhebung der Rechtskraft gleich. Es besteht damit letztlich kein Bedürfnis für die Abbedingung und den Verzicht auf die Rechtskraft eines staatlichen Urteils. Die Rechtskraft bleibt von etwaigen Parteivereinbarungen daher unberührt, auch im Schiedsverfahren.

2. *Disponibilität eines rechtskräftigen Schiedsspruchs*

Auch für den Schiedsspruch ist umstritten, ob die am Schiedsverfahren beteiligten Parteien den Schiedsspruch einvernehmlich als nicht existent behandeln und durch Parteivereinbarung wieder beseitigen können. Die (noch) herrschende Meinung bejaht die Disponibilität der Rechtskraft eines Schiedsspruchs[461], nach anderer Ansicht ist diese abzulehnen.[462] Selbst wenn die Rechtskraft des Schiedsspruchs mit der herrschenden Meinung jedoch zur Disposition der Parteien stehen würde, könnte dies den Kompetenzkonflikt nicht lösen: Die Abbedingung der Rechtskraft eines Schiedsspruchs setzt stets den übereinstimmenden Willen der am Rechtsstreit beteiligten Parteien voraus – und indirekt auch die Unzufriedenheit beider Parteien mit der schiedsgerichtlichen Entscheidung. Der Kompetenzkonflikt zwischen staatlichen Gerichten und Schiedsgerichten ist jedoch

---

460 Vgl. Fn. 455.

461 Beispielhaft BGH Beschl. v. 01.03.2007 – III ZB 7/06, BGHZ 171, 245 [juris Rn. 19] (obiter dictum); OLG Stuttgart Beschl. v. 20.12.2001 – 1 Sch 13/01, OLGR Stuttgart 2002, 166 [juris Rn. 12] (obiter dictum); OLG Bremen Urt. v. 14.12.1956 – 1 U 369/55, NJW 1957, 1035, 1036; Thomas/Putzo/*Seiler*, § 1055 Rn. 2; AiG/*von Schlabrendorff/Sessler*, § 1055 Rn. 24; BeckOK-ZPO/*Wilske/Markert*, § 1055 Rn. 4 a.E.; *Wagner*, Prozessverträge, S. 715 f.; MüKoZPO/*Münch*, § 1055 Rn. 28 f.; Stein/Jonas/*Schlosser*, § 1055 Rn. 8.

462 *Schwab/Walter*, Schiedsgerichtsbarkeit, Kap. 21 Rn. 7; Musielak/*Voit*, § 1055 Rn. 6; *Spohnheimer*, Gestaltungsfreiheit bei antezipiertem Legalanerkenntnis des Schiedsspruchs, S. 24; *Bosch*, Rechtskraft und Rechtshängigkeit im Schiedsverfahren, S. 84; *Gaul*, FS Sandrock (2000), 285, 323 f.; *Loritz*, ZZP 105 (1992), 1, 13; *Lindacher* KTS 1966, 153, 157.

geprägt durch das wechselseitige Bestreiten der Zuständigkeit des staatlichen Gerichts bzw. des Schiedsgerichts. Die Partei, zu deren Gunsten das Schiedsgericht über seine Zuständigkeit entschieden hat, wird sich daher regelmäßig gerade nicht damit einverstanden erklären, die Zuständigkeitsfrage erneut von einem staatlichen Gericht klären zu lassen. Die Fälle, in denen die Disponibilität der Rechtskraft eines Schiedsspruchs beim Kompetenzkonflikt im Raum steht, sind demnach auf ein theoretisches Minimum begrenzt, sodass die grundsätzliche Frage nach der Disponibilität eines rechtskräftigen Schiedsspruchs vernachlässigt werden kann.[463]

Ebenso verhält es sich mit der Frage, ob die materielle Rechtskraft eines Schiedsspruchs nur auf Einrede[464] oder bereits von Amts wegen[465] zu

463 Für die Abdingbarkeit des Schiedsspruchs streiten gewöhnlich die ein Einredeerfordernis der Rechtskraft des Schiedsspruchs bejahenden Vertreter. Allerdings befürworten die Möglichkeit der Abdingbarkeit des Schiedsspruchs und die Beachtung von Amts wegen: *Rosenberg/Schwab/Gottwald*, Zivilprozessrecht, § 180 Rn. 33; Zöller/*Geimer*, § 1055 Rn. 10.
Vormals auch Stein/Jonas/*Schlosser*, 20. Aufl., § 1040 Rn. 6, der diese Differenzierung jedoch ausdrücklich aufgegeben hat, da es den „allgemeinen Strukturen unseres Prozessrechts entspricht […], die Einredeobliegenheit an die Disponibilität einer Rechtslage zu koppeln", zuletzt Stein/Jonas/*Schlosser*, 23. Aufl., § 1055 Rn. 8. Ähnlich, unter Berufung auf den Justizgewährungsanspruch: *Homfeldt*, Die Beachtung der Rechtskraft im Zivilprozess von Amts wegen, S. 83: „Die Rechtskraft des Schiedsspruchs findet nicht nur auf Einrede Beachtung, sondern wird im Normalfall von Amts wegen berücksichtigt, es sei denn, beide Parteien erklären übereinstimmend den Verzicht darauf."

464 Herrschende Meinung, vgl. aus der Rechtsprechung: BGH Urt. v. 11.04.1958 – VIII ZR 190/57, NJW 1958, 950 (obiter dictum); OLG Stuttgart Beschl. v. 20.12.2001 – 1 Sch 13/01, OLGR Stuttgart 2002, 166 [juris Rn. 12] (obiter dictum); OLG Bremen Urt. v. 14.12.1956 – 1 U 369/55, NJW 1957, 1035, 1036; BayObLG Beschl. v. 24.02.1984 – BReg 3 Z 197/83, MDR 1984, 496.
Aus der Literatur: MüKoZPO/*Münch*, § 1055 Rn. 12 f.; Stein/Jonas/*Schlosser*, § 1055 Rn. 8; BeckOK-ZPO/*Wilske/Markert*, § 1055 Rn. 4; *Wieczorek/Schütze/Büscher* § 322 Rn. 26; *Lachmann*, Handbuch für die Schiedsgerichtspraxis, Rn. 1785; B/L/A/H/G/*Anders*, § 1055 Rn. 4; Hk-ZPO/*Saenger*, § 1055 Rn. 3; Thomas/Putzo/*Seiler*, § 1055 Rn. 2; *Raeschke-Kessler/Berger*, Recht und Praxis des Schiedsverfahrens, Rn. 882; *Schmidt*, Die Typologie von Schiedssprüchen, S. 85 f.; *Lühmann*, Die Rechtskraft des Schiedsspruchs, S. 188–198; *Triebel/Coenen*, BB Beilage 2003, Nr. 5, 2, 5.

465 *Schwab/Walter*, Schiedsgerichtsbarkeit, Kap. 21 Rn. 6; Musielak/*Voit*, § 1055 Rn. 5; *Bosch*, Rechtskraft und Rechtshängigkeit im Schiedsverfahren, S. 78–82; *Spohnheimer*, Gestaltungsfreiheit bei antezipiertem Legalanerkenntnis des Schiedsspruchs, S. 22–24; *Rosenberg/Schwab/Gottwald*, Zivilprozessrecht, § 180 Rn. 33; *Loritz*, ZZP 105 (1992),

berücksichtigen ist. Diese Thematik ist eng mit dem Streit um die Disponibilität des Schiedsspruchs verknüpft.[466] Während eine von Amts wegen zu berücksichtigende Tatsache unabhängig von einer Rüge der Parteien bei Kenntnis des Gerichts in jeder Lage des Verfahrens zu beachten ist[467], erlangt eine lediglich auf Einrede zu berücksichtigende Tatsache nur dann prozessual Bedeutung, wenn eine Partei diese ausdrücklich im Prozess geltend macht.[468] Da das Schiedsverfahren vom Geheimhaltungsgrundsatz geprägt ist und Schiedssprüche in der Regel unveröffentlicht bleiben, ist das staatliche Gericht in der Praxis somit auf entsprechende Hinweise der Parteien angewiesen, um überhaupt Kenntnis von einem rechtskräftigen Schiedsspruch zu erlangen.[469] Für der Frage der prozessualen Berücksichtigung der materiellen Rechtskraft eines Schiedsspruchs wird eine Differenzierung zwischen einer Prüfung von Amts wegen oder auf Einrede daher nur evident, wenn das Vorliegen eines rechtskräftigen Schiedsspruchs von den Parteien zwar vorgetragen wird, aber aus diesem ausdrücklich keine Rechte für das anhängige ordentliche Verfahren geltend gemacht werden, d.h. die Parteien sich nicht auf die Rechtskraft berufen.[470] Im Kompetenzkonflikt ist es jedoch höchst unwahrscheinlich, dass die um die Zuständigkeit des „richtigen" Spruchkörpers streitenden Parteien, eine Entscheidung des Schiedsgerichts in das Verfahren einbringen, sich aber nicht ausdrücklich oder konkludent auf die Rechtskraft dieser Entscheidung berufen. Für die Problematik des

---

1, 7–11; *Gaul*, FS Sandrock (2000), 285, 320 ff.; *Gaul*, FS Leipold (2009), 881, 898; *Hilbig*, SchiedsVZ 2009, 247, 257.

Siehe aus der älteren Literatur auch *Neef*, Die Rechtskraft des Schiedsspruchs, S. 71–73, der den Schiedsspruch seinem Wesen nach zwar nicht als Staatsakt einordnet, der Wirkung des Schiedsspruchs jedoch über die Anordnung der Rechtskraft in § 1040 ZPO a.F. gleichwohl öffentlich-rechtliche Natur zuspricht. Durch die Rechtskraft werden Rechtsgewissheit und Rechtsfrieden hergestellt, deren Wahrung im Interesse des Staates liege, was eine Berücksichtigung von Amts wegen notwendig mache. Ähnlich auch *Beitzke*, ZZP 60 (1936/1937), 317, 319 f. u. *Habscheid*, KTS 1957, 161, 164 f.

466 Diese Verknüpfung zeigt bereits *Habscheid*, KTS 1957, 161, 164. Eine getrennte Diskussion findet sich hingegen bei *Neef*, Die Rechtskraft des Schiedsspruchs, S. 70 ff. (Geltendmachung der Rechtskraft) und S. 81 ff. (Dispositive Natur der Rechtskraft).

467 MüKoZPO/*Lindacher*, § 56 Rn. 2; *Bosch*, Rechtskraft und Rechtshängigkeit im Schiedsverfahren, S. 76; *Lühmann*, Die Rechtskraft des Schiedsspruchs, S. 185; *Pohl*, Doppelte Rechtshängigkeit im schiedsgerichtlichen Verfahren, S. 91 f.

468 Allgemein zur Einrede *Rosenberg/Schwab/Gottwald*, Zivilprozessrecht, § 102 Rn. 5 f.

469 *Bosch*, Rechtskraft und Rechtshängigkeit im Schiedsverfahren, S. 76; *Lühmann*, Die Rechtskraft des Schiedsspruchs, S. 185.

470 *Bosch*, Rechtskraft und Rechtshängigkeit im Schiedsverfahren, S. 76.

Kompetenzkonflikts ist die Frage, ob die Rechtskraft eines Schiedsspruchs nur auf Einrede oder bereits von Amts wegen zu berücksichtigen ist, daher nicht relevant.

B. Sukzessive Verfahren aus Sicht des Schiedsrichters

Ein Schiedsgericht kann mit der Frage nach der Wirksamkeit einer Schiedsvereinbarung im Rahmen des Kompetenzkonflikts in unterschiedlichen Konstellationen befasst sein, beispielsweise, wenn bei Einleitung des Schiedsverfahrens bereits die Zulässigkeit oder Unzulässigkeit des schiedsrichterlichen Verfahrens gerichtlich festgestellt wurde (§ 1032 Abs. 2 ZPO) oder ein Gericht über eine Schiedseinrede und die Kompetenz des Schiedsgerichts bereits im Hauptsacheverfahren entschieden hat (§ 1032 Abs. 1 ZPO).

I. Zuständigkeitsentscheidung im Rahmen von § 1032 Abs. 1 ZPO

Wird die Zuständigkeit des staatlichen Gerichts mit Erhebung der Schiedseinrede bestritten, hat das Gericht nach der Regelung in § 1032 Abs. 1 ZPO die Klage als unzulässig abzuweisen, wenn eine wirksame Schiedsvereinbarung vorliegt. Ist die geltend gemachte Schiedsvereinbarung hingegen unwirksam, kann das Gericht nach seinem Ermessen ein Zwischenurteil gem. § 280 ZPO[471] erlassen oder im Sachurteil seine Gründe für die Zulässigkeit der Klage darlegen.[472] Eine Entscheidung durch Sach- oder Zwischenurteil kommt naturgemäß nur in Betracht, wenn der Richter die Schiedseinrede für unbegründet und sich selbst für entscheidungsbefugt erachtet. Sach- und Zwischenurteil stellen inzident bzw. ausdrücklich die staatliche Entscheidungszuständigkeit fest und enthalten implizit die Aussage, dass die geltend gemachte Schiedseinrede mangels wirksamer Schiedsvereinbarung nicht statthaft und ein schiedsrichterliches Verfahren unzulässig ist. Kommt es nachfolgend zu einer identischen Klage vor dem Schiedsgericht, stellt sich für die Schiedsrichter die Frage, ob das staatliche Gericht mit der Entscheidung über die Zulässigkeit

471 Über die Zulässigkeit der Klage insgesamt aber auch über das Vorliegen von einzelnen Sachurteilsvoraussetzungen entscheidet das Gericht durch das gegenüber § 303 ZPO speziellere Zwischenurteil nach § 280 ZPO. Vgl. BGH Beschl. v. 16.06.2005 – IX ZR 219/03, BeckRS 2005, 8451 [juris Rn. 1].

472 Allgem. Meinung: BGH Urt. v. 23.05.1985 – III RZ 57/84, NJW-RR 1986, 61, 62 [juris Rn. 21 mit Rn. 28]; MüKoZPO/*Prütting*, § 280 Rn. 3 u. MüKoZPO/*Münch*, § 1032 Rn. 21; Hk-ZPO/*Saenger*, § 280 Rn. 2; Zöller/*Geimer*, § 1032 Rn. 15; *Lachmann*, Handbuch für die Schiedsgerichtspraxis, Rn. 651; AiG/*Huber/Bach*, § 1032 Rn. 29–31.

der Klage im Rahmen der Einredesituation bindend über die Wirksamkeit der Schiedsvereinbarung und damit auch über die Zuständigkeit des staatlichen Gerichts bzw. inzident über die Unzuständigkeit des Schiedsgerichts entschieden hat.

1. Inzidente Abweisung der Schiedseinrede im Urteil zu Hauptsache

Stellt das Gericht durch den Erlass eines Sachurteils inzident die Unwirksamkeit der Schiedsvereinbarung fest, ist fraglich, welche Wirkungen dieser inzidenten Feststellung im Hinblick auf ein weiteres Schiedsverfahren zukommt.

a) Praktische Relevanz

Für die Beurteilung der Bindungswirkung der gerichtlichen Entscheidung ist beim Kompetenzkonflikt zu berücksichtigen, dass im Hinblick auf ein Schiedsverfahren mit demselben prozessualen Anspruch in der Hauptsache, die Rechtskraft des Sachurteils unproblematisch einer zweiten Entscheidung durch ein Schiedsgericht entgegensteht. Die Entscheidung über den prozessualen Anspruch bildet den Tenor des Urteils und erwächst in Rechtskraft.[473] Zwar stellt sich auch in diesem Fall die Frage, ob das Schiedsgericht überhaupt noch seine Zuständigkeit bejahen darf oder die Schiedsklage bereits mangels Unzuständigkeit als unzulässig abweisen muss. Selbst wenn man aber nicht davon ausginge, dass dem Sachurteil Aussagen über die Unwirksamkeit der Schiedsvereinbarung zu entnehmen sind, käme das Schiedsgericht in diesem Fall nicht umhin, eine Entscheidung in der Sache aufgrund der Rechtskraft des staatlichen Gerichtsurteils abzulehnen, auch wenn es unter Umständen nach eigener Zuständigkeitsprüfung die Wirksamkeit der Schiedsvereinbarung bejahen würde. In dieser Konstellation werden Parallelverfahren bereits durch die Rechtskraft des Sachurteils unterbunden, ohne dass es einer gesonderten Bindungswirkung der inzidenten Zuständigkeitsentscheidung bedarf.

Praktische Bedeutung kommt der Bindung des Schiedsgerichts an die inzidente Feststellung der Unwirksamkeit der Schiedsvereinbarung daher nur dann zu, wenn eine Partei vor dem Schiedsgericht eine Klage erhebt, der andere, im vorherigen Prozess vor dem ordentlichen Gericht nicht streitgegenständliche Ansprüche zugrunde liegen und die vom staatlichen Gericht für unwirksam befundene Schiedsvereinbarung auch diese Ansprüche umfasst.[474] Dies wäre

---

473 Vgl. Gliederungspunkt § 6.A.II.198 u. § 6.A.II.3, S. 135.

474 Wenn sich der Mangel der Schiedsvereinbarung in dem Fehlen allgemeiner Wirksamkeitsvoraussetzungen äußert, weil beispielsweise nach den allgemeinen Regeln des BGB ein Mangel beim Vertragsschluss besteht oder die Schiedsvereinbarung

beispielsweise der Fall, wenn eine Partei vor dem staatlichen Gericht die negative Feststellung begehrt, dass ein vertraglicher Erfüllungsanspruch gegen den Beklagten nicht besteht. Die erhobene Schiedseinrede der beklagten Partei ist nach Auffassung des Gerichts mangels wirksamer Schiedsvereinbarung unstatthaft, sodass ein Urteil in der Sache selbst ergeht. Im Anschluss erhebt die beklagte Partei gegen die klagende Partei des staatlichen Verfahrens Klage vor dem Schiedsgericht auf Schadensersatz aus deliktischen Ansprüchen – auf Grundlage derselben Schiedsvereinbarung. Der jetzige Schiedsbeklagte rügt wiederum die Unzuständigkeit des Schiedsgerichts, sodass die Frage nach der Reichweite und Rechtskraft der im Sachurteil enthaltenen inzidenten Unwirksamkeitserklärung der Schiedsvereinbarung für das Schiedsverfahren relevant wird. Die Rechtskraft des Sachurteils erstreckt sich in diesem Fall nur auf den Streitgegenstand des ordentlichen Gerichtsverfahrens (negative Feststellung, dass ein bestimmter Anspruch nicht besteht) und nicht auf den vor dem Schiedsgericht geltend gemachten Streitgegenstand (deliktische Schadensersatzansprüche). Das rechtskräftige Urteil steht daher nicht generell einer Entscheidung des Schiedsgerichts entgegen. In diesem Zusammenhang ist von Bedeutung, ob das Sachurteil des Gerichts rechtskräftige Ausführungen über die Unzuständigkeit des Schiedsgerichts enthält. Nur bei Erstreckung der Rechtskraft auf die Annahme, dass die Schiedsvereinbarung unwirksam ist, kann sichergestellt werden, dass sich das Schiedsgericht nicht entgegen der Entscheidung des staatlichen Gerichts für zuständig erklärt.

b) Rechtskraft- und Bindungswirkung

Nach allgemeiner Auffassung in der Literatur steht die materielle Rechtskraft des die Zulässigkeit des Schiedsverfahren inzident ablehnenden Sachurteils einer weiteren Entscheidung des Rechts- bzw. Kompetenzstreits durch ein Schiedsgericht entgegen.[475] Saenger beispielsweise geht von einer Bindung des Schiedsgerichts aus, wenn das Gericht rechtskräftig die Nichtigkeit, Unwirksamkeit oder Undurchführbarkeit der Schiedsvereinbarung feststellt.[476] Voit führt lediglich

---

angefochten wurde. Greift die Schiedseinrede hingegen deshalb nicht, weil die Schiedseinrede den geltend gemachten Anspruch nicht umfasst, kann das auch keine Bindungswirkung für ein Schiedsgericht haben, dem zwar dieselbe Schiedsvereinbarung vorgelegt wird, aber im Hinblick auf einen ganz anderen Streitgegenstand.

475 Zöller/*Geimer*, § 1032 Rn. 14; Musielak/*Voit*, § 1032 Rn. 9; B/L/A/H/G/*Anders*, § 1032 Rn. 8; *Huber*, SchiedsVZ 2003, 73, 74; *Haas*, FS Rechberger (2005), 187, 202; AiG/*Huber/Bach*, § 1032 Rn. 32; *Illmer*, Der Arglisteinwand, S. 107.

476 Hk-ZPO/*Saenger*, § 1032 Rn. 11.

aus, dass die staatliche Entscheidung über die Abweisung der Schiedseinrede einer Entscheidung des Schiedsgerichts entgegensteht.[477] LACHMANN formuliert hingegen: „Nimmt das Schiedsgericht entgegen der Entscheidung des staatlichen Gerichts seine Zuständigkeit an, ist der entsprechende Zwischenentscheid oder Schiedsspruch rechtswidrig."[478] Auf welcher Grundlage eine Bindung des Schiedsgerichts angenommen wird, bleibt jedoch regelmäßig offen.[479] Eine Bindung des Schiedsgerichts aus den Grundsätzen der ne-bis-in-idem-Lehre abzuleiten ist problematisch, da Gegenstand der materiellen Rechtskraft nach § 322 ZPO grundsätzlich nur der Tenor der Entscheidung ist, nicht hingegen die der Entscheidung zugrunde gelegten Tatsachen oder die etwaige Beurteilung präjudizieller Rechtsverhältnisse.[480] Erfasst die Rechtskraft aber nur die Entscheidung über den erhobenen Anspruch und nicht die das Entscheidungsdispositiv tragenden Gründe, bleiben Zulässigkeitserwägungen hinsichtlich der Klage von der Rechtskraft unberührt. Für den Fall der abgewiesenen Schiedseinrede können Auffassungen des Gerichts zur Wirksamkeit der Schiedsvereinbarung daher grundsätzlich nicht in Rechtskraft erwachsen, da diese lediglich – als präjudizielle Vorfrage zur Zulässigkeit der Klage vor dem staatlichen Gericht – in den Gründen des Urteils wiedergegeben werden.[481] Das Schiedsgericht wäre danach nicht an die durch das staatliche Gericht inzident festgestellte Unwirksamkeit der Schiedsvereinbarung gebunden und könnte vielmehr selbstständig über die Zulässigkeit des Schiedsverfahrens entscheiden. Selbst wenn man einem Endurteil die materiell rechtskräftige Feststellung der Zulässigkeit der zu entscheidenden Klage zuschreiben würde[482], könnte eine solche Feststellung für die vorliegende Konstellation keine Bindung des Schiedsrichters im Rahmen der Zuständigkeitsfrage bewirken. Das Sachurteil würde lediglich rechtskräftig feststellen, dass die Klage zulässig ist. Die der Zulässigkeitsentscheidung zugrundeliegende Prüfung der Wirksamkeitserfordernisse der Schiedsvereinbarung oder

---

477 Musielak/*Voit*, § 1032 Rn. 9; AiG/*Huber/Bach*, § 1032 Rn. 32.

478 *Lachmann*, Handbuch für die Schiedsgerichtspraxis, Rn. 654.

479 Stein/Jonas/*Schlosser*, § 1032 Rn. 34 u. 45; *Perret*, ASA Special Series No. 15 (2001), 65, 76 lehnen aber beispielsweise die Rechtkraft der Entscheidung über die Unwirksamkeit der Schiedsvereinbarung ab.

480 Vgl. BGH Urt. v. 26.06.2003 – I ZR 269/99, NJW 2003, 3058, 3059 [juris Rn. 22] sowie Gliederungspunkt § 6.A.II.1, S. 130.

481 Vgl. Stein/Jonas/*Schlosser* ZPO, § 1032 Rn. 34; *Triebel/Coenen*, BB Beilage 2003, Nr. 5, 2, 7.

482 Streitig, siehe Stein/Jonas/*Althammer*, § 322 Rn. 134 (bejahend); MüKoZPO/*Gottwald*, § 322 Rn. 171 (verneinend).

etwaige andere Zulässigkeitserwägungen wären von dieser Feststellung jedoch ebenfalls nicht erfasst. Die Rechtskraft des Sachurteils würde sich nach der Regelung in § 322 Abs. 1 ZPO konsequenterweise auf die Feststellung der Zulässigkeit der Klage beschränken und nicht die inzidente Entscheidung zur Wirksamkeit der Schiedsvereinbarung erfassen.

Dass eine Bindung der Schiedsrichter einen solchen (positiven) Kompetenzkonflikt grundsätzlich effektiv vermeiden würde, ist offensichtlich. Nach den Grundsätzen der materiellen Rechtskraft i.S.v. § 322 ZPO lässt sich eine Bindung des Schiedsrichters an die inzidente Entscheidung zur Zulässigkeit des Schiedsverfahrens im Rahmen der Einredesituation jedoch nicht begründen. Zweckmäßigkeitserwägungen sprechen gleichwohl für eine Bindungswirkung: Hielte man eine Bindung des Schiedsgerichts für nicht existent, wäre die beklagte Partei im Schiedsverfahren bei einem positiven – und damit dem Urteil des staatlichen Gerichts widersprechenden – Zwischenentscheid des Schiedsgerichts oder Schiedsspruchs in der Sache gezwungen, den Zwischenentscheid gem. § 1040 Abs. 3 S. 2 ZPO bzw. den Schiedsspruch nach § 1059 Abs. 2 Nr. 1a ZPO anzufechten.[483] Das zuständige Oberlandesgericht wäre an die eine Schiedseinrede als unbegründet zurückweisende Auffassung des vorherigen Gerichts gebunden.[484] Der schiedsbeklagten Partei die Rügepflicht und erneute Überprüfung der Zuständigkeit des Schiedsgerichts durch Anfechtungsantrag aufzuerlegen, würde sich daher als überflüssiges und formales Prozedere erweisen. Eine Bindung des Schiedsgerichts realisiert zudem die vom Gesetzgeber in § 1040 Abs. 3 S. 2 ZPO bestimmte Letztentscheidungsbefugnis der staatlichen Gerichte über schiedsgerichtliche Zuständigkeitsfragen und minimiert so sachgerecht die Gefahr einander widersprechender Entscheidungen. Zu einer solchen weitergehenden Bindungswirkung in diesem Fall tendiert wohl auch der BGH. Er lässt zwar eine klare Stellungnahme zu dieser Problematik vermissen, deutet aber an, dass eine entsprechende Bindungswirkung „eine sichere Abgrenzung zwischen staatlicher und schiedsgerichtlicher Zuständigkeit schaffen würde."[485] Jedoch ist im Hinblick auf die praktische Relevanz auch zu bedenken, dass in den praktisch bedeutsamen Konstellationen auch ohne konstruierte Bindung an die staatliche Entscheidung über die Schiedseinrede im Ergebnis keine widersprechenden Entscheidungen produziert werden. Zwar könnte sich im oben genannten Fallbeispiel das Schiedsgericht entgegen der Auffassung des staatlichen Gerichts

---

483 Vgl. auch *Triebel/Coenen*, BB Beilage 2003, Nr. 5, 2, 7.
484 Vgl. Stein/Jonas/*Schlosser*, § 1032 Rn. 45.
485 BGH Beschl. v. 18.06.2014 – III ZB 89/13, SchiedsVZ 2014, 254, 256 [Rn. 18].

für zuständig erklären, sodass im Ergebnis divergierende Kompetenzentscheidungen bestünden. Den Verfahren liegen aber unterschiedliche Streitgegenstände zugrunde, weshalb einander widersprechende Entscheidungen in der Sache ausbleiben. Einer erneuten Beurteilung der zweiten Streitsache von einem staatlichen Gericht steht dann wiederum die Rechtskraft dieser schiedsgerichtlichen Sachentscheidung entgegen. Freilich erscheint es seltsam, dass aufgrund abweichender Interpretationen derselben Schiedsvereinbarung unterschiedliche Spruchkörper ihre Zuständigkeit bejahen können. Solange jedoch kein Konflikt dieser Entscheidungen in der Sache droht, besteht auch keine Beeinträchtigung der Rechtssicherheit und des Rechtsfriedens. Letztendlich ist die Möglichkeit dieses positiven Kompetenzkonflikts daher hinnehmbar.

Im Ergebnis steht somit bei identischen Streitgegenständen die Rechtskraft des vorherigen Sachurteils einer erneuten Entscheidung ohnehin entgegen, sodass eine Bindung direkt an die staatliche Zuständigkeitsentscheidung folgerichtige Konsequenz ist. Bei divergierenden Streitgegenständen, die unter dieselbe Schiedsvereinbarung fallen, fehlt eine Rechtskraft mangels gerichtlicher Entscheidung über den geltend gemachten Anspruch, sodass mehrere Sachentscheide nicht miteinander kollidieren. Die Gefahr einer Entscheidungskollision und die Notwenigkeit einer Schiedsrichterbindung bestehen nicht.

2. *Zwischenurteil gem. § 280 ZPO*

Durch Zwischenurteil i.S.v. § 280 ZPO stellt das Gericht die Zulässigkeit der Klage fest.[486] Bei der Frage nach einer Bindungswirkung gegenüber einem Schiedsgericht ist zu berücksichtigen, dass auf ein die Zulässigkeit der Klage gesondert feststellendes Zwischenurteil stets auch eine Verhandlung zur Hauptsache folgt, die mit einem Endurteil zur Hauptsache endet. Die Frage der Bindung des Schiedsrichters an das Zwischenurteil stellt sich daher nur in dem (kleinen) Zeitfenster, indem das Gericht bereits ein Zwischenurteil über die Zulässigkeit der Klage, nicht aber ein Urteil in der Hauptsache erlassen hat und das Schiedsgericht ein etwaig anhängiges Schiedsverfahren nicht nach § 148 ZPO aussetzt, um die Entscheidung in der Hauptsache abzuwarten.

---

486 BGH Urt. v. 25.11.1987 – IVa ZR 135/86, BGHZ 102, 232, 234 [juris Rn. 9]; BT-Drucks. 7/2729, S. 73 re.Sp.; MüKoZPO/*Prütting*, § 280 Rn. 7 (Feststellungsurteil); Hk-ZPO/*Saenger*, § 280 Rn. 6; B/L/A/H/G/*Anders*, § 280 Rn. 7; Musielak/Voit/*Foerste*, § 280 Rn. 1; PG-ZPO/*Geisler*, § 280 Rn. 9.

a) *Bindungswirkung?*

Soweit ersichtlich, wird in der Literatur hinsichtlich der Bindung des Schiedsrichters an eine Zuständigkeitsentscheidung des staatlichen Gerichts regelmäßig nicht danach differenziert, ob das Gericht über die Schiedseinrede inzident durch Sachurteil oder durch ein Zwischenurteil gem. § 280 ZPO entschieden hat. Der Großteil der Literatur nimmt ohne nähere Begründung an, das Schiedsgericht habe die Entscheidung des staatlichen Gerichts zu beachten und sei daran gebunden, wenn dieses die Einrede der Schiedsvereinbarung im Rahmen der Zulässigkeitsbeurteilung für unbegründet hält.[487] Das Zwischenurteil i.S.v. § 280 ZPO stellt jedoch in der Regel lediglich fest: „Die Klage (oder der ordentliche Rechtsweg) ist zulässig." Sofern das Gericht im Rahmen der Einredesituation des § 1032 Abs. 1 ZPO nicht darüber hinaus feststellt, dass die Einrede der Schiedsvereinbarung unbegründet und die geltend gemachte Schiedsvereinbarung unwirksam ist, enthält die Feststellung über die Zulässigkeit der Klage keine Aussage darüber, dass die der Schiedseinrede zugrunde gelegte Schiedsvereinbarung unwirksam ist. Die Frage nach der Wirksamkeit der Schiedsvereinbarung ist lediglich eine präjudizielle Vorfrage im Rahmen der Zulässigkeit der Klage vor dem staatlichen Gericht[488], sodass die Annahme einer Bindung des Schiedsgerichts an dieses Zwischenurteil problematisch ist.

b) *Rechtskraft und innerprozessuale Bindungswirkung*

Das Zwischenurteil über die Zulässigkeit der Klage ist gem. § 280 Abs. 2 S. 1 ZPO *„in Betreff der Rechtsmittel als Endurteil anzusehen"* und kann im Unterschied zu einem Zwischenurteil nach § 303 ZPO[489] selbstständig angefochten

487 *Illmer*, Der Arglisteinwand, S. 108; Zöller/*Geimer*, § 1032 Rn. 14; Musielak/*Voit*, § 1032 Rn. 9; *Huber*, SchiedsVZ 2003, 73, 74; *Lachmann*, Handbuch für die Schiedsgerichtspraxis, Rn. 651 mit Rn. 652.
Differenzierend aber *Schlosser*, FS Nagel (1987), 352, 359 f., der nicht nur die materielle Rechtskraft des Zwischenurteils bejaht, sondern die Bindung eines nachbefassten Schiedsgerichts an das Zwischenurteil im Umkehrschluss aus der Bindungswirkung eines klageabweisenden Prozessurteils herleitet und ergänzend auf das Verbot des venire contra factum proprium hinweist.

488 Vgl. MüKoZPO/*Münch*, § 1032 Rn. 21 a.E.

489 Das Zwischenurteil nach § 303 ZPO ist als sog. unselbstständiges Zwischenurteil nicht eigenständig überprüfbar, sondern kann nur durch die Anfechtung des später auf Grundlage des Zwischenurteils ergehenden Endurteils zur Nachprüfung gestellt werden. Vgl. z.B. PG-ZPO/*Thole*, § 303 Rn. 1, 8; MüKoZPO/*Musielak*, § 303 Rn. 1. Es erwächst daher auch nicht in formeller Rechtskraft.

werden. Es wird daher nach herrschender Meinung mit Ablauf der Rechtsmittelfristen gem. § 705 ZPO formell rechtskräftig.[490] Hinsichtlich der materiellen Rechtskraft von Zwischenurteilen unterscheidet die herrschende Ansicht allerdings danach, ob das Zwischenurteil – ausnahmsweise – im Verhältnis zu Dritten Rechte und Pflichten endgültig festlegt oder ob es nur zwischen den Parteien ergeht ohne zu dem erhobenen Anspruch Stellung zu beziehen. Im ersten Fall können Zwischenurteile materiell rechtskräftig werden, im letzten nicht.[491] Das Zwischenurteil nach § 280 ZPO stellt jedoch nur die Zulässigkeit der konkreten Klage und ggf. die Unbegründetheit der Schiedseinrede fest. Eine solche prozessuale Zwischenentscheidung für den mit der Klage geltend gemacht Anspruch ergeht jedoch nicht zu dem erhobenen Anspruch selbst[492], sodass das Zwischenurteil auch nicht in materieller Rechtskraft erwächst und auch keine Bindung der Schiedsrichter im Sinne der ne-bis-in-idem-Lehre bewirken kann.

Darüber hinaus kommt dem Zwischenurteil innerprozessuale Bindungswirkung i.S.d. § 318 ZPO zu.[493] Die innerprozessuale Bindungswirkung hat innerhalb einer Instanz ähnliche Bedeutung, wie die materielle Rechtskraft einer Entscheidung für alle nachfolgenden Verfahren vor anderen Gerichten:[494] Das Gericht kann seine im Zwischenurteil getroffene Feststellung zur Zulässigkeit

---

490 BGH Beschl. v. 19.01.2011 – XII ZB 326/10, NJW 2011, 1739 [Rn. 18]; BGH Urt. v. 09.07.2009 – III ZR 46/08, NJW 2009, 3164, [Rn. 19]; Stein/Jonas/*Thole*, § 280 Rn. 33; B/L/A/H/G/*Anders*, § 280 Rn. 8; Musielak/Voit/*Foerste*, § 280 Rn. 7; Hk-ZPO/*Saenger*, § 280 Rn. 10 und (implizit) zur formellen Rechtskraft Rn. 6; Thomas/Putzo/*Reichold*, § 280 Rn. 6; Zöller/*Greger*, § 280 Rn. 8 mit Rn. 9; *Rosenberg/Schwab/Gottwald*, Zivilprozessrecht, § 59 Rn. 36 u. 39.

491 MüKoZPO/*Gottwald*, § 322 Rn. 28 u. 36; PG-ZPO/*Völzmann-Stickelbrock*, § 322 Rn. 10; Hk-ZPO/*Saenger*, § 322 Rn. 6 f.; Thomas/Putzo/*Reichold*, § 322 Rn. 4 i.V.m. Rn. 3; *Rosenberg/Schwab/Gottwald*, Zivilprozessrecht, § 153 Rn. 9; B/L/A/H/G/*Weber*, § 322 Rn. 8 a.E.; Stein/Jonas/*Althammer*, § 322 Rn. 51.
A.A. allerdings *Schlosser*, FS Nagel (1987), 352, 359, der auch ein Zwischenurteil nach § 280 ZPO materielle Rechtskraft zuspricht. Unklar Musielak/Voit/*Foerste*, § 280 Rn. 7 („erlangt es zudem Rechtskraft"); für ein rechtskraftfähiges Zwischenurteil auch *Huber*, SchiedsVZ 2003, 73, 74.

492 Vgl. MüKoZPO/*Gottwald*, § 322 Rn. 28 u. 36; *Rosenberg/Schwab/Gottwald*, Zivilprozessrecht, § 153 Rn. 9; vgl. Stein/Jonas/*Althammer*, § 322 Rn. 51.

493 Hk-ZPO/*Saenger*, § 280 Rn. 10; MüKoZPO/*Prütting*, § 280 Rn. 8; Musielak/Voit/*Foerste*, § 280 Rn. 1 u. Rn. 7; Stein/Jonas/*Thole*, § 280 Rn. 20.

494 Der Unterschied zwischen materieller Rechtskraft und innerprozessualer Bindungswirkung zeigt sich drin, dass letztere bereits mit dem Erlass einer Entscheidung eintritt, die materielle Rechtskraft hingegen formelle Rechtskraft voraussetzt. Zudem kann die Bindung an eine ergangene Entscheidung in einem anderen Verfahren vor

der Klage im weiteren Verfahren nicht mehr abändern oder aufheben und ist an den Inhalt der Entscheidung gebunden.[495] Diese innerprozessuale Bindungswirkung gilt jedoch nicht instanzenübergreifend, sondern begründet lediglich eine Innenbindung des Gerichts, das die Entscheidung selbst gefällt hat.[496] Wegen seiner Funktion als Kontrollinstanz ist ein Rechtsmittelgericht nicht an Entscheidungen unterer Instanzen auf der Grundlage des § 318 ZPO gebunden.[497] Allerdings kann ein Rechtsmittelgericht in seinem Prüfungsrecht hinsichtlich des Zwischenurteils beschränkt sein: Nach den Regelungen der §§ 512, 557 Abs. 2 ZPO kann das Zwischenurteil auch im Wege des Rechtsmittels gegen das spätere Endurteil grundsätzlich nicht mehr überprüft werden, wenn die Rechtsmittelfristen gegen das Zwischenurteil abgelaufen sind und es formell rechtskräftig geworden ist. Das Zwischenurteil bindet dann das Rechtsmittelgericht gem. §§ 512, 557 Abs. 2 ZPO.[498] Eine Ausweitung der innerprozessualen Bindungswirkung i.S.d. § 318 ZPO auf ein nachfolgendes Schiedsverfahren wird hingegen bereits durch § 318 ZPO selbst beschränkt. Wirkt dieser schon nicht innerhalb derselben Gerichtsbarkeit instanzenübergreifend (Kontrollfunktion!), kann eine solche Bindungswirkung erst recht nicht auf die private Schiedsgerichtsbarkeit übertragen werden.

c) *Bindung „sui generis"*

Gleichwohl ist im Verhältnis zur Schiedsgerichtsbarkeit eine Bindung an das Zwischenurteil sinnvoll, um einerseits divergierende Zuständigkeits- oder sogar Sachentscheidungen zu vermeiden und andererseits einem Wertungswiderspruch zwischen gesondert festgestellter Zulässigkeit der Klage in Form eines Zwischenurteils nach § 280 ZPO und einer inzidenten Zuständigkeitsentscheidung durch Urteil in der Hauptsache entgegenzuwirken. Denn an das auf das Zwischenurteil folgende Sachurteil wäre das Schiedsgericht jedenfalls bei identischen Streitgegenständen der Verfahren aufgrund der materiellen

---

einem anderen Gericht nur durch die materielle Rechtskraft herbeigeführt werden. Vgl. *Jauernig*, MDR 1982, 286.

495 PG-ZPO/*Völzmann-Stickelbrock*, § 322 Rn. 4; Stein/Jonas/*Althammer*, § 318 Rn. 1 u. § 322 Rn. 9; BeckOK-ZPO/*Elzer*, § 318 Rn. 2 f.; vgl. auch *Lüke*, JuS 2000, 1042, 1043.

496 Vgl. BeckOK-ZPO/*Elzer*, § 318 Rn. 3.

497 PG-ZPO/*Thole*, § 318 Rn. 9; BeckOK-ZPO/*Elzer*, § 318 Rn. 3; Zöller/*Feskorn*, § 318 Rn. 14; Hk-ZPO/*Saenger*, § 318 Rn. 9.

498 BGH Beschl. v. 19.01.2011 – XII ZB 326/10, NJW 2011, 1739 [Rn. 18]; BGH Urt. v. 09.07.2009 – III ZR 46/08, NJW 2009, 3164, [Rn. 19]; Zöller/*Feskorn*, § 318 Rn. 14; PG-ZPO/*Thole*, § 318 Rn. 9.

Rechtskraftwirkung gebunden.[499] Eine Bindung des Schiedsgerichts an das Zwischenurteil wäre daher nur konsequent, da spätestens die Sachentscheidung materielle Rechtskraft entfaltet und als negative Prozessvoraussetzung einer nachfolgenden Schiedsklage in derselben Sache entgegensteht. Da das Zwischenurteil gem. § 280 die Zulässigkeit einer Klage positiv feststellt und insoweit eine frühzeitige Klärung der Kompetenzfrage ermöglichen will, ist es letztlich mit einer (Zwischen-) Feststellung nach § 256 Abs. 2 ZPO vergleichbar. Die Zwischenfeststellungsklage eröffnet die Möglichkeit, das Bestehen oder Nichtbestehen präjudizieller Rechtsverhältnisse als tragende Entscheidungsgründe, die nach § 322 Abs. 1 ZPO nicht an der materiellen Rechtskraft des Ausspruchs über den mit der Leistungsklage erhobenen Anspruch teilnehmen, materiell rechtskräftig feststellen zu lassen.[500] Das mit der Zwischenfeststellungsklage festzustellende streitige Rechtsverhältnis muss für die Hauptklage vorgreiflich sein, d.h. es muss im Rahmen der Hauptklage ohnehin darüber entschieden werden, ob das Rechtsverhältnis besteht.[501] Diese Vorgreiflichkeit ersetzt das sonst nach § 256 Abs. 1 ZPO erforderliche besondere Feststellungsinteresse.[502] Ähnlich wie bei der Zwischenfeststellungsklage i.S.v. § 256 Abs. 2 ZPO auch, ist Gegenstand der dem Zwischenurteil zugrundeliegenden Entscheidung über die Zulässigkeit der Klage und der Begründetheit der Schiedseinrede ein hierfür präjudizielles (materiellrechtliches) Rechtsverhältnis: die Wirksamkeit oder Unwirksamkeit der von den Parteien geschlossenen Schiedsvereinbarung. Eine materiell rechtskräftige und das Schiedsgericht in seiner Zuständigkeitsentscheidung bindende Feststellung über die Unwirksamkeit der Schiedsvereinbarung wird man der „verdeckten" Feststellung des Zwischenurteils dennoch nicht ableiten können. Dafür fehlt es in der Regel an dem erforderlichen Parteiantrag[503] auf eine entsprechende

---

499 Siehe hierzu die Ausführungen unter § 6.B.I.1, S. 144.

500 Vgl. z.B. BGH Urt. v. 07.03.2013 – VII ZR 223/11, NJW 2013, 1744 [Rn. 19]; BGH Urt. v. 28.09.2006 – VII ZR 247/05, NJW 2007, 82, 83 [Rn. 12]; Stein/Jonas/*Roth*, § 256 Rn. 102; MüKoZPO/*Becker-Eberhard*, 256 Rn. 80; Zöller/*Greger*, § 256 Rn. 21.

501 Ständige Rechtsprechung, vgl. z.B. BGH Urt. v. 17.06.1994 – V ZR 34/92, NJW-RR 1994, 1111 [juris Rn. 13]; BGH Urt. v. 02.07.2007 – II ZR 111/05, NJW 2008, 69 [Rn. 17]; BGH Urt. v. 15.12.2009 – XI ZR 110/09, NJW-RR 2010, 640 [Rn. 19]; siehe auch Zöller/*Greger*, § 256 Rn. 25; Stein/Jonas/*Roth*, § 256 Rn. 104.

502 BGH Urt. v. 17.05.1977 – VI ZR 174/74, BGHZ 69, 37, 42 [juris Rn. 16]; BGH Urt. v. 17.06.1994 – V ZR 34/92, NJW-RR 1994, 1111 [juris Rn. 13]; Stein/Jonas/*Roth*, § 256 Rn. 102 a.E.; Musielak/Voit/*Foerste*, § 256 Rn. 41 f.

503 So ausdrücklich BGH Urt. v. 16.12.2004 – VII ZR 174/03, MDR 2005, 645 [juris Rn. 12, 14].

Zwischenfeststellung.[504] Ohne Antrag des Klägers kann das Gericht keine Zwischenfeststellung über nicht in Rechtskraft erwachsende (präjudizielle) Urteilselemente treffen; ein etwaig ergehendes Teilurteil ist wegen des Verstoßes gegen § 308 Abs. 1 ZPO unzulässig.[505] Ein solcher Antrag kann jedoch nach § 256 Abs. 2 ZPO in jeder Phase des (Hauptklage-) Verfahrens *„bis zum Schluss derjenigen mündlichen Verhandlung, auf die das Urteil ergeht“* gestellt werden, d.h. auch nach der Entscheidung des Gerichts, über die Zulässigkeit der Klage abgesondert zu verhandeln (§ 280 Abs. 1 ZPO), und würde bei einer Entscheidung des Gerichts hierüber dann klare Rechtskraft schaffen. Wird ein solcher Antrag auf Zwischenfeststellung nach § 256 Abs. 2 ZPO gleichwohl nicht gestellt, entfaltet die im Zwischenurteil inzident enthaltene Feststellung der Unwirksamkeit der Schiedsvereinbarung trotzdem Bindungswirkung „sui generis“ gegenüber einem Schiedsgericht, sofern das Zwischenurteil formell rechtskräftig ist. Eine solche Bindungswirkung kommt dem Bedürfnis nach frühzeitiger Rechtssicherheit über die Zuständigkeit des richtigen Gerichts, unabhängig davon, ob die Entscheidung des Gerichts inzident durch Sachurteil oder durch Zwischenurteil nach § 280 ZPO am nächsten. Sie ist auch deshalb sachgerecht, weil das Schiedsgericht ohnehin an die auf das Zwischenurteil folgende Sachentscheidung gebunden wäre. Es wäre lediglich ein für die Parteien mühsames Prozedere, wenn sie einen trotz Zwischenurteil ergehenden positiven Zwischenentscheid des Schiedsgerichts oder einen die Zuständigkeit des Schiedsgerichts inzident bejahenden Schiedsspruch zur Sache in einem anschließenden Anfechtungsverfahren aufheben lassen müssten.

3. *Klageabweisendes Prozessurteil*

Hält das Gericht eine vorgebrachte Schiedseinrede hingegen für statthaft, weist es die Klage mit einem Prozessurteil wegen fehlender Zuständigkeit als unzulässig ab. Erhebt nun eine der Parteien im Anschluss eine Klage mit identischem Streitgegenstand[506] vor einem Schiedsgericht, stellt sich die Frage, ob das

---

504 So wohl auch MüKoZPO/*Münch*, § 1032 Rn. 21 a.E. (Rechtskraftwirkung zum Nichtbestehen der Schiedsvereinbarung fehlt – somit Zwischenfeststellungsklage nötig).

505 BGH Urt. v. 16.12.2004 – VII ZR 174/03, MDR 2005, 645 [juris Rn. 12].

506 Betrifft die Klage hingegen einen anderen Streitgegenstand, kann die Frage nach der Bindung des Prozessurteils und der darin enthaltenen Aussage über die Wirksamkeit der Schiedsvereinbarung für den Schiedsrichter ebenfalls bedeutsam sein, wenn im sukzessiven Schiedsverfahren dieselbe Schiedsvereinbarung zugrunde gelegt wird wie

klageabweisende Prozessurteil eine rechtskräftige und bindende Entscheidung nicht nur zur Unzuständigkeit des Gerichts, sondern auch über die Wirksamkeit und Reichweite der Schiedsvereinbarung und damit zur Zuständigkeit des Schiedsgerichts getroffen hat.

a) Anknüpfungspunkt: Die materielle Rechtskraft des Prozessurteils

Dass Prozessurteile der materiellen Rechtskraft fähig sind, entspricht der ständigen Rechtsprechung und allgemeinen Ansicht: Sie stellen rechtskräftig fest, dass die gerichtliche Verfolgung eines Anspruchs unzulässig ist, weil es an Prozessvoraussetzungen mangelt oder Prozesshindernisse entgegenstehen und entscheiden wie ein Urteil in der Sache auch über den prozessualen Anspruch der Parteien.[507] Die materielle Rechtskraft eines Prozessurteils erstreckt sich auf den konkret behandelten verfahrensrechtlichen Punkt und umfasst die Feststellung, dass die Klage mit dem anhängigen Streitgegenstand unter den gegebenen prozessualen Umständen unzulässig ist.[508] Die Zuständigkeitsfrage ist somit Gegenstand der Prozessentscheidung und bildet den Urteilstenor, welcher die Unzulässigkeit der Klage aufgrund des jeweiligen Zulässigkeitsmangels rechtskräftig feststellt. Anerkanntermaßen ist die Rechtskraftwirkung unter Heranziehung des ausschlaggebenden Entscheidungsgrundes zu bestimmen, sodass auch der konkrete, in den Entscheidungsgründen explizit aufgeführte Unzulässigkeitsgrund in Rechtskraft erwächst.[509]

Prüft das Gericht im Rahmen des § 1032 Abs. 1 ZPO die Schiedseinrede und die Zulässigkeit des Hauptsacheverfahrens, sind für die Zulässigkeit der Klage

---

im staatlichen Verfahren. In diesem Fall verlagert sich die Frage nach einer Bindungswirkung auf die Wirksamkeitsvoraussetzungen der Schiedsvereinbarung (nicht deren Reichweite), die vom Gericht durch das Prozessurteil inzident ausgesprochen wurden.

507 Z.B. BGH Urt. v. 06.03.1985 – IVb ZR 76/83, NJW 1985, 2535 [juris Rn. 9 f.]; BGH Beschl. v. 17.01.2007 – XII ZB 134/03, NJW-RR 2007, 578, 579 [juris Rn. 13]; Stein/Jonas/*Althammer*, § 322 Rn. 55 mit Fn. 78; rechtsvergleichend: *Habscheid*, FS Nakamura (1996), 203.

508 BGH Urt. v. 06.03.1985 – IVb ZR 76/83, NJW 1985, 2535 [juris Rn. 9]; OLG Brandenburg Urt. v. 07.07.1999 – 13 U 61/99, NJW-RR 2000, 1735, 1736 [juris Rn. 18]; OLG München Beschl. v. 09.10.2013 – 34 SchH 6/13, [Rn. 33] (zit. nach juris); OLG Brandenburg Urt. v. 08.07.2014 – 6 U 196/ 12, [Rn. 87] (zit. nach juris).

509 Speziell für das klageabweisende Urteil: BGH Urt. v. 24.06.1993 – III ZR 43/92, NJW 1993, 3204, 3205 [Rn. 16]; BGH Urt. v. 06.03.1985 – IVb ZR 76/83, NJW 1985, 2535 [juris Rn. 8]; LAG Hessen, Urt. v. 12.09.2014 – 14 SA 138/14, BeckRS 2015, 70676 [Rn. 49]; Zöller/*Vollkommer*, § 322 Rn. 1a; PG-ZPO/*Völzmann-Stickelbrock*, § 322 Rn. 29.

die Wirksamkeit und die Reichweite der Schiedsvereinbarung maßgeblich. Sollte das Gericht die Klage aufgrund dieser Faktoren als unzulässig abweisen, steht die Rechtskraftwirkung gegenüber staatlichen Gerichten unproblematisch fest: Die rechtskräftige Aussage des Prozessurteils spricht – unter Heranziehung des konkreten Unzulässigkeitsgrundes – die Unzulässigkeit der Klage wegen fehlender Zuständigkeit der staatlichen Gerichtsbarkeit aus. Innerhalb der staatlichen Gerichtsbarkeit kann nach den Grundsätzen der materiellen Rechtskraft des Prozessurteils nicht erneut geklagt werden, es sei denn, die maßgeblichen Umstände, die dieser Beurteilung zugrunde liegen – in diesem Fall die Wirksamkeit der Schiedsvereinbarung[510] – haben sich geändert.[511]

b) *Reichweite der Rechtskraft im Schiedsverfahren*

Eine Bindung des Schiedsgerichts an die dem Prozessurteil zu entnehmende Auffassung des Gerichts, die zugrunde gelegte Schiedsvereinbarung sei wirksam, würde die Möglichkeit eines negativen Kompetenzkonflikts zwischen staatlichem Gericht und Schiedsgericht ausschließen: Eine eigenständige Kompetenzprüfung der Schiedsrichter würde entfallen. Auf Grundlage des Prozessurteils hätten sie ihre Zuständigkeit zu bejahen; wegen der Rechtskraftwirkung wäre die Rüge der Unzuständigkeit des Schiedsgerichts ausgeschlossen. Das Prozessurteil spricht jedoch die Unzuständigkeit der staatlichen Gerichte aus, nicht hingegen die Zuständigkeit des Schiedsgerichts. Die Prüfung der Wirksamkeit und Reichweite der Schiedsvereinbarung bildet lediglich den Ausgangspunkt für die Statthaftigkeitsprüfung der Schiedseinrede. Diese materiell-rechtliche Vorprüfung ist wegen der Derogativwirkung der wirksamen Schiedsvereinbarung Grundlage für die konkrete Klageabweisung. Zwar ist die Rechtskraft des klageabweisenden Urteils unter Berücksichtigung der Entscheidungsgründe zu ermitteln, materiell-rechtliche (Vor-) Fragen, aus denen sich im Rahmen der

510 Wenn die Schiedsvereinbarung z.B. weggefallen ist, geändert oder aufgehoben wurde; vgl. B/L/A/H/G/*Weber*, § 322 Rn. 60.

511 Wird der prozessuale Mangel, der zur Unzulässigkeit der Klage geführt hat, behoben, steht die Rechtskraft des Prozessurteils einer erneuten Klage nicht mehr entgegen: Musielak/Voit/*Musielak*, § 322 Rn. 44; OLG Brandenburg Urt. v. 07.07.1999 – 13 U 61/99, NJW-RR 2000, 1735, 1736 [juris Rn. 18].
Auch steht die Rechtskraft der Klageabweisung (z.B. wegen mangelnder sachlicher oder örtlicher Zuständigkeit oder des falschen Rechtswegs) nicht grundsätzlich einer Wiederholung der Klage vor einem anderen, zuständigen Gericht entgegen. Das Prozessurteil vermag es also nicht, den Weg zu einer materiell-rechtlichen Sachentscheidung generell zu versperren. Siehe dazu *Habscheid*, FS Nakamura (1996), 203, 208 f.

Prozessentscheidung der Unzulässigkeitsgrund ableiten lässt, erwachsen allerdings nicht in Rechtskraft und haben darüber hinaus auch keine präjudizielle Bedeutung.[512] Vor diesem Hintergrund ist nicht abschließend geklärt, ob ein Prozessurteil die Schiedsrichter bindende Aussagen zur Wirksamkeit und Reichweite der Schiedsvereinbarung enthält.

aa) Rechtsprechung

Mit der Frage nach der Rechtskrafterstreckung des klageabweisenden Prozessurteils und der Bindungswirkung für ein Schiedsverfahren befasste sich bereits das Reichsgericht in einem Urteil aus dem Jahr 1897[513] ausführlich. Das Gericht hatte darüber zu entscheiden, inwieweit ein Prozessurteil bindende Aussagen über die Wirksamkeit der Schiedsvereinbarung trifft, wenn der Beklagte des Schiedsverfahrens die Zuständigkeit des Schiedsgerichts im Vollsteckbarerklärungsverfahren vor dem staatlichen Gericht rügt, nachdem er bereits im Hauptsacheverfahren die Schiedseinrede erhoben und das Gericht die Klage wegen des Bestehens einer Schiedsvereinbarung mangels Sachzuständigkeit abgewiesen hat. Zwar betrifft dieser Fall originär die Frage nach einer Bindung des staatlichen Gerichts im Vollstreckbarerklärungsverfahren an eine vorherige Hauptsachentscheidung des staatlichen Gerichts, nicht hingegen das Problem der Schiedsbindung. Im Kern berühren beide Konstellationen aber dieselbe Problematik: Enthält ein Prozessurteil rechtskräftige und damit bindende Aussagen über die Wirksamkeit der Schiedsvereinbarung? Denn nur dann ist die Rüge der Unzuständigkeit des Schiedsgerichts ausgeschlossen bzw. abzuweisen – im Schiedsverfahren, wie auch in den staatlichen Verfahren auf der Vollstreckungs- und Anfechtungsebene. Zu dieser Frage führt das Reichsgericht aus: „In der Abweisung der Klage des Vorprozesses wegen der für durchgreifend erachteten Einrede des unter den Parteien bestehenden Schiedsvertrages [ist] die positive Entscheidung zu finden, dass der anhängig gemachte Rechtsstreit dem Schiedsvertrage unterworden sei. Diese Entscheidung ist kein bloßer Grund für die Abweisung der Klage, sie stellt vielmehr den wahren Inhalt des ergangenen Urteils dar, der in Rechtskraft übergegangen ist.“[514] Aus diesem Grund sei es auch gerechtfertigt, „die darüber getroffene Entscheidung als der

512 BGH Beschl. v. 17.01.2007 – XII ZB 134/03, NJW-RR 2007, 578, 579 [juris Rn. 14]; OLG München Beschl. v. 09.10.2013 – 34 SchH 6/13, [Rn. 37] (zit. nach juris); Stein/Jonas/*Althammer*, § 322 Rn. 126; *Dunz*, NJW 1985, 2536.

513 RG Urt. v. 08.12.1897 – I 272/97, RGZ 40, 401.

514 RG Urt. v. 08.12.1897 – I 272/97, RGZ 40, 401, 404.

Rechtskraft fähig anzusehen, und zwar in dem Sinne, dass durch dieselbe festgestellt worden sei, der im Vorprozesse anhängig gemachte Anspruch könne nicht vor dem ordentlichen Richter, sondern nur vor dem statutarisch angeordneten Schiedsgerichte verfolgt werden."[515] Das Reichsgericht stützt seine Argumentation auch auf praktische Erwägungen, indem es betont, dass nur auf diese Weise ein befriedigendes Ergebnis erreicht werden kann: Stünde nämlich die Zuständigkeit des Schiedsgerichts durch das Prozessurteil nicht rechtskräftig fest, wäre im Verfahren vor dem Schiedsgericht die Rüge der Unzuständigkeit erlaubt. Im Falle einer erfolgreichen Rüge, wäre damit festgestellt, dass eine schiedsgerichtliche Entscheidung über den geltend gemachten Anspruch nicht erreicht werden kann. Auch eine Verfolgung auf dem ordentlichen Rechtsweg wäre aber wegen der Rechtskraft des vorherigen Prozessurteils nicht möglich, sodass letztendlich eine Rechtlosstellung des Klägers drohen würde.[516]

Obwohl das Reichsgericht den Streit über das wirksame Bestehen des Schiedsvertrags unter den Parteien klar als Kern der Zulässigkeitsfrage und als unmittelbaren Streitgegenstand im staatlichen Prozess definiert, fehlt bis heute eine Bestätigung dieser Rechtsprechung seitens des Bundesgerichtshofes. Im Jahr 2009 führt der BGH aus: „Hat eine Partei vor dem staatlichen Gericht geltend gemacht, nicht das staatliche, sondern das Schiedsgericht sei zuständig, so ist es ihr in der Regel verwehrt, sich später im schiedsrichterlichen Verfahren darauf zu berufen, es sei doch das staatliche Gericht zuständig [...]. Sie ist deshalb nach Treu und Glauben grundsätzlich gehindert, die Einrede, das staatliche Gericht sei nun doch zuständig, anschließend in dem daraufhin von dem Gegner eingeleiteten Schiedsverfahren [...] geltend zu machen."[517] In der Vorinstanz hatte das OLG Stuttgart[518] deutlicher formuliert, dass dem Prozessurteil

---

515 RG Urt. v. 08.12.1897 – I 272/97, RGZ 40, 401, 404; kritisch *Kleinfeller*, FS Wach II (1913), 373, 405 f., der das Bedürfnis der Rechtskraft im vom Reichsgericht entschiedenen Fall verneint und stattdessen auf den Einwand der Arglist verweist.

516 Vgl. RG Urt. v. 08.12.1897 – I 272/97, RGZ 40, 401, 404.

517 BGH Beschl. v. 30.04.2009 – III ZB 91/07, SchiedsVZ 2009, 287, 288 [Rn. 9]; im Anschluss ebenso OLG Frankfurt Beschl. v. 04.04.2011 – 26 SchH 1/11, [Rn. 23] (zit. nach juris).
Für den spiegelverkehrten Fall (zunächst Bestreiten der Zuständigkeit des Schiedsgerichts im Schiedsverfahren, dann Erhebung der Schiedseinrede im staatlichen Prozess) wird ebenfalls widersprüchliches Verhalten angenommen, siehe BGH Urt. v. 20.05.1968 – VII ZR 80/67, BGHZ 50, 191, 193 [juris Rn. 11, 15].

518 OLG Stuttgart Beschl. v. 15.11.2007 – 1 SchH 4/07, [Rn. 37, 38] (zit. nach juris). Es wird allerdings gleichwohl ergänzend auf die Treuwidrigkeit hingewiesen, wenn

eine Bindungswirkung für ein nachfolgendes Schiedsverfahren zuzusprechen sei, wenn die Wirksamkeit der Schiedsvereinbarung nicht mehr infrage gestellt werden kann, es sei denn maßgebliche Tatsachen hätten sich nach dem Zeitpunkt der letzten mündlichen Verhandlung geändert. Eine solche Bindung sei jedenfalls prozessual erforderlich. Ob diese Bindungswirkung Ausfluss der materiellen Rechtskraft des Urteils ist oder es sich um eine eigenständige Form der Bindung handelt, könne im Ergebnis dahinstehen. Der BGH löst diesen Fall hingegen ausschließlich über den Einwand der Arglist[519] und lässt eine Stellungnahme zur grundsätzlichen Klärung der Rechtskraftwirkung vermissen.

In einem neueren Beschluss vom 18.06.2014[520] erkennt der Bundesgerichtshof indes eine Bindungswirkung des Prozessurteils an. Die Abweisung der Klage aufgrund begründeter Schiedseinrede entfalte, so der BGH, nicht nur für ein nachfolgendes Schiedsverfahren Bindungswirkung, sondern auch für etwaige an das Schiedsverfahren anschließende Überprüfungsverfahren. Allerdings stellt die Urteilsbegründung lediglich auf die Bindungswirkung als solche ab, ohne diese dogmatisch und von ihrem Umfang genauer zu erläutern. Vielmehr wird darauf hingewiesen, dass die Bindungswirkung allgemein anerkannt, ihre Begründung jedoch unterschiedlich ist.

bb) Literatur

Eine überwiegende Meinung in der Literatur nimmt an, dass ein Prozessurteil auch die Zuständigkeit des Schiedsgerichts abschließend feststellt und das Schiedsgericht hieran gebunden ist.[521] Teilweise wird dabei auf Rechtskrafterwägungen[522] verwiesen, die Arglisteinrede[523] herangezogen, auf eine

---

der Beklagte die Schiedseinrede erhebt und sich dann im Schiedsverfahren auf die Unwirksamkeit der Schiedsvereinbarung beruft [Rn. 40].

519 Auf einen Verstoß aus Treu und Glauben hat ergänzend auch das Reichsgericht Bezug genommen: Urt. v. 08.12.1897 – I 272/97, RGZ 40, 401, 403.

520 BGH Beschl. v. 18.06.2014 – III ZB 89/13, SchiedsVZ 2014, 254, 256 [Rn. 17], m. Anm. *Münch*, LMK 2014, 361719.

521 AiG/*Huber*, § 1032 Rn. 26, 27; PG-ZPO/*Prütting*, § 1032 Rn. 5; *Schlosser*, FS Nagel (1987), 352, 360; *Schwab/Walter*, Schiedsgerichtsbarkeit, Kap. 7 Rn. 3; *Lachmann*, Handbuch für die Schiedsgerichtspraxis, Rn. 651.

522 MüKoZPO/*Münch*, § 1032 Rn. 21; *Illmer*, Der Arglisteinwand, S. 106; wohl auch befürwortend *Haas*, FS Rechberger (2005), 187, 201, dann aber wiederum offenlassend S. 205 f.

523 Stein/Jonas/*Schlosser*, § 1032 Rn. 33: Keine Rechtskraft, aber „jedenfalls der Einwand unzulässige Rechtsausübung."

Bindungswirkung „sui generis“[524] abgestellt oder es werden schlicht praktische Interessen angeführt, die eine besondere und erweiternde Bindungswirkung sachlich rechtfertigen.[525] Letztlich erfolgt aber keine kritische Auseinandersetzung mit der Begründung einer solchen bindenden Feststellung für die Schiedsrichter.

Voit[526] lehnt es hingegen ausdrücklich ab, in der Abweisung der Klage als unzulässig eine rechtskräftige Entscheidung über das Bestehen und die Wirksamkeit der Schiedsvereinbarung zu sehen. Der Beklagte im Schiedsverfahren sei vielmehr aufgrund des Arglisteinwands daran gehindert, sich auf die Unwirksamkeit der Schiedsvereinbarung zu berufen, wenn er zuvor die Zuständigkeit staatlicher Gerichte gerügt hat. Die vom Reichsgericht angesprochene Gefahr der Rechtlosstellung des Klägers, die ohne Rechtskrafterstreckung in das Schiedsverfahren hinein drohen würde, entkräftet Voit, indem er eine erneute Klage vor dem staatlichen Gericht für zulässig hält, wenn das Schiedsgericht seine Zuständigkeit aufgrund eines unwirksamen Schiedsvertrages ablehnt. Durch die Unzuständigkeitserklärung des Schiedsgerichts werde die Schiedsvereinbarung undurchführbar, sodass sich der Umstand, aufgrund dessen das Gericht sich für sachlich nicht entscheidungsbefugt erklärt hat, ändere. Wegen der zeitlichen Rechtskraftgrenzen des Prozessurteils stehe dieses einer erneuten Klage vor einem ordentlichen Gericht nicht entgegen. Auch andere Stimmen in der Literatur[527] verneinen eine rechtskräftige Feststellung der Wirksamkeit der Schiedsvereinbarung, da die materielle Prüfung der Wirksamkeit und Reichweite der Schiedsvereinbarung nur eine Vorfrage hinsichtlich der Unzuständigkeit des staatlichen Gerichts sei. Als Vorfrage nimmt dieser Unzulässigkeitsgrund nach gängiger Meinung[528] nicht an der Rechtskraft teil. Konsequenterweise könne deshalb die Wirksamkeit der Schiedsvereinbarung durch die Abweisung der Klage als unzulässig nicht rechtskräftig und damit für das Schiedsgericht bindend festgestellt werden. Diese Ansicht greift jedoch ebenfalls auf den Einwand arglistigen Verhaltens zurück, sodass nach übereinstimmender Auffassung die Unzuständigkeit des Schiedsgerichts nicht geltend gemacht werden kann, wenn der Beklagte zuvor die Schiedseinrede im staatlichen Verfahren erhoben hat.[529]

---

524 Zöller/*Geimer*, § 1032 Rn. 12; wohl auch *Huber*, SchiedsVZ 2003, 73, 74.

525 Stein/Jonas/*Althammer*, § 322 Rn. 133, der eine Bindung rein aus Rechtskrafterwägungen problematisch findet; *Rosenberg/Schwab/Gottwald*, Zivilprozessrecht, § 151 Rn. 5.

526 Musielak/*Voit*, § 1032 Rn. 9.

527 BeckOK-ZPO/*Gruber*, § 322 Rn. 38; MüKoZPO/*Gottwald*, § 322 Rn. 170.

528 Vgl. die Nachweise in Fn. 512.

529 So BeckOK-ZPO/*Gruber*, § 322 Rn. 38.1; MüKoZPO/*Gottwald*, § 322 Rn. 170.

cc) Wertungsversuch

Die dem Prozessurteil zugrunde gelegte Prüfung der Schiedsvereinbarung muss jedenfalls irgendeine Auswirkung auf das schiedsrichterliche Verfahren haben. Die Gefahr eines negativen Kompetenzkonflikts wäre andernfalls zu groß. Außerdem muss die Entscheidung des Gerichts auch für das Schiedsverfahren gesichert werden, da sie sonst für die Parteien an Wert verlieren würde. Unklar ist lediglich der Anknüpfungspunkt: Eine Bindungswirkung wird bejaht, aber kann diese auch aufgrund von Rechtskraftwirkungen möglich sein? Ohnehin bleibt doch der Arglisteinwand wegen unzulässiger Rechtsausübung. Ist dann eine Rechtskrafterstreckung überdies noch erforderlich?

Der Lösungsansatz über die allgemeinen Grundsätze von Treu und Glauben, den grundsätzlich der BGH und Teile der Literatur verfolgen, zeigt eine wesentliche Schwäche: Der Einwand des arglistigen Verhaltens kann nur erfolgreich geltend gemacht werden, wenn dieselbe Partei zunächst die Schiedseinrede erhebt und dann im Schiedsverfahren die Unwirksamkeit der Schiedsvereinbarung und die Zuständigkeit der staatlichen Gerichte geltend macht. Kläger und Beklagter des Staats- und Schiedsverfahrens müssen dieselbe Partei (im wörtlichen Sinne!) sein. Gerade in der für parallele Verfahren typischen Konstellation der spiegelverkehrten Parteirollen findet der Arglisteinwand keine Lösung: Erhebt der Beklagte des Hauptsacheverfahrens die Schiedseinrede und leitet nach ergangener Klageabweisung ein Schiedsverfahren ein, verhält sich der Beklagte des Schiedsverfahrens – vormals Kläger des staatlichen Verfahrens – gerade nicht treuwidrig, wenn er die Unzuständigkeit des Schiedsgerichts rügt. Diese Kreuzstruktur der Verfahren ist jedoch ein charakteristisches Merkmal im Streit um die Zuständigkeit staatlicher Gerichte und Schiedsgerichte. Der Arglisteinwand kann daher das Problem nur eingeschränkt lösen.

Der Ausdehnung der Rechtskraft auf die dem klageabweisenden Prozessurteil zugrunde gelegte Entscheidung über die Wirksamkeit der Schiedsvereinbarung begegnen jedoch auch dogmatischen Bedenken. Auch wenn die tragenden Entscheidungsgründe an der Rechtskraft teilhaben können, so beschränken diese sich doch auf die Aussage der sachlichen Unzuständigkeit staatlicher Gerichte. Davon unberührt bleibt aber die Beurteilung der materiell-rechtlichen Vorfrage, ob eine wirksame Schiedsvereinbarung besteht, mag sich daraus auch wiederum der Unzulässigkeitsgrund als solcher ableiten. Diesen Punkt führen auch die rechtskraftverneinenden Ansichten überzeugend an. Dem Rückschluss von Voit, dem klageabweisenden Urteil keinerlei Bindungswirkung beizumessen und bei Unzuständigkeitserklärung den staatlichen Rechtsweg (wieder) zu eröffnen, widerspricht jedoch grundlegend das Gebot des effektiven Rechtsschutzes: Die

Effektivität der Rechtsprechung umfasst gerade auch, dass Rechtsschutz in angemessener Art und Weise zu erlangen ist. Dem Kläger ist deshalb gerade nicht zuzumuten, sich im „Ping-pong"-Verfahren zwischen den Gerichtsbarkeiten hin und her verweisen zu lassen, bis sich schlussendlich das staatliche Gericht (doch) für zuständig erklärt und so das Rechtsschutzbegehren des Klägers auffängt.[530] Die besondere Verzahnung der Schiedsgerichtsbarkeit mit der staatlichen Gerichtsbarkeit erfordert daher vielmehr eine Anpassung der Grundsätze der Rechtskrafterstreckung für den speziellen Fall des klageabweisenden Prozessurteils aufgrund einer wirksamen Schiedsvereinbarung: Gerade weil das staatliche Gericht aufgrund der Schiedsvereinbarung sachlich unzuständig ist, besteht ein innerer Sachzusammenhang[531] zwischen der Unzuständigkeit des staatlichen Richters und der Zuständigkeit des Schiedsrichters. Ausfluss der prozessualen Wirkung einer Schiedsvereinbarung ist die Derogativwirkung hinsichtlich der staatlichen Gerichtsbarkeit, die als Kehrseite der Medaille die Prorogation der Schiedsgerichte anordnet. Die Unzuständigkeit der staatlichen Gerichte ist in diesem speziellen Fall untrennbar mit der Zuständigkeit des Schiedsgerichts verbunden, „kompensiert doch gewissermaßen die Zuständigkeit des einen Gerichts die Unzuständigkeit des anderen."[532] Eben dieser Umstand muss auch im Falle einer Klageabweisung durch das staatliche Gericht berücksichtigt werden, da diese Entscheidung die Zulässigkeit des schiedsrichterlichen Verfahrens – gewissermaßen als im Prozessurteil enthaltendes Minus – widerspiegelt. Berücksichtigt man die Ziele der Rechtskraft, wäre es ohnehin paradox, den Parteien im Schiedsverfahren erneut die Möglichkeit zu eröffnen, die Zuständigkeit des Schiedsgerichts infrage zu stellen. Da die Rechtskraft im Zeichen der Prozessökonomie und des Rechtsfriedens gerade doppelte Verfahrensführungen vermeiden will, sollte das Widerspruchsverbot als materielle Rechtskraftwirkung gerade auch in diesem Zusammenhang zur Anwendung gelangen: Wäre das Schiedsgericht nicht an die Beurteilung der Wirksamkeit der Schiedsvereinbarung gebunden, käme es als Ausfluss der Kompetenz-Kompetenz der Schiedsgerichte zwangsläufig zu einer zweiten Prüfung der Schiedsvereinbarung. Diese wäre stets verbunden mit der Gefahr einer abweichenden Entscheidung. Sollte das Schiedsgericht seine Zuständigkeit entgegen der Auffassung des Gerichts

530 So bereits eindringlich *Illmer*, Der Arglisteinwand, S. 99 f.

531 Diesen „Sachzusammenhang" entwickelt *Zeuner*, Die objektiven Grenzen der Rechtskraft, S. 73 f., der die Begründung des Reichsgerichts ablehnt, aber das Ergebnis nach Rechtskraftgrundsätzen befürwortet.

532 *Zeuner*, Die objektiven Grenzen der Rechtskraft, S. 74.

verneinen, wären ein negativer Kompetenzkonflikt und die vom Reichsgericht angeführte drohende Rechtsschutzstellung des Klägers letztlich unvermeidbar. Dass negative Kompetenzkonflikte aber in jedem Fall zu verhindern sind, zeigt auch § 11 ZPO: *„Ist die Unzuständigkeit eines Gerichts auf Grund der Vorschriften über die sachliche Zuständigkeit der Gerichte rechtskräftig ausgesprochen, so ist diese Entscheidung für das Gericht bindend, bei dem die Sache später anhängig wird.“* § 11 ZPO begegnet negativen Kompetenzkonflikten auf staatlicher Rechtsprechungsebene und schränkt den Zuständigkeitsstreit dadurch ein, dass die rechtskräftig ausgesprochene Zuständigkeitsverneinung des zuerst befassten Gerichts für das nachfolgende Gericht bindend ist. Zwar gilt die ausgesprochene Bindungswirkung einer Klageabweisung wegen sachlicher Unzuständigkeit nicht insoweit, als dass ein später mit der Sache befasstes Gericht hinsichtlich seiner eigenen Zuständigkeit positiv gebunden wird. Allerdings darf das zweite Gericht die eigene Zuständigkeit nicht mit dem Hinweis auf die sachliche Zuständigkeit des ersten Gerichts verneinen.[533] Überträgt man diesen Gedanken auf das Verhältnis von klageabweisendem Prozessurteil und sukzessivem Schiedsverfahren, wäre die negative Zuständigkeitsentscheidung des Schiedsgerichts infolge einer eigenständigen, freien Kompetenzprüfung nach dem Rechtsgedanken des § 11 ZPO mit einer verbotenen Rückverweisung an die staatliche Gerichtsbarkeit gleichzusetzen.

Diese Erörterungen zeigen die Notwendigkeit einer materiellen Bindungswirkung des klageabweisenden Prozessurteils für das weitere Schiedsverfahren. Zu diesem Ergebnis kommt auch der BGH, der sich einer Bindungswirkung öffnet, jedoch unbeantwortet lässt, ob die Bindungswirkung mit Rechtskrafterwägungen begründet werden kann.[534] Inwiefern sich eine teilweise in der Literatur angenommene Bindungswirkung „sui generis“[535] von einer Bindung im Sinne der materiellen Rechtskraft unterscheidet, ist unklar. Soll das Schiedsgericht die Aussage des Gerichts zur Wirksamkeit der Schiedsvereinbarung als bindend beachten, läuft diese Bindungswirkung letztlich auf ein Widerspruchsverbot im Sinne der ne bis in idem-Lehre hinaus. Dem Reichsgericht ist daher zuzustimmen, wenn es die Entscheidung über die Schiedsvereinbarung als „wahren Inhalt“ des klageabweisenden Prozessurteils infolge der geltend gemachten

---

533 MüKoZPO/*Wöstmann*, § 11 Rn. 5; *Thomas/Putzo/Hüßtege*, § 11 Rn. 3.
534 BGH Beschl. v. 18.06.2014 – III ZB 89/13, SchiedsVZ 2014, 254, 256 [Rn. 18].
535 Insbesondere Zöller/*Geimer*, § 1032 Rn. 12.

Schiedseinrede sieht, der dann auch „in Rechtskraft übergegangen ist.“[536] Dem BGH ist andererseits beizupflichten, dass es im Ergebnis tatsächlich dahinstehen kann, ob eine Bindungswirkung sich aus der materiellen Rechtskraft des Ausspruchs oder aus einer Bindungswirkung „sui generis“ ergibt, da letztere der Rechtskraft so sehr angenähert ist, dass beide im Prinzip gleichlaufen. Trotzdem bzw. gerade deswegen wäre es wünschenswert, wenn der BGH mutiger für eine Bindungswirkung aufgrund von Rechtskrafterwägungen eintritt. Wie dargelegt, ist der Arglisteinwand zur Abwendung des negativen Kompetenzkonflikts gerade kein ausreichendes Instrument, während Rechtskraft und Bindungswirkung „sui generis“ im Ergebnis keinen Unterschied zeigen.

c) *Exkurs: Bindung staatlicher Gerichte*

Sollte die Klage erneut vor einem staatlichen Gericht anhängig gemacht werden, steht die Unzuständigkeit der staatlichen Gerichte durch das Prozessurteil bindend fest. Das gilt auch für die Überprüfungsinstanzen, die im Anschluss eines durchgeführten Schiedsverfahrens mit der Frage nach der Zuständigkeit der Schiedsgerichte konfrontiert werden. Auch in diesem Fall wirkt jedoch die Rechtskraft des Prozessurteils grundsätzlich nicht selbst, da dieses die Unzuständigkeit der Gerichte, nicht die Zuständigkeit des Schiedsgerichts ausspricht. Dieser Problematik liegt im Kern derselbe Ausgangspunkt wie im Rahmen der Schiedsbindung zugrunde: Die Gerichte des Aufhebungs- bzw. Vollstreckbarerklärungsverfahrens müssen an den Ausspruch des Gerichts der Hauptsache zur Wirksamkeit der Schiedsvereinbarung gebunden sein. Ansonsten würde eine mühsam konstruierte Bindungswirkung der Schiedsgerichte ins Leere gehen, wenn letztendlich die Gerichte der postarbitralen Phase den Schiedsspruch mit der Begründung aufheben können, dass eine Zuständigkeit der Schiedsgerichte nicht gegeben ist. Ein solches Ergebnis liefe in demselben Maße wie eine mangelnde Schiedsbindung auf die vom Reichsgericht hingewiesene Rechtlosstellung des Klägers hinaus: Einer Klage vor dem staatlichen Gericht steht die Rechtskraft des vorherigen, klageabweisenden Prozessurteils entgegen, solange sich nicht die Faktoren der positiven Beurteilung der Schiedsvereinbarung durch das mit der Schiedseinrede befasste Gericht geändert haben. Selbst wenn man Voit bemüht und eine Klage wegen der zeitlichen Rechtskrafterstreckung des Prozessurteils für wieder zulässig erachtet, sollte sich das Schiedsgericht entgegen der Auffassung des staatlichen Gerichts für unzuständig erklären, sind die praktischen Schwächen dieser Lösung nicht zu rechtfertigen. Im Zweifel müssten die Parteien drei Verfahren vor dem staatlichen Gericht und ein Schiedsverfahren anstreben, bis

536 Vgl. RG Urt. v. 08.12.1897 – I 272/97, RGZ 40, 401, 404.

zuletzt eine endgültige Sachentscheidung ergehen kann[537], wodurch die Ressourcen der Parteien in unzumutbarer Weise beeinträchtigt würden. Eine Bindungswirkung des Prozessurteils für etwaige an das Schiedsverfahren anschließende Überprüfungsverfahren bestätigt letztlich auch der BGH.[538] Wird daher mit Prozessurteil über die Wirksamkeit der Schiedsvereinbarung gerichtlich entschieden, kann im Aufhebungs- oder Vollstreckbarerklärungsverfahren aus denselben Gründen wie in einem Schiedsverfahren nicht mehr mit dem Argument der Unzulässigkeit des schiedsrichterlichen Verfahrens gegen den Schiedsspruch vorgegangen werden.

II. Feststellungsverfahren nach § 1032 Abs. 2 ZPO

Eine frühzeitige gerichtliche Klärung der Zuständigkeitsfrage kann nach § 1032 Abs. 2 ZPO beantragt werden. Die gerichtliche Entscheidung des nach § 1062 Abs. 1 Nr. 2 ZPO zuständigen Oberlandesgerichts ergeht als Beschluss und stellt rechtskräftig die Zulässigkeit oder Unzulässigkeit des Schiedsverfahrens fest.[539] Der Feststellungsbeschluss basiert auf der vorgelagerten Prüfung der Wirksamkeit der Schiedsvereinbarung und erzeugt präjudizielle Wirkung für künftige Gerichtsverfahren.[540]

1. Bindungswirkung im Schiedsverfahren

Für ein sukzessives Schiedsverfahren wird hingegen eine Bindungswirkung des Feststellungsbeschlusses nach § 1032 Abs. 2 ZPO teilweise mit dem Argument abgelehnt, Adressat des staatlichen Verfahrensrechts seien ausschließlich die staatlichen Gerichte, nicht jedoch private Schiedsgerichte. Die gerichtliche Feststellung der Zulässigkeit oder Unzulässigkeit des schiedsrichterlichen Verfahrens könne daher keine Auswirkungen auf das Schiedsverfahren haben.[541]

---

537 So auch *Zeuner*, Die objektiven Grenzen der Rechtskraft, S. 74 f.

538 BGH Beschl. v. 18.06.2014 – III ZB 89/13, SchiedsVZ 2014, 254, 256 [Rn. 17].

539 Vgl. auch BGH Beschl. v. 09.05.2018 – I ZB 77/17, NJW-RR 2018, 1334 [Rn. 24] zur rechtskräftigen Feststellung der Zulässigkeit des Schiedsverfahrens für alle weiteren gerichtlichen Verfahren.

540 Z.B. Zöller/*Geimer*, § 1032 Rn. 24 (für das Hauptsacheverfahren); Stein/Jonas/*Schlosser*, § 1032 Rn. 39 (für das Aufhebungsverfahren); BeckOK-ZPO/*Wolf/Eslami*, § 1032 Rn. 42 (auch für das Gericht, das einen angefochtenen Zwischenentscheid überprüft). Umfassend auch *Schroeter*, SchiedsVZ 2004, 288, 294 f.

541 Siehe dazu bereits die Ausführungen unter § 6.A.II.3, S. 135; sowie insbes. *Schroeter*, SchiedsVZ 2004, 288, 296; Musielak/*Voit*, § 1032 Rn. 13; Zöller/*Geimer*, § 1032 Rn. 24.

Wie bereits erläutert, zeigt sich die gesetzlich angeordnete Wechselbeziehung beider Gerichtsbarkeiten unter anderem darin, dass die Zuständigkeitsentscheidung des Schiedsgerichts gem. § 1040 Abs. 3 S. 2 ZPO staatlich überprüft werden kann und diese Entscheidung auch die Schiedsgerichte bindet. Konsequenterweise muss dann ein feststellender Beschluss nach § 1032 Abs. 2 ZPO ebenfalls Bindungswirkung für ein nachfolgendes Schiedsverfahren entfalten. Ein solcher Beschluss unterscheidet sich letztlich nur in zeitlicher Hinsicht von § 1040 Abs. 3 S. 2 ZPO, da er bereits vor Konstituierung des Schiedsgerichts und demnach auch vor Erlass eines zuständigkeitsbejahenden Zwischenentscheids des Schiedsgerichts eine Klärung der Kompetenzfrage erlaubt. Würde die Feststellung der Zulässigkeit oder Unzulässigkeit nicht auch gegenüber einem Schiedsgericht Bindung entfalten, wäre der spezielle frühzeitige Kontrollmechanismus des § 1032 Abs. 2 ZPO ohne Nutzen für die Parteien und im Ergebnis wertlos.[542] Wenn das Gesetz aber unterschiedliche Lösungswege für die abschließende Klärung der Kompetenzfrage eröffnet, kann es letztlich keinen Unterschied machen, welchen Weg die Parteien wählen. Im Übrigen hat der BGH[543] die Bindungswirkung des klageabweisenden Prozessurteils bejaht und damit auch die Wechselwirkungen zwischen ordentlichem Gerichtsverfahren und Schiedsverfahren festgestellt. Spätestens seit dieser Entscheidung kann nicht (mehr) bestritten werden, dass sich die Bindungswirkung einer staatlichen Gerichtsentscheidung grundsätzlich auch auf das Schiedsverfahren erstreckt. Damit entfällt das Argument, die Rechtskraft als Ausgestaltung des staatlichen Verfahrensrechts gelte nicht im Bereich des privaten Schiedsverfahrensrechts. Vielmehr hat der BGH klargestellt, dass die Rechtskraft eines staatlichen Urteils auch ins Schiedsverfahren wirken kann. Die Entscheidung des staatlichen Gerichts muss deshalb in jedem Fall auch eine Bindungswirkung für das Schiedsgericht entfalten.

Die herrschende Lehre nimmt daher im Ergebnis eine Bindung des Schiedsgerichts an den Beschluss des Oberlandesgerichts zumindest de facto an.[544] Dogmatisch begründet wird diese Bindungswirkung meist nicht. Teilweise wird

---

542 So ausdrücklich *Illmer*, Der Arglisteinwand, S. 104 f., sowie zu seiner Argumentation auch bereits unter § 6.A.II.3, S. 135.

543 BGH Beschl. v. 18.06.2014 – III ZB 89/13, SchiedsVZ 2014, 254.

544 MüKoZPO/*Münch*, § 1040 Rn. 12; *Huber*, SchiedsVZ 2003, 73, 74 u. AiG/*Huber/Bach*, § 1032 Rn. 58 (aber: „res iudicata for later state court proceedings", vgl. Rn. 57); *Schroeter*, SchiedsVZ 2004, 288, 296; *Spohnheimer*, FS Käfer (2009), 357, 371; *Lachmann*, Handbuch für die Schiedsgerichtspraxis, Rn. 684; *Illmer*, Der Arglisteinwand, S. 103; *Hanefeld* in: *Weigand* (Hrsg.), Practitioner`s Handbook on International Commercial Arbitration, S. 489, Rn. 7.43.

eine Bindung des Schiedsgerichts an die gerichtliche Entscheidung aus der allgemeinen Verpflichtung der Schiedsrichter, am Schiedsverfahren nach besten Kräften mitzuwirken und sich um den Erlass eines wirksamen und bestandsfähigen Schiedsspruchs zu bemühen[545], hergeleitet.[546] Diese Pflicht der Schiedsrichter äußert sich daher gerade auch in den Bemühungen, einen vollstreckbaren Schiedsspruch zu erlassen. Die Wirksamkeit der Schiedsvereinbarung ist Hauptfrage der Entscheidung nach § 1032 Abs. 2 ZPO und entfaltet demzufolge nach den Grundsätzen der materiellen Rechtskraft problemlos präjudiziale Wirkung für die Gerichte im Aufhebungs- und Vollstreckbarerklärungsverfahren.[547]

2. *Stellungnahme*

Dieses Ergebnis ist sachgerecht und richtig. Angenommen eine Bindungswirkung bestünde nicht, so könnte ein Schiedsgericht die Kompetenzfrage grundsätzlich entgegengesetzt zum staatlichen Gericht entscheiden. Bei einer positiven, im Widerspruch zu einer negativen Feststellung des Gerichts stehenden Zuständigkeitsentscheidung des Schiedsgerichts würde ein auf diese Entscheidung folgender Endschiedsspruch spätestens im Anfechtungs- oder Vollstreckbarerklärungsverfahren scheitern. Über den Aufhebungsgrund – in diesem Fall die Unwirksamkeit der Schiedsvereinbarung – wurde bereits mit Rechtskraftwirkung für die Gerichte der postarbitralen Phase entschieden. Ein dennoch ergangener Schiedsspruch, der die positive Zulässigkeitsentscheidung des Schiedsgerichts impliziert, wäre im Ergebnis nicht vollstreckbar und damit auch nicht bestandsfähig. Um ihre Pflichten aus dem Schiedsrichtervertrag zu wahren, müssen die Schiedsrichter deshalb den Inhalt des Feststellungsbeschlusses berücksichtigen. Ein den Feststellungsbeschluss des OLG missachtender Schiedsspruch wird sich im Ergebnis nämlich nicht durchsetzen können.[548] Das muss auch für den spiegelverkehrten Fall gelten, wenn die Zulässigkeit des Schiedsverfahrens gerichtlich festgestellt wurde. Die Bindungswirkung darf nicht von dem Ergebnis des Feststellungsantrags abhängig gemacht werden. Stellt ein Oberlandesgericht somit die Zulässigkeit oder Unzulässigkeit des schiedsrichterlichen Verfahrens fest, so

---

545 Dazu BGH Urt. v. 05.05.1986 – III ZR 233/84, BGHZ 98, 32, 34 f. [juris Rn. 14, 15].

546 *Schroeter*, SchiedsVZ 2004, 288, 296; *Spohnheimer*, FS Käfer (2009), 357, 371; Hk-ZPO/*Saenger*, § 1032 Rn. 16.

547 Musielak/*Voit*, § 1032 Rn. 13; *Spohnheimer*, FS Käfer (2009), 357, 371; BeckOK-ZPO/*Wolf/Eslami*, § 1032 Rn. 42.

548 So auch die Herleitung bei *Spohnheimer*, FS Käfer (2009), 357, 373 f. u. 371; vgl. auch *Schroeter*, SchiedsVZ 2004, 288, 296.

hat das Schiedsgericht dieser Entscheidung jedenfalls faktische Bindungswirkung beizumessen. Andernfalls würde der Sinn des Feststellungsverfahrens konterkariert: Ein die Zulässigkeit oder Unzulässigkeit feststellender Beschluss wäre für die antragende Partei völlig wertlos wenn das Schiedsgericht nicht an diese Feststellung gebunden wäre.[549] Die Parteien müssten dann ein kosten- und zeitintensives Schiedsverfahren komplett durchlaufen. Erhalten würden sie, aufgrund der präjudizialen Bindungswirkung des Feststellungsbeschlusses für die Gerichte der postarbitralen Verfahren, einen nicht vollstreckungsfähigen und damit bedeutungslosen Schiedsspruch.

Darüber hinaus kann neben einer faktischen Bindung auch eine Bindung aufgrund der Rechtskraft des Feststellungsbeschlusses bejaht werden.[550] Ansonsten entstünde ein nicht zu rechtfertigender systematischer Widerspruch innerhalb des Regelungsgefüges des § 1032 ZPO, wenn ein klageabweisendes Prozessurteil materielle Rechtskraft- und Bindungswirkung für das Schiedsgericht entfalten, der gerichtlichen Feststellung gem. § 1032 Abs. 2 ZPO eine Rechtskraftwirkung aber abgesprochen würde. Zudem entscheidet, anders als beim Prozessurteil, der Feststellungsbeschluss nach § 1032 Abs. 2 ZPO direkt und ausschließlich über die Zulässigkeit des Schiedsverfahrens. Der Ausspruch über die Zulässigkeit oder Unzulässigkeit beruht auf der Prüfung der Wirksamkeit der Schiedsvereinbarung, die als Hauptfrage des Feststellungsbeschlusses an der Rechtskraft teilnimmt.[551] Aufgrund der strukturellen Gleichwertigkeit von Schiedsspruch und Urteilsspruch wirkt die Rechtskraft staatlicher Urteile auch in das Schiedsverfahren, sodass der Feststellungsbeschluss zwangsläufig Rechtskraftwirkungen für das Schiedsverfahren entfalten muss. Die Schiedsgerichte können daher nicht nur aufgrund faktischer Überlegungen, sondern wegen der Rechtskraftwirkung des Feststellungsbeschlusses keine eigenständige Prüfung ihrer Zuständigkeit mehr vornehmen. Als Konsequenz ist die Rüge der Unzuständigkeit im Schiedsverfahren ausgeschlossen, wenn die Zuständigkeit bereits positiv durch das Oberlandesgericht festgestellt wurde.

C. Sukzessive Verfahren aus Sicht des staatlichen Richters

Die Bindungswirkung einer Kompetenzentscheidung des Schiedsgerichts für ein nachfolgendes staatliches Verfahren ist nach wie vor umstritten. Unklar ist

---

549 *Illmer*, Der Arglisteinwand, S. 103.
550 Die Rechtskraft bejaht auch MüKoZPO/*Münch*, § 1040 Rn. 12.
551 Musielak/*Voit*, § 1032 Rn. 13; *Illmer*, Der Arglisteinwand, S. 103.

insbesondere die „Schiedsspruchqualität“[552] eines positiven Zwischenentscheids sowie die Wirkung der Unzuständigkeitserklärung, die überhaupt nicht gesetzlich geregelt ist.

I. Zwischenentscheid des Schiedsgerichts

Infolge der beim Staatsgericht liegenden endgültigen Kompetenz-Kompetenz entfaltet der positive Zwischenentscheid als Vorabentscheidung über die schiedsgerichtliche Kompetenz[553] keinerlei Bindungswirkung, im Gegenteil: Die in § 1040 Abs. 3 S. 2 ZPO ausgesprochene Letztentscheidungsbefugnis des staatlichen Richters ermächtigt diesen zur eigenständigen Prüfung der Schiedsvereinbarung. Ein Beschluss des nach § 1062 Abs. 1 Nr. 2 Alt. 2 ZPO zuständigen Oberlandesgerichts erwächst nach Ablauf der in § 1065 i.V.m. §§ 574, 574 ZPO genannten Rechtsmittelfrist in Rechtskraft. Der rechtskräftige Beschluss steht allen weiteren Verfahren bzw. etwaig erhobenen Unzuständigkeitsrügen betreffend die Kompetenz des Schiedsgerichts entgegen: Für ein etwaiges in der Hauptsache anhängiges Verfahren, für die Gerichte im Aufhebungs- und Vollstreckbarerklärungsverfahren sowie für das weitere Schiedsverfahren steht die Zuständigkeit des Schiedsgerichts fest.[554] Die Unzulässigkeit des Schiedsverfahrens kann in zukünftigen Prozessen grundsätzlich nicht mehr gerügt werden.[555] Kommt das Gericht hingegen zu dem Ergebnis, dass sich das Schiedsgericht zu Unrecht für zuständig erklärt hat, entfaltet der vorherige Zwischenentscheid

---

552 *Berger,* Internationale Wirtschaftsschiedsgerichtsbarkeit, S. 253; *Synatschke*, Die Unzuständigkeitserklärung des Schiedsgerichts, S. 89.

553 Hanseatisches OLG Hamburg Beschl. v. 25.01.2008 – 6 Sch 7/07, SchiedsVZ 2009, 71 [juris Rn. 11]; Schiedsgericht Hamburg Zwischenentscheid v. 05.05.2009, SchiedsVZ 2010, 173 [juris Rn. 36].

554 BGH Beschl. v. 27.03.2003 – III ZB 83/02, SchiedsVZ 2003, 133, 134 [juris Rn. 4]; BGH Beschl. v. 21.04.2016 – I ZB 7/15, SchiedsVZ 2016, 339 [Rn. 10, 12]; OLG München Beschl. v. 12.01.2015 – 34 Sch 17/13, [Rn. 25] (zit. nach juris); OLG München Beschl. v. 24.08.2010 – 34 Sch 21/10, NJOZ 2011, 413, 417; OLG Celle Beschl. v. 04.09.2003 – 8 Sch 11/02, SchiedsVZ 2004, 165, 168 [juris Rn. 25].
Vgl. auch *Illmer*, Der Arglisteinwand an der Schnittstelle von staatlicher Gerichtsbarkeit und Schiedsgerichtsbarkeit, S. 120; MüKoZPO/*Münch*, § 1040 Rn. 26; Zöller/*Geimer*, § 1040 Rn. 19; BeckOK-ZPO/*Wolf/Eslami*, § 1040 Rn. 27; *Rosenberg/Schwab/Gottwald*, Zivilprozessrecht, § 183 Rn. 6.

555 Die materielle Rechtskraftwirkung ergibt sich unmittelbar aber nur aus der oberlandesgerichtlichen Bestätigung.

selbst überhaupt keine Wirkung. Vielmehr hat sich das Schiedsgericht im laufenden bzw. ausgesetzten Verfahren für unzuständig zu erklären.[556]

Der Zwischenentscheid kann jedoch gem. § 1040 Abs. 3 S. 2 ZPO nur innerhalb eines Monats nach seiner schriftlichen Mitteilung von den Parteien angefochten werden. Nach Verstreichen der Monatsfrist präkludiert die Unzulässigkeitsrüge[557] nach herrschender Meinung auch im staatlichen Aufhebungs- und Vollstreckbarerklärungsverfahren. Daraus folgt, dass die Unzuständigkeit des Schiedsgerichts nach § 1059 Abs. 2 Nr. 1a ZPO nicht mehr geltend gemacht werden kann[558], weil über die Zulässigkeit des Schiedsverfahrens in einem möglichst frühen Verfahrensstadium abschließende Sicherheit erlangt werden soll.[559] Dies gewährleistet die Frist des § 1040 Abs. 3 S. 2 ZPO. Die Gerichte sind infolgedessen an die nicht angefochtene positive Zuständigkeitserklärung des Schiedsgerichts gebunden.

Nicht geklärt hingegen ist die Wirkung eines nicht angefochtenen Zwischenentscheids auf ein Verfahren nach § 1032 Abs. 1 oder Abs. 2 ZPO.[560] Konsequenterweise müsste sich die für das Aufhebungs- und Vollstreckbarerklärungsverfahren geltende Präklusionswirkung auch auf präarbitrale Kontrollmechanismen zur Kompetenzüberprüfung erstrecken. Ist das Gericht des Hauptsacheverfahrens nicht an die positive Feststellung der schiedsrichterlichen Kompetenz gebunden, das Gericht des Aufhebungs- bzw. Vollstreckbarerklärungsverfahrens hingegen schon, könnten andernfalls divergierende staatliche Entscheidungen zur Zuständigkeit des Schiedsgerichts begünstigt werden. Um Wertungswidersprüche zu vermeiden, müssen die staatlichen Gerichte im Hauptsache- und Feststellungsverfahren daher ebenfalls an einen nicht mehr anfechtbaren Zwischenentscheid des Schiedsgerichts gebunden sein.

---

556 MüKoZPO/*Münch*, § 1040 Rn. 28.

557 Der Antrag auf staatliche Kontrolle steht beiden Parteien des Schiedsverfahrens offen. Im Regelfall wird es sich bei dem Antragsteller um den Schiedsbeklagten handeln, der sich gegen die Zuständigkeit des Schiedsgerichts wendet.

558 Ausdrücklich BGH Beschl. v. 27.03 2003 – III ZB 83/02, SchiedsVZ 2003, 133, 133 f. [juris Rn. 2, 4]; BT-Drucks. 13/5274, S. 44 li.Sp.
Siehe ausführlich bereits unter Gliederungspunkt § 2.B.III.3, S. 38.

559 Siehe BT-Drucks. 13/5274, S. 44 li.Sp. u. BGH Beschl. v. 27.03.2003 – III ZB 83/02, SchiedsVZ 2003, 133, 134 [juris Rn 4].

560 Vgl. *Haas*, FS Rechberger (2005), 187, 200, der eine Bindung des staatlichen Gerichts im Hauptsacheverfahren an den nicht angefochtenen Zwischenentscheid befürwortet.

1. Rechtskraft des (unangefochtenen) Zwischenentscheids

Die Bindung staatlicher Gerichte an einen unangefochtenen Zwischenentscheid durch das Institut der Rechtskraft wird in der Literatur kaum diskutiert.[561] Weitestgehend ungeklärt ist aus diesem Grund die Rechtskraftfähigkeit von Zwischenentscheiden im Rahmen der Kompetenzentscheidung des § 1040 ZPO.

a) Materielle Rechtskraft nach § 1055 ZPO?

Zwar erlangt ein Schiedsspruch nach § 1055 ZPO materielle Rechtskraft, allerdings wird der zuständigkeitsbejahende Zwischenentscheid nach überwiegender Auffassung nicht als Schiedsspruch i.S.v. § 1054 ZPO klassifiziert[562], obwohl er nach teilweise vertretener Ansicht mit Fristablauf (zumindest) unanfechtbar und formell rechtskräftig wird.[563] Begründet wird diese Ansicht in der Regel mit der terminologischen Differenzierung des Gesetzgebers, wonach das Schiedsgericht durch Zwischenentscheid über seine Zuständigkeit entscheidet, aber nur ein Schiedsspruch nach dem Wortlaut von § 1055 ZPO materiell rechtskräftig wird. So ist der amtlichen Begründung zu § 1055 ZPO sowie einem Teil der Literatur zu entnehmen, dass der Zwischenentscheid nicht als Zwischenschiedsspruch bezeichnet werden könne, weil es sich nicht um eine (endgültige und abschließende) Entscheidung in der Sache handelt.[564]

Diese Begründung löst jedoch nicht bereits die Frage nach der prinzipiellen Rechtskraftfähigkeit eines Zwischenentscheids, da sie in sich widersprüchlich ist: Der Gesetzgeber geht bei der Verneinung der Zuständigkeit seitens des Schiedsgerichts nämlich davon aus, dass diese Entscheidung in Form eines Prozessschiedsspruches zu treffen ist.[565] Bei Abweisung der Klage als unzulässig, wird jedoch – wie beim Zwischenentscheid auch – nicht in der Sache selbst

---

561 Soweit ersichtlich umfassend nur *Synatschke*, Die Unzuständigkeitserklärung des Schiedsgerichts, S. 88 ff., insbes. S. 92–97; andeutend auch *Spohnheimer*, Gestaltungsfreiheit bei antezipiertem Legalanerkenntnis des Schiedsspruchs, S. 53–55.

562 Hk-ZPO/*Saenger*, § 1040 Rn. 10 (aber: Zwischenbescheid); Thomas/Putzo/*Seiler*, § 1040 Rn. 6; *Kremer/Weimann*, SchiedsVZ 2007, 238, 240; *Schwab/Walter*, Schiedsgerichtsbarkeit, Kap. 18 Rn. 10; Hanseatisches OLG Hamburg Beschl. v. 25.01.2008 – 6 Sch 07/07, SchiedsVZ 2009, 71, 72 [juris Rn. 11]; Schiedsgericht Hamburg Zwischenentscheid v. 05.05.2009, SchiedsVZ 2010, 173, 174 [juris Rn. 36].

563 MüKoZPO/*Münch*, § 1040 Rn. 26; *Spohnheimer*, FS Käfer (2009), 357, 359: „Wird der Zwischenentscheid nicht fristgerecht angegriffen, erwächst er in Rechtskraft."

564 BT-Drucks. 13/5274, S. 44 li.Sp.; *Loritz*, ZZP 105 (1992), 1; *Bosch*, Rechtskraft und Rechtshängigkeit im Schiedsverfahren, S. 39; Zöller/*Geimer*, § 1055 Rn. 6.

565 BT-Drucks. 13/5274, S. 44 li.Sp.; vgl. Gliederungspunkt § 2.B.II.3, S. 29.

entschieden, sondern eine Zulässigkeitsentscheidung getroffen. Insofern greift es zu kurz, die Schiedsspruchqualität einer schiedsgerichtlichen Entscheidung lediglich nach dem Kriterium der Sachentscheidung zu beurteilen.[566] Darüber hinaus entscheidet auch der Zwischenschiedsspruch einen Rechtsstreit nicht abschließend, sondern ist lediglich als eine Art Vorstufe auf dem Weg zu einer endgültigen Entscheidung zu sehen.[567] Gleichwohl wird er als (Zwischen-) Schiedsspruch bezeichnet, obgleich seine Rechtskraftfähigkeit regelmäßig abgelehnt wird.[568] Der Zwischenentscheid gem. § 1040 Abs. 3 S. 1 ZPO beinhaltet jedoch ebenso wie der Zwischenschiedsspruch eine (prozessuale) Vorabentscheidung – über die schiedsgerichtliche Zuständigkeit.[569] Dann wäre es zwar folgerichtig, dem Zwischenentscheid ebenso wie dem Zwischenschiedsspruch die Rechtskraftfähigkeit abzusprechen, konsequenterweise müsste dann der Zwischenschiedsspruch aber auch als Zwischenentscheid bezeichnet werden: Beide wären als rechtskraftunfähige Vorabentscheidung einer endgültigen Entscheidung zu werten. Diese Überlegung zeigt, dass trotz der terminologischen Differenzierung zwischen dem Zwischenentscheid über die Zuständigkeit des Schiedsgerichts und sonstigen Zwischenschiedssprüchen eine inhaltliche Übereinstimmung insofern gegeben ist, als dass in beiden Fällen vor der eigentlichen Sachentscheidung eine bestimmte Rechtsfrage durch das Schiedsgericht bewertet wird, die im Übrigen auch beim Zwischenschiedsspruch einzelne prozessuale Zuständigkeitsfragen betreffen kann.[570] Formal betrachtet ist der Zwischenschiedsspruch ein Zwischenschritt des Schiedsgerichts auf seinem Weg zu einer endgültigen Entscheidung[571], ebenso wie der Zwischenentscheid als Vorstufe auf dem Weg zu einem „echten"

566 So auch *Spohnheimer*, Gestaltungsfreiheit bei antezipiertem Legalanerkenntnis des Schiedsspruchs, S. 54, der eine Rechtskraftfähigkeit des Zwischenentscheids nach § 1040 Abs. 3 S. 1 ZPO aber ablehnt.

567 MüKoZPO/*Münch*, § 1055 Rn. 5 u. 6.

568 BeckOK-ZPO/*Wilske/Markert*, § 1055 Rn. 2; Stein/Jonas/*Schlosser* ZPO, § 1055 Rn. 25; Zöller/*Geimer*, § 1042 Rn. 53; *Lionnet/Lionnet*, Handbuch der internat. u. nat. Schiedsgerichtsbarkeit, S. 401.

569 Hanseatisches OLG Hamburg Beschl. v. 25.01.2008 – 6 Sch 07/07, SchiedsVZ 2009, 71, 72 [juris Rn. 11]; ähnlich OLG München Beschl. v. 10.01.2002 – U (K) 1651/02 [Rn. 68] (zit. nach juris); *Lachmann*, Handbuch für die Schiedsgerichtspraxis, Rn. 2060.

570 *Schwab/Walter*, Schiedsgerichtsbarkeit, Kap. 18 Rn. 10; *Habscheidt*, ZSR 1987, 669, 672 f.

571 *Kremer/Weimann*, SchiedsVZ 2007, 238, 240.

Schiedsspruch einzuordnen ist.[572] Von daher kann der Zwischenentscheid nach § 1040 Abs. 3 S. 1 ZPO wegen seiner gesonderten Anfechtungsregel in § 1040 Abs. 3 S. 2 ZPO prinzipiell dem prozessualen Zwischenschiedsspruch als Sonderfall untergeordnet werden.[573]

Der Verweis auf die Gesetzesterminologie des § 1055 ZPO dient somit nicht als brauchbares Abgrenzungskriterium im Hinblick auf die Frage nach der tatsächlichen und rechtlichen Einordnung des Zwischenentscheids sowie dessen Rechtskraftfähigkeit.[574] Dies gilt umso mehr, als im internationalen Kontext selten Klarheit über die Begrifflichkeit der verschiedenen Arten von schiedsgerichtlichen Entscheidungen besteht und die (positive) Zuständigkeitsentscheidung des Schiedsgerichts unterschiedlich eingeordnet wird: So kann das Schiedsgericht eine Vorabentscheidung über seine Zuständigkeit erlassen oder diese erst in der endgültigen Sachentscheidung aussprechen.[575] In der gängigen Schiedspraxis werden die Begriffe des „interim award“ und „partial award“ synonym verwendet, ohne die jeweilige Entscheidungen anhand bestimmter Kriterien als Zwischen- oder Teilschiedsspruch zu klassifizieren.[576] Die positive Zuständigkeitsentscheidung wird dabei überwiegend als anfechtbarer

---

572 *Schmidt*, Die Typologie von Schiedssprüchen, S. 136; *Synatschke*, Die Unzuständigkeitserklärung des Schiedsgerichts, S. 96.

573 *Rosenberg/Schwab/Gottwald*, Zivilprozessrecht, § 180 Rn. 9; vgl. auch *Schmidt*, Die Typologie von Schiedssprüchen, S. 136. Auch *Lionnet/Lionnet*, Handbuch der internat. u. nat. Schiedsgerichtsbarkeit, S. 402, bezeichnen die Kompetenzentscheidung im Rahmen von § 1040 Abs. 3 als Zwischenschiedsspruch und qualifizieren ihn seiner Natur nach als Teilschiedsspruch. A.A. MüKoZPO/*Münch*, § 1056 Rn. 11 (kein Zwischenschiedsspruch).

574 So auch *Schmidt*, SchiedsVZ 2013, 32, 33 in Bezug auf den Schiedsspruch: Die uneinheitliche Praxis der Bezeichnung der jeweiligen Entscheidung des Schiedsgerichts führe dazu, dass die Entscheidung teilweise keinen Schiedsspruch darstellt, aber vom Schiedsgericht so bezeichnet wird, oder andersherum. Die Bezeichnung der schiedsrichterlichen Entscheidung könne deshalb bei der tatsächlichen Einordnung und Definition des Schiedsspruchs keine Rolle spielen.

575 *Lew/Mistelis/Kröll*, Comparative International Commercial Arbitration, Rn. 14–25 („if jurisdiction is assumed the tribunal can either render a preliminary decision on jurisdiction or include its decision in the final award on the merits"); vgl. auch *Blackaby/Partasides*, Redfern and Hunter on International Arbitration, Rn. 9.05–9.08; *Berger*, Internationale Wirtschaftsschiedsgerichtsbarkeit, S. 409; *Schmidt*, SchiedsVZ 2013, 32, 39.

576 Vgl. *ICC Commission on International Arbitration*, Final Report on Interim and Partial Awards, ICC Bull. 1 (1990), S. 26 Rn. 5; so auch *Blackaby/Partasides/Redfern/Hunter*, Redfern and Hunter on International Arbitration, 5. Aufl., Rn. 9.07; die zuletzt jedoch

Zwischenschiedsspruch bezeichnet.[577] Parallel dazu formuliert Art. 16 Abs. 3 UNCITRAL-MG in der englischen Originalfassung, ein Schiedsgericht könne über eine seine Zuständigkeit entweder als *„preliminary question"* oder in einem *„award on the merits"* entscheiden.[578] Allein die Bezeichnung einer Entscheidungsform des Schiedsgerichts als „Schiedsspruch" kann daher nicht ausschlaggebend für die Rechtskraftwirkung über § 1055 ZPO sein. Der Wortlaut selbst bietet keine ausreichende dogmatische Grundlage, dem Zwischenentscheid materielle Rechtskraft positiv oder negativ zuzuordnen.

b) Indizien für eine Bindungswirkung

Gegebenenfalls können jedoch andere Kriterien den Charakter des Zwischenentscheids als schiedsspruchähnliche Entscheidung unterstreichen und eine Rechtskraft- bzw. Bindungswirkung der positiven Zuständigkeitsentscheidung rechtfertigen. Charakteristisches Merkmal eines Schiedsspruchs ist seine Anfechtbarkeit im Rahmen von § 1059 ZPO. Unterliegt eine schiedsgerichtliche Entscheidung daher einem anschließenden gerichtlichen Kontrollverfahren, kann dieser Umstand für die Schiedsspruchqualität sprechen. Die positive Zuständigkeitsentscheidung des Schiedsgerichts in Form des Zwischenentscheids ist gem. § 1040 Abs. 3 S. 2 ZPO auf Antrag der Parteien der staatlichen Kontrolle unterworfen. Die staatlichen Gerichte haben parallel zu der Regelung des § 1059 Abs. 3 ZPO nur dann das letzte Wort hinsichtlich der Zuständigkeitsentscheidung, wenn die Parteien den Zwischenentscheid innerhalb der gesetzlichen Frist anfechten. Allerdings wird im Rahmen von § 1040 Abs. 3 S. 2 ZPO eine gesetzliche Ausnahme zu dem Verbot der révision au fond von Schiedssprüchen statuiert, indem eine vollständige inhaltliche Nachprüfung der Zuständigkeitsentscheidung vorzunehmen ist.[579] Im Aufhebungsverfahren hingegen ist eine Richtigkeitskontrolle der Entscheidung nur in den engen Grenzen

---

nur noch den Begriff „partial award" verwenden, vgl. *Blackaby/Partasides/Redfern/Hunter*, Redfern and Hunter on International Arbitration, Rn. 9.19.
Vgl. auch AiG/*Huber*/Bach, § 1040 Rn. 32 („preliminary award") u. AiG/*von Schlabrendorff/Sessler*, § 1055 Rn. 13 („One special partial award is the preliminary ruling of the arbitral tribunal on its own jurisdiction").

577 *Schmidt*, Die Typologie von Schiedssprüchen, S. 135; *ders.* SchiedsVZ 2013, 32, 39 mit Fn. 86; *Lionnet/Lionnet*, Handbuch der internat. u. nat. Schiedsgerichtsbarkeit, S. 402. Zur alten Rechtslage BGH Urt. v. 02.07.1992 – III ZR 84/91, NJW-RR 1993, 444, 445 („Zwischenschiedsspruch über die Zulässigkeit des Schiedsverfahrens").

578 Dazu *Holtzmann/Neuhaus*, UNCITRAL Model Law, S. 486, S. 511 [Nr. 12–14].

579 *Lachmann*, Handbuch für die Schiedsgerichtspraxis, Rn. 2150 f. i.V.m. Rn. 2147.

des ordre publics möglich.[580] Jedoch erfolgt der Entscheid über die Zuständigkeitsrüge nach dem Gesetzeswortlaut *„in der Regel"* durch Zwischenentscheid, diese Entscheidungsform ist aber nicht justiziabel. Wird die Zuständigkeitsfrage daher erst im Sachschiedsspruch beantwortet, kann die Reichweite und Existenz einer wirksamen Schiedsvereinbarung gem. § 1059 Abs. 2 Nr. 1a/1c ZPO ebenfalls vollumfänglich geprüft werden.[581] Für diesen Fall findet im Hinblick auf die Kompetenzklärung wie auch bei § 1040 Abs. 3 S. 2 ZPO eine volle inhaltliche Überprüfung der schiedsrichterlichen Entscheidung statt, sodass die Prüfungsmaßstäbe der § 1059 Abs. 2 Nr. 1a/1c und § 1040 Abs. 3 S. 2 ZPO in der Kompetenzüberprüfung gleichlaufen. Die Ausgestaltung der Prüfungskompetenz im Rahmen des § 1040 Abs. 3 S. 2 ZPO als inhaltliche Richtigkeitskontrolle spricht deshalb weder für noch gegen die Schiedsspruchqualität des Zwischenentscheids.[582]

Möglicherweise ist der Zwischenentscheid jedoch auch mit einem staatlichen Zwischenurteil gem. § 280 ZPO, das bei einer abgesonderten Verhandlung über die Zulässigkeit der Klage und Abweisung der Schiedseinrede inzident die Unwirksamkeit der Schiedsvereinbarung feststellt, vergleichbar. Letztlich ist der Zwischenentscheid über die Zuständigkeit nämlich das prozessuale Spiegelbild zum Zwischenurteil nach § 280 ZPO.[583] Weil auf das Zwischenurteil nach § 280 ZPO regelmäßig eine materiell rechtskräftige, das Schiedsgericht bei identischen Streitgegenständen bindende Entscheidung in der Hauptsache folgt und die Entscheidung über die Wirksamkeit der Schiedsvereinbarung als für die Zulässigkeit der Klage präjudizielle Vorfrage der Zwischenfeststellung nach § 256 Abs. 2 ZPO ähnelt, wurde eine Bindung des Schiedsgerichts an die dem Zwischenurteil zugrundeliegende Feststellung der Unwirksamkeit der Schiedsvereinbarung bejaht („sui generis").[584] Diese Prozesskonstellation

---

580 Dass im Aufhebungs- und Vollstreckungsverfahren das Verbot der révision au fond gilt, ist allgem. Meinung: BGH Beschl.v. 06.06.2002 – III ZB 44/01, BGHZ 151, 79, 80 [juris Rn. 15]; OLG München Beschl. v. 07.09.2005 – 34 Sch 21/05, OLGR München 2006, 208 [juris Rn. 9]; OLG Köln Beschl. v. 23.03.2004 – 9 Sch 1/03, SchiedsVZ 2005, 163, 165 [juris Rn. 32]; ähnlich bereits RG Urt. v. 24.11.1922 – VII 49/22, RGZ 105, 385, 386 f.
Ferner BT-Drucks. 13/5274, S. 58 f.; Schwab/Walter, Schiedsgerichtsbarkeit, Kap. 24 Rn. 1; Zöller/Geimer, § 1059 Rn. 74–75 m.w.N.

581 Siehe hierzu die Ausführungen unter § 2.B.III.3, S. 38.

582 Vgl. dazu insbes. *Synatschke*, Die Unzuständigkeitserklärung des Schiedsgerichts, S. 96.

583 So auch Hk-ZPO/*Saenger*, § 1040 Rn. 10; Thomas/Putzo/*Seiler*, § 1040 Rn. 6.

584 Siehe hierzu Gliederungspunkt § 6.B.I.2, S. 148.

entspricht konzeptionell der Kompetenzprüfung und Zuständigkeitsentscheidung im Schiedsverfahren. Ebenso wie durch das Zwischenurteil, soll das Schiedsgericht durch den Zwischenentscheid möglichst schnell und abschließend Rechtssicherheit bezüglich der Zulässigkeit eines schiedsrichterlichen Verfahrens schaffen, um anschließend auf dieser Grundlage eine Entscheidung in der Hauptsache zu treffen und einen Schiedsspruch zu erlassen. Die Entscheidung über die Zulässigkeit des Schiedsverfahrens, die das Schiedsgericht mit Zwischenentscheid feststellt, beruht ebenso wie das Zwischenurteil i.S.v. § 280 ZPO auf der inzidenten Beurteilung der präjudiziellen Vorfrage nach der Wirksamkeit der Schiedsvereinbarung.

c) Regelungswerk in Österreich und der Schweiz

Bis zur Reform des österreichischen Schiedsrechts[585] im Jahr 2006 existierte keine gesetzlich normierte Kompetenz-Kompetenz der Schiedsgerichte in der österreichischen ZPO. Gleichwohl waren Schiedsrichter auch unter alter Rechtslage unbestritten dazu berechtigt, ihre eigene Zuständigkeit festzustellen.[586] Der Mangel fehlender Kodifikation wurde im Zuge der Neuregelung behoben: In Anlehnung an Art. 16 Abs. 1 UNCITRAL-MG und § 1040 Abs. 1 ZPO regelt § 592 Abs. 1 öZPO[587] nun ausdrücklich die – vorläufige[588] – Kompetenz-Kompetenz des Schiedsgerichts. Die öZPO sieht kein § 1040 Abs. 3 S. 2 ZPO entsprechendes Zwischenverfahren vor. Nach § 592 Abs. 1 S. 2 öZPO ergehen positive Zuständigkeitsentscheidungen entweder inzident mit dem

---

585 Vgl. hierzu Fn. 254.

586 Auch nach altem Recht war die Kompetenz-Kompetenz der Schiedsgerichte vorläufig bzw. eine im weiteren Sinn; eine Kompetenz-Kompetenz kraft vertraglicher Vereinbarung wurde verneint. Siehe dazu OGH v. 28.11.2000 – 1 Ob 126/00m [unter c)] (zit. nach ris), wobei dieser Entscheidung allerdings keine Begründung oder dogmatische Auseinandersetzung mit einer vertraglich vereinbarten Kompetenz-Kompetenz zu entnehmen ist. Vgl. auch *Rechberger/Melis* in: *Rechberger*, ZPO, 2. Aufl., § 577 Rn. 13; *Fasching*, Schiedsgericht und Schiedsverfahren im österreichischen und im internationalen Recht, S. 35; *Reiner*, ZfRV 1986, 162, 199.

587 § 592 Abs. 1 öZPO: „*Das Schiedsgericht entscheidet selbst über seine Zuständigkeit. Die Entscheidung kann mit der Entscheidung in der Sache getroffen werden, aber auch gesondert in einem eigenen Schiedsspruch.*"

588 ErläutRV 1158 BlgNR 22. GP, S. 15 [Zum § 592, Rn. 3]. Ausführlich zur Kompetenz-Kompetenz auch Fasching/Konecny/*Hausmaninger*, ZPO, § 592 Rn. 4; *Fremuth-Wolf* in: *Riegler* [u.a.], Arbitration, § 592 Rn. 3. Vgl. zu dem Wechselspiel zwischen schiedsgerichtlicher Zuständigkeitsentscheidung und staatlicher Kontrolle die Darstellung unter den Gliederungspunkten § 4 B.II.1.b), S. 87 u. § 4.B.II.1.c), S. 89.

Schiedsspruch zur Sache oder aber, bei separatem Ausspruch, formell als Schiedsspruch. Der Schiedsspruch über die Zuständigkeit ist, wie jeder andere Schiedsspruch auch, über § 611 Abs. 1 S. 2 i.V.m. Abs. 2 Nr. 1 Alt. 1 öZPO anfechtbar. Er nimmt als endgültige und abschließende Entscheidung über den inhaltlich mit § 1055 ZPO korrespondierenden § 607 öZPO unmissverständlich an der formellen und materiellen Rechtskraftwirkung teil.[589] Insofern erübrigt sich die im deutschen Recht diskutierte Problematik um die Bindungswirkung und die Rechtskraftfähigkeit des positiven Kompetenzausspruchs in Form eines Zwischenentscheids für das österreichische Recht. Parallel zur deutschen Regelung beschränkt zwar auch § 592 Abs. 2 öZPO die Einrede der Unzuständigkeit spätestens auf den Zeitpunkt des ersten Vorbringens zur Sache, einschließlich einer Entschuldigungsmöglichkeit bei verspäteter Rüge. Bei Fristversäumnis ist die Einrede der Unzuständigkeit des Schiedsgerichts auch für das Aufhebungsverfahren präkludiert.[590] Unabhängig von der Einrede der Unzuständigkeit entscheidet das Schiedsgericht aber mit einem Schiedsspruch über seine Zuständigkeit, der dann in Rechtskraft erwächst. Diese Rechtskraft wirkt in gleichem Umfang wie die materielle Rechtskraft staatlicher Gerichtsentscheidungen innerhalb des Schiedsverfahrens und gegenüber anderen Gerichten. Über den ne-bis-in-idem-Grundsatz wird die nochmalige Entscheidung desselben Rechtsstreits – hier die erneute Entscheidung über die Zuständigkeit des Schiedsgerichts – ausgeschlossen.[591]

So eindeutig ist die Rechtslage im Internationalen Schweizer Schiedsrecht nicht geregelt. Gem. Art. 186 Abs. 3 IPRG ergeht die schiedsgerichtliche Zuständigkeitsentscheidung in der Regel in Form eines Vorentscheids.[592] Diese

---

589 Unbestritten, vgl. nur *Dorda*, FS Torggler (2013), 169, 176 f. m.w.N.
Ebenso wie im deutschen Recht bewirkt die Anfechtungsmöglichkeit keinen Suspensiveffekt und hindert somit nicht den Eintritt der formellen Rechtskraft. Bei erfolgreicher Aufhebungsklage wird die formelle Rechtskraft rückwirkend beseitigt. Fasching/Konecny/*Hausmaninger*, ZPO, § 607 Rn. 33; siehe auch *Rechberger* in: *Liebscher/ Oberhammer/ Rechberger* (Hrsg.), Schiedsverfahrensrecht Band I, Rn. 6/74.

590 Vgl. *Fremuth-Wolf* in: *Riegler* [u.a.], Arbitration, § 592 Rn. 24 f.

591 Fasching/Konecny/*Hausmaninger*, ZPO, § 607 Rn. 34.
Konsequenterweise ist die Rechtskraft des Schiedsspruchs aufgrund der umfassenderen Gleichstellung von schiedsgerichtlichen und staatsgerichtlichen Entscheidungen von Amts wegen wahrzunehmen und der Parteidisposition entzogen, vgl. Fasching/Konecny/*Hausmaninger*, ZPO, § 607 Rn. 28.

592 Vgl. zur Ausgestaltung der relativen Kompetenz-Kompetenz im Schweizer Recht die Ausführungen unter Gliederungspunkt § 3.A.II.131.

Formulierung soll verdeutlichen, dass es sich bei der Zuständigkeitsentscheidung um eine Vorfrage des Hauptprozesses handelt, wobei im Falle der Kompetenzbejahung gleichsam von einem prozessualen Zwischenentscheid gesprochen werden kann.[593] Diese Auslegung stimmt mit § 359 Abs. 1 sZPO überein, wonach das Schiedsgericht durch Zwischenentscheid oder im Hauptsacheverfahren über das Vorliegen einer wirksamen Schiedsvereinbarung entscheidet. Für die nationale Schiedsgerichtsbarkeit ist die positive Zuständigkeitsentscheidung als Zwischenentscheid direkt nach Art. 392 lit. a sZPO anfechtbar. Zwar spricht das Gesetz in Art. 392 lit. a sZPO formaljuristisch von einem Zwischenschiedsspruch, Art. 359 Abs. 1 sZPO hingegen von einem Zwischenentscheid. Art. 393 lit. b sZPO normiert jedoch den ausdrücklichen Anfechtungsgrund für den Fall, dass *„sich das Schiedsgericht zu Unrecht für zuständig oder unzuständig erklärt hat."* Das Gesamtgefüge dieser Regelungen und die Gesetzessystematik lassen vor diesem Hintergrund keinen gesetzesimmanenten Unterschied zwischen beiden Entscheidungsformen zu.[594] Auch bei internationalen Schiedsverfahren kann der positive Zwischen- bzw. Vorentscheid staatsgerichtlicher Kontrolle über Art. 190 Abs. 2 lit. b IPRG zugeführt werden. Unterbleibt eine Anfechtung, bindet der Zwischenentscheid den staatlichen Richter über das Prinzip der res iudicata, gerade weil die Geltendmachung wegen der identischen Rügefristen für die Einrede der Unzuständigkeit in Art. 186 Abs. 2 IPRG bzw. Art. 359 Abs. 2 sZPO präkludiert.[595]

2. *Schlussfolgerung*

Nach dem Zweck der gesetzlichen Prüfungskompetenz des Schiedsgerichts ist eine Bindung des staatlichen Richters an einen nicht fristgerecht angefochtenen Zwischenentscheid sachgerecht und sinnvoll, da der prozessökonomisch zweckmäßigen und erforderlichen Zwischenentscheidung andernfalls ihre Bedeutung

---

593 So BSK-IPRG/*Schott/Courvoisier*, Art. 186 Rn. 117; *Liatowitsch*, Schweizer Schiedsgerichte und Parallelverfahren vor Staatsgerichten im In- und Ausland, S. 35.

594 Ebenso befürworten auch BSK-ZPO/*Girsberger*, Art. 359 Rn. 26, einen „selbstständig anfechtbare[n] Zwischenentscheid." Ausdrücklich auch Kurzkommentar-ZPO/*Dasser*, Art. 359 Rn. 6.

595 *Liatowitsch*, Schweizer Schiedsgerichte und Parallelverfahren vor Staatsgerichten im In- und Ausland, S. 73 f.; *Rüede/Hadenfeldt*, Schweizerisches Schiedsgerichtsrecht, S. 236; im Ergebnis auch *Berger/Kellerhals*, International and Domestic Arbitration in Switzerland, Rn. 729, 731.

genommen werden würde – jedenfalls im Falle der Nichtanfechtung.[596] Eine rechtliche Bindungswirkung realisiert sich sodann auch in dem von der herrschenden Meinung bejahten präklusionsbedingten Ausschluss einer anschließenden Überprüfung seitens staatlicher Gerichte. Die herausgearbeiteten Ähnlichkeiten des Zwischenentscheids zu einem echten Schiedsspruch sowie dem Zwischenurteil nach § 280 ZPO streiten jedoch darüber hinaus auch für eine „eigene" Bindungswirkung. Insbesondere der Vergleich mit dem Zwischenurteil nach § 280 ZPO verdeutlicht die Zweckidentität von Zwischenentscheid und Zwischenurteil, sodass es sachgerecht ist, auch dem schiedsgerichtlichen Zwischenentscheid formelle Rechtskraft zuzusprechen.[597] Im Umkehrschluss kann dem Zwischenentscheid dann aber keine weitergehende Wirkung zukommen, als dem Zwischenurteil im staatlichen Prozess. Das Zwischenurteil nach § 280 ZPO ist nicht der materiellen Rechtskraft fähig, sodass nichts anderes für den schiedsgerichtlichen Zwischenentscheid gelten kann.[598] Vielmehr sollte der unangefochtene Zwischenentscheid des Schiedsgerichts ebenso wie das Zwischenurteil des staatlichen Gerichts Bindungswirkung „sui generis" für das weitere Schiedsverfahren[599] sowie auch im Hinblick auf den staatlichen Richter entfalten.[600]

---

596 Ähnlich auch *Synatschke*, Die Unzuständigkeitserklärung des Schiedsgerichts, S. 92: Der Entscheidung soll eine gewisse rechtliche Bindungswirkung zukommen, „da ansonsten die Entscheidung ebenso gut unterbleiben könnte."

597 Vgl. MüKoZPO/*Münch*, § 1040 Rn. 26; *Spohnheimer*, FS Käfer (2009), 357, 359.

598 A.A. jedoch OLG München Beschl. v. 24.08.2010 – 34 Sch 21/10, SpuRt 2012, 22 [juris Rn. 156] mit Verweis auf Stein/Jonas/*Schlosser*, § 1040, 22. Aufl., Rn. 12 bzw. in der aktuellen 23. Aufl. § 1040 Rn. 21: „Eine vom Schiedsgericht gemäß § 1040 Abs. 1 Satz 1 ZPO getroffene Zwischenentscheidung über die Zuständigkeit wird materiell rechtskräftig und bindet das staatliche Gericht im Aufhebungsverfahren [...], wenn sie nicht rechtzeitig angefochten wird." Die Ansicht von *Schlosser* zur materiellen Rechtskraft des Zwischenentscheids ist daher insofern stringent, da er auch dem Zwischenurteil nach § 280 ZPO materielle Rechtskraftwirkung zuspricht. Siehe dazu Gliederungspunkt § 6.B.I.2, S. 148, sowie Fn. 487.
Im Ergebnis ebenso *Synatschke*, Die Unzuständigkeitserklärung des Schiedsgerichts, S. 96 f., 99.

599 Eine Bindungswirkung analog § 318 ZPO befürworten *Spohnheimer*, Gestaltungsfreiheit bei antezipiertem Legalanerkenntnis des Schiedsspruchs, S. 54 u. *Lühmann*, Die Rechtskraft des Schiedsspruchs, S. 34 f., letzterer allerdings im Vergleich zum Zwischenurteil nach § 303 ZPO. Beide Verfasser verneinen die Rechtskraftfähigkeit.

600 Für das Aufhebungs- und Vollstreckbarerklärungsverfahren: *Schwab/Walter*, Schiedsgerichtsbarkeit, Kap. 18 Rn. 10; MüKoZPO/*Münch*, § 1040 Rn. 26; *Schmidt*, Die Typologie von Schiedssprüchen, S. 144.

Auch der Blick auf das österreichische und schweizerische Recht, in denen sich die Problematik um die Rechtskraft und die Bindungswirkung des zuständigkeitsbejahenden Zwischenentscheids nicht stellt, spricht für eine solche Bindungswirkung. Der österreichische Gesetzgeber hat mit der Formulierung der positiven Zwischenentscheidung als Schiedsspruch und der Zuerkennung formeller und materieller Rechtskraft der Diskussion vorgebeugt. Auch nach den Schweizer Regelungen zum Schiedsverfahrensrecht, die in der Begrifflichkeit weniger klar sind, nimmt die Zuständigkeitsentscheidung an der Rechtskraft teil und bindet die Richter eines staatlichen Verfahrens. In ihrer Bindungswirkung entspricht die Zwischenentscheidung über die Zuständigkeit im Ergebnis einem endgültigen Schiedsspruch. Auch deshalb ist die dargestellte Annäherung des Zwischenentscheids an einen „echten" Schiedsspruch im deutschen Recht so zu werten, dass eine Bindung „sui generis" gegenüber den staatlichen Richtern eintritt.[601] Allerdings kann auch mithilfe dieser konstruierten Bindungswirkung das Schiedsgericht nicht die Wirksamkeit der Schiedsvereinbarung allgemeingültig feststellen – weder für die staatlichen Gerichte noch für andere Schiedsgerichte. Die Prüfungskompetenz aus § 1040 Abs. 1 ZPO beschränkt sich auf *„die eigene Zuständigkeit und im Zusammenhang hiermit"*. Der Zwischenentscheid bindet daher nur in Bezug auf das konkrete Schiedsverfahren, nicht darüber hinaus für alle zukünftigen Verfahren.[602]

Abschließend lässt sich daher festhalten, dass mit Ablauf der Monatsfrist der positive Zwischenentscheid formell rechtskräftig wird und darüber hinaus eine in Bezug auf die Kompetenzentscheidung der materiellen Rechtskraft ähnliche Bindungswirkung „sui generis" entfaltet. Die Unzuständigkeit des Schiedsgerichts vor staatlichen Gerichten kann ab diesem Zeitpunkt nicht mehr vorgebracht werden. Die Bindung staatlicher Gerichte folgt neben der Präklusionswirkung – von der sie sich im Übrigen nicht unterscheidet – insbesondere aus der konzeptionellen Ähnlichkeit von Zwischenentscheid und Zwischenurteil nach § 280 ZPO, da beide Kompetenzentscheidungen auf der indirekten Feststellung der Wirksamkeit bzw. Unwirksamkeit der Schiedsvereinbarung beruhen. Entfaltet der nicht angefochtene Zwischenentscheid Bindungswirkung gegenüber

601 Im Ergebnis so auch *Synatschke*, Die Unzuständigkeitserklärung des Schiedsgerichts, S. 96, die allerdings die materielle Rechtskraft des Zwischenentscheids befürwortet.

602 *Synatschke*, Die Unzuständigkeitserklärung des Schiedsgerichts, S. 97. In Bezug auf die Zuständigkeit des konkret tätigen Schiedsgerichts tritt für die vorgelegte Streitigkeit dann aber materielle Rechtskraft ein, vgl. S. 99.

dem staatlichen Gericht, schlägt deren abschließende Kompetenz-Kompetenz (ausnahmsweise) nicht durch, sondern wird vielmehr umgekehrt: Der positive Zwischenentscheid trifft eine abschließende Bewertung der Schiedsgerichtskompetenz; ausnahmsweise sind die Gerichte an die Zuständigkeitsentscheidung des Schiedsgerichts gebunden. Dieses Ergebnis widerspricht nicht dem Grundsatz der endgültigen Kompetenz-Kompetenz staatlicher Gerichte. Gerichtliche Kontrolle ist nicht ausgeschlossen, sondern nur zeitlich beschränkt. Den zeitlichen Rahmen normiert die Regelung des § 1040 Abs. 3 S. 2 ZPO.

II. Zuständigkeitsentscheidung im Schiedsspruch zur Sache

Die Rechtskraft des Sachurteils steht grundsätzlich einer weiteren Entscheidung des Schiedsgerichts über denselben Rechtsstreit entgegen.[603] Parallel zu den obigen Ausführungen ist daher zu untersuchen, ob neben der grundsätzlich bestehenden materiellen Rechtskraft des Sachschiedsspruchs[604] auch bereits die diesem inzident zugrundeliegende positive Zuständigkeitsentscheidung des Schiedsgerichts im staatlichen Verfahren durchgesetzt werden kann. Diese Frage wird jedoch nur relevant, wenn die Anfechtung des Schiedsspruchs wegen der Versäumung der Frist nach § 1059 Abs. 3 ZPO nicht mehr möglich ist. Mit der Präklusion entfaltet der nicht mehr anfechtbare bestandskräftige Schiedsspruch[605] materielle Rechtskraft, die einer sukzessiven Klage über denselben prozessualen Streitgegenstand entgegensteht. Für den staatlichen Richter steht damit in diesem konkreten Streitfall die Unzuständigkeit der staatlichen Gerichte fest.[606] Richtigerweise wird der Richter eines Hauptsacheverfahrens dieses daher aussetzen, um eine mögliche Anfechtung des Schiedsspruchs durch die Parteien abzuwarten.[607]

---

603 Ausschlaggebend ist eine Bindungswirkung an den inzidenten Zuständigkeitsausspruch daher nur bei der Geltendmachung neuer prozessualer Ansprüche im Schiedsverfahren, die der im staatlichen Verfahren zu beurteilenden Schiedsvereinbarung unterliegen. Vgl. die Ausführungen zur praktischen Bedeutung der Bindungswirkung an die inzidente Zuständigkeitsentscheidung des staatlichen Sachurteils unter § 6.B.I.1, S. 144.

604 Dazu unter Gliederungspunkt § 6.A.II.3, S. 135.

605 BT-Drucks. 13/5274, S. 60 li.Sp.; BeckOK-ZPO/*Vorwerk/Wolf*, § 1059 Rn. 21.

606 *Lachmann*, Handbuch für die Schiedsgerichtspraxis, Rn. 646; B/L/A/H/G/*Anders*, § 1032 Rn. 8.

607 Vgl. Zöller/*Geimer*, § 1032 Rn. 13; Musielak/*Voit*, § 1032 Rn. 8; *Hilbig*, SchiedsVZ 2009, 247, 257.

1. *Rechtskraft*

Im Schiedsverfahren prüft der Schiedsrichter die konkret infrage stehende Zuständigkeit des konstituierten Schiedsgerichts in Bezug auf die zugrunde gelegte Schiedsvereinbarung. Die schiedsgerichtliche Kompetenzentscheidung kann nicht generell, über das spezielle Schiedsverfahren mit dem geltend gemachten Streitgegenstand hinaus, die Wirksamkeit der Schiedsvereinbarung feststellen.[608] Ebenso wie beim Sachurteil im staatlichen Prozess ist auch der Ausspruch über die Zulässigkeit des Schiedsverfahrens nicht Gegenstand des Tenors des Schiedsspruchs zur Hauptsache. Die Kompetenzprüfung im Rahmen des Sachschiedsspruchs ist lediglich eine prozessuale Vorfrage und entfaltet keine Rechtskraft.[609] Analog zur Rechtskraft des Sachurteils[610], mit dem das Gericht inzident über die Schiedseinrede und die Zulässigkeit des staatlichen Verfahrens entscheidet, erstreckt sich auch die Rechtskraft des Schiedsspruchs nicht auf die Zuständigkeitsentscheidung als solche. Der staatliche Richter eines nachfolgenden Verfahrens ist daher nicht aufgrund materieller Rechtskraftwirkung an die inzident festgestellte Zuständigkeit des Schiedsgerichts gebunden. Der Schiedsspruch zur Sache kann keine weitreichendere Wirkung entfalten als das Sachurteil.

2. *Präklusionswirkung*

Eine mittelbare Bindungswirkung an die inzidente Zuständigkeitsentscheidung im Sachschiedsspruch könnte sich parallel zum nicht angefochtenen Zwischenentscheid des Schiedsgerichts durch das Versäumnis der Parteien ergeben, die Zuständigkeit des Schiedsgerichts nicht gerügt zu haben. Ergeht direkt ein Schiedsspruch und kein Zwischenentscheid über die Zuständigkeit, weil die Parteien die Zuständigkeit des Schiedsgerichts im laufenden Schiedsverfahren nicht *„spätestens mit der Klagebeantwortung"* rügen, wird die Zuständigkeit des Schiedsgerichts begründet.[611] Nach herrschender Ansicht steht diese dann für nachfolgende Gerichte insbesondere im Rahmen des Aufhebungs- oder Vollstreckbarerklärungsverfahren fest.[612] Diese Auffassung bedient sich der zur

---

608 Vgl. *Synatschke*, Die Unzuständigkeitserklärung des Schiedsgerichts, S. 97.

609 So ausdrücklich wohl nur MüKoZPO/*Münch*, § 1040 Rn. 6 mit Verweis auf OLG Hamburg Urt. v. 19.12.1924 – Bf V 368/24, JW 1925, 2348 (Nr. 23).

610 Vgl. hierzu die Ausführungen unter § 6.B.I.1, S. 144.

611 So z.B. MüKoZPO/*Münch*, § 1040 Rn. 33.

612 AiG/*Huber/Bach*, § 1040 Rn. 20 u. 32 sowie AiG/*Kröll/Kraft*, § 1059 Rn. 60; MüKoZPO/*Münch*, § 1040 Rn. 42; Thomas/Putzo/*Seiler*, § 1040 Rn. 5; BeckOK-ZPO/*Wolf/Eslami*, § 1040 Rn. 30; Wieczorek/*Schütze*, § 1040 Rn. 23 u. 35; B/L/A/H/G/*Anders*,

Begründung des präkludierten Anfechtungsantrags gegen den Zwischenentscheid[613] entwickelten Argumente. Die herrschende Meinung führt aus, die Rügefrist als Präklusionsfrist entspräche der Intention des Gesetzgebers, mit der Vorschrift des § 1040 ZPO ein Gesamtsystem früher staatlicher Kontrolle hinsichtlich der Zuständigkeitsfrage zu etablieren. Dem Grundsatz übergeordneter staatlicher Kontrolle werde jedoch ein zeitlicher Rahmen gesetzt: § 1040 Abs. 2 ZPO begrenze das Rügerecht der Parteien in zeitlicher Hinsicht und fordere die Unzuständigkeitsrüge bis *„spätestens mit der Klagebeantwortung"*; § 1040 Abs. 3 S. 2 ZPO enthalte die zeitliche Vorgabe für die staatliche Kontrolle des Zwischenentscheids *„innerhalb eines Monats"*, mit weitreichender Präklusionswirkung für das staatliche Verfahren. Diese zeitliche Reglementierung staatlicher Kontrolle würde, ebenso wie im Falle einer nachträglichen Überprüfung des Zwischenentscheids, umgangen, ließe man die nachträgliche Rüge der Unzuständigkeit nach Ablauf der für das Schiedsverfahren geltenden Frist im staatlichen Verfahren zu. Vielmehr noch würden die Möglichkeiten der Torpedierung des Schiedsverfahrens erweitert, wenn nach zeit- und kostenintensivem Abschluss des Schiedsverfahrens, der Schiedsspruch im Aufhebungsverfahren hinsichtlich der Zuständigkeitsentscheidung überprüft werden könnte.[614]

Im Ergebnis ist daher eine Überprüfung der im Sachurteil inzident ausgesprochenen Zuständigkeit des Schiedsgerichts durch den staatlichen Richter im Aufhebungs- oder Vollstreckbarerklärungsverfahren ausgeschlossen. In Übereinstimmung mit der herrschenden Meinung ist es konsequent, diese Präklusionswirkung auch auf die Ebene der übrigen staatlichen Gerichtsverfahren auszuweiten. Auch in einem trotz Sachschiedsspruch eingeleiteten Hauptsacheverfahren über denselben prozessualen Anspruch hat der Richter bereits die Zuständigkeit des Schiedsgerichts anzunehmen, sodass eine Schiedseinrede erfolglos wäre.[615] Im Umkehrschluss gilt dieses Ergebnis auch für den Kläger des Schiedsverfahrens, der nach klageabweisendem Schiedsspruch wegen desselben Anspruchs Klage vor einem staatlichen Gericht erhebt. Es käme zu einem

---

§ 1040 Rn. 3 a.E.; Stein/Jonas/*Schlosser*, § 1040 Rn. 9 a.E.; *Hausmann*, FS Stoll (2001), 593, 597 u. 601 f.; KG Berlin Beschl. v. 17.12.2007 – 20 Sch 05/07, SchiedsVZ 2009, 179, 180 f. [juris Rn. 30].

613 Siehe dazu nur BGH Beschl. v. 27.03.2003 – III ZB 83/02, SchiedsVZ 2003, 133, 133 f. [juris Rn. 2, 4]; BT-Drucks. 13/5274, S. 44 li.Sp.; sowie die umfassende Darstellung unter Gliederungspunkt § 6.C.I, S. 168 mit Verweis auf § 2.B.III.3, S. 38.

614 Vgl. nur noch MüKoZPO/*Münch*, § 1040 Rn. 42.

615 Vgl. auch Musielak/*Voit*, § 1032 Rn. 8; *Lachmann*, Handbuch für die Schiedsgerichtspraxis, Rn. 646.

Wertungswiderspruch im Rahmen von § 1040 ZPO, wenn der Kläger eines Schiedsverfahrens nach erklärter Zuständigkeit des Schiedsgerichts ein staatliches Gericht anrufen und die Unzuständigkeit des Schiedsgerichts geltend machen dürfte, während der Beklagte mit dieser Rüge bereits präkludiert ist.[616] Wie bereits hervorgehoben, steht einer Klage vor dem staatlichen Gericht allerdings ohnehin der rechtskräftige Endschiedsspruch in der Sache entgegen.

3. *Zuständigkeitsrüge*

Anders zu beurteilen ist der Fall, dass der Schiedsbeklagte die Unzuständigkeitsrüge erhoben hat und das Schiedsgericht nicht wie *„in der Regel"* vorgesehen durch Zwischenentscheid, sondern erst inzident im Schiedsspruch zur Sache seine Zuständigkeit feststellt. In diesem Falle kann die Unzuständigkeit des Schiedsgerichts im Anfechtungsverfahren geltend gemacht werden: Durch die Form des endgültigen Sachschiedsspruchs wird den Parteien mangels Zwischenentscheid die Möglichkeit einer frühzeitigen Anfechtung der Zuständigkeitsentscheidung nach § 1040 Abs. 3 S. 2 ZPO genommen. Nach der Kompetenz-Kompetenz-Doktrin muss die Zuständigkeitsentscheidung des Schiedsgerichts jedoch stets (wenn auch zeitlich begrenzt) staatlicher Prüfung zugänglich sein. Andernfalls wäre die endgültige Kompetenz-Kompetenz der Gerichte ausgehebelt. Dieses Prinzip muss unabhängig von der Entscheidungsform gelten, da sonst gerichtliche Kontrolle durch die Form der Zuständigkeitsentscheidung umgangen werden könnte. Gerichtliche Kontrolle gegen den Schiedsspruch zur Sache kann in diesem Fall (nur) im Aufhebungsverfahren nach § 1059 Abs. 2 Nr. 1a ZPO bzw. im Vollstreckbarerklärungsverfahren gem. § 1060 Abs. 2 ZPO erwirkt werden.[617] Die zuvor analysierte Präklusionswirkung nach § 1040 Abs. 2 oder Abs. 3 S. 2 ZPO kann kein ausschlaggebendes Kriterium für einen Ausschluss staatlicher Kontrollbefugnis und damit einhergehender Bindungskraft im Falle einer inzidenten Zuständigkeitsentscheidung sein. Die Rügefrist gem. § 1040 Abs. 2 ZPO wurde gewahrt, eine Einhaltung der Anfechtungsfrist des § 1040 Abs. 3 S. 2 ZPO scheitert an dem fehlenden Zwischenentscheid. Um die Letztentscheidungsbefugnis staatlicher Gerichte nicht zu untergraben, muss eine staatliche Überprüfung der schiedsgerichtlichen Entscheidungsmacht in der postarbitralen Phase möglich sein. In der Konsequenz kann die inzident im Sachschiedsspruch

616 Ausführlicher zu dieser Konstellation *Illmer*, Der Arglisteinwand an der Schnittstelle von staatlicher Gerichtsbarkeit und Schiedsgerichtsbarkeit, S. 115 ff.

617 Vgl. erneut Gliederungspunkt § 2.B.III.3, S. 38.

enthaltene Zuständigkeitsentscheidung den staatlichen Richter in einem nachfolgenden staatlichen Verfahren nicht binden.

III. Unzuständigkeitserklärung des Schiedsgerichts

Fehlt es gänzlich an einer wirksamen Schiedsvereinbarung oder erstreckt die Schiedsvereinbarung sich nicht auf den klageweise geltend gemachten Streitgegenstand, weist das Schiedsgericht die Klage nach herrschender Ansicht parallel zum staatlichen Prozessurteil durch einen Prozessschiedsspruch als unzulässig ab.[618] Entsprechend der Situation des klageabweisenden Prozessurteils ist die Bindungswirkung dieser Kompetenzabweisung problematisch. Die Unzuständigkeitserklärung als endgültiger und verfahrensbeendender Prozessschiedsspruch schafft dem Grundsatz des § 1055 ZPO nach Rechtskraft. Neben der Schwierigkeit, ob durch den Prozessschiedsspruch die Unwirksamkeit der Schiedsvereinbarung bindend festgestellt wird und das staatliche Gericht eine erhobene Schiedseinrede ohne weitere Prüfung zu verwerfen und in der Sache zu entscheiden hat, erstreckt sich die Kernproblematik auf den Umfang und die Reichweite der Rechtskraftwirkung. Damit ist insbesondere das Problem der Anfechtung eines Schiedsspruchs verknüpft. Zu beantworten ist in diesem Zusammenhang die grundsätzliche Frage, inwieweit eine negative Kompetenzentscheidung staatlicher Kontrolle unterliegt. Da ein Prozessschiedsspruch erst in materieller Rechtskraft erwächst, wenn er nicht mehr angefochten werden kann[619], wird eine Bindung der staatlichen Richter in einem normalen Hauptsacheverfahren über denselben Streitgegenstand von der Reichweite und Wahrnehmung der staatlichen Kontrollbefugnisse im Aufhebungs- und Vollstreckbarerklärungsverfahren beeinflusst.

1. Umfang der Rechtskraft

Soweit für die schiedsgerichtliche Entscheidungsform ein entsprechendes Pendant in der staatlichen Gerichtsbarkeit existiert, orientieren sich Rechtskraftfähigkeit und Umfang der materiellen Rechtskraft an den für die Gerichte geltenden Grundsätzen.[620] Im Einklang mit den zu Rechtskraft- und

---

618 Siehe grundlegend zur Unzuständigkeitserklärung durch einen Prozessschiedsspruch die Ausführungen unter Gliederungspunkt § 2.B.II.3, S. 29.

619 Vgl. zur formellen und materiellen Rechtskraft eines Schiedsspruchs im Allgemeinen unter § 6.A, S. 127 ff.

620 Stein/Jonas/*Schlosser* ZPO, § 1055 Rn. 20. Diesen Vergleich legt auch der BGH Beschl. v. 06.06.2002 – III ZB 44/01, BGHZ 151, 79, 81 f. = SchiedsVZ 2003, 39 nahe, der sich bei der Kategorisierung der Klageabweisung als Prozessschiedsspruch an dem

Bindungswirkungen des Prozessurteils dargestellten Erörterungen, entwickelt auch der Prozessschiedsspruch als Korrelat zum Prozessurteil rechtskraftähnliche Bindungswirkung für das staatliche Verfahren.[621] Für das Prozessurteil wurde die Notwendigkeit einer abschließenden Bindungswirkung zur Vermeidung negativer Kompetenzkonflikte aufgezeigt.[622] Diese Bindungswirkung folgt aus dem Grundsatz der materiellen Rechtskraft, jedenfalls aber aus einer Bindungswirkung „sui generis." Gleiches gilt für den Prozessschiedsspruch als schiedsgerichtliches Pendant zum staatlichen Prozessurteil: Grundsätzlich kann ein Schiedsgericht, wie für den Fall der positiven Zuständigkeitsentscheidung aufgezeigt, nicht für alle zukünftig mit der Streitsache befassten Gerichte bzw. Schiedsgerichte entscheiden, dass die spezielle Schiedsvereinbarung unwirksam ist oder einen Streitgegenstand nicht umfasst. Die gesetzliche Prüfungskompetenz des Schiedsgerichts ist auf den konkreten Rechtsstreit und die zugrunde gelegte Schiedsvereinbarung begrenzt. Nur in diesem Umfang vermag die Rechtskraft des Prozessschiedsspruchs andere Gerichte zu binden. Neben der Aussage, dass die Schiedsklage als unzulässig abzuweisen ist, enthält der Prozessschiedsspruch auch den „wahren Inhalt"[623], dass es aufgrund einer unwirksamen Schiedsvereinbarung an der Zuständigkeit des Schiedsgerichts für den konkreten Klageanspruch fehlt. Auf diese Weise stellt ein Schiedsgericht rechtskräftig, jedenfalls aber durch eine Bindungswirkung „sui generis", für den staatlichen Richter fest, dass die Unzuständigkeit des Schiedsgerichts gegeben ist und *„im Zusammenhang hiermit"*, also in Bezug auf die Zuständigkeit in der konkret vorgelegten Streitsache, eine wirksame Schiedsvereinbarung nicht besteht. Wird daher nach Erlass eines Prozessschiedsspruchs Klage vor dem Staatsgericht erhoben, hat das staatliche Gericht ohne eigene Sachprüfung die Unzuständigkeitserklärung als maßgebend anzunehmen.[624]

„Vorbild des Prozessurteils im Fall einer unzulässigen Klage vor dem staatlichen Gericht" orientiert [juris Rn. 6].

621 So auch *Münch*, SchiedsVZ 2003, 41; MüKoZPO/*Münch*, § 1032 Rn. 28; *Illmer*, Der Arglisteinwand an der Schnittstelle von staatlicher Gerichtsbarkeit und Schiedsgerichtsbarkeit, S. 110 f.; *Spohnheimer*, Gestaltungsfreiheit bei antezipiertem Legalanerkenntnis des Schiedsspruchs, S. 162. A.A. *Voit*, FS Musielak (2004), 594, 607 f.

622 Siehe insbes. die Darstellung unter § 6.B.I.3.b) S. 160.

623 So für das Prozessurteil RG Urt. v. 08 12.1897 – I 272/97, RGZ 40, 401, 404; vgl. hierzu die Ausführungen ab § 6.B.I.3.b)aa) S. 156 u. unter § 6.B.I.3.b)cc), S. 160.

624 *Schwab/Walter*, Schiedsgerichtsbarkeit, Kap. 7 Rn. 11; ähnlich für ein internationales Schiedsverfahren OLG Düsseldorf Urt. v. 17.11.1995 - 17 U 103/95, RIW 1996, 239 [juris Rn. 14–16].

2. *Aufhebung des Prozessschiedsspruchs*

Eine Anfechtung des Prozessschiedsspruchs über den Katalog des § 1059 ZPO ist nach der Rechtsprechung unproblematisch zulässig.[625] Als förmlicher Schiedsspruch unterliegt der Prozessschiedsspruch, wie jeder andere Schiedsspruch auch, der gerichtlichen Kontrolle. Umstritten ist hingegen der Aufhebungsgrund für den Fall, dass ein Schiedsgericht sich zu Unrecht für nicht zuständig erklärt hat. Existiert de facto kein Anfechtungsgrund, mit dem eine Negativentscheidung des Schiedsgerichts angegriffen werden könnte, ist der Prozessschiedsspruch im Ergebnis eine Aushebelung der absoluten Kompetenz-Kompetenz der Gerichte, die uneingeschränkt und ohne Kontrollbefugnis an diese Entscheidung gebunden wären.

a) *Gesetzlicher Anfechtungsgrund*

Nach Auffassung des BGH und von Teilen der Literatur mangelt es jedoch an einem speziellen Aufhebungsgrund für den Prozessschiedsspruch: § 1059 ZPO Abs. 2 Nr. 1a ZPO ist nicht anzuwenden, da diese Regelung nur die spiegelbildliche Situation, in der das Schiedsgericht die Schiedsvereinbarung fälschlicherweise für wirksam hält und einen Schiedsspruch erlässt, erfasst.[626] Erklärt das Schiedsgericht sich zu Unrecht für unzuständig, liegt darin jedoch nicht, wie bei der fehlerhaften Zuständigkeitsbejahung, eine Kompetenzüberschreitung, sondern vielmehr eine Unterschreitung der sachlichen Prüfungsbefugnis. Ebenso kann die schiedswillige Partei nicht über § 1059 ZPO Abs. 2 Nr. 1b/d ZPO[627] geltend machen, in ihren Angriffs- oder Verteidigungsmitteln bzw. allgemein in ihrem Recht auf rechtliches Gehör verletzt zu sein oder einem unzulässigen

---

625 BGH Beschl. v. 06.06.2002 – III ZB 44/01, BGHZ 151, 79, 81 f. [juris Rn. 8]; anschließend auch OLG Frankfurt a.M. Beschl. v. 17.01.2013 – 26 Sch 24/12, SchiedsVZ 2013, 341, 343 [juris Rn. 20].

626 BGH Beschl. v. 06.06.2002 – III ZB 44/01, BGHZ 151, 79, 81 f. [juris Rn. 12]. A.A. *Gottwald/Adolphsen*, DStR 1998, 1017, 1021.

627 Der BGH stellt zum Aufhebungsgrund des § 1059 Abs. 2 Nr. 1d ZPO lediglich fest, dass dieser nicht einschlägig sei, da ein „unzulässiges Verfahren" nicht geltend gemacht wurde und ein Fehler in der Entscheidung eine Aufhebung des Schiedsspruchs gemäß dem Verbot der révision au fond nicht zu rechtfertigen vermag, BGH Beschl. v. 06.06.2002 – III ZB 44/01, BGHZ 151, 79, 81 f. [juris Rn. 15].
Ähnlich in Bezug auf § 1059 Abs. 2 Nr. 1b/d ZPO OLG Frankfurt a.M. Beschl. v. 17.01.2013 – 26 Sch 24/12, SchiedsVZ 2013, 341, 343 [juris Rn. 22]: „Umstände, die eine Aufhebung nach diesen Vorschriften rechtfertigen könnten, hat der Antragsteller nicht begründend geltend gemacht."

Verfahren zu unterliegen: Hinsichtlich des Prozessschiedsspruchs kann kein Mangel an rechtlichem Gehör geltend gemacht werden, dieses wurde im Gegenteil umfassend gewährt. § 1059 Abs. 2 Nr. 1d ZPO hingegen meint Verfahrensverstöße gegen gesetzliche oder gewillkürte Verfahrensvorgaben hinsichtlich der Bildung des Schiedsgerichts oder der Durchführung des Schiedsverfahrens, nicht jedoch den Verstoß gegen eine bestehende Schiedsvereinbarung.[628] Auch eine Anfechtung nach § 1059 ZPO Abs. 2 Nr. 1c ZPO ist ausgeschlossen, da für diesen Fall überhaupt erst eine wirksame Schiedsvereinbarung zugrunde gelegt werden muss, deren Grenzen das Schiedsgericht dann in seinem Schiedsspruch überschreitet. Diese Regelung erlaubt es, die konkrete Schiedsbindung infrage zu stellen. Dass eine Schiedsvereinbarung überhaupt vorliegt, wird von diesem Fall hingegen nicht umfasst.[629]

Darüber hinaus kann der Prozessschiedsspruch auch nicht gem. § 1059 Abs. 2 Nr. 2b ZPO angegriffen werden. Diese Norm fungiert zwar als Generalklausel, wenn keine der anderen tatbestandlichen Aufhebungsgründe des § 159 Abs. 2 ZPO greifen, es ist jedoch eine enge Auslegung des ordre public-Vorbehalts geboten.[630] Um dem ordre public-Verstoß zu genügen, muss der Schiedsspruch daher „mit wesentlichen Grundsätzen des deutschen Rechts offensichtlich unvereinbar“[631] sein, und „die elementaren Grundlagen der Rechtsordnung“[632] verletzen. Erklärt sich das Schiedsgericht zu Unrecht für unzuständig, liegt darin nach Auffassung des BGH noch kein Verstoß gegen den verfahrensrechtlichen ordre public.[633]

b) Analogieerwägungen

Auch einer analogen Anwendung der Anfechtungsgründe des § 1059 Abs. 2 ZPO zur Überprüfung der negativen Zuständigkeitsentscheidung steht der BGH ablehnend gegenüber. In der Literatur haben sich hingegen unterschiedliche Ansätze zur Herleitung eines analogen Anfechtungsgrunds herausgebildet, die kontrovers diskutiert und zum Teil auch – im Einklang mit der Rechtsprechung – gänzlich abgelehnt werden.

---

628 *Münch*, SchiedsVZ 2003, 41; BeckOK-ZPO/*Wilske/Markert*, § 1059 Rn. 54.

629 Vgl. BGH Beschl. v. 06.06.2002 – III ZB 44/01, BGHZ 151, 79, 81 f. [juris Rn. 14].

630 Hk-ZPO/*Saenger*, § 1059 Rn. 23.

631 BGH Beschl. v. 06.06.2002 – III ZB 44/01, BGHZ 151, 79, 81 f. [juris Rn. 4].

632 BGH Beschl. v. 28.01.2014 – III ZB 40/13, NJW 2014, 1597, 1598 [Rn. 5].

633 BGH Beschl. v. 06.06.2002 – III ZB 44/01, BGHZ 151, 79, 81 f. [juris Rn. 10]. Vgl. ebenso *Münch*, SchiedsVZ 2003, 41; *Spohnheimer*, Gestaltungsfreiheit bei antezipiertem Legalanerkenntnis des Schiedsspruchs, S. 163.

aa) Analogie zu § 1059 Abs. 2 ZPO ablehnende Meinungen

Eine analoge Anwendung des § 1059 Abs. 2 ZPO schließt der BGH mangels planwidriger Regelungslücke ausdrücklich aus.[634] Der Gesetzgeber habe sich, so der BGH, bewusst gegen eine Erweiterung des Aufhebungskatalogs für den Fall der negativen Zuständigkeitsentscheidung entschieden, weil für einen solchen Aufhebungsgrund „keine sachliche Notwendigkeit“[635] bestehe. Der Kläger werde bei unrichtiger Kompetenzabweisung nicht rechtsschutzlos gestellt, da – anders als im Falle der positiven Kompetenzentscheidung – der staatliche Richter nicht entzogen, sondern der ordentliche Rechtsweg vielmehr eröffnet werde. Der Rechtsstreit könne damit vor den zuständigen gesetzlichen Richter gebracht werden. Aus diesem Grund seien die Konstellationen der fehlerhaften positiven und negativen Zuständigkeitsentscheidungen nicht vergleichbar: Das eine Mal überschreitet das Schiedsgericht seine Kompetenz, das andere Mal bleibt es hinter ihr zurück.[636] Auch mehrere Ansichten in der Literatur[637] lehnen eine erweiternde Auslegung der Anfechtungsgründe des § 1059 Abs. 2 ZPO im Einklang mit der Entscheidung des BGH ab: Gegen den Prozessschiedsspruch sei zwar eine Anfechtung nach § 1059 Abs. 2 ZPO statthaft, gerichtlich überprüft werden könnten hingegen nur Verfahrensfehler. Keiner der abschließend normierten Aufhebungsgründe statuiere den Fall, dass ein Schiedsgericht sich nach Auffassung der Parteien zu Unrecht für unzuständig erklärt hat.

bb) Analoge Anwendung von § 1059 Abs. 2 ZPO befürwortende Meinungen

Nach anderen Ansichten in der Literatur kann im Falle der Zuständigkeitsversagung eine Analogie zu § 1059 Abs. 2 ZPO gebildet werden. Teilweise wird eine analoge Anwendung von § 1059 Abs. 2 Nr. 1a oder 1c ZPO befürwortet[638] oder

---

634 BGH Beschl. v. 06.06.2002 – III ZB 44/01, BGHZ 151, 79, 81 f. [juris Rn. 17].

635 BGH Beschl. v. 06.06.2002 – III ZB 44/01, BGHZ 151, 79, 81 f. [juris Rn. 17].

636 Zustimmend OLG Frankfurt a.M. Beschl. v. 17.01.2013 - 26 Sch 24/12, SchiedsVZ 2013, 341, 343 [juris Rn. 20 f.].

637 B/L/A/*Hartmann*, § 1040 Rn. 4; AiG/*Huber/Bach*, § 1040 Rn. 43; *Elsing*, JR 2003, 244, 246; *Harbst*, Die Rolle der staatlichen Gerichte im Schiedsverfahren, S. 29; wohl auch *Huber*, SchiedsVZ 2003, 73, 75; *Sandrock*, BB Beilage 2002, Nr. 7, 42, 43 f. und *Lachmann*, Handbuch für die Schiedsgerichtspraxis, Rn. 2192, 2071 („die Auffassung des BGHs [ist] mindestens vertretbar“).
Umfassend *Synatschke*, Die Unzuständigkeitserklärung des Schiedsgerichts, S. 125–142.

638 *Kröll*, Arb. Int. 20 (2004), 55, 66–69; AiG/*Kröll/Kraft*, § 1059 Rn. 62; Stein/Jonas/*Schlosser*, § 1059 Rn. 32; *Lionnet/Lionnet*, Handbuch der internat. u. nat.

aber eine wie von Münch[639] vorgeschlagene Gesamtanalogie zu den verschiedenen Aufhebungsgründen der „Gültigkeitskontrolle“ (Nr. 1a), der „Reichweitenkontrolle“ (Nr. 1c) und der „Fähigkeitskontrolle“ (Nr. 2a) bemüht. Im Fokus der Begründung steht jeweils das Bedürfnis nach einer analogen Anwendung zur Schließung der planwidrigen Gesetzeslücke. Der Gesetzesbegründung sei zu entnehmen, dass der die Zuständigkeit versagende Prozessschiedsspruch „in der Regel lediglich im Aufhebungsverfahren anfechtbar ist.“[640] Konkrete Aufhebungsgründe für diesen Fall präsentiere das Gesetz hingegen nicht. Nach der Auffassung von Münch ist diese „Passage der Begründung [...] nebulös“[641], schließe aber eine planwidrige Regelungslücke nicht aus, zumal sie Raum für eine behutsame teleologische Korrektur lasse.[642] Die Orientierung des § 1059 Abs. 2 ZPO am Wortlaut des Art. 34 Abs. 2 UNCITRAL-MG, der ebenfalls keinen speziellen Aufhebungsgrund für die vermeintlich fehlerhafte Unzuständigkeitserklärung des Schiedsgerichts normiert, habe letztlich die Frage nach einem speziellen Aufhebungsverfahren bei Zuständigkeitsverneinung unbeantwortet gelassen.[643] Darüber hinaus würden erhebliche Rechtsschutzlücken bei Versagung einer analogen Anwendung entstehen: Bei hinreichender Würdigung der – unterstellt wirksamen – Schiedsvereinbarung wäre der gesetzliche Richter gerade nicht der staatliche Richter, sodass letztlich sehr wohl der Justizgewährungsanspruch der Parteien berührt sei. Allein das Gebot der prozessualen Waffengleichheit streite daher für eine entsprechende Analogie.[644] Nach Meinung von Kröll[645] verkennt die Rechtsprechung des BGH die Besonderheiten internationaler Schiedsverfahren: Das Argument, Rechtsschutzlücken würden durch den Weg zum staatlichen Gericht hinreichend vermieden, treffe zwar bei Sachverhalten im nationalen Rechtsverkehr zu. Gerade bei internationalen Sachverhalten würden die Parteien

---

Schiedsgerichtsbarkeit, S. 194 f. (Nr. 1a); *Schwab/Walter*, Schiedsgerichtsbarkeit, Kap. 24 Rn. 15a (Nr. 1c).

639 *Münch*, SchiedsVZ 2003, 39, 42 u. MüKoZPO/*Münch*, § 1040 Rn. 30; sowie abermals *Münch* in: ZZP 128 (2015), 307, 330 u. FS Klamaris (2016), 525, 582 f.

640 BT-Drucks. 13/5274, S. 44 li.Sp.

641 *Münch*, SchiedsVZ 2003, 39, 41.

642 Vgl. ebenfalls *Münch*, SchiedsVZ 2003, 39, 41.

643 So auch *Spohnheimer*, Gestaltungsfreiheit bei antezipiertem Legalanerkenntnis des Schiedsspruchs, S. 163 f.; *Synatschke*, Die Unzuständigkeitserklärung des Schiedsgerichts, S. 129; *Kröll*, Arb. Int. 20 (2004), 55, 66. A.A. *Lachmann*, Handbuch für die Schiedsgerichtspraxis, Rn. 2069.

644 *Münch*, SchiedsVZ 2003, 39, 42.

645 *Kröll*, EWiR 2003, 295 f. [3./4.4] u. AiG/*Kröll/Kraft*, § 1059 Rn. 62.

ein Schiedsverfahren jedoch nicht selten aus dem Grund wählen, einen staatlichen Prozess vor den Heimatgerichten einer der Parteien zu vermeiden. Gründe dafür gäbe es viele, sei es ein langsamer und uneffektiver oder auch korrupter Justizapparat oder schlicht eine nachteilhafte Rechtsordnung. Nach der Rechtsprechung des BGH wären die Parteien nun gezwungen, ihren Rechtsstreit vor einem solchen (unter Umständen nicht funktionsfähigen) Gericht auszutragen. In einer solchen Situation könne keine Rede davon sein, effektiven und lückenlosen Rechtsschutz vor den staatlichen Gerichten zu erreichen.[646]

cc) Überprüfung gem. § 1040 Abs. 3 ZPO analog

Um gerichtliche Kontrolle des Prozessschiedsspruchs zu erwirken, befürwortet Spohnheimer, mit grundsätzlich ähnlichen Überlegungen hinsichtlich einer vergleichbaren Interessenlage, hingegen die analoge Anwendung des § 1040 Abs. 3 S. 2 ZPO.[647] Die Unzuständigkeitserklärung eines Schiedsgerichts aufgrund einer vermeintlich unwirksamen Schiedsvereinbarung, gegen die eine Parteien gerichtlich vorgehen möchte, entspricht nach Ansicht von Spohnheimer der umgekehrten Konstellation des in § 1040 Abs. 3 S. 2 ZPO normierten Falls: Bei positiven Zuständigkeitsentscheidungen werde eine inhaltliche Richtigkeitskontrolle ausdrücklich angeordnet, sodass dieser Fall eine der wenigen gesetzlichen Ausnahmen vom Verbot der révision au fond darstelle. Daher müsse auch der Prozessschiedsspruch analog § 1040 Abs. 3 S. 2 ZPO durch das staatliche Gericht aufhebbar sein – konsequenterweise gelte für den Antrag auf Aufhebung dann auch die Monatsfrist. Die Lösung über § 1040 Abs. 3 S. 2 ZPO sei einer analogen Anwendung des § 1059 Abs. 2 ZPO vorzuziehen, denn die Ausnahme vom Verbot der révision au fond könne gem. § 1059 Abs. 2 Nr. 2b ZPO nur bei Verletzung des ordre public zu einer Aufhebung des Schiedsspruchs führen. Dieser Grundsatz sei jedoch zugeschnitten auf den Sachschiedsspruch, sodass er, so Spohnheimer, nicht ohne Weiteres auf den Prozessschiedsspruch übertragen werden könne: Die analoge Anwendung einer der in § 1059 Abs. 2 ZPO abschließend aufgezählten Aufhebungsgründe führe in letzter Konsequenz zur inhaltlichen Überprüfung der Klageabweisung, die darauf gestützt ist, dass eine Legitimationsgrundlage für das Schiedsverfahren fehlt. Eine solche inhaltliche

---

646 Zustimmend *Schwab/Walter*, Schiedsgerichtsbarkeit, Kap. 24 Rn. 15a; siehe auch PG-ZPO/*Raeschke-Kessler*, § 1059 Rn. 20; Zöller/*Geimer*, § 1040 Rn. 12.

647 *Spohnheimer*, Gestaltungsfreiheit bei antezipiertem Legalanerkenntnis des Schiedsspruchs, S. 163–166; diese Ansicht ablehnend Stein/Jonas/*Schlosser*, § 1059 Rn. 32, der eine Analogie zu § 1059 Abs. 2 Nr. 1a ZPO als systemkonformer bewertet.

Überprüfung solle jedoch, mit Ausnahme einer ordre public-Verletzung, gerade vermieden werden. Das Aufhebungsverfahren in § 1059 statuiere dem Grundsatz nach keine inhaltliche Überprüfung der schiedsgerichtlichen Entscheidung, welche bei Anfechtung des Prozessschiedsspruchs wegen vermeintlich fehlender Zuständigkeit jedoch zur Regel würde. Mangels einer vergleichbaren Interessenlage könne eine Analogie zu den Aufhebungsgründen des § 1059 Abs. 2 ZPO daher nicht befürwortet werden.[648]

c) Rechtslage in Österreich und Schweiz

Die gesetzliche Regelung der Kompetenz-Kompetenz des Schiedsgerichts umfasst nach österreichischem Recht auch die Entscheidungsbefugnis, das Vorhandensein einer Schiedsvereinbarung zu verneinen.[649] Im Falle der Unzuständigkeitserklärung seitens des Schiedsgerichts war diese Entscheidung unter altem Recht nicht angreifbar, da es, ähnlich wie im deutschen Recht, an einschlägigen Aufhebungsgründen fehlte.[650] Um sämtliche Unsicherheiten hinsichtlich der negativen Zuständigkeitsprüfung durch ein Schiedsgericht zu vermeiden, wurde diese im Zuge der Reformbestrebungen durch den österreichischen Gesetzgeber nun ausdrücklich in den §§ 592 Abs. 1 und 611 öZPO geregelt. Die schiedsgerichtliche Kompetenzentscheidung ist nicht nur in Form eines gesonderten, formellen Schiedsspruchs zu treffen, dieser ist nunmehr auch mit der Aufhebungsklage angreifbar und kann gerichtlich überprüft werden. Das gilt gleichermaßen für die positive wie die negative Zuständigkeitsentscheidung.[651] § 611 Abs. 1 öZPO bestimmt: *„Gegen einen Schiedsspruch kann nur eine Klage*

---

648 *Spohnheimer*, Gestaltungsfreiheit bei antezipiertem Legalanerkenntnis des Schiedsspruchs, S. 165.
In eine ähnliche Richtung ist wohl auch der Vorschlag von Zöller/*Geimer*, § 1040 Rn. 13, zu deuten, das Schiedsgericht müsse durch negativen Zwischenentscheid entsprechend § 1040 Abs. 3 ZPO befinden. Das hätte den Vorteil einer gerichtlichen Überprüfung der Zuständigkeitsentscheidung und entspreche dem Interesse der Verfahrensökonomie und dem Grundsatz der Waffengleichheit der Parteien.

649 ErläutRV 1158 BlgNR 22. GP, S. 15 [Zum § 592, Rn. 2].

650 Vgl. die abschließenden Aufhebungsgründe des § 595 öZPO a.F., insbesondere Nr. 1, der, ähnlich wie § 1059 Abs. 2 Nr. 1a ZPO, nur den Fall regelt, dass ein Schiedsspruch aufzuheben ist, wenn ein entsprechender Schiedsvertrag nicht vorhanden ist.
Siehe zudem *Reiner*, ZfRV 1986, 162, 199 u. auch ErläutRV 1158 BlgNR 22. GP, S. 26 [Zum § 611].

651 Vgl. § 592 Abs. 1 S. 2 öZPO: *„Die Entscheidung kann mit der Entscheidung in der Sache getroffen werden, aber auch gesondert in einem eigenen Schiedsspruch.“* Hierzu auch *Rechberger/Melis* in: *Rechberger*, ZPO, § 592 Rn. 1.

auf gerichtliche Aufhebung gestellt werden. Dies gilt auch für Schiedssprüche, mit welchen das Schiedsgericht über seine Zuständigkeit abgesprochen hat." In der Zusammenschau mit § 611 Abs. 2 Nr. 1 Alt. 2 öZPO, der festschreibt, dass ein Schiedsspruch aufzuheben ist, wenn „*eine gültige Schiedsvereinbarung nicht vorhanden ist, oder wenn das Schiedsgericht seine Zuständigkeit verneint hat, eine gültige Schiedsvereinbarung aber doch vorhanden ist*", steht damit die Anfechtbarkeit bejahender wie verneinender Zuständigkeitsentscheidungen fest. Diese Regelung bezweckt nicht nur eine sofortige Nachprüfung durch ein staatliches Gericht, um unnötigen Verfahrensaufwand zu vermeiden und die Zulässigkeit des Schiedsverfahrens schnellstmöglich zu klären, sondern garantiert, neben der Betonung der Gleichstellung von gerichtlichem und schiedsgerichtlichem Klageweg, auch die abschließende Entscheidung des staatlichen Gerichts darüber, ob ein Streitgegenstand vor einem Schiedsgericht zu verhandeln ist.[652] Im Ergebnis können fehlerhafte Zuständigkeitsentscheidungen des Schiedsgerichts nach geltendem österreichischen Recht stets gerichtlicher Kontrolle zugeführt werden und unabhängig davon, ob es sich um einen positiven oder negativen Kompetenzausspruch handelt, aufgehoben werden. Wird eine Aufhebungsklage gegen den Unzuständigkeitsschiedsspruch nicht erhoben, ist dieser Schiedsspruch im Sinne einer Vermeidung negativer Kompetenzkonflikte für ein ordentliches Gericht bindend, sodass der Rechtsweg zu den ordentlichen Gerichten „frei" ist.[653]

Im schweizerischen Recht ergeht ein negativer Zuständigkeitsentscheid des Schiedsgerichts nach einhelliger Meinung sowohl bei nationalen als auch internationalen Schiedsverfahren als verfahrensabschließender Endentscheid: Dieser spricht das Nichtbestehen der eigenen Zuständigkeit hinsichtlich eines konkreten Rechtsstreits aus, ohne eine Feststellung über die Zuständigkeit eines anderen

---

652 Diese Zielvorgabe spricht ausdrücklich die Gesetzesbegründung an, vgl. ErläutRV 1158 BlgNR 22. GP, S. 26 [Zum § 611]. Siehe auch *Kröll*, FS Horn (2006), 989, 999 f.

653 Fasching/Konecny/*Hausmaninger*, ZPO, § 584 Rn. 43.
Allerdings ist diesbezüglich – denklogisch – folgende Einschränkung zu machen: Die Entscheidungsbefugnis der staatlichen Gerichte ist nur dann gegeben, sofern überhaupt kein Schiedsgericht zuständig ist, die Verneinung der Zuständigkeit also auf einer ungültigen, undurchführbaren oder nicht existenten Schiedsvereinbarung beruht. Andere Mängel in der Zuständigkeit bei Vorliegen einer wirksamen Schiedsvereinbarung begründen die Zuständigkeit staatlicher Rechtsprechungskörper selbstredend nicht. Siehe dazu *Rechberger* in: *Liebscher/Oberhammer/Rechberger* (Hrsg.), Schiedsverfahrensrecht Band I, Rn. 6/72 f.

Schieds- oder Staatsgerichts zu treffen.[654] Die Klassifizierung der kompetenzabweisenden Entscheidung als Endschiedsspruch ermöglicht sodann dessen Anfechtung nach Art. 392 lit. a i.V.m. Art. 393 lit. b sZPO. Für die internationale Schiedsgerichtsbarkeit gilt Art. 190 Abs. 2 lit. b IPRG. Diese Regelung normiert inhaltsgleich zu Art. 393 lit. b sZPO ausdrücklich, dass ein schiedsgerichtlicher Entscheid auf der Grundlage, dass sich ein Schiedsgericht *„zu Unrecht für zuständig oder für unzuständig erklärt hat"*, angefochten werden kann. Ebenso wie bei positiver Zuständigkeitsentscheidung auch, ist bei Nichtanfechtung des Kompetenzentscheids dieser für jedes schweizerische staatliche Gericht bindend, sowohl bei einem Binnenschiedsgericht als auch einem internationalen Schiedsgericht mit Sitz in der Schweiz.[655] Auch das Schweizer Recht verfolgt damit eine konsequente Gleichstellung von positiver und negativer Zuständigkeitsentscheidung und umgeht die schwierigen Versuche einer Herleitung der inhaltlichen Überprüfung des zuständigkeitsverneinenden Schiedsspruchs ohne gesetzliche Legitimation. Das Gesetz trifft eine klare Aussage und unterzieht den negativen Kompetenzentscheid in gleichem Maße wie den positiven einem anschließenden gerichtlichen Kontrollverfahren.

3. *Wertung*

Die vorstehenden Erläuterungen zeigen, dass die Möglichkeit einer inhaltlichen Überprüfung des Prozessschiedsspruchs in Bezug auf die Prüfung der Schiedsvereinbarung für das deutsche Recht von der Rechtsprechung verneint wird und in der Literatur stark umstritten ist. De facto sind staatliche Gerichte mit Erlass des Schiedsspruchs an die Unzuständigkeitserklärung des Schiedsgerichts gebunden. Der Prozessschiedsspruch kann im Einklang mit der herrschenden Meinung nicht mit dem Argument angegriffen werden, die Schiedsvereinbarung sei wirksam. In anderen Rechtsordnungen ist eine entsprechende Regelung der Anfechtbarkeit der Unzuständigkeitsentscheidung hingegen bereits Gesetz.

---

654 BSK-IPRG/*Schott/Courvoisier*, Art. 186 Rn. 117, 126; *Liatowitsch*, Schweizer Schiedsgerichte und Parallelverfahren vor Staatsgerichten im In- und Ausland, S. 35; *Oetiker*, Rechtshängigkeit in der internationalen Schiedsgerichtsbarkeit, Rn. 171; bzw. für die Binnenschiedsgerichtsbarkeit BSK-ZPO/*Girsberger*, Art. 359 Rn. 26; *Rüede/Hadenfeldt*, Schweizerisches Schiedsgerichtsrecht, S. 235.

655 Vgl. BSK-IPRG/*Schott/Courvoisier*, Art. 186 Rn. 48 mit der Tabelle in Rn. 53; sowie *Rüede/Hadenfeldt*, Schweizerisches Schiedsgerichtsrecht, S. 236.

a) *Kompetenz-Kompetenz und das Verbot der révision au fond*

Realiter wird nach bisheriger Darstellung die Prüfungskompetenz staatlicher Gerichte hinsichtlich der schiedsgerichtlichen Unzuständigkeitsentscheidung auf null reduziert: Hat sich ein Schiedsgericht irrtümlich für unzuständig erklärt, bleibt der Prozessschiedsspruch mangels eines speziellen Anfechtungsgrundes der staatlichen Kontrolle verwehrt. Der Prozessschiedsspruch ist demnach nur, ebenso wie jeder andere Schiedsspruch, im Rahmen von § 1059 Abs. 2 ZPO wegen Verfahrensfehlern anfechtbar. Dieses Minus staatlicher Kontrolle widerspricht im Ergebnis der Konzeption des § 1040 ZPO, der die vorläufige Kompetenz-Kompetenz von Schiedsgerichten statuiert und den staatlichen Gerichten das letzte Wort hinsichtlich der Zuständigkeitsentscheidung zuspricht. Zwar erfasst die Kontrollmöglichkeit des § 1040 Abs. 3 S. 2 ZPO seinem Wortlaut nach nur den positiven Zwischenentscheid, die Regelung der (vorläufigen) Kompetenz-Kompetenz der Schiedsgerichte in § 1040 Abs. 1 ZPO bezieht sich allerdings auf die generelle Prüfungsbefugnis, positiv wie negativ. Entscheidet das Schiedsgericht aber durch Prozessschiedsspruch, ist das Gericht mangels durchschlagender Anfechtungsgründe an diese Entscheidung gebunden. Das wiederum läuft der endgültigen Kompetenz-Kompetenz staatlicher Richter zuwider und es käme zwangsläufig zu einer qualitativen Ungleichbehandlung positiver und negativer Zuständigkeitsentscheidungen: Der positive Zwischenentscheid untersteht umfassender gerichtlicher Kontrolle und bindet die Gerichte nicht, der negative Prozessschiedsspruch ist nur im Rahmen der Aufhebungsgründe des § 1059 ZPO überprüfbar und bindet staatliche Gerichte. An dieser Stelle konkurriert das Prinzip der Kompetenz-Kompetenz mit dem ebenfalls die Schiedsgerichtsbarkeit beherrschenden Grundsatz des Verbots einer révision au fond. Danach ist die inhaltliche Überprüfung eines förmlichen Schiedsspruchs zwar nicht gänzlich ausgeschlossen, das Verbot der révision au fond erlaubt eine Inhaltskontrolle aber nur für den eng gefassten Bereich der ordre public-Verstöße.[656] Die Anfechtung des Prozessschiedsspruchs zum Zwecke der Überprüfung der Entscheidung über die Unwirksamkeit der Schiedsvereinbarung entspricht de facto einer Inhaltskontrolle des Schiedsspruchs und fällt somit unter das Verbot der révision au fond. Allerdings hat der Gesetzgeber selbst Ausnahmen von einem solchen Verbot der Inhaltsprüfung statuiert. Wird die positive Zuständigkeitsentscheidung des Schiedsgerichts angefochten, kann das Gericht vollumfänglich die Wirksamkeit der Schiedsvereinbarung und die inhaltliche Richtigkeit der schiedsgerichtlichen Entscheidung nachprüfen: über

---

656 Siehe etwa Zöller/*Geimer*, § 1059 Rn. 74a mit Rn. 47.

§ 1040 Abs. 3 S. 2 ZPO und § 1059 Abs. 2 Nr. 1a/c ZPO. Die Ablehnung einer inhaltlichen Überprüfung des Prozessschiedsspruchs zulasten der vorläufigen Kompetenz-Kompetenz ist daher nach dem Grundsatz des révision au fond-Verbots nicht zwingend. Vielmehr ist zu untersuchen, ob sachgerechte Gründe vorliegen, die eine Anfechtung des Prozessschiedsspruchs rechtfertigen können.

Dass eine planwidrige Regelungslücke besteht, kann nach richtiger Ansicht zumindest nicht ausgeschlossen werden, dafür bleiben die Gesetzesmaterialien zu ungenau: Wenn in der Regel das Anfechtungsverfahren gegen den Prozessschiedsspruch statthaft ist, welche Fälle konstituieren dann eine Ausnahme von dieser Regel und was gilt in dieser Situation? Da bereits vor Genese des Schiedsverfahrensrechts das Missverhältnis zwischen positiver und negativer Kompetenzentscheidung des Schiedsgerichts und der endgültigen Kompetenz-Kompetenz des Schiedsgerichts bei Zuständigkeitsverweigerung thematisiert und auch für internationale Sachverhalte aufgezeigt wurde[657], lässt die wage Begründung des Gesetzgebers eher darauf schließen, dass die (bekannte) Problematik bewusst unbeantwortet gelassen wurde, als dass eine abschließende Regelung getroffen werden sollte.[658] Davon ist auch deshalb auszugehen, weil das UNCITRAL-Modellgesetz zunächst auch die Überprüfung der negativen Kompetenzentscheidung regeln wollte[659], eine solche Regelung jedoch schlussendlich keinen Eingang in das Modellgesetz gefunden hat. Die Ausgestaltung einer solchen Regelung sollte bewusst den nationalen Prozessrechten überlassen werden.[660]

Schwieriger gestaltet sich hingegen die Beurteilung des Kriteriums der vergleichbaren Interessenslage. Richtigerweise unterscheidet sich der negative

657 *Berger*, Internationale Wirtschaftsschiedsgerichtsbarkeit, S. 254 f.; *Wolf*, Die institutionelle Handelsschiedsgerichtsbarkeit, S. 115 f.; siehe auch *Ahrendt*, Der Zuständigkeitsstreit im Schiedsverfahren, S. 93–95.

658 Vgl. auch *Synatschke*, Die Unzuständigkeitserklärung des Schiedsgerichts, S. 129.

659 *Report of the Working Group on International Contract Practices* UN Doc. A/CN.9/245, Art. XIII (3) [Rn. 58]: „*The arbitral tribunal may rule on a plea referred to in paragraph (2) either as a preliminary question or in the final award. In either case, a ruling by the arbitral tribunal that it has jurisdiction may contested by any party only in an action for setting aside the arbitral award. [A ruling by the arbitral tribunal that it has no jurisdiction may be contested by any party within 30 days before the court specified in article V].*"

660 *Report of the Working Group on International Contract Practices* UN Doc. A/CN.9/245, S. 161 [Rn. 64] u. *Analytic Commentary on Draft Text of a Model Law on International Commercial Arbitration* UN Doc. A/CN.9/264, Art. 16, S. 42 [Rn. 15]. *Holtzmann/Neuhaus*, UNCITRAL Model Law, S. 512 [Nr. 15] u. S. 486 f.; sowie *Münch*, SchiedsVZ 2003, 39, 41 f.

Prozessschiedsspruch von einem positiven Zwischenentscheid nicht nur durch den Umfang gerichtlicher Kontrolle im Rahmen des § 1040 Abs. 3 S. 2 ZPO, sondern darüber hinaus durch die unterschiedliche Wirkung im Hinblick auf den Justizgewährungsanspruch. Während der positive Zwischenentscheid den gesetzlichen Richter entzieht, ist infolge des Prozessschiedsspruchs der Rechtsstreit gerade vor dem Staatsgericht zu entscheiden. Selbstverständlich drängt sich dann die Frage auf, warum einer Zuständigkeitsentscheidung des Schiedsgerichts abhängig von ihrem Ergebnis – positiv oder negativ – unterschiedliche Überprüfungsmaßstäbe zugrunde gelegt werden sollten, wenn dadurch eine Ungleichbehandlung der prozessualen Angriffsmittel provoziert wird: Die Parteien könnten ungleich wirkungsvoller für und gegen die positive Entscheidung des Schiedsgerichts streiten, als gegen die negative. Inwieweit eine prozessuale Gleichstellung zwischen Prozessschiedsspruch und Zwischenentscheid letzten Endes zu befürworten ist, entscheidet sich nicht zuletzt daran, ob die Kompetenzentscheidungen jeweils die spiegelbildliche Entscheidung der anderen darstellen bzw. inwiefern sich positive und negative Zuständigkeitsentscheidung als „zwei Seiten derselben Medaille“[661] zeigen. Ausschlaggebendes Kriterium für das zwingende Erfordernis staatlicher Kontrollbefugnis im Rahmen einer positiven Zuständigkeitsentscheidung ist die mit der „Prorogation“ des Schiedsgerichts verbundenen Einschränkung des allgemeinen Justizgewährungsanspruchs der Parteien: Die Schiedsgerichtsbarkeit übt materielle Rechtsprechung und substituiert die staatliche Gerichtsbarkeit in ihrer Zuständigkeit.[662] Der Verzicht auf den gesetzlichen Richter und damit auf den Justizgewährungsanspruch selbst durch eine wirksame Schiedsvereinbarung ist verfassungsrechtlich im Rahmen der Parteiautonomie zulässig.[663] Diese Parteivereinbarung muss stets – wenn auch zeitlich begrenzt – zum Schutz der Parteien vor einer unrechtmäßigen Derogation der staatlichen Gerichtsbarkeit überprüfbar sein.[664] Diesem Erfordernis kommt der Gesetzgeber mit den Regelungen in § 1040 Abs. 3 S. 2 bzw. § 1059 Abs. 2 Nr. 1a ZPO nach. Bei Erlass einer negativen Zuständigkeitsentscheidung

---

661 *Synatschke*, Die Unzuständigkeitserklärung des Schiedsgerichts, S. 128.

662 Vgl. z.B. BGH Urt. v. 03.07.1975 – III ZR 78/73, BGHZ 65, 59, 61 f. [juris Rn. 15 f.]; BGH Beschl. v. 27.05.2004 – III ZB 53/03, SchiedsVZ 2004, 205, 207 [juris Rn. 16]; sowie bereits unter Gliederungspunkt § 6.A.II.3, S. 135.

663 Allgem. Meinung, vgl. z.B. BGH Urt. v. 05.05.1977 – III ZR 177/74, NJW 1977, 1397, 1399; BeckOK-ZPO/*Wolf/Eslami*, § 1025 Rn. 2.

664 Wieczorek/*Schütze*, § 1025 Rn. 10; MüKoZPO/*Münch*, vor § 1025 Rn. 4 f. Grundlegend zum Justizgewährungsanspruch in der Schiedsgerichtsbarkeit auch *Sonnauer*, Die Kontrolle der Schiedsgerichte durch die staatlichen Gerichte, S. 26–43.

ist der Kläger nach Ansicht des BGH nicht per se rechtsschutzlos gestellt, da in jedem Fall ein staatlicher Richter über den Rechtsstreit entscheidet und, anders als bei Bejahung der schiedsgerichtlichen Kompetenz, keine Gefahr eines unzulässigen Schiedsverfahrens droht. Streng genommen wird für die Situation des Prozessschiedsspruchs der Justizgewährungsanspruch daher nicht tangiert, weil der gesetzliche Richter nicht entzogen wird. Die Erwägungen, die eine Kontrolle positiver Kompetenzentscheidungen rechtfertigen, können daher nicht einfach auf den Fall der negativen Zuständigkeitsentscheidung übertragen werden. Dann wird aber hieraus auch nicht das Bedürfnis hergeleitet werden können, die negative Kompetenzentscheidung zwingend staatlicher Inhaltskontrolle zuzuführen. Für eine Analogie spricht hingegen der Grundsatz vorläufiger Kompetenz-Kompetenz der Schiedsgerichte. Hinsichtlich der Zuständigkeit soll das letzte Wort immer bei den staatlichen Gerichten liegen, sofern die Parteien einen entsprechenden Antrag stellen. Die Regelung des § 1040 Abs. 1 ZPO betrifft aber die Befugnis zur Zuständigkeitsprüfung allgemein, daher auch zur negativen Kompetenzentscheidung. Folgerichtig muss sich das letzte Wort der Staatsgerichte auch auf diese erstrecken. Zwar hat sich in § 1040 Abs. 3 S. 2 ZPO die Letztendscheidungsbefugnis zu Lasten der révision au fond durchgesetzt, allerdings legitimiert sich dieser Ausnahmetatbestand aus der Beschneidung des grundgesetzlich verankerten Justizgewährungsanspruchs. Ob die Ungleichwertigkeit positiver und negativer Zuständigkeitsentscheidungen und das Erfordernis prozessualer Waffengleichheit eine weitere Durchbrechung des Verbots der révision au fond rechtfertigen können, bleibt zumindest zweifelhaft.[665]

Die an den Ergebnissen der Rechtsprechung geübte Kritik hat daher zwar – insbesondere im Hinblick auf internationale Sachverhalte – ihre Berechtigung, da einmal mehr die tatsächliche Ungleichwertigkeit von Schiedsgerichtsbarkeit und Staatsgerichtsbarkeit betont wird. Allerdings streiten die unterschiedlich vorgebrachten Aspekte der negativen und positiven Zuständigkeitsentscheidung nicht entscheidend nur für die zwingende Annahme einer analogen Anwendung von § 1059 Abs. 2 bzw. § 1040 Abs. 3 S. 2 ZPO. Eine analoge Anfechtung des Prozessschiedsspruchs kann daher mangels eindeutiger Vergleichbarkeit der Interessenslage von negativem Prozessschiedsspruch und positivem Sachschiedsspruch bzw. Zwischenentscheid nicht begründet werden. Gleichwohl wäre die Möglichkeit einer Anfechtung aufgrund einer möglicherweise zu Unrecht ergangenen Abweisung der Schiedsklage wünschenswert.

---

665 Bejahend *Münch*, SchiedsVZ 2003, 39, 41; *Kröll*, Arb. Int. 20 (2004), 55, 67; verneinend *Synatschke*, Die Unzuständigkeitserklärung des Schiedsgerichts, S. 131 f.

b) Änderung de lege ferenda?

Für eine inhaltliche Kontrolle des Prozessschiedsspruchs spricht, dass die Konsequenzen der BGH-Rechtsprechung, halten sie sich im Rahmen nationaler Schiedsverfahren noch in Grenzen, bei internationalen Sachverhalten umso nachteilhafter wirken: Ist das Schiedsverfahren aufgrund einer faktischen Undurchsetzbarkeit der geltend gemachten Ansprüche vor den Gerichten eines Drittstaates einziges probates Mittel, den Rechtsstreit grenzüberschreitend beizulegen, droht bei (irrtümlicher) Unzuständigkeitserklärung des Schiedsgerichts eine endgültige Rechtsverweigerung. Auch aus diesem „déni de justice" für internationale Rechtsstreitigkeiten wird jedoch wohl kein zwingender Anfechtungsgrund abgeleitet werden können, da Voraussetzung des Schiedsverfahrens der wirksame Abschluss einer Schiedsvereinbarung ist. Etwaige Schwierigkeiten bei der Durchsetzung ihrer Ansprüche in internationalen Konflikten aufgrund unwirksamer oder unklarer Schiedsvereinbarung haben die Parteien daher selbst zu verantworten. Sie müssen schließlich den Mindestanforderungen eines Schiedsverfahrens – die wirksame Vereinbarung eines solchen – genügen, wollen sie von den Vorteilen der internationalen Schiedsgerichtsbarkeit profitieren.[666] Es besteht daher nicht zwingend bei internationalen Sachverhalten ein Rechtsverlust dahingehend, dass die Effektivität eines Gerichtsverfahrens sich an einem Schiedsverfahren messen lassen muss, das unter Umständen schon nicht wirksam vereinbart worden ist. Auch wird eine Rechtsschutzverweigerung nicht für alle Fälle pauschal bejaht werden können, in denen ein staatliches Gericht eines anderen Staates zu entscheiden hätte. Allein die Tatsache, dass das staatliche Verfahren unbequemer oder rechtlich nachteilhafter für den Schiedskläger ist als ein (vermeintlich) vereinbartes Schiedsverfahren, bewirkt keine zwingend vom Gesetzgeber zu berichtigende Rechtsschutzverweigerung. Dennoch verdeutlicht der internationale Spannungskonflikt, dass der Gesetzgeber hinsichtlich der gerichtlichen Überprüfung einer Unzuständigkeitsentscheidung korrigierend tätig werden sollte, um in internationalen Schiedsverfahren wettbewerbsfähig zu bleiben und Deutschland als Schiedsort zu stärken. Das Bedürfnis nach einer innovativen Überholung der bestehenden gesetzlichen Regelungen zur Anfechtung einer Kompetenzentscheidung bekräftigen auch die gesetzlichen Regelungen in Österreich und der Schweiz. Die Gesetzgeber beider Länder haben sich entschlossen, die Anfechtung des Prozessschiedsspruchs zu kodifizieren. Da gerade auch das österreichische Recht als Weiterentwicklung der deutschen Regelungen gelesen werden kann, dient dieses wiederum dem deutschen Recht

---

666 So auch *Synatschke*, Die Unzuständigkeitserklärung des Schiedsgerichts, S. 138.

als Vorbild und mögliche Orientierung. Nichts Anderes gilt auch unter dem Blickpunkt, dass es grundsätzlich im Interesse des Staates liegen dürfte, unrichtige Entscheidungen hinsichtlich der Zuständigkeit eines Schiedsgerichtes zu vermeiden. Dieses Interesse entspringt nicht nur dem Bedürfnis nach Rechtssicherheit und dem Vertrauen in die Richtigkeit der Rechtsprechung, sondern manifestiert sich ebenfalls in § 1032 Abs. 2 ZPO, der neben der Feststellung der Zulässigkeit des Schiedsverfahrens auch die der Unzulässigkeit explizit statuiert. Diese Regelung gilt unabhängig von der Nationalität des Schiedsverfahrens. Darüber hinaus hat sich das für den Sachschiedsspruch konzipierte Verbot der révision au fond für den Fall des Prozessschiedsspruchs als unpassend gezeigt. Die Ratio des Verbots der révision au fond lässt sich nicht ohne Weiteres auf den zuständigkeitsverneinenden Prozessschiedsspruch übertragen, wird doch der Ausschluss einer inhaltlichen Nachprüfung des Schiedsspruchs im Sinne einer Überprüfung der sachlichen (d.h. materiell-rechtlichen) Richtigkeit bezweckt. Zugeschnitten ist das „Inhaltskontrollverbot" demnach auf Sachschiedssprüche, die für den Fall einer materiell-rechtlichen Fehlentscheidung ebenso hinzunehmen sind, wie unanfechtbare Entscheidungen staatlicher Gerichte.[667] Im Hinblick auf die Akzeptanz und Effizienz eines Schiedsverfahrens soll durch das Verbot der révision au fond keine zweite Rechtsmittelinstanz geschaffen werden, mit deren Hilfe eine unbeschränkte Überprüfung der schiedsgerichtlichen Entscheidung vorgenommen werden kann.[668] Auf den Prozessschiedsspruch übertragen verfehlt das Verbot einer révision au fond jedoch seinen Zweck. Die schiedsrichterliche Sachentscheidung wird nicht geschützt, sondern vielmehr verhindert.[669]

Im Ergebnis ist eine Kontrollmöglichkeit der Zuständigkeitsverneinung daher nicht zwingend erforderlich, würde aber eine sachgerechte Lösung darstellen. Staatliche Kontrolle ließe sich nur sehr mühsam und ohne überzeugende dogmatische Grundlage konstruieren, ohne dabei alle Zweifel ausräumen zu können, die von dem BGH und Teilen der Literatur gegen eine Anfechtung des Prozessschiedsspruches vorgebracht werden. Um dem dogmatischen Konflikt Abhilfe zu schaffen, ist der Gesetzgeber gefordert. § 1059 Abs. 2 Nr. 1a ZPO könnte und sollte um den Aufhebungsgrund erweitert werden, dass ein klageabweisender

667 Siehe z.B. OLG Köln Beschl. v. 26.11.2002 – 9 Sch 18/02 (DIS-Datenbank); BayOLG Beschl. v. 25.08.2004 – 4 Z Sch 13/04 [II.3.] (DIS-Datenbank); OLG München Beschl. v. 07.09.2005 – 34 Sch 21/05, OLGR München 2006, 208, [juris Rn. 9].

668 So EuGH Urt. v. 01.06.1999 – C-126/97 („Eco Swiss China Time Ltd/ Benetton International NV"), GRUR Int. 1999, 737, 739 [Rn. 35].

669 Ähnlich *Synatschke*, Die Unzuständigkeitserklärung des Schiedsgerichts, S. 140 f.

Prozessschiedsspruch mit der Begründung angefochten werden kann, tatsächlich bestehe eine wirksame Schiedsvereinbarung zwischen den Parteien.[670] Die Konstituierung eines Anfechtungsgrundes für die Unzuständigkeitserklärung des Schiedsgerichts sollte sich am Beispiel der österreichischen und schweizerischen Regelungen orientieren. Damit würde das Schiedsrecht innerhalb des deutschen Rechtskreises harmonisiert und zugunsten der schiedsfreudigen Partei gestärkt. Grundsätzliche Bedenken gegen eine Implementierung eines Anfechtungsgrundes hinsichtlich der negativen Kompetenzerklärung lassen sich nicht ausreichend identifizieren. Letztlich wäre mit einem Anfechtungsgrund ein „Mehr" an staatlicher Kontrolle geschaffen, anstatt diese wie aktuell einzuschränken. Eine Gesetzesänderung bzw. Erweiterung des § 1059 Abs. 2 Nr. 1a ZPO wäre deshalb eine rechtspolitisch willkommene und praxisgerechte Neuerung.

670 Diese Änderung fordert auch der Deutsche Anwaltsverein in einer Stellungnahme zu erforderlichen Änderungen der § 1025 ff. ZPO, Nr. 10/2015, S. 5.

§ 7. Verbleibende Verfahrenskonflikte

A. Ausgewählte Problemkonstellationen

Die Frage, ob ein Schiedsgericht oder ein ordentliches Gericht für die Entscheidung eines Rechtsstreits zuständig ist, kann auch innerhalb des staatlichen Verfahrens in unterschiedliche Gerichtszuständigkeiten fallen: Im Hauptsacheverfahren des ordentlichen Rechtswegs kann von der beklagten Partei die Schiedseinrede gem. § 1032 Abs. 1 ZPO erhoben, im Verfahren nach § 1032 Abs. 2 ZPO kann die Feststellung der Zulässigkeit oder Unzulässigkeit eines Schiedsverfahrens begehrt und im Rahmen des Aufhebungs- oder Vollstreckbarerklärungsverfahrens die Zuständigkeit des Schiedsgerichts überprüft werden. Das Gesetz eröffnet mehrere Kontrollmechanismen in der präarbitralen und postarbitralen Phase des schiedsrichterlichen Verfahrens zur Klärung des zuständigen Gerichtszweigs und regelt das Verhältnis des Verfahrens zur Anfechtung des Zwischenentscheids zum weiteren Schiedsverfahren einerseits (§ 1040 Abs. 3 S. 3 ZPO) sowie das Verhältnis von Hauptsache- bzw. Feststellungsverfahren zum schiedsgerichtlichen Verfahren andererseits (§ 1032 Abs. 3 ZPO). Eine gesetzliche Bestimmung über die Wechselbeziehung der staatlichen Verfahren zueinander fehlt hingegen.

Gerade eine mögliche Doppelbefassung der Gerichte innerhalb der Regelung des § 1032 ZPO wirft jedoch interessante Konstellationen auf, mit denen sich auch die oberlandesgerichtliche Rechtsprechung bereits mehrfach zu befassen hatte.[671] Da keine sachliche Zuständigkeitskonzentration hinsichtlich der Kontrollmöglichkeiten nach § 1032 Abs. 1 und Abs. 2 ZPO bei demselben staatlichen Gericht besteht, ist diesen Fällen die Gefahr zeitgleicher paralleler Prozessführung mit im Ergebnis widersprechenden Entscheidungen besonders immanent. Darüber hinaus drohen parallele Kontrollverfahren auch dann, wenn das Schiedsverfahren trotz der Rechtshängigkeit eines staatlichen Verfahrens eingeleitet oder fortgesetzt wird. Gerade das Fehlen einer Rechts- bzw. Schiedshängigkeit trägt in dieser Situation zu der Gefahr paralleler Verfahren und der Möglichkeit einer das staatliche Verfahren überholenden Entscheidung des Schiedsgerichts bei, sodass sich auch das Risiko divergierender Entscheidungen

671 Beispielhaft BayObLG Beschl. v. 07.10.2002 – 4 Z SchH 8/02, SchiedsVZ 2003, 187, 188 f. [juris Rn. 24 f.] u. OLG München Beschl. v. 22.06.2011 – 34 SchH 03/11, SchiedsVZ 2011, 340, 341.

erhöht. In den meisten Fällen wird das Schiedsgericht zwar sein Verfahren analog § 148 ZPO aussetzen[672], um im Interesse der Parteien und der Verfahrensökonomie die Entscheidung des Gerichts abzuwarten. Das minimiert die Gefahr paralleler Verfahren und widerstreitender Entscheidungen jedoch allenfalls, da die Fortführung des Verfahrens keinen besonderen Schranken unterliegt. Erforderlich ist lediglich eine sorgfältige Abwägung durch die Schiedsrichter, wie schnell mit einer gerichtlichen Entscheidung gerechnet werden kann und wie hoch die Wahrscheinlichkeit ist, dass die staatlichen Gerichte die Zuständigkeit des Schiedsgerichts anders bewerten, als das Schiedsgericht selbst.[673] Insbesondere bei besonders komplexen Zuständigkeitsfragen und einer Verfahrensführung über alle gerichtlichen Instanzen kann eine Einleitung oder Fortführung des Schiedsverfahrens gerechtfertigt sein.[674] Im Rahmen der Problematik „überholender“[675] schiedsgerichtlicher Entscheidungen ist speziell der Fall eines das Antragsverfahren nach § 1040 Abs. 3 S. 2 ZPO überholenden Schiedsspruchs interessant, weil jüngst ein Richtungswechsel in der höchstrichterlichen Rechtsprechung zu dieser Thematik stattgefunden hat.[676]

B. Zeitgleiche Gerichtsverfahren an der Schnittstelle von § 1032 Abs. 1 und Abs. 2 ZPO

Eine inzidente gerichtliche Entscheidung über die Zulässigkeit eines schiedsgerichtlichen Verfahrens kann über § 1032 Abs. 1 ZPO im Wege des Hauptsachverfahrens erreicht werden. Die Gerichtszuständigkeit richtet sich nach den allgemeinen Zuständigkeitsregeln, die zum Amts- oder Landgericht führen. § 1032 Abs. 2 ZPO erlaubt es den Parteien hingegen bis zur Konstituierung eines Schiedsgerichts die Zulässigkeit oder Unzulässigkeit eines Schiedsverfahrens vor dem nach § 1062 Abs. 1 ZPO zuständigen Oberlandesgericht feststellen zu lassen. Mangels Zuständigkeitskonzentration beim Oberlandesgericht ergeben sich für die unterschiedlichen Verfahren nach § 1032 Abs. 1 und Abs. 2 ZPO Doppelzuständigkeiten in Bezug auf die Klärung der Kompetenzfrage. Eine gesetzliche Regelung der Wechselwirkung von § 1032 Abs. 1 und Abs. 2 ZPO

---

672 B/L/A/*Hartmann*, § 1040 Rn. 6; Wieczorek/*Schütze*, § 1040 Rn. 22. Siehe auch die Erörterungen unter § 5.B, S. 120.

673 Siehe *Lachmann*, Handbuch der Schiedsgerichtsbarkeit, Rn. 730.

674 Vgl. *Wilske/Krapfl*, LMK 2013, 353393.

675 Die Begrifflichkeit des überholenden Schiedsspruchs verwendet auch BGH Beschl. v. 19.09.2013 – III ZB 37/12, SchiedsVZ 2013, 333 [juris Rn. 9].

676 Ausführlich unter Gliederungspunkt § 7.C.I, S. 217.

existiert jedoch nicht, sodass einander widersprechender Entscheidungen auch in dieser Konstellation drohen. Da dem Hauptsache- und Feststellungsverfahren offensichtlich keine identischen Streitgegenstände zugrunde liegen, kommt eine Verfahrenskoordination über die Grundsätze der Rechtshängigkeit nicht in Betracht. Die herrschende Meinung knüpft daher an das Rechtsschutzbedürfnis des Feststellungsantrags an.[677]

I. Rechtshängiges Verfahren in der Hauptsache und sukzessiver Feststellungsantrag nach § 1032 Abs. 2 ZPO

Mit der Zulässigkeit des trotz eines bereits rechtshängigen Verfahrens in der Hauptsache eingeleiteten Feststellungsverfahrens nach § 1032 Abs. 2 ZPO hatten sich in jüngerer Zeit mehrere Oberlandesgerichte zu beschäftigen.

1. Oberlandesgerichtliche Rechtsprechung

Als richtungsweisend dürfte ein Beschluss des Bayrischen Obersten Landesgerichts vom 07.10.2002[678] gelten. Vereinfacht dargestellt lag dem Beschluss eine gesellschaftsrechtliche Beschlussmängelstreitigkeit zugrunde: Der überstimmte Gesellschafter einer GmbH hatte vor dem Landgericht die Beschlüsse einer Gesellschafterversammlung mit dem Ziel angefochten, diese für nichtig zu erklären. Die beklagte GmbH wendete ein, der Rechtsweg zu den staatlichen Gerichten sei wegen des Bestehens einer Schiedsvereinbarung ausgeschlossen und stellte gem. § 1032 Abs. 2 ZPO einen Antrag auf Feststellung der Zulässigkeit eines schiedsrichterlichen Verfahrens. Diesem Antrag schloss sich der klagende Gesellschafter unter Aufrechterhaltung seiner Klage vor dem Landgericht an. Zudem wurde von den Parteien ein Schiedsverfahren eingeleitet.

---

677 Beispielhaft *Schroeter*, SchiedsVZ 2004, 288, 291; *Busse*, SchiedsVZ 2003, 189; *Spohnheimer*, FS Käfer (2009), 357, 365 f.; *Schwab/Walter*, Schiedsgerichtsbarkeit, Kap. 31 Rn. 12; *Lachmann*, Handbuch für die Schiedsgerichtspraxis, Rn. 673.

678 BayObLG Beschl. v. 07.10.2002 – 4 Z SchH 8/02, SchiedsVZ 2003, 187. Zuvor auch schon OLG Koblenz Beschl. v. 04.06.1999 – 2 SchH 1/99, OLGR Koblenz 2000, 48 und OLG Hamm Beschl. v. 10.02.1999 – 8 SchH 1/98, RPS 1999 II, 10, wobei das OLG Koblenz das Rechtsschutzbedürfnis jedoch wegen der übereinstimmenden Durchführung eines Schiedsverfahrens ablehnt und das OLG Hamm im Zusammenhang mit der Zulässigkeitsfrage ausschließlich zur örtlichen Zuständigkeit Stellung nimmt und die Zulässigkeit des Feststellungsantrag bejaht (!), ohne jedoch auf die Auswirkungen eines bereits rechtshängigen Hauptsacheverfahrens auf einen Feststellungsantrag einzugehen.

Nachdem zunächst das mit der Hauptsache befasste Landgericht positiv die Zulässigkeit des Schiedsverfahrens feststellte, diesen Beschluss jedoch mangels Entscheidungszuständigkeit anschließend selbst wieder aufhob, entschied das nach § 1062 Abs. 1/5 ZPO zuständige Bayrische Oberste Landesgericht über den Feststellungsantrag. Es verwarf diesen mit der Begründung als unzulässig, dass es am Rechtsschutzbedürfnis für den Feststellungsantrag fehle, wenn bereits ein Hauptsacheverfahren nach § 1032 Abs. 1 ZPO anhängig sei und dort die Schiedseinrede erhoben worden ist. Das Bayrische Oberste Landesgericht führte aus, ein Wahlrecht der Parteien bezogen auf das Verfahren zur Klärung der Kompetenzfrage, sei zwar grundsätzlich unbestritten, eine zusätzliche (unnütze) Inanspruchnahme der Gerichte laufe aber wesentlichen Verfahrensgrundsätzen, wie dem das Schiedsverfahrensrecht beherrschenden Grundsatz der Beschleunigung und dem Gebot, die Gefahr widersprüchlicher Entscheidung zu vermeiden, zuwider.[679] Aus diesen Gründen könne, so das Bayrische Oberste Landesgericht, die Klärung der Zulässigkeit des Schiedsverfahrens nicht nebeneinander in einem ordentlichen und einem schiedsgerichtlichen Hauptsacheverfahren sowie zusätzlich noch in einem Feststellungsverfahren betrieben werden.

Dieser Auffassung hat sich die weitere oberlandesgerichtliche Rechtsprechung[680] angeschlossen. Das OLG München[681] geht in einer späteren Entscheidung unter Bezugnahme auf die Entscheidung des BayObLG noch einen

---

679 BayObLG Beschl. v. 07.10.2002 – 4 Z SchH 8/02, SchiedsVZ 2003, 187, 188 f. [juris Rn. 24 f.].

680 OLG Koblenz Beschl. v. 12.06.2008 – 2 SchH 2/08, SchiedsVZ 2008, 262, 263; OLG München Beschl. v. 22.06.2011 – 34 SchH 03/11, SchiedsVZ 2011, 340, 341; OLG Naumburg Beschl. v. 05.03.2013 – 10 Sch 1/13, SchiedsVZ 2013, 237, 238; OLG Köln Beschl. v. 09.03.2015 – 19 Sch 22/14, BeckRS 2016, 02809 [Rn. 12]; LG Mainz Urt. v. 17.04.2008 – 1 O 405/06, SchiedsVZ 2008, 263, 264.
A.A. wohl nur (indirekt) OLG Hamm Beschl. v. 10.02.1999 – 8 SchH 1/98, RPS 1999 II, 10, das den Feststellungsantrag zulässt, ohne sich aber mit der Frage der Unzulässigkeit wegen eines zuvor vor dem staatlichen Gericht eingeleiteten Verfahrens auseinanderzusetzen (siehe bereits Fn. 678). Explizit dann aber OLG Hamm Beschl. v. 14.01.2003 – 10 W 70/02, AUR 2003, 379, 380 [juris Rn. 22].

681 OLG München Beschl. v. 22.06.2011 – 34 SchH 03/11, SchiedsVZ 2011, 340, 341 [juris Rn. 54]; in Ergänzung zu OLG München Beschl. v. 10.01.2007 – 34 SchH 014/06 (zit. nach juris). Zustimmend OLG Frankfurt Beschl. v. 07.03.2012 – 26 SchH 16/11 [Rn. 17] (zit. nach juris).
Diese Frage stellt bereits *Busse*, SchiedsVZ 2003, 189, 190, der das Erheben einer Schiedseinrede ebenfalls nicht voraussetzt, um den Antrag als unzulässig abweisen zu können.

Schritt weiter und stellte fest, dass es für die Unzulässigkeit des Feststellungsantrags unerheblich sei, ob der Antragsteller die Schiedseinrede vor dem staatlichen Gericht bereits erhoben hat oder lediglich ankündigt, diese noch erheben zu wollen. In beiden Fällen bestehe eine ausschließliche Entscheidungsbefugnis des mit der Hauptsache befassten Amts- oder Landgerichts. Dem Feststellungsantrag fehle hingegen das Rechtsschutzbedürfnis, da es an überzeugenden Sachgründen mangele, eine parallele Befassung zweier Gerichte mit derselben Fragestellung zuzulassen. In dieser Verfahrenskonstellation stehe dem Antragsteller gerade kein Wahlrecht hinsichtlich der Frage (mehr) zu, in welchem Verfahren er die Zulässigkeit des schiedsrichterlichen Verfahrens klären lassen will. Ansonsten würde in der Konsequenz ein bereits durch die Klagerhebung vor dem staatlichen Gericht praktiziertes Wahlrecht des Antragsgegners vernichtet werden.[682]

2. *Herrschende Literatur*

Der (noch) überwiegenden Literaturansicht[683] nach entfällt im Einklang mit der Rechtsprechung der Oberlandesgerichte das Rechtsschutzbedürfnis für den Feststellungsantrag, wenn bereits ein Verfahren in der Hauptsache anhängig ist.[684] Begründet wird diese Ansicht primär mit dem allgemeinen Gebot, dass Gerichte nicht unnütz in Anspruch genommen werden dürfen, der Gefahr widersprechender Entscheidungen und dem auch im Schiedsverfahrensrecht geltenden Beschleunigungsgrundsatz. Teilweise wird auch auf den Wortlaut von § 1032 Abs. 2 ZPO Bezug genommen, wonach ein gesondertes Feststellungsverfahren

682 OLG München Beschl. v. 22.06.2011 – 34 SchH 03/11, SchiedsVZ 2011, 340, 341 [juris Rn. 53].

683 Abzuwarten bleibt, wie sich die Literatur zu der neuen Entscheidung des BGH, Beschl. v. 09.05.2018 – I ZB 53/17, NJW 2018, 1402, positionieren wird, wonach das Rechtsschutzbedürfnis eines Feststellungsantrags nach § 1032 Abs. 2 ZPO nicht durch die Rechtshängigkeit der Klage in der Hauptsache entfällt. Ablehnend haben sich beispielsweise bereits geäußert: PG-ZPO/*Prütting*, § 1032 Rn. 6 a.E, sowie ausdrücklich Musielak/*Voit*, § 1032 Rn. 12. Vgl. zu der neuen BGH-Rechtsprechung auch § 7.B.III.3, S. 215.

684 *Schroeter*, SchiedsVZ 2004, 288, 291; *Spohnheimer*, FS Käfer (2009), 357, 365 f.; *Busse*, SchiedsVZ 2003, 189; *Haas*, FS Rechberger (2005), 187, 198; *Schwab/Walter*, Schiedsgerichtsbarkeit, Kap. 31 Rn. 12; *Lachmann*, Handbuch für die Schiedsgerichtspraxis, Rn. 673; Hk-ZPO/*Saenger*, § 1032 Rn. 15; PG-ZPO/*Prütting*, § 1032 Rn. 6 a.E.; Wieczorek/*Schütze*, § 1032 Rn. 6 u. 30. Im Ergebnis auch bereits *Bredow*, RPS 1999 II, 13, ohne jedoch das Rechtsschutzbedürfnis heranzuziehen.

nur bis zur zeitlichen Grenze der Konstituierung des Schiedsgerichts zulässig ist. Die Vertreter der herrschenden Meinung führen aus, § 1032 Abs. 2 ZPO regele ausdrücklich zwar nur das Verhältnis des Feststellungsantrags zu einem Schiedsverfahren, implizit sei der Vorschrift jedoch zu entnehmen, dass ein Antrag auf Feststellung der Zulässigkeit oder Unzulässigkeit des Schiedsverfahrens immer dann unzulässig ist, wenn ein Hauptsacheverfahren, sei es bei einem staatlichen Gericht oder beim Schiedsgericht, eingeleitet wurde und ein funktionsfähiger Spruchkörper zur Verfügung stünde.[685] Ergänzend sei zu beachten, dass § 1032 Abs. 2 ZPO in Abweichung von dem der ZPO-Novelle zugrunde gelegten UNCITRAL-Modellgesetz Einzug in das deutsche Recht erhalten habe und dessen Entstehungsgeschichte daher eine möglichst zurückhaltende Interpretation fordere.[686] Zwar wurde auch für das Modellgesetz die Einführung einer § 1032 Abs. 2 ZPO entsprechenden Regelung diskutiert, letztlich aber verworfen.[687] Die Intention des Gesetzgebers bei Einführung der abweichenden Regelung habe in der Realisierung einer frühzeitigen gerichtlichen Klärung der schiedsrichterlichen Kompetenz bezüglich eines konkreten Streitgegenstandes gelegen. Staatliche Kontrolle der schiedsgerichtlichen Kompetenz könne nach dem Modellgesetz hingegen nur bis zum Zeitpunkt der Schiedseinrede im Hauptsacheverfahren (Art. 8 Abs. 1 UNCITRAL-MG) bzw. durch Unzuständigkeitsrüge im Schiedsverfahren (Art. 16 Abs. 3 UNCITRAL-MG) erwirkt werden, nicht jedoch gesondert vor der Anhängigkeit eines Gerichtsverfahrens bzw. vor Einleitung eines Schiedsverfahrens in der Hauptsache. Diese Regelungslücke versuche § 1032 Abs. 2 ZPO zu schließen, der im Hinblick auf seine Normhistorie jedoch nur einschränkend angewendet werden könne, nämlich nur bis zur Bildung des Schiedsgerichts und bis zur Erhebung einer staatlichen Klage. Nur so könne weitestgehend Einklang mit den Regelungen des Modellgesetzes erreicht werden.[688]

Werde ausnahmsweise im Rahmen des Hauptsacheverfahrens nicht über die Wirksamkeit der Schiedsvereinbarung und über die Kompetenzfrage

---

685 *Bredow*, RPS 1999 II, 13. Beim Schiedsgericht ist nicht auf die Einleitung des Schiedsverfahrens, sondern die Konstituierung des Schiedsgerichts abzustellen, siehe dazu bereits Gliederungspunkt § 2.B.III.2, S. 35.

686 *Busse*, SchiedsVZ 2003, 189 f.; *Mann/Lumpp*, SchiedsVZ 2011, 323, 326.

687 *Report of the Working Group on International Contract Practices on the Work of its Seventh Session*, UN-Document A/CN.9/246, UNCITRAL Yearbook XV (1984), 189, 195 f. [Rn. 53–56] u. *United Nations Commission on International Trade Law, Report on the Work of its Eighteenth Session*, UN-Document A/40/17, UNCITRAL Yearbook XVI (1985), 1, 21 [Rn. 160 f.].

688 Vgl. insbes. *Mann/Lumpp*, SchiedsVZ 2011, 323, 326 f.; *Busse*, SchiedsVZ 2003, 189 f.

entschieden, weil beispielsweise die Schiedseinrede nicht erhoben wurde oder die Klage bereits mangels internationaler Zuständigkeit als unzulässig abgewiesen wird, besteht dann nach Auffassung der herrschenden Meinung ausnahmsweise (wieder) ein Rechtsschutzbedürfnis für das Verfahren des § 1032 Abs. 2 ZPO. Der zuvor abgewiesene Feststellungsantrag kann erneut eingereicht werden und ist nicht mangels Rechtsschutzbedürfnis unzulässig.[689]

3. *Andere Ansichten*

Nach anderer Ansicht hingehen ist eine Klage in der Hauptsache vor dem staatlichen Gericht selbst dann kein Hinderungsgrund für einen Feststellungsantrag nach § 1032 Abs. 2 ZPO, wenn in diesem Verfahren die Schiedseinrede erhoben wurde.[690] Das Rechtsschutzbedürfnis sei zu bejahen, weil nur die Kompetenzkontrolle nach § 1032 Abs. 2 ZPO eine umfassende und schnelle staatliche Klärung der Zulässigkeitsfrage gewährleiste und die oberlandesgerichtliche Zuständigkeit eröffne.[691] MÜNCH[692] zieht für das Verhältnis von § 1032 Abs. 1 und Abs. 2 ZPO einen Vergleich zur allgemeinen Leistungs- und Feststellungsklage[693] und argumentiert, dass die gemeinhin gültige Subsidiarität der Feststellungsklage in der vorliegenden Verfahrenskonstellation nicht anerkannt werden könne. Die Subsidiarität gelte nur für die selbstständige, positive wie negative, Feststellung eines Rechtsverhältnisses nach § 256 Abs. 1 ZPO, nicht hingegen für Zwischenfeststellungen nach § 256 Abs. 2 ZPO, so MÜNCH. Der Feststellungsantrag nach § 1032 Abs. 2 ZPO sei hingegen mit letzterer vergleichbar. Die Feststellung der Zulässigkeit bzw. Unzulässigkeit des Schiedsverfahrens und implizit der Wirksamkeit oder Unwirksamkeit der Schiedsvereinbarung begründe Präjudizialität für die Entscheidung des späteren Rechtsverhältnisses (die Entscheidung über die Klage in der Hauptsache und inzident über die erhobene Schiedseinrede), so MÜNCH. Das Subsidiaritätsprinzip könne daher keine Geltung erfahren, auch nicht vor dem Hintergrund der unterschiedlichen Gerichtszuständigkeiten für die Klage in der Hauptsache und das Feststellungsverfahren. Die Parallelität

689 Musielak/*Voit*, 13. Aufl. § 1032 Rn. 12 sowie zuletzt 16. Aufl. § 1032 Rn. 12; *Busse*, SchiedsVZ 2003, 189, 190.

690 Stein/Jonas/*Schlosser* ZPO, § 1032 Rn. 40; Zöller/*Geimer*, § 1032 Rn. 3a i.V.m. Rn. 23.

691 MüKoZPO/*Münch*, § 1032 Rn. 22; ähnlich Stein/Jonas/*Schlosser* ZPO, § 1032 Rn. 40.

692 *Münch*, ZZP 128 (2015), 307, 317 ff.

693 Den Vergleich zwischen Leistungs- und negativer Feststellungsklage zieht für die umgekehrte Verfahrenskonstellation der anschließenden Einleitung eines Hauptsacheverfahrens nach vorheriger Rechtshängigkeit des Feststellungsantrags bereits *Spohnheimer*, FS Käfer (2009), 357, 367 f.

beider Verfahren sei im Normtext angelegt und nicht über das Rechtsschutzbedürfnis korrigierbar.[694]

II. Rechtshängiger Feststellungsantrag und sukzessive Einleitung eines Hauptsacheverfahrens

Die zweite Konstellation betrifft die spiegelbildliche Situation der Erhebung einer Klage in der Hauptsache, obwohl bereits der Feststellungsantrag zur Zulässigkeit oder Unzulässigkeit des Schiedsverfahrens beim zuständigen OLG rechtshängig ist. Soweit ersichtlich hatte nur das OLG München einen solchen Fall zu entscheiden und stellte lediglich fest: „Jedoch beseitigt die der Antragstellung [i.S.v. § 1032 Abs. 2 ZPO] nachfolgende Klageerhebung [i.S.e. Hauptsacheverfahrens nach § 1032 Abs. 1 ZPO] das Rechtsschutzbedürfnis nicht.“[695] Damit betont das OLG München zwar die Relevanz des Feststellungsverfahrens neben einem, insoweit nachrangigen, Hauptsacheverfahren, jedoch ohne diese Entscheidung zu begründen und die Problematik zu erläutern.

In Anknüpfung an die oberlandesgerichtlichen Entscheidungen zur umgekehrten Fallkonstellation nimmt der überwiegende Teil der Literatur einen generellen Vorrang des § 1032 Abs. 1 vor Abs. 2 ZPO an. Als Folge dessen wird für den Antrag nach § 1032 Abs. 2 ZPO ein Rechtsschutzbedürfnis verneint, sobald ein Hauptsacheverfahren anhängig gemacht wird.[696] Einem Verfahren nach § 1032 Abs. 2 ZPO fehlt im Einklang mit der herrschenden Literatur daher unabhängig von der zeitlichen Komponente mit Erhebung der Klage in der Hauptsache stets das Rechtsschutzbedürfnis – sei es, weil es von Anfang an nicht besteht (erste Fallkonstellation) oder nachträglich entfällt (vorliegende Verfahrenskonstellation). Begründet wird diese Ansicht mit denselben, bereits für die Ablehnung des Rechtsschutzbedürfnisses bei einem auf die Klage in der Hauptsache nachfolgenden Feststellungsantrag entwickelten Argumenten: Wortlaut sowie Sinn und Zweck des § 1032 Abs. 2 ZPO würden ergeben, dass ein Feststellungsantrag nur dann zulässig ist, wenn kein unmittelbar funktionierender

---

694 *Münch*, ZZP 128 (2015), 307, 318.

695 OLG München Beschl. v. 07.07.2014 – 34 SchH 18/13, SchiedsVZ 2014, 262, 264.

696 *Lachmann*, Handbuch für die Schiedsgerichtspraxis, Rn. 674; Musielak/*Voit*, § 1032 Rn. 12; Wieczorek/*Schütze*, § 1032 Rn. 7 u. 31; AiG/*Huber/Bach*, § 1032 Rn. 51; *Mann/Lumpp*, SchiedsVZ 2011, 323, 324, die eine solche Schlussfolgerung direkt aus der Entscheidung des OLG München Beschl. v. 22.06.2011 – 34 SchH 3/11, SchiedsVZ 2011, 340 herleiten wollen; *Busse*, SchiedsVZ 2003, 189, 190 f.
A.A. *Spohnheimer*, FS Käfer (2009), 357; Stein/Jonas/*Schlosser* ZPO, § 1032 Rn. 40; Zöller/*Geimer*, § 1032 Rn. 3a.

Spruchkörper zur Verfügung steht, der die Frage der Kompetenzstreitigkeit in gleicher Weise klären könne. In Betracht würden dabei explizit ein gebildetes Schiedsgericht oder, wie der Telos des § 1032 Abs. 2 ZPO ergibt, implizit ein staatliches Gericht, das mit der Hauptsache befasst ist, kommen.[697] Zwar sollen nach Intention des Gesetzgebers Kompetenzfragen in einem möglichst frühen Verfahrensstadium geklärt werden können, eine Regelung, die kumulativ neben die, auch nach dem UNCITRAL-Modellgesetz bestehenden Kontrollverfahren tritt und Doppelzuständigkeiten ermöglicht, habe hingegen nicht geschaffen werden sollen. Eine zurückhaltende Interpretation ergebe daher, dass § 1032 Abs. 2 ZPO nur Anwendung finden solle, wenn keine andere, im Modellgesetz vorhandene Variante in Betracht kommt.[698]

III. Stellungnahme

Warum eine Parallelität der Verfahren nach § 1032 Abs. 1 und Abs. 2 ZPO unabhängig davon, ob das Hauptsacheverfahren zeitlich vor- oder nachrangig zum Feststellungsantrag eingeleitet worden ist, abgelehnt werden sollte, erschließt sich nicht. Die im Rahmen von § 1032 Abs. 2 ZPO eröffnete OLG-Zuständigkeit legt gerade keinen Vorrang des lediglich amts- oder landesgerichtlichen Hauptsacheverfahrens nahe. Warum das für den Feststellungsantrag zuständige Oberlandesgericht als höhere Instanz das Rechtschutzbedürfnis ablehnen soll, ergibt sich auch nicht zwingend aus dem Gebot, widersprechende Entscheidungen zu verhindern oder Rechtsprechungsressourcen effektiv und sinnvoll zu beanspruchen.

1. Parallelität von § 1032 Abs. 1 und Abs. 2 ZPO

Weder das von der herrschenden Meinung gegen ein Nebeneinander der Verfahren nach § 1032 Abs. 1 und Abs. 2 ZPO angeführte Wortlautargument noch der Verweis auf die Regelungen des UNCITRAL-Modellgesetzes vermögen zu überzeugen. § 1032 Abs. 2 ZPO lässt den Feststellungsantrag nur bis zur Einleitung des Schiedsverfahrens zu, enthält aber gerade keine entsprechende Regelung über das Verhältnis zum staatlichen (Hauptsache-) Verfahren. § 1032 Abs. 2 ZPO kann auch nicht (nur) dahingehend ausgelegt werden, dass der Feststellungsantrag nur dann zulässig ist, wenn ein staatliches Gericht noch nicht mit der

---

697 Siehe nur noch *Mann/Lumpp*, SchiedsVZ 2011, 323, 325 f.
698 *Busse*, SchiedsVZ 2003, 189, 190.

Wirksamkeit der Schiedsvereinbarung befasst ist.[699] Im Gegenteil: § 1032 Abs. 2 ZPO könnte auch die implizite Aussage entnommen werden, dass eine Klage in der Hauptsache sich in keiner Weise auf einen Feststellungsantrag auswirkt, gerade weil der Gesetzgeber den Anwendungsbereich des § 1032 Abs. 2 ZPO nur hinsichtlich der Konstituierung des Schiedsgerichts beschränkt hat. Die Interpretation des § 1032 Abs. 2 ZPO ließe sich mithin dahingehend umkehren, dass eine rechtshängige Klage mangels gesetzlicher Normierung gerade keine Grenze für die Zulässigkeit des Feststellungsantrags setzt. Auch die angeführte Harmonisierung mit den durch das Modellgesetz vorgesehenen staatlichen Kontrollverfahren trifft nicht den Kern der Sache, ist der Gesetzgeber doch bewusst vom Modellgesetz abgewichen, um in der Tradition der nach altem Recht bekannten Feststellungsklage eine abweichende Regelung zur Vorabkontrolle zu schaffen.[700] Zwar ist wichtiger Ausgangspunkt nationaler Schiedsrechtsreformen die Harmonisierung der Schiedsverfahrensrechte und eine Anpassung an internationale Standards. Dennoch wurde das UNCITRAL-Modellgesetz im Allgemeinen nicht als komplettes Regelwerk übernommen, sondern nationale Reformen wurden auf dessen Grundlage konzipiert und Normen unter Berücksichtigung binnenrechtlicher Eigenheiten modifiziert. Diese gesetzlich manifestierte Divergenz der selbstständigen Kompetenzprüfung durch § 1032 Abs. 2 ZPO einzuschränken, um einen Gleichlauf mit dem Modellgesetz zu erreichen, würde den Sinn der Vorschrift unterlaufen und den Willen des Gesetzgebers konterkarieren. Ein Bedürfnis für „eine ‚modellgesetzfreundliche', zurückhaltende Interpretation"[701] des § 1032 Abs. 2 ZPO besteht nicht.

Auch die weiteren Argumente der herrschenden Meinung gegen eine parallele Durchführung von Hauptsacheverfahren und Feststellungsantrag können nicht überzeugen. Die Berufung auf den schiedsgerichtlichen Beschleunigungsgrundsatz erzwingt kein Verbot eines Nebeneinanders beider Verfahren. Im Fokus des Verfahrenskonflikts stehen zwei staatliche Verfahren. Ein zeitgleiches Tätigwerden des Schiedsgerichts bleibt aufgrund des § 1032 Abs. 3 ZPO von beiden Formen staatlicher Kontrolle unberührt. Zwar wurde zuvor die Aussetzung des schiedsgerichtlichen Verfahrens im Falle eines parallel anhängigen staatlichen Prozesses, welcher die Kompetenzklärung zum Inhalt hat, empfohlen[702],

---

699 In diese Richtung auch OLG Hamm Beschl. v. 14.01.2003 – 10 W 70/02, AUR 2003, 379, 380 [juris Rn. 22].

700 Dazu BT-Drucks. 13/5274, S. 38 li.Sp.; ähnlich *Münch*, ZZP 128 (2015), 307, 317 mit Fn. 43.

701 So aber *Spohnheimer*, FS Käfer (2009), 357, 367.

702 Siehe unter § 5.B, S. 120.

dieser Umstand spricht hingegen nicht gegen die Zulassung des Feststellungsantrags neben einem Verfahren in der Hauptsache. Im Feststellungsverfahren können wesentlich schneller die Unsicherheiten hinsichtlich der Zulässigkeit eines Schiedsverfahrens gerichtlich beseitigt werden. Vor diesem Hintergrund spricht das Argument der herrschenden Meinung vielmehr für die Parallelität der staatlichen Verfahren.[703] Auch die Ausführungen der Rechtsprechung, es dürfe nicht im Belieben einer Partei stehen, mithilfe eines Antrags nach § 1032 Abs. 2 ZPO eine ihr unliebsame Entscheidung des mit der Hauptsache befassten Gerichts zu vermeiden und stattdessen ein weiteres Gericht mit der Kompetenzfrage zu befassen[704], lassen sich zumindest für die Konstellation des zuerst anhängigen Feststellungsverfahrens umkehren: Ebenso wenig darf dem Antragsgegner eines Feststellungsverfahrens ein Instrument an die Hand gegeben werden, durch Klageerhebung einen bereits zulässigen Feststellungsantrag zu obstruieren und eine ggf. für ihn ungünstige Entscheidung durch das Oberlandesgericht abzuwenden. Das aber wäre die Konsequenz einer generellen Vorrangstellung des § 1032 Abs. 1 ZPO, wodurch das Rechtsschutzbedürfnis für den Feststellungsantrag durch die Einleitung des Hauptsacheverfahrens stets entfallen würde. Dass in beiden Fällen jeweils bereits ein staatliches Gericht mit der Frage der Zuständigkeit eines Schiedsgerichts befasst ist, gewährleistet jedoch zugegebenermaßen hinreichenden Rechtsschutz für die Parteien.[705] Dieses Argument bezieht sich auf das Gebot, eine unnötige Inanspruchnahme staatlicher Rechtsprechung zu vermeiden, und spricht grundsätzlich gegen ein Nebeneinander der Verfahren nach § 1032 Abs. 1 und Abs. 2 ZPO. Allerdings weist Münch zu Recht darauf hin, dass unter verschiedenen Rechtsschutzformen nur dann mithilfe des Rechtsschutzbedürfnisses eine prozessökonomische Verfahrensregulierung getroffen werden kann, wenn die zur Wahl stehenden Rechtsbehelfe gleichwertig ausgestaltet sind.[706] Zweifel an der Gleichwertigkeit entzünden sich bereits an der divergierenden Sachzuständigkeit der Amts- bzw. Landgerichte für das Hauptsacheverfahren einerseits und der OLG-Zuständigkeit für den Feststellungsantrag andererseits. Zieht man die obigen Ausführungen zu der Wirkung

---

703 Ähnlich *Münch*, ZZP 128 (2015), 307, 316.

704 OLG München Beschl. v. 22.06.2011 – 34 SchH 03/11, SchiedsVZ 2011, 340, 341 [juris Rn. 53]; OLG Frankfurt Beschl. v. 07.03.2012 – 26 SchH 16/11 [Rn. 17] (zit. nach juris).

705 Ebenfalls OLG München Beschl. v. 22.06.2011 – 34 SchH 03/11, SchiedsVZ 2011, 340, 342 [juris Rn. 56] u. OLG Frankfurt Beschl. v. 07.03.2012 – 26 SchH 16/11 [Rn. 15] (zit. nach juris); sowie *Bredow*, RPS 1999 II, 13.

706 *Münch*, ZZP 128 (2015), 307, 316.

der Rechtskraft heran, wird deutlich, dass keinesfalls eine Gleichwertigkeit beider Kontrollverfahren gegeben ist: Ist bereits die Rechtskraft- und Bindungswirkung für künftige staatliche Verfahren bzw. Schiedsverfahren im Falle eines Prozessurteils problematisch[707], zeigt sich die Inkohärenz eindeutig im Vergleich mit einem über die Einrede der Schiedsvereinbarung inzident entscheidenden Sachurteil. Diesem ist keine umfassende rechtskräftige Feststellung der Unzulässigkeit der Schiedseinrede bzw. der Unwirksamkeit der Schiedsvereinbarung zu entnehmen[708], wohingegen der Feststellungsbeschluss finale, da rechtskräftige, Gewissheit über die Zulässigkeit des schiedsgerichtlichen Verfahrens erzeugt.[709]

Dahingegen können durch eine Zwischenfeststellungsklage nach § 256 Abs. 2 ZPO neben dem Entscheidungstenor auch die dieser Entscheidung zugrundeliegenden tragenden Rechtsverhältnisse, die grundsätzlich nach § 322 ZPO nicht selbst an der Rechtskraft teilnehmen, in Rechtskraft erwachsen.[710] Für das Erfordernis der Vorgreiflichkeit ist dabei die Möglichkeit ausreichend, dass das inzident zu klärende Rechtsverhältnis zwischen den Parteien über den Streitgegenstand hinaus Bedeutung gewinnen könnte.[711] Das ist in der Konstellation des Feststellungsantrags ganz unproblematisch zu bejahen, da die Frage nach der Wirksamkeit der Schiedsvereinbarung in unterschiedlichen Facetten im staatlichen Verfahren relevant ist, nämlich im Hauptsacheverfahren, in postarbitralen Verfahren und im Schiedsverfahren selbst. Die Beantragung einer solchen Zwischenfeststellung erfolgt grundsätzlich mit der Klage in der Hauptsache oder bis zum Schluss der mündlichen Verhandlung.[712] Eine Parallelität von Hauptsacheverfahren und Zwischenfeststellung i.S.v. § 256 Abs. 2 ZPO ist also nicht ausgeschlossen, sondern gerade Zweck der Zwischenfeststellung. Diese Regelung spiegelt jedoch das Verhältnis der Verfahren im Rahmen von § 1032 Abs. 1 und Abs. 2 ZPO wieder: Die Klage in der Hauptsache wurde erhoben, ggf. wurde die Einrede der Schiedsvereinbarung geltend gemacht. Zeitgleich oder zeitlich nachfolgend wird die Feststellung der Zulässigkeit

---

707 Vgl. Gliederungspunkt § 6.B.I.3, S. 153.

708 Vgl. die Ausführungen unter § 6.B.I.1, S. 144.

709 Siehe Gliederungspunkt § 6.B.II, S. 164. So auch *Münch*, ZZP 128 (2015), 307, 316 f.

710 Vgl. BGH Urt. v. 28.09.2006 – VII ZR 247/05, NJW 2007, 82, 83 [Rn. 12]; Zöller/*Greger*, § 256 Rn. 21; Thomas/Putzo/*Reichold*, § 256 Rn. 26; Stein/Jonas/*Roth*, § 256 Rn. 102; MüKoZPO/*Becker-Eberhard*, 256 Rn. 80.

711 BGH Urt. v. 17.05.1977 – VI ZR 174/74, BGHZ 69, 37, 42 [juris Rn. 17]; BGH Urt. v. 28.09.2006 – VII ZR 247/05, NJW 2007, 82, 83 [Rn. 13 f.]. Siehe auch Gliederungspunkt § 6.B.I.2.c), S. 151.

712 Vgl. Musielak/Voit/*Foerste*, § 256 Rn. 43; Stein/Jonas/*Roth* ZPO, § 256 Rn. 117; PG-ZPO/*Geisler*, § 256 Rn. 22.

oder Unzulässigkeit des Schiedsverfahrens beantragt. Beide Verfahrenskonstellationen ähneln einander stark, sodass der Rückschluss von Münch[713], für ein Nebeneinander beider Verfahren entgegen der herrschenden Meinung einzutreten, überzeugt. Das Oberlandesgericht entscheidet über den Feststellungsantrag, als prozessuales Pendant der Zwischenfeststellungsklage, und trifft eine rechtskräftige Entscheidung über das dem eigentlichen Feststellungsbegehren (die Unzulässigkeit oder Zulässigkeit des Schiedsverfahrens) zugrundeliegende Rechtsverhältnis (die Wirksamkeit und Reichweite der Schiedsvereinbarung). Diese Entscheidung entfaltet konsequenterweise Rechtskraft für alle weiteren mit der Kompetenzklärung befassten Gerichte, staatliche wie schiedsgerichtliche.[714] Entgegen der herrschenden Meinung ist daher eine parallele Verfahrensführung von Feststellungsverfahren und Hauptsacheverfahren vorzugswürdig. Jedenfalls abzulehnen ist die generelle Bevorzugung des Hauptsacheverfahrens auch für den Fall, dass ein Feststellungsantrag bereits anhängig ist. Gerade vor dem Hintergrund prozessökonomischer Verfahrensgestaltung und dem allgemeinen Gebot, dass Gerichte nicht unnötig in Anspruch genommen werden dürfen, macht es wenig Sinn, das zuerst mit der Kompetenzstreitigkeit befasste Gericht, welches zudem noch im Rahmen des spezielleren Antragsverfahrens rasche Klärung verspricht, eine Entscheidungsbefugnis abzusprechen. Das gilt umso mehr im Hinblick auf die von der herrschenden Meinung befürwortete Lösung, ein Feststellungsantrag könne, nachdem er (direkt) mangels Rechtsschutzbedürfnis oder (nachträglich) mit Rechtshängigkeit der Klage abgewiesen wurde, wieder zulässig werden, wenn im Hauptsacheverfahren die Schiedseinrede nicht erhoben oder aus anderen Gründen die Kompetenzfrage nicht entschieden wurde. Denn dann wäre das OLG sogar erneut mit demselben, diesmal zulässigen, Antrag befasst.

2. Aussetzung des Verfahrens in der Hauptsache?

Gleichwohl wäre eine Koordination beider Verfahren im Sinne einer effektiven Prozessführung sinnvoll. Ins Auge springt eine Verfahrensaussetzung nach § 148 ZPO, dessen Anwendung die herrschende Meinung übereinstimmend ablehnt. Für eine Aussetzung des Hauptsacheverfahrens nach § 148 ZPO sei kein Raum, „da dies keinen ausreichenden Schutz dafür bietet, ein Nebeneinander mehrerer Verfahren und die Gefahr daraus resultierender widersprüchlicher

---

713 *Münch*, ZZP 128 (2015), 307, 317 ff.

714 Diese Lösung steht im Einklang mit den aufgezeigten Ergebnissen zur Bindungs- und Rechtskraftwirkung des Feststellungsbeschlusses im Schiedsverfahren, vgl. unter Gliederungspunkt § 6.B.II, S. 164.

Entscheidungen wirkungsvoll zu begegnen."[715] Zwar kann eine Verfahrensaussetzung als das schwächere Koordinationsinstrument nicht in gleicher Weise wie das Institut der Rechtshängigkeit eine Vermeidung paralleler Verfahren und widersprüchlicher Entscheidungen garantieren, gleichwohl wird aber übersehen, dass § 148 ZPO als auffangähnlicher Tatbestand gerade für solche Fälle geschaffen ist, in denen die Rechtshängigkeit als Koordinationsmittel versagt.[716] Anzuknüpfen ist hierbei nicht an das prioritär anhängige Verfahren, Vorrang hat stets die nach richterlichem Ermessen zu beurteilende Vorgreiflichkeit einer in einem anhängigen Prozess zu entscheidenden Vorfrage.[717] Warum eine Aussetzung des Hauptsacheverfahrens nach § 148 ZPO deshalb zweifelhaft sein soll, weil die Entscheidung des Gerichts in diesem Verfahren nicht von der Entscheidung des OLG im Feststellungsverfahren abhängt[718], erschließt sich nicht. Der Antrag nach § 1032 Abs. 2 ZPO stellt unproblematisch ein für das Hauptsacheverfahren präjudizielles Rechtsverhältnis – die Zulässigkeit des Schiedsverfahrens, ergo die Wirksamkeit der Schiedsvereinbarung – rechtskräftig fest. Entgegen der herrschenden Ansicht wäre nach diesem Ansatz ein genereller Vorrang des Feststellungsverfahrens zu beobachten. Hierfür sprechen auch Überlegungen der Prozessökonomie und des sinnvollen Einsatzes der staatlichen Rechtsprechungsressourcen: Das Feststellungsverfahren ist spezieller und zeitsparender Rechtsbehelf, die Zuständigkeit des Schiedsgerichts final feststellen zu lassen. Insbesondere da nur sehr eingeschränkt eine Rechtsbeschwerde

---

715 Zuletzt OLG Köln Beschl. v. 09.03.2015 – 19 Sch 22/14, BeckRS 2016, 02809 [Rn. 13]. Ebenso OLG München Beschl. v. 22.06.2011 – 34 SchH 03/11, SchiedsVZ 2011, 340, 342 [juris Rn. 55]; OLG Frankfurt Beschl. v. 07.03.2012 – 26 SchH 16/11 [Rn. 16] (zit. nach juris); BayObLG Beschl. v. 07.10.2002 – 4 Z SchH 8/02, SchiedsVZ 2003, 187, 189 [juris Rn. 25]; OLG Naumburg Beschl. v. 05.03.2013 – 10 Sch 1/13, SchiedsVZ 2013, 237, 238.
Vgl. auch *Mann/Lumpp*, SchiedsVZ 2011, 323, 327; *Busse*, SchiedsVZ 2003, 189, 190 u. 191; *Lachmann*, Handbuch für die Schiedsgerichtspraxis, Rn. 673

716 Vgl. die Erläuterungen unter Gliederungspunkt § 5.B, S. 120.

717 Vgl. allgemein nur noch Thomas/Putzo/*Reichold*, § 148 Rn. 3 f. Konkret *Münch*, ZZP 128 (2015), 307, 315 f. u. MüKoZPO/*Münch*, § 1032 Rn. 26.

718 So aber *Mann/Lumpp*, SchiedsVZ 2011, 323, 327 mit Verweis auf *Berger*, RIW 2001, 7, 18, der davon ausgeht, dass die gerichtlichen Prüfungskompetenzen im Rahmen von § 1032 Abs. 1 und Abs. 2 ZPO korrespondieren und sich im Verhältnis beider Verfahren zueinander wechselseitig ausschließen.
Ähnlich auch *Busse*, SchiedsVZ 2003, 189, 191, der eine Aussetzung verneint, da es „überzeugender – weil einfacher – ist […], wenn das OLG den Antrag in jedem Fall schon bei Rechtshängigkeit der Klage [in der Hauptsache] verwirft."

nach § 1065 ZPO gegen den Beschluss des OLG zulässig ist[719], im Rahmen eines Hauptsacheverfahrens vor dem erstinstanzlichen Gericht hingegen ein dreigliedriger Instanzenzug durchlaufen werden kann, verspricht der Feststellungsantrag schnelle und kosteneffiziente Klärung der Kompetenzfrage. Die vollständige Inanspruchnahme des zivilgerichtlichen Instanzenzugs würde in jedem Fall eine lange Verfahrensdauer und einen hohen Ressourcenverschleiß produzieren, wohingegen die durch das Aussetzen des Hauptsacheverfahrens hervorgerufene zeitliche Verzögerung für den Zeitraum der Entscheidungsfindung des OLG vergleichsweise gering einzuschätzen ist. Ein Zurücktreten des Hauptsacheprozesses hinter das Feststellungsverfahren rechtfertigt sich daher gerade aus den von der herrschenden Meinung hervorgehobenen Gründen der Verfahrensökonomie.[720] Zu befürworten ist dabei für die beiden untersuchten Verfahrenskonstellationen, dem Richter des Hauptsacheverfahrens eine Aussetzung nahe zu legen. Auf diese Weise wird durch den Vorrang des Feststellungsverfahrens und der OLG-Zuständigkeit nicht die in § 1032 Abs. 1 ZPO festgeschriebene, keine Vorlagepflicht an ein OLG bestimmende Entscheidungsbefugnis des mit der Hauptsache befassten Richters missachtet.[721] Es besteht keine Aussetzungspflicht des Gerichts, vielmehr kann und sollte über den Ermessensspielraum von einer Aussetzung abgesehen werden, wenn sich das Gericht der Hauptsache beispielsweise in einem fortgeschrittenen Stadium der Prüfung der Schiedsvereinbarung befindet, der Antrag beim OLG hingegen gerade erst anhängig geworden ist.

3. *Nachtrag: Entscheidung des BGH*

Der BGH hat im Jahr 2018[722] erneut über die Zulässigkeit eines Feststellungsantrags nach § 1032 Abs. 2 ZPO neben einem vorher anhängigen Hauptsacheverfahren vor dem Landgericht entschieden und in dieser Entscheidung die hier vertretene Ansicht bestätigt. Der oben dargestellten herrschenden Meinung erteilte der BGH hingegen eine Absage. Der BGH stellte ausdrücklich klar, dass ein Feststellungsantrag nach § 1032 Abs. 2 ZPO auch noch nach Rechtshängigkeit

719 Vgl. PG-ZPO/*Prütting*, § 1032 Rn. 6 u. PG-ZPO/*Raeschke-Kessler*, § 1065 Rn. 5; Hk-ZPO/*Saenger*, § 1032 Rn. 2; Musielak/*Voit*, § 1032 Rn. 2; *Lachmann*, Handbuch für die Schiedsgerichtspraxis, Rn. 682 f.

720 Für die Konstellation des prioritär eingeleiteten Feststellungsverfahrens im Ergebnis ebenso *Spohnheimer*, FS Käfer (2009), 357, 368, der ebenfalls ein Aussetzen des Hauptsacheverfahrens befürwortet

721 Das befürchtet *Busse*, SchiedsVZ 2003, 189, 191.

722 BGH Beschl. v. 09.05.2018 – I ZB 53/17, NJW 2018, 1402. Die Entscheidung erging nach Fertigstellung dieser Arbeit.

der Klage in der Hauptsache zulässig sei und diesem gerade nicht das Rechtsschutzbedürfnis fehle. Das OLG sei nach der gesetzgeberischen Wertung das zur Entscheidung über die Zulässigkeit der Klage zuständige Gericht und zwar auch dann, wenn im Hauptsacheverfahren die Schiedseinrede erhoben worden ist. Der BGH führt weiter aus, dass eine unerwünschte Doppelbefassung der staatlichen Gerichte wie auch die damit einhergehende Gefahr widersprüchlicher Entscheidungen durch die Aussetzung des Hauptsacheverfahrens vor dem Landgericht nach § 148 ZPO vermieden werden könne.[723]

C. Gerichtliche Überprüfung des Zwischenentscheids und Anfechtung eines „überholenden" Schiedsspruchs

Während einer gerichtlichen Überprüfung des schiedsgerichtlichen Zwischenentscheids im Rahmen des Verfahrens nach § 1040 Abs. 3 S. 2 ZPO kann es zu der Situation kommen, dass ein parallel weitergeführtes Schiedsverfahren mit einem Schiedsspruch zur Sache beendet und das staatliche Kontrollverfahren überholt wird. Typischerweise wird die Anfechtung des positiven Zwischenentscheids des Schiedsgerichts in dieser Konstellation bis zur Rechtsbeschwerdeinstanz vor dem BGH betrieben. Während das Verfahren vor dem BGH noch anhängig ist, führt das Schiedsgericht sein Verfahren fort und erlässt einen das Anfechtungsverfahren überholenden Schiedsspruch in der Hauptsache.

Gerade wegen des im staatlichen Verfahren vorgesehenen Instanzenzuges passiert es nicht selten, dass ein Schiedsspruch ergeht, bevor im Rahmen von § 1040 Abs. 3 S. 2 ZPO ein staatliches Gericht abschließend über die Zuständigkeit des Schiedsgerichts entschieden hat.[724] Es überrascht daher nicht, dass der BGH innerhalb von drei Jahren mehrmals als Rechtsmittelinstanz gegen die Entscheidung des OLG über den Zwischenentscheid im Verfahren nach § 1040 Abs. 3 S. 2 ZPO angerufen wurde. Die für die Rechtspraxis relevante und vom BGH zu entscheidende Frage betrifft das Verhältnis zwischen dem Verfahren auf gerichtliche Entscheidung gegen den Zwischenentscheid und der Anfechtung des (End-) Schiedsspruchs nach § 1059 ZPO. Die Zuständigkeitsfrage kann

723 BGH Beschl. v. 09.05.2018 – I ZB 53/17, NJW 2018, 1402 [Rn. 9]. A.A. weiterhin Hk-ZPO/*Saenger*, § 1032 Rn. 15 (ohne allerdings die BGH-Rechtsprechung zu erwähnen); PG-ZPO/*Prütting*, § 1032 Rn. 6 a.E.; sowie ausdrücklich entgegen der Ansicht des BGH Musielak/*Voit*, § 1032 Rn. 12.

724 Vgl. beispielhaft den Instanzenzug OLG Frankfurt a.M. Beschl. v. 10.05.2012 – 26 SchH 11/10, SchiedsVZ 2013, 119; BGH Beschl. v. 19.09.2013 – III ZB 37/12, SchiedsVZ 2013, 333; BGH Beschl. v. 30.04.2014 – III ZB 37/12, SchiedsVZ 2014, 200.

nämlich vor zwei verschiedenen staatlichen Gerichten parallel verhandelt werden: Einmal in der Rechtsbeschwerdeinstanz vor dem BGH in Fortführung des Verfahrens gegen den Zwischenentscheid und einmal vor dem OLG in einem etwaigen Aufhebungsverfahren gegen den Endschiedsspruch. Der BGH hatte daher zu klären, ob die Zuständigkeitsfrage im laufenden Verfahren zur Überprüfung des Zwischenentscheids durch den BGH zu entscheiden oder im Wege des Anfechtungsverfahrens gegen den Endschiedsspruch vorzugehen ist, sodass letztlich das OLG (erneut) über die Zuständigkeitsfrage des Schiedsgerichts befindet.

I. Rechtsprechung

Der BGH hatte sich in den letzten Jahren mehrfach mit der Frage nach dem Schicksal des Aufhebungsantrags im Falle eines überholenden Schiedsspruchs zur Hauptsache zu beschäftigen. Überraschend hat, infolge des Zuständigkeitswechsels innerhalb der Senate des BGH, in dieser kurzen Zeitspanne auch ein Wechsel in der Rechtsprechung stattgefunden.

1. Bisherige Rechtsprechung (III. Senat)

Die Grundkonstellation eines den Antrag nach § 1040 Abs. 3 S. 2 ZPO überholenden Schiedsspruchs hatte der BGH zunächst in einem Hinweisbeschluss aus dem Jahr 2013[725] zu beurteilen. Der Entscheidung lag eine Investitionsstreitigkeit zwischen der Slowakischen Republik und einer niederländischen Versicherungsgruppe zugrunde. In einem Schiedsverfahren rügte die Slowakische Republik als Schiedsbeklagte und spätere Antragstellerin die Zuständigkeit des Schiedsgerichts. Das Schiedsgericht erließ einen positiven Zwischenentscheid, gegen den die Schiedsbeklagte die gerichtliche Überprüfung gem. § 1040 Abs. 3 S. 2 ZPO beantragte. Das zuständige Oberlandesgericht wies den Antrag zurück und bestätigte die Zuständigkeit des Schiedsgerichts. Gegen diesen Beschluss richtete sich die beim BGH eingereichte Rechtsbeschwerde der Antragstellerin. Ungeachtet des auf Aufhebung des Zwischenentscheids gerichteten Verfahrens führte das Schiedsgericht sein Verfahren fort und entschied in der Sache. Gegen den Schiedsspruch begehrte die Schiedsbeklagte und Antragstellerin wiederum eine gerichtliche Entscheidung nach § 1059 Abs. 1 ZPO.

---

725 BGH Beschl. v. 19.09.2013 – III ZB 37/12, SchiedsVZ 2013, 333; vorgehend OLG Frankfurt a.M. Beschl. v. 10.05.2012 – 26 SchH 11/10, SchiedsVZ 2013, 119. Siehe auch die Anm. zu der BGH-Entscheidung von *Wilske/Krapfl*, LMK 2013, 353393.

Der BGH lehnte in diesem Fall ein Rechtsschutzbedürfnis für den Antrag nach § 1040 Abs. 3 S. 2 ZPO ab, weil vor der Entscheidung des staatlichen Gerichts ein Schiedsspruch in der Hauptsache erlassen worden ist.[726] Nach der Argumentation des BGH sieht die Systematik des 10. Buchs der ZPO eine Nichtigkeit des Schiedsspruchs nicht vor. Vielmehr erfordere das Gesetz die gesonderte Aufhebung eines das Verfahren nach § 1040 Abs. 3 S. 2 ZPO überholenden Schiedsspruchs, wenn er mangels Zuständigkeit nicht hätte ergehen dürfen. Im Verfahren nach § 1040 Abs. 3 S. 2 ZPO könne jedoch weder die Nichtigkeit noch die Aufhebung des Schiedsspruchs ausgesprochen werden, sodass zwangsläufig die Aufhebung im Verfahren nach § 1059 ZPO betrieben werden müsse. Ohne eine Aufhebung des Schiedsspruchs könne deren Nichtigkeit im Sinne einer Mindermeinung in der Literatur nur aus der negativen Entscheidung über den Zwischenentscheid abgeleitet werden. Das widerspräche nicht nur der Regelung des § 1055 ZPO, sondern wäre mit den Belangen der Rechtssicherheit und Rechtsklarheit unvereinbar.[727] Das Bedürfnis nach Rechtssicherheit erfordere zudem, die Fristenregelung des § 1059 Abs. 3 ZPO nicht zu unterlaufen und den Antrag auf Aufhebung des Schiedsspruchs innerhalb der Dreimonatsfrist zu stellen. Im Aufhebungsverfahren wäre sodann, wie auch im Verfahren nach § 1040 Abs. 3 S. 2 ZPO, die Frage der Zuständigkeit des Schiedsgerichts zu klären. Für Letzteres fehle es dann aber am notwendigen Rechtsschutzbedürfnis, so der BGH.[728]

Diese Rechtsprechung bestätigte der BGH anschließenden in anderen Entscheidungen.[729]

---

726 BGH Beschl. v. 19.09.2013 – III ZB 37/12, SchiedsVZ 2013, 333, 334 [juris Rn. 9].

727 BGH Beschl. v. 19.09.2013 – III ZB 37/12, SchiedsVZ 2013, 333, 334 [juris Rn. 9].

728 BGH Beschl. v. 19.09.2013 – III ZB 37/12, SchiedsVZ 2013, 333, 334 [juris Rn. 10 u. 11]. In dem Verfahren stand auch die Frage im Raum, ob Art. 344 AEUV der Regelung in einem bilateralen Investitionsschutzabkommen (BIT) zwischen Mitgliedstaaten der Europäischen Union entgegensteht, wenn das BIT vor dem Beitritt eines der Vertragsstaaten zur Union abgeschlossen worden ist, das Schiedsverfahren aber erst danach eingeleitet wurde. Diese Frage wurde dem EuGH zur Entscheidung vorgelegt, vgl. BGH EuGH-Vorlage v. 03.03.2016 – I ZB 2/15, SchiedsVZ 2016, 328.

729 BGH Beschl. v. 30.04.2014 – III ZB 37/12, SchiedsVZ 2014, 200 [juris Rn. 4], m. Anm. *Pörnbacher/Gebert*. Ebenfalls mit diesem Ergebnis BGH Beschl. v. 18.06.2014 – III ZB 89/13, SchiedsVZ 2014, 254 f. [Rn. 6], für einen das Verfahren beendenden Schiedsspruch in der Hauptsache, verneinend hingegen für einen Teilschiedsspruch.

2. *Jüngste BGH-Rechtsprechung (I. Senat)*

Nach dem Zuständigkeitswechsel für Rechtsstreitigkeiten über Schiedsvereinbarungen und Schiedssprüche vom III. Senat zum I. Senat des BGH, hat der I. Senat zunächst die bisherige Rechtsprechung zum fehlenden Rechtsschutzbedürfnis des Anfechtungsantrags bei einem überholenden Schiedsspruch bestätigt.[730] Mit einer Entscheidung aus dem Jahr 2016[731] gab der BGH jedoch die noch junge Rechtsprechung aus den Jahren 2013, 2014 und 2015 ausdrücklich auf.

Vereinfacht dargestellt beruht der Beschluss vom 09.08.2016 auf folgendem Sachverhalt: Der Insolvenzverwalter einer Tochtergesellschaft und Antragsteller nach § 1040 Abs. 3 S. 2 ZPO wurde im Rahmen eines Insolvenzverfahrens mit einer Schiedsklage des Insolvenzverwalters der Muttergesellschaft und Antragsgegners nach § 1040 Abs. 3 S. 2 ZPO konfrontiert. Gestritten wurde unter anderem über die Zuständigkeit des Schiedsgerichts. Nach erfolgter Zuständigkeitsrüge seitens des Antragstellers erklärte das Schiedsgericht sich mit Zwischenentscheid für zuständig. Gegen diesen Zuständigkeitsentscheid begehrte der Antragsteller die Aufhebung beim zuständigen Oberlandesgericht. Das Oberlandesgericht wies den Aufhebungsantrag zurück. Dagegen erhob der Antragsteller Rechtsbeschwerde beim BGH. Währenddessen wurde das Schiedsverfahren fortgeführt und es erging zunächst einen Teilschiedsspruch, auf den innerhalb von drei Monaten ein Endschiedsspruch folgte. Anders als bisher vertritt der BGH in der oben genannten Entscheidung nunmehr die Auffassung, dass weder der Erlass eines Teilschiedsspruchs[732] noch der Erlass eines Endschiedsspruchs das Rechtsschutzbedürfnis für den Antrag auf gerichtliche Entscheidung gegen den positiven Zwischenentscheid des Schiedsgerichts entfallen lassen.[733] Der Aspekt der Verfahrensökonomie und das Interesse der Parteien, die auf die Aufhebung des Zwischenentscheids aufgewandten Kosten nicht zu entwerten, habe „größeres Gewicht als die gegen eine Fortführung des Verfahrens nach § 1040 Abs. 3 Satz 2 ZPO bestehenden Bedenken."[734] Den Konflikt zwischen Endschiedsspruch und bejahendem Entscheid

730 BGH Beschl. v. 05.11.2015 – I ZB 5/15, BeckRS 2015, 20060 [Rn. 7].

731 BGH Beschl. v. 09.08.2016 – I ZB 1/15, SchiedsVZ 2017, 103. Siehe hierzu die Anmerkungen von *Wilske/Krapfl*, LMK 2016, 3823306; *Pickenpack*, EWiR 2016, 777; *Schilf*, GWR 2016, 402.

732 Zum Teilschiedsspruch spricht dies bereits BGH Beschl. v. 18.06.2014 – III ZB 89/13, SchiedsVZ 2014, 254 f. [Rn. 6], aus.

733 BGH Beschl. v. 09.08.2016 – I ZB 1/15, SchiedsVZ 2017, 103.

734 BGH Beschl. v. 09.08.2016 – I ZB 1/15, SchiedsVZ 2017, 103 [Rn. 9].

des Rechtsbeschwerdegerichts über die Aufhebung des positiven Zwischenentscheids löst der BGH mithilfe des Aufhebungsantrags nach § 1059 Abs. 1/2 ZPO gegen den Endschiedsspruch. Dem Präklusionsproblem trägt der BGH durch eine Abweichung vom Gesetzeswortlaut des § 1059 Abs. 3 S. 2 ZPO Rechnung: Der Aufhebungsantrag muss zwar innerhalb der Frist von drei Monaten bei Gericht eingereicht werden, die Frist beginnt jedoch nicht mit dem Tag, an dem die Parteien den Schiedsspruch empfangen, sondern erst mit dem Empfang der Entscheidung des Rechtsbeschwerdegerichts.[735] Ergänzend hat der BGH in einem anderen Verfahren aus dem Jahr 2018 zur Fristberechnung bei der Aufhebung eines (erst- und zweitinstanzlichen) Schiedsspruchs in einem zweistufigen Schiedsverfahren ausgeführt, dass die Frist des § 1059 Abs. 3 S. 2 ZPO bei einem zweistufigen Schiedsverfahren sowohl hinsichtlich der Anfechtung des Schiedsspruchs erster Instanz als auch der Anfechtung der oberschiedsgerichtlichen Entscheidung erst mit dem Tag beginne, an dem der Antragsteller die Entscheidung des Oberschiedsgerichts empfangen hat.[736]

Die Rechtsprechungsänderung wurde vom BGH bereits ausdrücklich bestätigt[737] und auf die gerichtliche Entscheidung nach § 1032 Abs. 2 ZPO ausgeweitet.[738] Nach Auffassung des BGH würden die für das fortbestehende Rechtsschutzbedürfnis des (fortgeführten) Antrags nach § 1040 Abs. 3 S. 1 ZPO bei zwischenzeitlichem Erlass eine Schiedsspruchs aufgeführten Argumente der Verfahrensökonomie und des Interesses der Beteiligten, aufgewandte Kosten und Mühen nicht zu entwerten, für das Rechtsschutzbedürfnis des Feststellungsantrags gem. § 1032 Abs. 2 ZPO in gleicher Weise gelten. Ebenso wie im Fall des § 1040 Abs. 3 S. 1 ZPO beginne die Frist für den Aufhebungsantrag des „überholenden" Schiedsspruchs bei einer abschließenden Entscheidung des OLG nach § 1032 Abs. 2 ZPO in entsprechender Anwendung von § 1059 Abs. 3 S. 2 ZPO mit dem Tag, an dem Parteien die Entscheidung des OLG empfangen haben.[739]

---

735 BGH Beschl. v. 09.08.2016 – I ZB 1/15, SchiedsVZ 2017, 103 [Rn. 9 a.E.].

736 BGH Beschl. v. 09.05.2018 – I ZB 77/17, NJW-RR 2018, 1334 [Rn. 20 f.].

737 BGH Beschl. v. 11.05.2017 – I ZB 75/16, NJW 2017, 3723 [Rn. 11].

738 BGH Beschl. v. 11.05.2017 – I ZB 75/16, NJW 2017, 3723 [Rn. 9 f. u. Rn. 14].

739 BGH Beschl. v. 11.05.2017 – I ZB 75/16, NJW 2017, 3723 [Rn. 14]. Die Feststellung des OLG über den Antrag nach § 1032 Abs. 2 ZPO über die Zulässigkeit oder Unzulässigkeit des Schiedsverfahrens ist dann für das nachfolgende Verfahren auf Aufhebung oder Vollstreckbarerklärung bindend, BGH Beschl. v. 09.05.2018 – I ZB 77/17, NJW-RR 2018, 1334 [Rn. 25].

II. Ansichten in der Literatur

In der Literatur wurde bis zu dem Rechtsprechungswechsel sowohl die Fortführung des Überprüfungsverfahrens nach § 1040 Abs. 3 S. 2 ZPO befürwortet, als auch auf das Aufhebungsverfahren als vorrangige Gerichtsinstanz gegen den Schiedsspruch verwiesen. Bis zur Änderung der BGH-Rechtsprechung entfiel nach wohl überwiegender Auffassung das Rechtsschutzbedürfnis für das Verfahren nach § 1040 Abs. 3 S. 2 ZPO.[740] Nach dieser Ansicht war das Verfahren auf gerichtliche Entscheidung nicht fortzuführen, auch wenn es bereits beim BGH anhängig sein sollte. Um den bereits ergangenen Schiedsspruch zu beseitigen, war eine gerichtliche Aufhebung des Schiedsspruchs gem. § 1059 ZPO notwendig, in dessen Rahmen die Zuständigkeitsentscheidung des Schiedsgerichts gerichtlicher überprüft werden konnte.[741] Anderer Ansicht nach sollte das Verfahren gem. § 1040 Abs. 3 S. 2 ZPO fortgeführt werden, auch wenn bereits ein Schiedsspruch in der Hauptsache ergangen ist.[742] Die Kollision zwischen überholendem Schiedsspruch und einer, die Zuständigkeit des Schiedsgerichts im Verfahren nach § 1040 Abs. 3 S. 2 ZPO verneinenden Entscheidung des staatlichen Gerichts löst diese Ansicht über die Nichtigkeit des Schiedsspruchs: Wegen des Vorrangs der staatlichen Gerichtsbarkeit ist der Schiedsspruch mindestens aufhebbar, richtigerweise sogar nichtig.[743]

Die Änderung der Rechtsprechung des BGH und die ausdrückliche Entscheidung, das Rechtschutzbedürfnis für den Antrag auf gerichtliche Entscheidung nach § 1040 Abs. 3 S. 1 ZPO (und § 1032 Abs. 2 ZPO) entfalle gerade nicht durch den Erlass eines Teil- oder Endschiedsspruchs, wurde von der Literatur überwiegend begrüßt[744], sodass nunmehr davon ausgegangen werden dürfte, dass nach

---

740 *Haas*, FS Rechberger (2005), 187, 202; Zöller/*Geimer*, 31. Aufl., § 1040 Rn. 15; *Lachmann*, Handbuch für die Schiedsgerichtspraxis, Rn. 748 f.; Thomas/Putzo/*Seiler*, 37. Aufl., § 1040 Rn. 8; BeckOK-ZPO/*Wolf/Eslami*, 23. Ed., § 1040 Rn. 29.

741 Vgl. BeckOK-ZPO/*Wolf/Eslami*, 23. Ed., § 1040 Rn. 29; Zöller/*Geimer*, 31. Aufl., § 1040 Rn. 15.

742 Musielak/*Voit*, 13. Aufl., § 1040 Rn. 12 vgl. jetzt aber auch Musielak/*Voit*, 16. Aufl., § 1032 Rn. 14; wohl auch Hk-ZPO/*Saenger*, 7. Aufl., § 1040 Rn. 13. Ähnlich *Huber*, SchiedsVZ 2003, 73, 75.

743 Musielak/*Voit*, 13. Aufl., § 1040 Rn. 12 mit Bezugnahme auf § 1032 Rn. 15; Hk-ZPO/*Saenger*, 7. Aufl., § 1040 Rn. 13.

744 *Pörnbacher/Gebert*, SchiedsVZ 2014, 202; *Pickenpack*, EWiR 2016, 777; *Schilf*, GWR 2016, 402; Musielak/*Voit*, § 1040 Rn. 12 a.E sowie Rn. 14. Kritisch aber insbes. *Wilske/Krapfl*, LMK 2016, 3823306.

wohl herrschender Meinung das Verfahren auf gerichtlich Entscheidung über den Zwischenentscheid (oder den Feststellungsantrag) fortzuführen ist.[745]

III. Wertung und Modifizierungsvorschlag

Die eine Nichtigkeit des Schiedsspruchs ipso iure fordernde Ansicht bezieht sich auf eine Literaturströmung, die sich in Bezug auf eine ähnliche Verfahrenskonstellation herausgebildet hat: Für den Fall, dass ein Schiedsgericht ein bereits rechtskräftiges Gerichtsurteil missachtet und einen Schiedsspruch erlässt, ist dieser nach wohl überwiegend vertretener, aber höchst umstrittener Auffassung nichtig[746], ohne dass der Schiedsspruch angefochten werden müsste.[747] Auf diese Weise wird die ähnlich gelagerte Fristenproblematik des § 1059 Abs. 3 ZPO umgangen und den Parteien der zusätzliche Aufwand eines Anfechtungsverfahrens erspart. Die Nichtigkeit des Schiedsspruchs soll insbesondere dann anzunehmen sein, wenn das Gericht die Unzuständigkeit des Schiedsgerichts bereits rechtskräftig ausgesprochen hat.[748]

---

745 Vgl. auch (ohne eigene Wertung): Zöller/*Geimer*, § 1040 Rn. 26; BeckOK-ZPO/*Vorwerk/Wolf*, § 1040 Rn. 29; Hk-ZPO/*Saenger*, § 1040 Rn. 13 u. § 1032 Rn. 11 u. Rn. 15.

746 Siehe hierzu: Musielak/*Voit*, § 1032 Rn. 9 (aber die neue Rechtsprechung des BGH zugleich begrüßend Musielak/*Voit*, 16. Aufl., § 1032 Rn. 14); Zöller/*Geimer*, § 1059 Rn. 17; *Illmer*, Der Arglisteinwand, S. 108; *Huber*, SchiedsVZ 2003, 73, 74; siehe auch bereits *Beitzke*, ZZP 60 (1936/1937), 317, 330; sowie zu dem Konstrukt absolut unwirksamer Schiedssprüche Stein/Jonas/*Schlosser*, § 1059 Rn. 7; *Schlosser*, FS Metsopulu (1993), 1183 ff.; siehe aber auch *Haas*, FS Rechberger (2005), 187, 208; grundlegend zum mangelbehafteten Schiedsspruch *Chiwitt-Oberhammer*, Der fehlerhafte Schiedsspruch, S. 46 ff., 73 ff. Vgl. auch *Spohnheimer*, FS Käfer (2009), 357, 375–378, der sich kritisch mit den Argumenten der herrschenden Lehre auseinandersetzt.

747 Für die Anfechtbarkeit gem. § 1059 Abs. 2 Nr. 2b ZPO treten hingegen ein: *Schroeter*, SchiedsVZ 2004, 288, 295 f.; *Lachmann*, Handbuch für die Schiedsgerichtspraxis, Rn. 686; MüKoZPO/*Münch*, § 1032 Rn. 28 mit Fn. 158 u. § 1059 Rn. 45; *Gaul*, FS Sandrock (2000), 285, 315; *Synatschke*, Die Unzuständigkeitserklärung des Schiedsgerichts, S. 108. Auch die neuere Rechtsprechung des BGH, Beschl. v. 09.08.2016 – I ZB 1/15, SchiedsVZ 2017, 103 [Rn. 9], ist wohl so zu verstehen.

748 Parallel zur Typologie der nichtigen und wirkungslosen Urteile im staatlichen Verfahren wird die Existenz wirkungsloser bzw. nichtiger Schiedssprüche vertreten. Deren Fälle sind auf wenige Extremkonstellationen im Interesse der Rechtssicherheit begrenzt. Ein solcher Ausnahmefall wird innerhalb dieser Meinung z.B. anerkannt, wenn ein Schiedsgericht in der Sache entscheidet, obwohl das staatliche Gericht die Unzuständigkeit des Schiedsgerichts bereits rechtskräftig festgestellt hat. Vgl. insbesondere *Schlosser*, FS Gaul (1997), 679, 681; *Schlosser*, FS Metsopulu (1993), 1183, 1185 f.; sowie Musielak/*Voit*, ZPO, § 1059 Rn. 4; Hk-ZPO/*Saenger*, § 1032 Rn. 11;

Dass hingegen bei einem das gerichtliche Verfahren über den Zwischenentscheid überholenden Schiedsspruch nicht von einer Nichtigkeit des Schiedsspruchs ausgegangen werden kann, betonen sowohl der III. als auch der I. Senat des BGH deutlich.[749] Zwar könnte durch diese Lösung die Fristenproblematik bezüglich des Anfechtungsverfahrens umgangen werden, gegen die Existenz nichtiger Schiedssprüche spricht jedoch, dass die ZPO keine Nichtigkeitsgründe normiert, die auf einen Schiedsspruch anzuwenden wären. Vielmehr regelt § 1055 ZPO die urteilsgleiche Wirkung des Schiedsspruchs – und zwar auch des fehlerhaften Schiedsspruchs. Im Zusammenspiel mit der Regelung des § 1059 ZPO ergibt sich ausdrücklich, dass ein fehlerhafter Schiedsspruch durch das staatliche Gericht aufgehoben und auf diese Weise beseitigt werden muss, damit er seine Wirkung verliert.

Die für den hier untersuchten Verfahrenskonflikt relevante Frage ist daher, ob das Gericht das Verfahren nach § 1040 Abs. 3 S. 2 ZPO über den Antrag gegen den Zwischenentscheid fortsetzen und eine für das Aufhebungsverfahren präjudizielle Entscheidung erlassen darf oder ob die Klärung der Zuständigkeitsfrage auf das Aufhebungsverfahren verlagert und diesem das Vorrecht eingeräumt wird. Hintergrund dieser Problematik ist die Dreimonatsfrist des § 1059 Abs. 3 ZPO, nach deren Ablauf eine Aufhebung des Schiedsspruchs nicht mehr möglich ist. Wurde der Schiedsspruch nicht innerhalb der Frist angefochten, steht der rechtskräftige Schiedsspruch neben der rechtskräftigen Unzuständigkeitsentscheidung des staatlichen Gerichts.[750] Die Gefahr einer Rechtskraftkollision lässt sich sowohl nach dem Lösungsweg des III. Senats als auch des I. Senats des BGH vermeiden. Soll der Schiedsspruch keine Wirkung entfalten, muss er in jedem Fall angefochten werden. Insbesondere bei internationalen Sachverhalten und der drohenden Vollstreckung eines Schiedsspruchs in einem anderen Land scheint die Konzentration auf das Anfechtungsverfahren vorzugswürdiger.[751]

AiG/*von Schlabrendorff/Sessler*, § 1055 Rn. 29 a.E.; *Haas*, FS Rechberger (2005), 187, 208. Kritisch *Spohnheimer*, FS Käfer (2009), 357, 375–378.

749 Vgl. BGH Beschl. v. 19.09.2013 – III ZB 37/12, SchiedsVZ 2013, 333, 334 [juris Rn. 9] u. BGH Beschl. v. 09.08.2016 – I ZB 1/15, SchiedsVZ 2017, 103 [Rn. 9].

750 Siehe zur Rechtskraftkollision und Auflösung des Geltungskonflikts zwischen rechtskräftigen staatlichen und schiedsgerichtlichen Entscheidungen die umfassenden Ausführungen bei *Lühmann*, Die Rechtskraft des Schiedsspruchs, S. 210 ff. Vgl. auch *Spohnheimer*, FS Käfer (2009), 357, 375–378 m.w.N. oder *Schlosser*, FS Metsopulu (1993), 1183 ff. Eine ergiebige Darstellung des Meinungsstands zum alten Recht unter Berücksichtigung der historischen Gesetzeslage und mit umfassenden Nachweisen findet sich bei *Gaul*, FS Sandrock (2000), 285, 301–313.

751 Vgl. die Ausführungen bei *Wilske/Krapfl*, LMK 2016, 3823306.

Auch der III. Senat verweist auf mögliche grenzüberschreitende Verfahrenskonflikte: Die Vollstreckung eines Schiedsspruchs im Ausland kann grundsätzlich nur abgewendet werden, wenn dieser im Inland aufgehoben wurde. Ausländischen Gerichten die Fernwirkung einer Entscheidung nach § 1040 Abs. 3 S. 2 ZPO zu vermitteln, scheint nicht unproblematisch.[752] Die Entscheidung über den Zwischenentscheid und damit über die Zuständigkeit des Schiedsgerichts bindet die staatlichen Gerichte und steht einer Vollstreckung des Schiedsspruchs im Inland auch dann entgegen, wenn der Schiedsspruch nicht mehr anfechtbar ist. Versucht die begünstigte Partei und Antragsgegnerin im Verfahren nach § 1040 Abs. 3 S. 2 ZPO hingegen den Schiedsspruch im Ausland zu vollstrecken, muss die unterliegende Partei und Antragstellerin dem ausländischen Gericht die unübersichtliche Verfahrenssituation unter Verweis auf das laufende Verfahren über den Zwischenentscheid erläutern und hoffen, dass das Gericht die Entscheidung über den Zwischenentscheid abwartet. In diesem Zusammenhang müsste einem ausländischen Gericht erklärt werden, dass die gesetzliche Dreimonatsfrist des § 1059 Abs. 3 S. 2 ZPO zwar grundsätzlich verstrichen ist, aufgrund der speziellen Verfahrenssituation aber bis zur Entscheidung des BGH über den Antrag nach § 1040 Abs. 3 S. 2 ZPO sistiert wird und der Schiedsspruch gerade noch nicht bestandskräftig und vollstreckbar ist. Die Gefahr, dass ein ausländisches Gericht die Auswirkungen des § 1040 Abs. 3 S. 2 ZPO auf die Vollstreckbarkeit des Schiedsspruchs in Deutschland nicht anerkennt, wird sich dabei nicht in jedem Fall vermeiden lassen.[753] Allerdings ließe sich das Problem der Vollstreckung im Ausland auch andersherum betrachten: Insbesondere wenn eine Anfechtung innerhalb der Dreimonatsfrist nicht erfolgt, kann eine abschließende Entscheidung über die Zuständigkeit durch die Beendigung des Verfahrens nach § 1040 Abs. 3 S. 2 ZPO von Vorteil sein. Diese kann einen Grund für die Versagung der Vollstreckbarerklärung nach Art. V Abs. 1 lit. a/c UNÜ darstellen.[754]

Für die jüngste Rechtsprechung sprechen hingegen vor allem verfahrensökonomische Aspekte, die auch der I. Senat des BGH in den Vordergrund rückt. Die über zwei Instanzen aufgebauten Verfahrenspositionen bleiben dem Antragsteller erhalten, wenn das Verfahren nach § 1040 Abs. 3 S. 2 ZPO auch in der Rechtsmittelinstanz fortgeführt und zu einem Abschluss gebracht wird.[755] Die

---

752 So BGH Beschl. v. 19.09.2013 – III ZB 37/12, SchiedsVZ 2013, 333, 334 [juris Rn. 9]; *Wilske/Krapfl*, LMK 2016, 3823306.

753 So *Wilske/Krapfl*, LMK 2016, 3823306.

754 Musielak/*Voit*, § 1040 Rn. 12.

755 Ähnlich Musielak/*Voit*, § 1040 Rn. 12.

Entscheidung des BGH hat präjudizielle Wirkung für die Entscheidung über die Zuständigkeit des Schiedsgerichts im Aufhebungsverfahren. Das ist insbesondere vor dem Hintergrund relevant, dass bei der Einleitung eines Aufhebungsverfahrens, in dem die Unzuständigkeit des Schiedsgerichts als Aufhebungsgrund geltend gemacht wird, zunächst wieder ein Oberlandesgericht, regelmäßig dasselbe, über die Zuständigkeit des Schiedsgerichts entscheidet. Es wird dabei kaum zu einem anderen Ergebnis kommen, als zuvor im Verfahren gegen den Zwischenentscheid, sodass die Rechtsbeschwerde zum BGH quasi vorweggenommen ist.[756] Diese praktischen Erwägungen betonen die Relevanz des Verfahrens nach § 1040 Abs. 3 S. 2 ZPO, dessen Zweck sich schlussendlich an der vom Gesetzgeber präferierten schnellen und frühzeitigen Klärung der Zuständigkeitsfrage messen lässt. Der Schiedsbeklagte und Antragsteller ist gezwungen das Verfahren nach § 1040 Abs. 3 S. 2 ZPO einzuleiten, will er nicht Gefahr laufen, dass die Zuständigkeitsrüge für das spätere Anfechtungsverfahren präkludiert. Nach bisheriger Rechtsprechung des III. Senats bestand die Gefahr, dass die Anfechtung des Zwischenentscheids möglicherweise vergebens ist, wenn das Gericht und insbesondere die Rechtsmittelinstanz, nicht bis zum Erlass des Schiedsspruchs über das Begehren des Antragstellers entschieden hat.[757]

Auch die vom I. Senat des BGH angenommene, jedoch nicht näher begründete, entsprechende Anwendung von § 1059 Abs. 3 S. 2 ZPO für den Beginn der Anfechtungsfrist ist im Ergebnis sinnvoll und notwendig, um eine Anfechtung des Schiedsspruchs zu gewährleisten. Die Ausweitung der analogen Anwendung des § 1059 Abs. 3 S. 2 ZPO auch auf die Anfechtung von Schiedssprüchen im zweistufigen Schiedsverfahren[758] verdeutlicht das Verständnis des BGH, den Fristbeginn konsequent vom Erlass bzw. der Zustellung der Entscheidung der Rechtsmittelinstanz abhängig zu machen. Systematisch könnte jedoch eine Analogie zu § 1059 Abs. 3 S. 3 ZPO[759] zu bevorzugen sein, mit der Wirkung, dass der Schiedsspruch innerhalb eines Monats nach Erhalt der Entscheidung des Rechtsmittelgerichts anzufechten ist. Die Analogievoraussetzungen einer planwidrigen Regelungslücke und einer vergleichbaren Interessenlage sind zu bejahen. Die eher knappe amtliche Begründung zu § 1040 Abs. 3 ZPO, mit dem pauschalen Verweis auf die Fortführung des Schiedsverfahrens hinsichtlich zu erwartender

---

756 Vgl. *Pörnbacher/Gebert*, SchiedsVZ 2014, 202.

757 So auch *Pörnbacher/Gebert*, SchiedsVZ 2014, 202.

758 BGH Beschl. v. 09.05.2018 – I ZB 77/17, NJW-RR 2018, 1334.

759 Vgl. dazu die Überlegungen von *Spohnheimer*, FS Käfer (2009), 357, 380 f., für den Feststellungsbeschluss gem. § 1032 Abs. 2 ZPO.

Zeitverzögerungen[760], lässt vermuten, dass dem Gesetzgeber der Fall des überholenden Schiedsspruchs und die Folgeproblematik des Wechselspiels zwischen § 1040 Abs. 3 S. 2 ZPO und dem Anfechtungsverfahren nicht bewusst war. Auch die Interessenlage im Fall des § 1040 Abs. 3 S. 2 ZPO ist vergleichbar mit der Fristverlängerung des § 1059 Abs. 3 S. 3 ZPO. Diese sieht vor, dass bei einem Antrag nach § 1058 ZPO auf Berichtigung eines erlassenen Schiedsspruchs die Anfechtungsfrist um einen Monat verlängert wird, d.h. die Frist frühestens einen Monat nach Zugang der (schiedsgerichtlichen) Entscheidung über den Korrekturantrag abläuft.[761] § 1040 Abs. 3 S. 2 ZPO und § 1058 ZPO eröffnen den Parteien eine Kontroll- und Korrekturmöglichkeit schiedsgerichtlicher Entscheidungen, einmal durch das staatliche Gericht, ein anderes Mal durch das Schiedsgericht selbst. § 1059 Abs. 3 S. 3 ZPO sichert für den Fall, dass nach Ablauf der Anfechtungsfrist gegen den Schiedsspruch, eine Entscheidung des Schiedsgerichts über einen Korrekturantrag noch aussteht, die fortbestehende Anfechtungsmöglichkeit über die originäre Dreimonatsfrist hinaus. Bevor das Schiedsgericht über den Antrag nach § 1058 ZPO nicht entschieden hat, können die Parteien noch nicht wissen, ob sie den Schiedsspruch anfechten und staatlicher Kontrolle zuführen wollen.[762] Ebenso verhält es sich aber mit dem Antrag nach § 1040 Abs. 3 S. 2 ZPO, jedoch mit dem Unterschied, dass hier bereits zu einem frühen Zeitpunkt staatliche Kontrolle eingefordert wurde. Denjenigen, der zunächst eine Berichtigung oder Ergänzung des Schiedsspruchs durch das Schiedsgericht beantragt, gegenüber demjenigen, der im frühestmöglichen Verfahrensstadium die Zuständigkeit des Schiedsgerichts anzweifelt und staatliche Kontrollmechanismen einschaltet, im Hinblick auf die Anfechtbarkeit des Endschiedsspruchs zu privilegieren, ist sachlich nicht zu rechtfertigen.[763] Gerade weil die staatlichen Gerichte im Verfahren nach § 1040 Abs. 3 S. 2 ZPO bereits eingeschaltet sind, liegt das Bestreiten auch des Schiedsspruchs im Wege des Anfechtungsverfahrens näher, als im Falle eines reinen Korrekturantrags nach § 1058 ZPO, wo noch ungewiss ist, ob die staatliche Gerichtsbarkeit angerufen wird. Dann muss aber auch für das Verfahren gegen den Zwischenentscheid die Fristverlängerung des § 1059 Abs. 3 S. 3 ZPO gelten. Diese Lösung ist daher zu

760 BT-Drucks. 13/5274, S. 44 li.Sp.

761 BT-Drucks. 13/5274, S. 60 li.Sp.; siehe auch *Spohnheimer*, FS Käfer (2009), 357, 380.

762 Vgl. *Spohnheimer*, FS Käfer (2009), 357, 380.

763 So argumentiert bereits *Spohnheimer*, FS Käfer (2009), 357, 380 f., für die analoge Anwendung des § 1059 Abs. 3 S. 3 ZPO hinsichtlich des Präklusionsproblems im Falle eines überholenden Schiedsspruchs und eines die Unzulässigkeit des Schiedsverfahrens feststellenden Beschlusses nach § 1032 Abs. 2 ZPO.

bevorzugen. Die gesetzliche Frist dient primär der Rechtssicherheit und schützt das Vertrauen in den Bestand des Schiedsspruchs.[764] Wenn jedoch der Antrag auf Überprüfung des Zwischenentscheids vom Antragsteller nicht zurückgenommen wird, ist klar, dass dieser den Endschiedsspruch nicht akzeptieren will. Vielmehr führt er seine Zuständigkeitsrüge auch in der Rechtsbeschwerde weiter und wehrt sich gegen die Zuständigkeitsentscheidung des Schiedsgerichts. In diesem Fall besteht beim Antragsgegner auch nach Ablauf der Dreimonatsfrist kein schutzwürdiges Interesse hinsichtlich der Bestandskraft des Schiedsspruchs, sodass eine analoge Anwendung des § 1059 Abs. 3 S. 3 ZPO zu befürworten ist.

Im Ergebnis verdient die jüngste Rechtsprechung des BGH daher Unterstützung, auch wenn sich nicht alle Konfliktkonstellationen, insbesondere bei internationalen Rechtsstreitigkeiten, zufriedenstellend auflösen lassen. Um Probleme bei der Vollstreckbarkeit im Ausland zu vermeiden, erscheint es auch nach der aktuellen Rechtsprechung sinnvoll, den Schiedsspruch bereits nach dessen Erlass anzufechten – wobei dies nach der neusten BGH-Rechtsprechung nicht mehr im Sinne eines Präklusionsschutzes erforderlich ist. Das Präklusionsproblem ist nach der hier vertretenen Ansicht hingegen sachgerechter über eine analoge Anwendung von § 1059 Abs. 3 S. 3 ZPO zu lösen. Der Schiedsspruch könnte dann innerhalb der originären Dreimonatsfrist angefochten werden, darüber hinaus aber auch für den Zeitraum von einem Monat ab Erhalt der Rechtsmittelentscheidung. Auch die Feststellung des BGH, die Frist des § 1059 Abs. 3 S. 2 ZPO beginne mit dem Tag, an dem der Antragsteller die Entscheidung des Rechtsbeschwerdegerichts empfängt, dürfte jedoch nicht dahingehend zu verstehen sein, dass zu einem früheren Zeitpunkt eine Anfechtung des Schiedsspruchs nicht möglich ist. Insofern ist die Formulierung des BGH missverständlich. Vielmehr dürfte sie so auszulegen sein, dass ab dem Zeitpunkt der Entscheidung des Rechtsbeschwerdegerichts die Anfechtung des Schiedsspruchs für einen Zeitraum von drei Monaten (noch) möglich ist, wenn die ursprüngliche Frist in Bezug auf den Zeitraum ab Erlass des Schiedsspruchs bereits verstrichen sein sollte. Ist die originäre Frist hingegen noch nicht abgelaufen, besteht ohnehin kein Präklusionsproblem. Das OLG sollte das Anfechtungsverfahren dann bis zum Abschluss des Verfahrens über den Zwischenentscheid in der Rechtsmittelinstanz aussetzen, da die Entscheidung des BGH präjudiziell für das Anfechtungsverfahren ist.

764 Vgl. BT-Drucks. 13/5274, S. 60 li.Sp.; Hk-ZPO/*Saenger*, § 1059 Rn. 38.

§ 8. Fazit

Das deutsche Schiedsverfahrensrecht schafft durch eine Vielzahl von Regelungen und das Ineinandergreifen unterschiedlicher Koordinationsmechanismen ein enges Normgeflecht, das Kompetenzkonflikte zwischen der staatlichen Gerichtsbarkeit und der Schiedsgerichtsbarkeit unterbinden soll. Eine wesentliche Rolle spielt die Ausgestaltung der vorläufigen Kompetenz-Kompetenz der Schiedsgerichte im Zusammenspiel mit der endgültigen Entscheidungsbefugnis der staatlichen Gerichte. Die Untersuchung hat gezeigt, dass konkrete Koordinationsmechanismen zur Regelung des Rangverhältnisses schiedsgerichtlicher und staatsgerichtlicher Zuständigkeitsentscheidungen im deutschen Recht zwar existieren, sich aber – insbesondere zeitgleiche – parallele Verfahren im Kompetenzkonflikt nicht gänzlich verhindern lassen und vielmehr sogar gesetzlich gewollt sind. Die Ergebnisse dieser Arbeit lassen sich wie folgt zusammenfassen:

1. Weder dem Schiedsgericht noch dem Staatsgericht kommt eine Entscheidungspriorität hinsichtlich der Zuständigkeitsfrage zu.

Die vorläufige Kompetenz-Kompetenz des Schiedsgerichts umfasst nicht zugleich die Befugnis des Schiedsgerichts, als erstes über die Wirksamkeit der Schiedsvereinbarung entscheiden zu dürfen. Vielmehr sind sowohl der Schiedsrichter als auch der staatliche Richter grundsätzlich zum Entscheid über die Wirksamkeit der Schiedsvereinbarung befugt, da ein Prioritätsverhältnis der schiedsrichterlichen (Zuständigkeits-) Entscheidung i.S.e. „effet négatif de la compétence-compétence“ französischer Prägung[765] im deutschen Recht nicht implementiert werden kann. Ein lediglich summarischer Prüfungsmaßstab der staatlichen Gerichte findet im deutschen Recht – anders als im französischen und schweizerischen Recht – keine gesetzliche Grundlage und ist insbesondere mit der gesetzlich normierten Klageabweisung bei Wirksamkeit der Schiedsvereinbarung nicht zu vereinbaren.[766]

---

765 Hierzu ab Gliederungspunkt § 3.A, S. 49.

766 Siehe im Einzelnen unter Gliederungspunkt§ 3.B, S. 60.

2. Im Verhältnis zwischen Schiedsverfahren und ordentlichem Gerichtsverfahren entfaltet eine anderweitige Rechts- bzw. Schiedshängigkeit beim Kompetenzkonflikt keine Sperrwirkung.

Nach deutschem Recht entwickelt eine vor dem Schiedsgericht anhängige Klage keine verfahrenssperrende Wirkung für ein staatliches Zweitverfahren, das nach Einleitung eines Schiedsverfahrens die Überprüfung der Schiedsvereinbarung – explizit oder implizit – beinhaltet. Umgekehrt sperrt auch eine rechtshängige Klage nicht ein parallel eingeleitetes Schiedsverfahren. Im Ergebnis ist eine Implementierung des Lis-pendens-Grundsatzes als im Schiedsverfahren zwingend zu beachtende Verfahrensmaxime zwar zu befürworten, diese kann jedoch aufgrund der gesetzlichen Vorgaben lediglich auf der Stufe zur Vermeidung paralleler Verfahren in der Hauptsache ansetzen. Im Rahmen des Zuständigkeitskonflikts hat die Gesetzesanalyse der §§ 1040 Abs. 3, 1032 Abs. 3 ZPO hingegen ergeben, dass dieses Regelungssystem eine wechselseitige parallele Befassung von Schiedsrichter und staatlichem Richter im Kompetenzstreit gerade erlaubt. Dies gilt unabhängig davon, welches Gericht prioritär angerufen wurde.[767]

3. Auch unter rechtsvergleichender Betrachtung konnten keine für das deutsche Recht zwingenden Rückschlüsse für die Anwendung einer Lis-pendens-Regel auch zwischen Schiedsgerichten und staatlichen Gerichten im Rahmen des Kompetenzkonflikts entwickelt werden.

Zwar regeln sowohl das österreichische als auch das schweizerische Recht[768] die Schiedshängigkeit und eine entsprechende Sperrwirkung gegenüber der staatlichen Gerichtsbarkeit. Allerdings findet diese im Kompetenzkonflikt aufgrund des speziellen Ineinandergreifens von schiedsgerichtlicher Entscheidungsbefugnis und staatlicher Kontrolle nur eingeschränkt Anwendung. Das Risiko paralleler Verfahren lässt sich auf diese Weise minimieren, nicht hingegen gänzlich ausschließen. Gleichwohl können die in Österreich und der Schweiz zu beobachtenden Tendenzen, ebenso wie die Regelung des Art. VI Abs. 3 EÜ, als Anhaltspunkte für eine schiedsfreundlichere Gestaltung des deutschen Schiedsrechts dienen, um auf diese Weise eine (weitere) Harmonisierung der europäischen Schiedsrechte zu erreichen.[769]

---

767 Siehe im Einzelnen ab Gliederungspunkt § 4.B, S. 77.

768 Zum österreichischen Recht unter Gliederungspunkt § 4.B.II.1, S. 84; zur Rechtslage in der Schweiz ab § 4.B.II.2, S. 91.

769 Siehe im Einzelnen unter Gliederungspunkt § 4.B.II.4.1–3, ab S. 103.

4. Im Verhältnis zu einem zweiten Schiedsverfahren entwickelt die vorherige Schiedshängigkeit Sperrwirkung.

Für das Rangverhältnis mehrerer Schiedsverfahren untereinander kann über die analoge Anwendung des § 261 Abs. 3 Nr. 1 ZPO der Kompetenzkonflikt zugunsten der zuerst anhängigen Schiedsklage aufgelöst werden. Der Analogie steht nicht der, auf den speziellen Konflikt zwischen Schiedsgerichtsbarkeit und ordentlicher Gerichtsbarkeit zugeschnittene Regelungskatalog der §§ 1040 Abs. 3 S. 3, 1032 Abs. 3 ZPO entgegen.[770]

5. Die Entscheidung des staatlichen Gerichts über die Abweisung der Schiedseinrede und die Unzuständigkeit des Schiedsgerichts ist für den Schiedsrichter bindend.

Im Rahmen von § 1032 Abs. 1 ZPO hindert die Rechtskraft des Sachurteils eine anderweitige schiedsrichterliche Entscheidung über denselben Rechtsstreit. Aus funktionalen Erwägungen ist eine Bindungswirkung bereits an das Sachurteil und die inzidente Abweisung der Schiedseinrede zu bejahen. Bei divergierenden Streitgegenständen, die unter dieselbe Schiedsvereinbarung fallen, besteht hingegen keine Notwenigkeit einer Schiedsrichterbindung, da die Gefahr einer Entscheidungskollision nicht besteht.[771] Entscheidet das Gericht mit Zwischenurteil gem. § 280 ZPO über die Unzulässigkeit der Schiedseinrede, wurde für ein nachfolgendes Schiedsverfahren mangels materieller Rechtskraftwirkung eine Bindungswirkung „sui generis" bejaht, sofern keine Partei einen Antrag auf Zwischenfeststellung nach § 256 Abs. 2 ZPO hinsichtlich der Unwirksamkeit der Schiedsvereinbarung gestellt hat. Im Falle eines Zwischenfeststellungsantrags würde die der Zulässigkeitsentscheidung indirekt zugrundeliegende Feststellung über die Wirksamkeit der Schiedsvereinbarung hingegen klare materielle Rechtskraft wirken und nachfolgende (Schieds-) Gerichte binden.[772]

Die Bindung des Schiedsrichters an die im Verfahren nach § 1032 Abs. 2 ZPO festgestellte Zulässigkeit oder Unzulässigkeit des Schiedsverfahrens ist unproblematisch. Neben einer faktischen Bindung ist auch eine rechtliche Bindung nach den Grundsätzen der Rechtskraft zu bejahen.[773]

770 Siehe im Einzelnen unter § 4.C, S. 108.

771 Siehe im Einzelnen unter Gliederungspunkt § 6.B.I.1, S. 144.

772 Siehe im Einzelnen unter Gliederungspunkt § 6.B.I.2, S. 148.

773 Siehe im Einzelnen unter Gliederungspunkt § 6.B.II, S. 164.

6. Durch ein Prozessurteil entscheidet das staatliche Gericht binden über die Zuständigkeit des Schiedsgerichts.

Bei klageabweisendem Prozessurteil stellt das Gericht bindend die Wirksamkeit der Schiedsvereinbarung und die Zuständigkeit des Schiedsgerichts fest. Auch wenn die Rechtskraft des Prozessurteils sich nur auf den Ausspruch der Unzulässigkeit der Klage erstreckt, ist eine schiedsgerichtliche Bindung allgemein anerkannt. Sie wird unterschiedlich hergeleitet, wobei regelmäßig auf den Arglisteinwand oder eine Bindung „sui generis“ abgestellt wird.[774] Eine solche Bindungswirkung wird bereits durch den Grundsatz der Rechtskraft erzeugt, der aufgrund des inneren Sachzusammenhangs zwischen Unzuständigkeit des staatlichen Gerichts und Zuständigkeit des Schiedsgerichts erweitert werden muss. Weist das Gericht die Klage aufgrund einer wirksamen Schiedsvereinbarung ab, erstreckt sich die Rechtskraft des Prozessurteils auch auf diesen Entscheidungsgrund, der als tatsächlicher Inhalt des klageabweisenden Prozessurteils infolge einer Schiedseinrede identifiziert wurde. Der Schiedsrichter ist an diese positive Zuständigkeitsentscheidung gebunden, solange die Wirksamkeit der Schiedsvereinbarung fortbesteht.[775]

7. Trotz abschließender Kompetenz-Kompetenz der staatlichen Gerichte kann auch eine (positive) Zuständigkeitsentscheidung des Schiedsgerichts Rechtskraft- und Bindungswirkung gegenüber einem sukzessiven Gerichtsverfahren entfalten.

Der Zwischenentscheid nach § 1040 Abs. 3 S. 1 ZPO, mit dem das Schiedsgericht seine Zuständigkeit bejaht, bindet den staatlichen Richter nur, wenn keine Anfechtung nach § 1040 Abs. 3 S. 2 ZPO innerhalb der Monatsfrist erfolgt. Die zugrunde gelegte Schiedsvereinbarung kann in diesem Fall nicht mehr staatlicher Kontrolle zugeführt werden. Dies folgt aus der Präklusionsfrist im Hinblick auf die Anfechtung des Zwischenentscheids, aber auch daraus, dass dem formell, nicht jedoch materiell rechtskräftigen Zwischenentscheid kongruent zur Bindungswirkung des Zwischenurteils nach § 280 ZPO eine Bindungswirkung „sui generis“ für alle sukzessiven Gerichtsverfahren zuzusprechen ist.[776]

---

774 Hierzu im Einzelnen unter Gliederungspunkt § 6.B.I.3.b)aa)–bb), ab S. 155.

775 Siehe im Einzelnen unter Gliederungspunkt § 6.B.I.3, S. 153 sowie insbes. § 6.B.I.3.b) cc), S. 160.

776 Siehe im Einzelnen unter Gliederungspunkt § 6.C.I, ab S. 168.

Bejaht das Schiedsgericht seine Zuständigkeit im Schiedsspruch zur Sache nehmen die Ausführungen zur Wirksamkeit der konkreten Schiedsvereinbarung – parallel zum inzident über die Schiedseinrede entscheidenden Urteil – hingegen nicht an der materiellen Rechtskraftwirkung teil.[777] Hinsichtlich einer Bindungswirkung ist danach zu differenzieren, ob im Schiedsverfahren die Zuständigkeit des Schiedsgerichts gerügt wurde. Haben die Parteien eine entsprechende Rüge versäumt und sich rügelos eingelassen, kann der spätere Sachschiedsspruch nicht mit der Begründung angefochten werden, das Schiedsgericht habe zu Unrecht über den Rechtsstreit entschieden. In dieser Fallkonstellation steht für alle staatlichen Gerichte die Zuständigkeit des Schiedsgerichts hinsichtlich des konkreten Rechtsstreits bindend fest. Hat das Schiedsgericht hingegen trotz vorheriger Unzuständigkeitsrüge erst im Schiedsspruch seine Zuständigkeit inzident festgestellt, kommen Präklusionserwägungen nicht zur Anwendung. Der Schiedsspruch und die Zuständigkeitsentscheidung unterliegen vollumfänglicher staatlicher Kontrolle.[778]

8. Ein Prozessschiedsspruch kann ein staatliches Gericht hinsichtlich der Unzuständigkeitsentscheidung binden.

Weist das Schiedsgericht seine Zuständigkeit mit einem Prozessschiedsspruch ab, entfaltet dieser, als Pendant zum staatlichen Prozessurteil, ebenfalls Bindungswirkung gegenüber staatlichen Gerichten. Spiegelbildlich zum Prozessurteil entspringt die Bindungswirkung der materiellen Rechtskraft, die sich auf die tatsächliche Aussage der prozessualen Entscheidung, die Unzuständigkeit des Schiedsgerichts wegen Unwirksamkeit der Schiedsvereinbarung, erstreckt.[779] Selbst wenn eine solche Rechtskrafterstreckung abgelehnt würde, ergibt sich eine Bindungswirkung wenigstens aus einer „sui generis"-Wirkung.[780] Die Analyse der Anfechtungsmöglichkeiten eines Prozessschiedsspruchs hat gezeigt, dass ein ausdrücklicher Anfechtungsgrund nicht gesetzlich normiert ist und eine Analogie zu § 1059 Abs. 2 ZPO oder zu § 1040 Abs. 3 S. 2 ZPO nicht zweifelsfrei herzuleiten ist. Probleme bereitet die Vergleichbarkeit der Interessenlage bei positiver und negativer Zuständigkeit, da die Unzuständigkeitserklärung nicht den staatlichen Richter entzieht, sondern ihm im Gegenteil den Rechtsstreit zuweist. Der Justizgewährungsanspruch ist in diesem Fall nicht tangiert, sodass sich eine

---

777 Siehe im Einzelnen unter Gliederungspunkt § 6.C.II.1, S. 181.

778 Siehe im Einzelnen unter Gliederungspunkt § 6.C.II.2, S. 181 u. § 6.C.II.3, S. 183.

779 Siehe im Einzelnen unter Gliederungspunkt § 6.C.III, S. 184.

780 Siehe hierzu im Einzelnen erneut Gliederungspunkt § 6.B.I.3, S. 153 sowie unter § 6.B.I.3.b)cc), S. 160.

inhaltliche Überprüfung der schiedsgerichtlichen Entscheidung aufgrund des Verbots der révision au fond nicht ohne Weiteres rechtfertigen lässt.[781] Gleichwohl sollte, insbesondere auch mit Blick auf das österreichische und schweizerische Schiedsrecht, ein spezieller Anfechtungsgrund auch im deutschen Recht normiert werden. Dieser ließe sich unproblematisch in das System des § 1059 Abs. 2 Nr. 1 ZPO einfügen.[782]

9. An der Schnittstelle staatlicher Doppelprozesse zur Klärung der Kompetenzfrage ist die grundsätzliche Parallelität der Verfahren nach § 1032 Abs. 1 und Abs. 2 ZPO zu befürworten.

Entgegen der wohl noch herrschenden Meinung[783] ist im Rahmen der Kompetenzklärung dem Hauptsacheverfahren gem. § 1032 Abs. 1 ZPO kein genereller Vorrang gegenüber dem Feststellungsverfahren nach § 1032 Abs. 2 ZPO einzuräumen. Die von der herrschenden Meinung gegen die Durchführung von Parallelverfahren nach § 1032 Abs. 1 und Abs. 2 ZPO vorgebrachten Argumente überzeugen nicht. Vielmehr spricht die Gesetzessystematik für eine grundsätzliche Parallelität des Hauptsacheverfahrens und des Feststellungsverfahrens, in denen jeweils die Wirksamkeit der Schiedsvereinbarung geprüft werden kann. Da gleichwohl eine Verfahrenskoordination sinnvoll ist, kann und soll der Richter des Hauptsacheverfahrens sein Verfahren gem. § 148 ZPO aussetzen und den für das Hauptsacheverfahren präjudiziellen Feststellungsbeschluss des OLG abwarten. Korrigierend kann in Einzelfällen über das richterliche Ermessen der Verfahrensverschleppung oder Torpedierungsversuchen sowie dem Verlust von Prozessergebnissen entgegengewirkt werden.[784]

10. Überholt ein Schiedsspruch das sich bereits in der Rechtsmittelinstanz befindende Verfahren nach § 1040 Abs. 3 S. 2 ZPO, ist die Kompetenzfrage in diesem Verfahren vor dem BGH zu entscheiden. Der Schiedsspruch ist nach der hier vertretenen Auffassung gem. § 1059 Abs. 3 S. 3 ZPO analog innerhalb eines Monats nach Erhalt der staatlichen Entscheidung anzufechten.

§ 1040 Abs. 3 S. 3 ZPO erlaubt die Fortführung und den Abschluss des Schiedsverfahrens neben einem staatlichen Verfahren zur Überprüfung der

781 Siehe im Einzelnen unter Gliederungspunkt § 6.C.III.2, S. 186 u. § 6.C.III.3.a), S. 194.

782 Hierzu im Einzelnen unter Gliederungspunkt § 6.C.III.3.b), S. 198.

783 Siehe hierzu im Einzelnen unter Gliederungspunkt § 7.B.I, S. 203.

784 Siehe im Einzelnen unter Gliederungspunkt § 7.B.III, S. 209. ; sowie jetzt auch BGH Beschl. v. 09.05.2018 - I ZB 53/17, NJW 2018, 1402.

schiedsgerichtlichen Zwischenentscheidung nach § 1040 Abs. 3 S. 2 ZPO. Überholt der Schiedsspruch das staatliche Kontrollverfahren hinsichtlich des Zwischenentscheids, das regelmäßig bereits in der Rechtsmittelinstanz beim BGH anhängig sein wird, besteht ein Verfahrenskonflikt zwischen dem Verfahren nach § 1040 Abs. 3 S. 2 ZPO und einem etwaigen Anfechtungsverfahren nach § 1059 Abs. 2 ZPO. In beiden Verfahren ist die Zuständigkeit des Schiedsgerichts und die Prüfung der Schiedsvereinbarung der relevante Entscheidungsgegenstand. Nachdem die Rechtsprechung zunächst dem Anfechtungsverfahren gegen den Endschiedsspruch vor dem OLG den Vorzug gab, spricht sich der BGH in einer neueren Entscheidung dafür aus, die Zuständigkeitsfrage abschließend in dem zweitinstanzlichen Verfahren gegen den Zwischenentscheid vor dem BGH zu klären.[785] Lehnt der BGH die Zuständigkeit des Schiedsgerichts ab und hebt den Zwischenentscheid auf, sollte der Schiedsspruch nach der hier vertretenen Auffassung analog § 1059 Abs. 3 S. 3 ZPO innerhalb eines Monats nach dem Empfang der Entscheidung des BGH über den Aufhebungsantrag nach § 1040 Abs. 3 S. 2 ZPO angefochten werden. Ist hingegen das Verfahren nach § 1040 Abs. 3 S. 2 ZPO noch in der ersten Instanz vor dem OLG anhängig, empfiehlt sich im Hinblick auf die Prozessökonomie und Verfahrenseffizienz eine Änderung des Aufhebungsantrags gegen den Zwischenentscheid dahingehend, dass der Endschiedsspruch angefochten und in diesem Rahmen die Kompetenz des Schiedsgerichts zu überprüfen ist.[786]

785 Siehe im Einzelnen unter Gliederungspunkt § 7.C.I, S. 217.
786 Siehe im Einzelnen unter Gliederungspunkt § 7.C.III, S. 222.

Literaturverzeichnis

AHRENDT, Achim

Der Zuständigkeitsstreit im Schiedsverfahren, Diss. Jur., Tübingen 1996.

ALTHAMMER, Christoph

Die Streitgegenstandslehre von Karl Heinz Schwab im Zivilprozess des 21. Jahrhunderts – Retrospektive, Bestandsaufnahme und Fortentwicklung, in: ZZP 123 (2010), S. 163–184.

BARCELÓ III, John J.

Who Decides the Arbitrators' Jurisdiction? Separability and Competence-Competence in Transnational Perspective, in: Vanderbilt Journal of Transnational Law, Vol. 36 (2003), S. 1115–1136.

BAUMBACH, Adolf

Zivilprozeßordnung in der vom 1. Januar 1934 abgeltenden Fassung mit Gerichtsverfassungsgesetz und den wichtigsten Nebengesetzen, 8. Aufl., München und Berlin 1934.

BAUMBACH, Adolf/ LAUTERBACH, Wolfgang

Zivilprozeßordnung mit Gerichtsverfassungsgesetz und anderen Nebengesetzten, 25. Aufl., München und Berlin 1958.

BAUMBACH, Adolf/ LAUTERBACH, Wolfgang/ HARTMANN, Peter/ ANDERS, Monika/ GEHLE, Burkhard

Zivilprozessordnung mit GVG und anderen Nebengesetzten, 78. Aufl., München 2020 [zit. B/L/A/H/G/*Bearbeiter*].

BAUMBACH, Adolf/ SCHWAB, Karl Heinz

Schiedsgerichtsbarkeit, 2. Aufl., München und Berlin 1960.

BAUR, Fritz

Rechtshängig – Schiedshängig, in: Festschrift für Hans W. Fasching zum 65. Geburtstag, Wien 1988, S. 81–92.

BEITZKE, Günter

Zuständigkeitsstreit zwischen staatlichem Gericht und Schiedsgericht, in: ZZP 60 (1936/1937), S. 317–333.

BERGER, Bernhard

Negative effect of competence-competence revisited. Note on 4A_560/2013, Judgement of 30 June 2014, in: ASA Bull. 32 (2014), S. 539–542.

Kritische Gedanken zur Revision von Art. 7 IPRG im Lichte eines praktischen Beispiels, in: ASA Bulletin, Vol. 29 (2011), S. 33–44.

BERGER, Bernhard/ KELLERHALS, Franz

International and Domestic Arbitration in Switzerland, 3. Aufl., Bern [u.a.] 2015.

Internationale und interne Schiedsgerichtsbarkeit in der Schweiz, Bern 2006.

BERGER, Klaus Peter

Das neue Schiedsverfahrensrecht in der Praxis – Analyse und aktuelle Entwicklungen, in: RIW 2001, S. 7–20.

Internationale Wirtschaftsschiedsgerichtsbarkeit, Diss. Jur., Berlin [u.a.] 1992.

BETTERMANN, Karl August

Rechtshängigkeit und Rechtsschutzform. Eine Prozessrechtliche Abhandlung, Berlin 1949.

BLACKABY, Nigel/ PARTASIDES, Constantin/ REDFERN, Alan/ HUNTER, Martin

Redfern and Hunter on International Arbitration – Student Version, 6. Aufl. New York 2015.

Redfern and Hunter on International Arbitration – Student Version, 5. Aufl. New York 2009.

BLOMEYER, Jürgen

Zum Streit über Natur und Wirkungsweise der materiellen Rechtskraft – Insbesondere zu seiner praktischen Bedeutung, in: JR 1968, S. 407–411.

BLOMEYER, Karl

Betrachtungen über die Schiedsgerichtsbarkeit, in: Beiträge zum Zivilprozessrecht, Festgabe zum siebzigsten Geburtstag von Leo Rosenberg, München/Berlin 1949, S. 51–71.

BÖCKSTIEGEL, Karl- Heinz/ KRÖLL, Stefan Michael/ NACIMIENTO, Patricia (Hrsg.)

Arbitration in Germany – The Model Law in Practice, 2. Aufl., Alphen aan den Rijn [u.a.] 2015.

Arbitration in Germany – The Model Law in Practice, 1. Aufl., Austin [u.a.] 2007.

BORGES, Georg

Die Anerkennung und Vollstreckung von Schiedssprüchen nach dem neuen Schiedsverfahrensrecht, in: ZZP 111 (1998), S. 487–513.

BORN, Gary B.

International Commercial Arbitration, Vol. 3, 2. Aufl., Alphen [u.a.] 2014.

International Commercial Arbitration, Vol. 1, 1. Aufl., Alphen [u.a.] 2009.

BOSCH, Wolfgang

Rechtskraft und Rechtshängigkeit im Schiedsverfahren, Diss. Jur., Tübingen 1991.

Zur Kompetenz-Kompetenz des Schiedsgerichts. Anmerkungen zu BGH, Urteil vom 26.05.1988 – III ZR 46/87, in: JZ 1989, S. 201–203.

BÖTTICHER, Eduard

Kritische Beiträge zur Lehre von der materiellen Rechtskraft im Zivilprozeß, Berlin 1930.

BRAUN, Johann

Materielle Rechtskraft und prozessuale Betrachtungsweise des materiellen Rechts, in: Festschrift für Ulrich Spellenberg zum 70. Geburtstag, München 2010, S. 69–81.

BREDOW, Jens

Anmerkungen zu OLG Hamm, Beschluss vom 10.02.1999 – 8 SchH 1/98, in: RPS 1999 II, S. 13.

BREKOULAKIS, Stavros

The Negative Effect of Compétence-Compétence: The Verdict has to be negative, in: AAY 2009, S. 237–258.

BUSSE, Daniel

Anmerkungen zu BayObLG, Beschluss vom 07.10.2002 – 4 Z SchH 8/02, in: SchiedsVZ 2003, S. 189–191.

CHIWITT-OBERHAMMER, Tatjana

Der fehlerhafte Schiedsspruch, Diss. Jur., Wien 2000.

CREMADES, Bernado M./ MADALENA, Ignacio

Parallel Proceedings in International Arbitration, in: Arbitration International, Vol. 24 (2008), S. 507–539.

de Ly, Filip/ Sheppard, Audley

International Law Association, Toronto Conference (2006) International Commercial Arbitration, Final Report on Lis Pendens and Arbitration, in: Arbitration International, Vol. 25 (2009), S. 3–34.

Dorda, Christian

Res iudicata und Schiedsverfahren, in: Festschrift für Hellwig Torggler, Wien 2013, S. 169–182.

Dunz, Walter

Anmerkungen zu BGH, Urteil vom 06.03.1985 – IV b ZR 76/83, in: NJW 1985, S. 2535–2536.

Elsing, Siegfried H.

Anmerkung zu BGH, Beschluss vom 06.06.2002 III ZB 44/01, in: JR 2003, S. 243–246.

Erk, Nadja

Parallel Proceedings in International Arbitration. A comparative European Perspective, Diss. Jur., Alphen aan den Rijn: Wolters Kluver Law & Business, 2014.

Fasching, Hans W.

Schiedsgericht und Schiedsverfahren im österreichischen und im internationalen Recht, Wien 1973.

Fasching, Hans W./ Konecny, Andreas

Kommentar zu den Zivilprozeßgesetzen, Bd. 4/2, §§ 577 bis 618 ZPO, 2. Aufl., Wien 1997.

Fountoulakis, Christina

Die Revision des schweizerischen internationalen Schiedsrechts, IWRZ 2019, S. 159–168.

Furrer, Andreas/ Girsberger, Daniel/ Müller-Chen, Markus (Hrsg.)

Handkommentar zum Schweizer Privatrecht – Internationales Privatrecht, 2. Aufl., Zürich 2012 [zitiert: CHK-IPRG/*Bearbeiter*].

Gaillard, Emmanuel/ Savage, John (Hrsg./Ed.)

Fouchard, Gaillard, Goldman on International Commercial Arbitration, The Hague [u.a.] 1999.

GAILLARD, Emmanuel

France, in: *Weigand, Frank-Bernd* (Hrsg.), Practitioner's Handbook on International Commercial Arbitration, 2nd Edition, New York 2009, S. 423–474.

GAUL, Hans Friedhelm

Der betrügerisch erwirkte Schiedsspruch, in: Festschrift für Dieter Leipold zum 70. Geburtstag, Tübingen 2009, S. 881–929.

Die Rechtskraft und Aufhebbarkeit des Schiedsspruchs im Verhältnis zur Verbindlichkeit des staatlichen Richterspruchs, in: Festschrift für Otto Sandrock zum 70. Geburtstag, Heidelberg 2000, S. 285–328.

Rechtskraft und Verwirkung – Zugleich zur Rechtsfertigung der Verbindlichkeit des Richterspruchs, in: Festschrift für Wolfram Henckel zum 70. Geburtstag, Berlin 1995, S. 235–271.

Die Entwicklung der Rechtskraftlehre seit Savigny und der heutige Stand, in: Festschrift für Werner Flume zum 70. Geburtstag, Bd. 1, Köln 1978, S. 443–525.

Negative Rechtskraftwirkung und konkursmäßige Zweittitulierung, in: Festschrift für Friedrich Weber zum 70. Geburtstag, Berlin [u.a.] 1975, S. 155–179.

GEHRLEIN, Markus

Die Kompetenz-Kompetenz eines Schiedsgerichts nach deutschem und schweizerischem Recht, in: ZIP 1995, S. 964–967.

GERMELMANN, Claas Friedrich

Die Rechtskraft von Gerichtsentscheidungen in der Europäischen Union, Diss. Jur., Tübingen 2009.

GIRSBERGER, Daniel/ HEINI, Anton [u.a.]

Züricher Kommentar zum IPRG, 2. Aufl., Zürich [u.a.] 2004 [zitiert: ZK-IPRG/*Bearbeiter*].

GLOSSNER, Ottoarndt/ BREDOW, Jens/ BÜHLER, Michael

Das Schiedsgericht in der Praxis, 3. Aufl., Heidelberg 1990.

GOTTWALD, Peter

Generalbericht: Internationale Schiedsgerichtsbarkeit, in: *Gottwald, Peter* (Hrsg.), Internationale Schiedsgerichtsbarkeit – Arbitrage International – International Arbitration, Bielefeld 1997, S. 1–143. [zitiert: *Gottwald*, in: *Gottwald* (Hrsg.), Internationale Schiedsgerichtsbarkeit].

Gottwald, Peter/ Adolphsen, Jens

Das neue deutsche Schiedsverfahrensrecht, in: DStR 1998, S. 1017–1025.

Grunsky, Wolfgang

Grundlagen des Verfahrensrechts, 2. Aufl., Bielefeld 1974.

Haas, Ulrich

Die gerichtliche Kontrolle der schiedsgerichtlichen Entscheidungszuständigkeit, in: Festschrift für Walter H. Rechberger zum 60. Geburtstag, Wien 2005, S. 187–210.

Das Verhältnis der staatlichen Gerichtsbarkeit zur privaten Schiedsgerichtsbarkeit, in: *Oberhammer*, *Paul* (Hrsg.), Schiedsgerichtsbarkeit in Zentraleuropa – Arbitration in Central Europe, Schriftenreihe des Center of Legal Competence, Bd. 23, Wien/Graz 2005, S. 19–60 [zitiert: *Haas*, in: *Oberhammer* (Hrsg.), Schiedsgerichtsbarkeit in Zentraleuropa].

Habscheid, Walter J.

Zur Kompetenz-Kompetenz nach dem neuen Schiedsrecht, in: Grenzüberschreitungen: Beiträge zum internationalen Verfahrensrecht und zur Schiedsgerichtsbarkeit, Festschrift für Peter Schlosser zum 70. Geburtstag, Tübingen 2005, S. 247–255.

Zur materiellen Rechtskraft des Unzuständigkeitsentscheids. Eine rechtsvergleichende Skizze., in: Festschrift für Nideo Nakamura, Tokyo 1996, S. 203–220.

Teil-, Zwischen- und Vorabschiedssprüche im schweizerischen und deutschen Recht, ihre Anfechtbarkeit und die Rechtsfolgen ihrer Aufhebung durch das Staatsgericht (unter besonderer Berücksichtigung der Streitgenossenschaft), in: ZSR 1987, S. 669–689.

Das Problem der Kompetenz-Kompetenz des Schiedsgerichts, in: SJZ 1982, S. 321–327.

Zur Frage der Kompetenz-Kompetenz der Schiedsgerichte, in: Festschrift für Fritz Baur, Tübingen 1981, S. 425–442.

Drei aktuelle Fragen des Internationalen Privaten Schiedsrechts, in: KTS 1964, S. 146–166

Das Problem der Unabhängigkeit der Schiedsgerichte, in: NJW 1962, S. 5–12.

Schiedsgerichtsbarkeit und Staatsaufsicht, in: KTS 1959, S. 113–120.

Aus der höchstrichterlichen Rechtsprechung zur Schiedsgerichtsbarkeit, in: KTS 1958, S. 177–181.

Aus der höchstrichterlichen Rechtsprechung zur Schiedsgerichtsbarkeit, in: KTS 1957, S. 161–167.

Die Rechtsnatur des Schiedsvertrages und ihre Auswirkungen, in: KTS 1955, S. 33–39.

Hanefeld, Inka

Germany, in: *Weigand, Frank-Bernd* (Hrsg.), Practitioner´s Handbook on International Commercial Arbitration, 2nd Edition, New York 2009, S. 475–542.

Harbst, Ragnar

Die Rolle der staatlichen Gerichte im Schiedsverfahren, Diss. Jur., Heidelberg 2002.

Hau, Wolfgang

Kompetenz-Kompetenz und AGB-Kontrolle bei Schiedsvereinbarungen im Verbrauchergeschäft, in: LMK 2005, S. 68–69.

Positive Kompetenzkonflikte im Internationalen Zivilprozeßrecht, Diss. Jur., Frankfurt am Main 1996.

Hausmann, Rainer

Anwendbares Recht vor deutschen und italienischen Schiedsgerichten – Bindung an die Rom I-Verordnung oder Sonderkollisionsrecht, in: Grenzen überwinden – Prinzipien bewahren, Festschrift für Bernd von Hoffmann zum 70. Geburtstag, Bielefeld 2011, S. 971–986.

Die Aufhebung von Schiedssprüchen nach neuem deutschen Schiedsverfahrensrecht, in: Festschrift für Hans Stoll zum 75. Geburtstag, Tübingen 2001, S. 593–616.

Heiderhoff, Bettina

Der entschiedene Lebenssachverhalt und die Rechtskraftsperre bei klageabweisenden Urteilen, in: ZZP 118 (2005), S. 185–204.

Henckel, Wolfram

Prozessrecht und materielles Recht, Göttingen 1970.

Parteilehre und Streitgegenstand im Zivilprozeß, Heidelberg 1961.

Hermann, Ulrich

Die Grundstruktur der Rechtshängigkeit, Diss. Jur., Köln [u.a.] 1988.

Hilbig, Katharina

Schiedsvereinbarungen über GmbH-Beschlussmängelstreitigkeiten. Zugleich Anmerkung zu BGH, Urteil vom 6.4.2009, Az. II ZR 255/08 „Schiedsfähigkeit II“, in: SchiedsVZ 2009, S. 247–258.

Hobér, Kaj

Parallel arbitration proceedings – Duties of the arbitrators, in: *Cremades, Bernado M./Lew, Julian D. M.* (Hrsg.), Parallel state and arbitral procedures in international arbitration, ICC Publication No. 692, Paris 2005, S. 243–267 [zitiert: *Hobér*, in: *Cremades/Lew* (Hrsg.), Parallel state and arbitral procedures].

Holtzmann, Howard M./ Neuhaus, Joseph E.

A Guide To The UNCITRAL Model Law On International Commercial Arbitration: Legislative History and Commentary, Deventer 1989.

Homfeldt, Arne

Die Beachtung der Rechtskraft im Zivilprozess von Amts wegen, Diss. Jur., Frankfurt am Main 2001.

Honsell, Heinreich/ Vogt, Nedim Peter/ Schnyder, Anton K./ Berti, Stephen V. (Hrsg.)

Basler Kommentar – Internationales Privatrecht, 3. Aufl., Basel 2013 [zitiert: BSK-IPRG/*Bearbeiter*].

Huber, Peter

Das Verhältnis von Schiedsgericht und staatlichen Gerichten bei der Entscheidung über die Zuständigkeit, in: SchiedsVZ 2003, S. 73–75.

Huber, Peter/ Bach, Ivo

Anmerkungen zu BGH, Urteil vom 13.01.2005 – III ZR 265/03, in: SchiedsVZ 2005, S. 95–100.

Husslein-Stich, Gabriele

Das UNCITRAL-Modellgesetz über die internationale Handelsschiedsgerichtsbarkeit, Diss. Jur., Köln 1990.

ICC Commission on International Arbitration

Final Report on Interim and Partial Awards, in: ICC International Court of Arbitration Bulletin, Vol. 1 (1990), S. 26.

Illmer, Martin

Der Arglisteinwand an der Schnittstelle von staatlicher Gerichtsbarkeit und Schiedsgerichtsbarkeit, Diss. Jur., Tübingen 2007.

Ischia, Hannes/ Mayr, Peter

Das neue österreichische Schiedsverfahrensrecht, in: RIW 2006, S. 881–889.

JACOBY, Florian

Der Musterprozeßvertrag – Die gewillkürte Bindung an gerichtliche Entscheidungen, Diss. Jur., Tübingen 2000.

JAUERNIG, Othmar

Materielle Rechtskraft oder innerprozessuale Bindungswirkung eines Verwerfungsbeschlusses gem. § 519b ZPO bei wiederholter Berufung?, in: MDR 1982, S. 286.

JAUERNIG, Othmar/ HESS, Burkhard

Zivilprozessrecht, 30. Aufl., München 2011.

JONES, Doug

Competence-Competence, in: Arbitration: The Journal by the Chartered Institute of Arbitrators, Vol. 75 (2009), S. 56–64.

KISCH, Wilhelm

Einige Bemerkungen zum Wesen des Schiedsvertrages, in: ZZP 51 (1926), S. 321–334.

KLEINBAUER, Klaus

Rechtshängigkeit im Zivilprozess, in: JA 2007, S. 416–417.

KLEINFELLER, Georg

Der Gegenstand der Rechtskraft, in: Festschrift für Adolf Wach, Bd. 2, Leipzig 2013, S. 373–412.

KLOIBER, Barbara/ RECHBERGER, Walter H./ OBERHAMMER, Paul/ HALLER, Hartmut

Das neue Schiedsrecht – Schiedsrechts-Änderungsgesetz 2006, Wien 2006 [zitiert: *Bearbeiter* in: *Kloiber/Rechberger/Oberhammer/Haller*, Das neue Schiedsrecht].

KOHLER, Josef

Das materielle Recht im Urteil, in: Festschrift für Franz Klein zu seinem 60. Geburtstage, Wien 1914, S. 1–13.

KOLLER, Christian

Eintritt und Sperrwirkung der Schiedshängigkeit, in ecolex 2014, S. 1056–1060.

KORNBLUM, Udo

Zur „Kompetenz-Kompetenz" privater Schiedsgerichte nach deutschem Recht, in: JbPrSch 3 (1989), S. 38–46.

Aktuelle Probleme der privaten Schiedsrechtsgeschäfte, in: JA 1979, S. 393–401.

Probleme der schiedsrichterlichen Unabhängigkeit, München 1968.

KOUSSOULIS, Stelios

Beiträge zur modernen Rechtskraftlehre, Diss. Jur., Köln [u.a.] 1986.

KREINDLER, Richard H./ SCHÄFER, Jan K./ WOLFF, Reinmar

Schiedsgerichtsbarkeit – Kompendium für die Praxis, Frankfurt am Main 2006.

KREMER, Michael J.R./ WEIMANN, Thomas

Die Aufhebbarkeit von Schiedssprüchen, insbesondere Zwischen- oder Teilschiedssprüche über den Anspruchsgrund – Widerspruch zu Prinzipien der Prozessökonomie?, in: SchiedsVZ 2007, S. 238–245.

KRÖLL, Stefan

Die schiedsrechtliche Rechtsprechung des Jahres 2010, in: SchiedsVZ 2011, S. 131–136.

Die Neuregelung des österreichischen Schiedsrechts – Felix Austria!?, in: Festschrift für Norbert Horn zum 70. Geburtstag, Berlin 2006, S. 989–1003.

Recourse against Negative Decisions on Jurisdiction, in: Arbitration International, Vol. 20 (2004), S. 55–72.

Schiedsrechtliche Rechtsprechung 2003, in: SchiedsVZ 2004, S. 113–123.

Kurzkommentar zu BGH, Beschluss vom 06.06.2002 – III ZB 44/01, in: EWiR 2003, S. 295–296.

Die Entwicklung des Rechts der Schiedsgerichtsbarkeit 2001/2002, in: NJW 2003, S. 791–797.

Das neue deutsche Schiedsrecht vor staatlichen Gerichten: Entwicklungslinien und Tendenzen 1998–2000, in: NJW 2001, S. 1173–1184.

KRÜGER, Wolfgang/ RAUSCHER, Thomas (Hrsg.)

Münchener Kommentar zur Zivilprozessordnung mit Gerichtsverfassungsgesetz und Nebengesetzen, 5. Aufl., Bd. 3, §§ 946–1117, EGZPO, GVG, EGGVG, UKlaG, Internationales und Europäisches Zivilprozessrecht, München 2017.

Münchener Kommentar zur Zivilprozessordnung mit Gerichtsverfassungsgesetz und Nebengesetzen, 5. Aufl., Bd. 1, §§ 1–354, München 2016.

Münchener Kommentar zur Zivilprozessordnung mit Gerichtsverfassungsgesetz und Nebengesetzen, 5. Aufl., Bd. 2, §§ 355–945b, München 2016.

[jeweils zitiert: MüKoZPO/*Bearbeiter*].

Kühner, Detlev

Das neue französische Schiedsrecht, in: SchiedsVZ 2011, S. 125–131.

Lachmann, Jens-Peter

Handbuch für die Schiedsgerichtspraxis, 3. Aufl., Köln 2008.

Leipold, Dieter

Anmerkung zu BGH, Urteil vom 05.05.1977 - III ZR 177/74, in: ZZP 91 (1978), S. 479–485.

Lew, Julian D. M./ Mistelis, Loukas A./ Kröll, Stefan M.

Comparative International Commercial Arbitration, The Hague [u.a.] 2003.

Liatowitsch, Manuel

Schweizer Schiedsgerichte und Parallelverfahren vor Staatsgerichten im In- und Ausland, Diss. Jur., Basel 2002.

Die Anwendung der Litispendensregeln von Art. 9 IPRG durch Schweizerische Schiedsgerichte: Ein Paradoxon? – Überlegungen zu einem Bundesgerichtsentscheid vom 14. Mai 2001 im Lichte von BGE 124 III 83, in: ASA Bulletin, Vol. 19 (2001), S. 422–438.

Liebscher, Christoph/ Oberhammer, Paul/ Rechberger, Walter H. (Hrsg.)

Schiedsverfahrensrecht, Band I, Wien 2012 [zitiert: *Bearbeiter* in: *Liebscher/ Oberhammer/Rechberger* (Hrsg.), Schiedsverfahrensrecht Band I].

Lindacher, Walter F.

Schiedsspruch und Parteidisposition, in: KTS 1966, S. 153–157.

Lionnet, Annette/ Lionnet, Klaus

Handbuch der internationalen und nationalen Schiedsgerichtsbarkeit: systematische Darstellung der privaten Handelsschiedsgerichtsbarkeit für die Praxis der Parteien einschließlich CD-ROM mit einschlägigen Normen und Regelwerken, 3. Aufl., Stuttgart [u.a.] 2005.

LORENZ, Werner

Die Rechtsnatur von Schiedsvertrag und Schiedsspruch, in: AcP 157 (1958/1959), S. 265–302.

LORITZ, Karl-Georg

Probleme der Rechtskraft von Schiedssprüchen im deutschen Zivilprozeßrecht, in: ZZP 105 (1992), S. 1–19.

LÜHMANN, Tobias B.

Die Rechtskraft des Schiedsspruchs im deutschen und US-amerikanischen Recht, Diss. Jur., Tübingen 2014.

LÜKE, Gerhard

Die Bindungswirkung im Zivilprozess, in: JuS 2000, S. 1042–1046.

Zweifelsfragen zu typischen Rechtswegproblemen, in: Gedächtnisschrift für Rudolf Bruns, München 1980, S. 129–143.

LÜKE, Gerhard/ WALCHSHÖFER, Alfred (Hrsg.)

Münchener Kommentar zur Zivilprozeßordnung mit Gerichtsverfassungsgesetz und Nebengesetzen, 1. Aufl., Bd. 3, München 1992 [zitiert: MüKoZPO/*Bearbeiter*, 1. Aufl.].

MANN, Marius E./ LUMPP, Stephanie

Das Feststellungsverfahren nach § 1032 Abs. 2 ZPO – Zum Verhältnis von Feststellungsverfahren und gerichtlichem Hauptsacheverfahren, in: SchiedsVZ 2011, S. 323–328.

MANSEL, Heinz-Peter

Zur Einrede der anderweitigen Schiedshängigkeit im Schiedsverfahren, in: Festschrift für Gunther Kühne zum 70. Geburtstag, Frankfurt am Main 2009, S. 809–818.

MARTENS, Joachim

Rechtskraft und materielles Recht, in: ZZP 79 (1966), S. 404–450.

MARTINY, Dieter

Die Bestimmung des anwendbaren Sachrechts durch das Schiedsgericht, in: Wege zur Globalisierung des Rechts, Festschrift für Rolf A. Schütze zum 65. Geburtstag, München 1999, S. 529–542.

MATSCHER, Franz

Probleme der Schiedsgerichtsbarkeit im österreichischen Recht, in: Juristische Blätter 1975, S. 412–420.

MAYER, Carl Ulrich

Die Überprüfung internationaler Schiedsvereinbarungen durch staatliche Gerichte – Überlegungen zu BGE 121 III 38 und BGE 122 III 139, in: ASA Bulletin 1996, S. 361–411.

MCGUIRE, Mary- Rose

Verfahrenskoordination und Verjährungsunterbrechung im Europäischen Prozessrecht, Diss. Jur., Tübingen 2004.

MEZGER, Ernst

Neuste Entwicklung von Gesetzgebung und Rechtsprechung (bis Anfang 1988) zur Zwischenentscheidung der Schiedsrichter über ihre eigene Zuständigkeit, in: Festschrift für Walter J. Habscheid zum 65. Geburtstag, Bielefeld 1989, S. 177–194.

MÜLLER, Christoph

Neues aus der schweizerischen Gesetzgebung zur internationalen und nationalen Schiedsgerichtsbarkeit, in: ASA Bulletin, Vol. 24 (2006), S. 647–677.

MÜNCH, Joachim

Aktuelles zum Recht der deutschen Schiedsgerichtsbarkeit – Die „Packungsbeilage“ für Kompetenzklauseln, in: Festschrift für Professor Nikolaos K. Klamaris, Athen 2016; S. 525–546.

Rechtsprobleme schiedsrichterlicher Zuständigkeit, in: ZZP 128 (2015), S. 307–333.

Verjährungshemmung durch Erhebung einer Schiedsklage, in: Grenzüberschreitungen. Beiträge zum Internationalen Verfahrensrecht und zur Schiedsgerichtsbarkeit, Festschrift für Peter Schlosser zum 70. Geburtstag, Tübingen 2005, S. 613–635.

Die Kompetenz-Kompetenz im Schiedsgerichtsverfahren – Regelungsmodelle im Rechtsvergleich, in: ZZPInt 19 (2014), S. 387–426.

BGH: Durchführbarkeit und rechtliche Reichweite einer Schiedsvereinbarung. Anmerkung zu BGH, Beschluss vom 18.06.2014 – III ZB 89/13, in: LMK 2014, 361719.

Anmerkungen zu BGH, Beschluss vom 06.06.2002 – III ZB 44/01, in: SchiedsVZ 2003, S. 39–42.

MUSIELAK, Hans-Joachim/ VOIT, Wolfgang (Hrsg.)

Zivilprozessordnung mit Gerichtsverfassungsgesetz, 16. Aufl., München 2019.

Zivilprozessordnung mit Gerichtsverfassungsgesetz, 13. Aufl., München 2016.

MUSIELAK, Hans-Joachim

Der rechtskräftig entschiedene Lebenssachverhalt – Versuch einer Abgrenzung, in: NJW 2000, S. 3593–3599.

Einige Gedanken zur materiellen Rechtskraft, in: Festschrift für Nideo Nakamura, Tokyo 1996, S. 423–443.

NEEF, Manfred

Die Rechtskraft des Schiedsspruchs, Diss. Jur., Halle 1933.

NELLE, Andreas

Anspruch, Titel und Vollstreckung im internationalen Rechtsverkehr, Tübingen 2000.

OBERHAMMER, Paul

Der Weg zum neuen österreichischen Schiedsverfahrensrecht, in: SchiedsVZ 2006, S. 57–65.

OBERHAMMER, Paul (Hrsg.)

Schweizerische Zivilprozessordnung – Kurzkommentar, Basel 2010 [zitiert: Kurzkommentar-ZPO/*Bearbeiter*].

OETIKER, Christian

The Principle of Lis Pendens in International Arbitration: The Swiss Decision in Fomento v. Colon, in: Arbitration International, Vol. 18 (2002), S. 137–145.

Eintritt und Wirkungen der Rechtshängigkeit in der internationalen Schiedsgerichtsbarkeit, Diss. Jur., St. Gallen 2003.

OTTE, Karsten

Umfassende Streitentscheidung durch Beachtung von Sachzusammenhängen – Gerechtigkeit durch Verfahrensabstimmung?, Tübingen 1998.

OTTO, Sebastian

Die subjektiven Grenzen der Rechtshängigkeitssperre im deutschen und europäischen Zivilprozessrecht, Diss. Jur., Berlin 2007.

PAGENSTECHER, Max

Die praktische Bedeutung des Streites über das Wesen der Rechtskraft, in: ZZP 37 (1908), S. 1–36.

PARK, William W.

The Arbitrability in *First Options v. Kaplan*: What Sort of Kompetenz-Kompetenz Has Crossed the Atlantic?, in: Arbitration International, Vol. 12 (1996), S. 137–159.

PERRET, François

Parallel Actions Pending Before an Arbitral Tribunal and a State Court: The Solution Under Swiss Law, in: *ASA Swiss Arbitration Association* (Hrsg.), Arbitral tribunals or state courts. Who must defer to whom?, ASA Special Series No. 15, Basel 2001, S. 65–78.

PFISTERER, Stefanie/ SCHNYDER, Anton K.

Internationale Schiedsgerichtsbarkeit, Zürich 2010.

PICKENPACK, Vanessa

Kein Entfall des Rechtsschutzbedürfnisses für Antrag auf gerichtliche Entscheidung gegen Zwischenentscheid des Schiedsgerichts durch Endschiedsspruch. Anmerkungen zu BGH, Beschluss vom 09.08.2016 – I ZB 1/15, in: EWiR 2016, S. 777–778.

POHL, Julia Christine

Doppelte Rechtshängigkeit im schiedsgerichtlichen Verfahren – Ein Beitrag zur besseren Erfassung der Schiedshängigkeit unter besonderer Berücksichtigung des deutschen und US-amerikanischen Schiedsrechts, Diss. Jur., 2015.

POHLE, Rudolf

Gedanken über das Wesen der Rechtskraft, in: Scritti Giuridici in Memoria di Piero Calamandrei, Bd. 2, Padova/Cedam 1958, S. 377–402.

Über die Rechtskraft im Zivil- und Strafprozeß, in: JBl 1957, S. 113–122.

PÖRNBACHER, Karl/ GEBERT, Alexander

Anmerkungen zu BGH, Beschluss vom 30.04.2014 – III ZB 37/12, in: SchiedsVZ 2014, S. 200–202.

PÖRNBACHER, Karl/ LOOS, Alexander/ BAUR, Sebastian

Aktuelle Neuerungen im internationalen Schiedsrecht, in: BB 2011, S. 711–718.

Poudret, Jean-François

Concluding remarks on relationship between state courts and arbitral tribunals, in: *ASA Swiss Arbitration Association* (Hrsg.), Arbitral tribunals or state courts. Who must defer to whom?, ASA Special Series No. 15, Basel 2001, S. 147–166.

Une action en constatation de droit au sujet de l'ecistence ou la validité d'une clause arbitrale est-elle recevable en droit federal ou contonals, in: Festschrift für Hans Ulrich Walder, Zürich 1994, S. 341–356.

Prütting, Hanns/ Gehrlein, Markus (Hrsg.)

ZPO Kommentar, 11. Aufl.; Köln 2019 [zitiert: PG-ZPO/*Bearbeiter*].

Raeschke-Kessler, Hilmar/ Berger, Klaus Peter

Recht und Praxis des Schiedsverfahrens, 3. Aufl., Köln 1999.

Rauscher, Thomas (Hrsg.)

Europäisches Zivilprozess- und Kollisionsrecht EuZPR/EuIPR, Bearbeitung 2011 – Brüssel I-VO LugÜbk 2007, München 2011 [zitiert: Rauscher/ *Bearbeiter*, EuZPR/EuIPR].

Rechberger, Walter H. (Hrsg.)

Kommentar zur ZPO, 4. Aufl., Wien 2014 [zitiert: *Bearbeiter* in: *Rechberger*, ZPO].

Kommentar zur ZPO, 2. Aufl., Wien 2000

Rehm, Florian Nikolaus

Die Schiedsgerichtsbarkeit im Rechtssystem, Diss. Jur., Zürich 2008.

Reichel, Hans

Rechtskraft und ungerechtfertigte Bereicherung, in: Festschrift für Adolf Wach, Bd. 3, Leipzig 1913, S. 1–106.

Reiner, Andreas

Das neue österreichische Schiedsrecht – SchiedsRÄG 2006, Wien 2006.

Anmerkungen zum Entwurf eines Schiedsrechts-Änderungsgesetzes 2005, in: ecolex 2005, S. 523–524.

Die internationale Schiedsgerichtsbarkeit nach österreichischem und französischem Recht, in ZfRV 1986, S. 162–225.

Reischl, Klaus

Die objektiven Grenzen der Rechtskraft im Zivilprozeß, Tübingen 2002.

Reithmann, Christoph/ Martiny, Dieter (Hrsg.)

Internationales Vertragsrecht – Das internationale Privatrecht der Schuldverträge, 8. Aufl., Köln 2015.

Internationales Vertragsrecht – Das internationale Privatrecht der Schuldverträge, 6. Aufl., Köln 2004.

Riegler, Stefan/ Petsehe, Alexander/ Fremuth-Wolf, Alice/ Platte, Martin/ Liebscher, Christoph

Arbitration Law of Austria: Practice and Procedure, New York 2007 [zitiert: *Bearbeiter* in: *Riegler* [u.a.], Arbitration].

Rimmelspacher, Bruno

Materiellrechtlicher Anspruch und Streitgegenstandsprobleme im Zivilprozess,Göttingen 1970.

Rosenberg, Leo/ Schwab, Karls Heinz/ Gottwald, Peter

Zivilprozessrecht, 17. Aufl., München 2010.

Rüede, Thomas/ Hadenfeldt, Reimer

Schweizerisches Schiedsgerichtsrecht, 2. Aufl., Zürich 1993.

Rüssmann, Helmut

Die Streitgegenstandslehre und die Rechtsprechung des EuGH – nationales Recht unter gemein-europäischem Einfluß?, in: ZZP 111 (1998), S. 399–427.

Sachs, Klaus/ Schmidt-Ahrendts, Nils

Diverging Concepts of the Principle of Competence-Competence?, in: *Müller/Rigozzi* (Hrsg.), New developments in International Commercial Arbitration 2010, Zürich [u.a.] 2010, S. 1–25.

Saenger, Ingo

Zivilprozessordnung, 8. Aufl., München 2019.

Zivilprozessordnung, 7. Aufl., München 2017.

[jeweils zitiert: Hk-ZPO/*Bearbeiter*].

Sandrock, Otto

Anmerkung zum BGH Beschluss vom 06.06.2002 III ZB 44/01, in: BB Beilage 2002, Nr. 7, S. 42–44.

Schack, Haimo

Drittwirkung der Rechtskraft?, in: NJW 1988, S. 865–873.

SCHÄFER, Ulrike A.

Die Einrede der Kompetenz-Kompetenz des Schiedsgerichts, in: Festschrift für Wolfram Henckel zum 70. Geburtstag, Berlin 1995, S. 723–735.

SCHERER, Matthias

When Should an Arbitral Tribunal Sitting in Switzerland Confronted with Parallel Litigation Abroad Stay the Arbitration?, in: ASA Bulletin, Vol. 19 (2001), S. 451–457.

SCHILF, Sven

Rechtsschutzbedürfnis für Antrag nach § 1040 III 3 ZPO trotz Erlass des Schiedsspruchs in der Hauptsache. Anmerkungen zu BGH, Beschluss vom 09.08.2016 – I ZB 1/15, in: GWR 2016, S. 402.

SCHILKEN, Eberhard

Zivilprozessrecht, 6. Aufl., München 2010.

Zur Bedeutung der „Anhängigkeit" im Zivilprozeß, in: JR 1984, S. 446–450.

SCHLOSSER, Peter

Arbitral Tribunals or State Courts – Who must defer to whom?, in: *ASA Swiss Arbitration Association* (Hrsg.), Arbitral tribunals or state courts. Who must defer to whom?, ASA Special Series No. 15, Basel 2001, S. 15–34.

Das neue deutsche Recht der Schiedsgerichtsbarkeit, in: *Gottwald, Peter* (Hrsg.), Revision des EuGVÜ – Neues Schiedsverfahrensrecht, Bd. 11, Bielefeld 2000, S. 163–209.

Schiedsgerichtsbarkeit und Wiederaufnahme, in: Festschrift für Hans Friedhelm Gaul zum 70. Geburtstag, Bielefeld 1997, S. 679–689.

Nichtige und wirkungslose Schiedssprüche, in: Timetikos tomos Georgiu G. Metsopulu, Bd. 2, Athen 1993, S. 1183–1192 [zitiert: *Schlosser*, FS Metsopulu (1993), 1183].

Das Recht der internationalen privaten Schiedsgerichtsbarkeit, 2. Aufl., Tübingen 1989.

Kompetenz-Kompetenz der Schiedsgerichte, in EWiR 1988, S. 1143–1144.

Die perpetuation litis als rechtsstaatlicher Leitgedanke des nationalen und internationalen Zivilprozeßrechts, in: Beiträge zum Internationalen Verfahrensrecht und zur Schiedsgerichtsbarkeit, Festschrift für Heinrich Nagel zum 75. Geburtstag, Münster 1987, S. 352–372.

Einverständliches Parteihandeln im Zivilprozeß, Tübingen 1968.

SCHMEHL, Christine

Parallelverfahren und Justizgewährung, Diss. Jur., Tübingen 2011.

SCHMIDT, Felix

Der Schiedsspruch, in: SchiedsVZ 2013, S. 32–41.

Die Typologie von Schiedssprüchen, Diss. Jur., Köln 2012.

SCHOTTELIUS, Dieter Justus

Die Kompetenz-Kompetenz in der Schiedsgerichtsbarkeit, in: KTS 1959, S. 134–143.

SCHROETER, Ulrich G.

Der Antrag auf Feststellung der Zulässigkeit eines schiedsrichterlichen Verfahrens gemäß § 1032 Abs. 2 ZPO, in: SchiedsVZ 2004, S. 288–296.

SCHUMACHER, Hubertus

Lis pendens und Schiedsverfahren, in: Unternehmensrecht in Wissenschaft und Praxis, Festschrift für Waldemar Jud, Wien 2012, S. 643–657.

Current Questions on the Jurisdiction of Arbitral Tribunals, in: AAY 2008, S. 43–57.

SCHUMANN, Ekkehard

Die Relativität des Begriffes der Rechtshängigkeit. Zugleich ein Beitrag zu § 1933 und § 2077 BGB, in: Verfahrensrecht am Ausgang des 20. Jahrhunderts, Festschrift für Gerhard Lüke zum 70. Geburtstag, München 1997, S. 767–791.

Fehlurteil und Rechtskraft – Eine dogmengeschichtliche Auseinandersetzung mit den Leugnern des Fehlurteils, in: Festschrift für Eduard Bötticher zum 70. Geburtstag, Berlin 1969, S. 289–320.

SCHÜTZE, Rolf A.

Schiedsgericht und Schiedsverfahren, 5. Aufl., München 2012.

Die gerichtliche Überprüfung von Entscheidungen des Schiedsgerichts, in: SchiedsVZ 2009, S. 241–247.

SCHÜTZE, Rolf A./ TSCHERNING, Dieter/ WAIS, Walter

Handbuch des Schiedsverfahrens. Praxis der deutschen und internationalen Schiedsgerichtsbarkeit, 2. Aufl., Berlin New York 1990.

SCHWAB, Karl Heinz

Gegenwartsprobleme der deutschen Zivilprozeßrechtswissenschaft, in: JuS 1976, S. 69–74.

Die Entscheidung des Schiedsgerichts über seine eigene Zuständigkeit – Eine Stellungnahme zum Verhältnis von Hauptvertrag und Schiedsvertrag und zu sog. Kompetenz-Kompetenz des Schiedsgerichts, in: KTS 1961, S. 17–25.

Der Streitgegenstand im Zivilprozess, München Berlin 1954.

Schwab, Karl Heinz/ Walter, Gerhard

Schiedsgerichtsbarkeit, 7. Aufl., München 2005.

Schiedsgerichtsbarkeit, 6. Aufl., München 2000.

Söderlund, Christer

Lis Pendens, res Judicata and the Issue of Parallel Judical Proceedings, in: Journal of International Arbitration, Vol. 22 (2005), S. 201–322.

Solomon, Dennis

Die Verbindlichkeit von Schiedssprüchen in der internationalen privaten Schiedsgerichtsbarkeit, München 2007.

Sonnauer, Heinz

Die Kontrolle der Schiedsgerichte durch die staatlichen Gerichte, Diss. Jur., Köln [u.a.] 1992.

Spohnheimer, Frank

Das Schiedsverfahren zwischen antezipiertem Legalanerkenntnis des Schiedsspruchs und prozessualer Gestaltungsfreiheit, Diss. Jur., Tübingen 2010 [zitiert: *Spohnheimer*, Gestaltungsfreiheit bei antezipiertem Legalanerkenntnis des Schiedsspruchs].

Die Vorabentscheidung über die (Un-) Zulässigkeit des schiedsgerichtlichen Verfahrens nach § 1032 Abs. 2 ZPO durch staatliche Gerichte, in: Festschrift für Gerhard Käfer, Saarbrücken 2009, S. 357–385.

Spühler, Karl/ Tenchio, Luca/ Infanger, Dominik (Hrsg.)

Basler Kommentar – Schweizerische Zivilprozessordnung, 2. Aufl., Basel 2013 [zitiert: BSK-ZPO/*Bearbeiter*].

Stacher, Marco

Grenzen des Regelungsbereichs von Art. 186 Abs. 1bis IPRG, in: ZZZ 2006, S. 509–526.

Stein, Friedrich/ Jonas, Martin (Begr.)

Kommentar zur Zivilprozessordnung, 23. Aufl., Bd. 4, §§ 271–327, Tübingen 2018.

Kommentar zur Zivilprozessordnung, 23. Aufl., Bd. 3, §§ 148–270, Tübingen 2016.

Kommentar zur Zivilprozessordnung, 23. Aufl., Bd. 10, §§ 1025–1066, Tübingen 2014.

Kommentar zur Zivilprozessordnung, 22. Aufl., Bd. 10, EUGVVO, GVG, Tübingen 2002.

Kommentar zur Zivilprozeßordnung, 21. Aufl., Bd. 7/2, §§ 946–1048, Tübingen 1994.

Kommentar zur Zivilprozeßordnung, 20. Aufl., Bd. 4/2, §§ 883–1048, Tübingen 1988.

Kommentar zur Zivilprozeßordnung, 19. Aufl., Bd. 3, Tübingen 1975.

Kommentar zur Zivilprozeßordnung, 18. Aufl., Bd. 1, Tübingen 1953.

[jeweils zitiert: Stein/Jonas/*Bearbeiter*].

STEINBRÜCK, Ben

Die Unterstützung ausländischer Schiedsverfahren durch staatliche Gerichte, Diss. Jur., Tübingen 2009.

STUMPE, Friederike

Parallele Verfahren in der privaten Schiedsgerichtsbarkeit und bei Investitionsschutzstreitigkeiten – Anwendungsmöglichkeiten des *lis pendens* Prinzips, Diss. Jur., Hamburg 2015.

SUSLER, Oslem

The Jurisdiction of the Arbitral Tribunal: A Transnational Analysis of the negative Effect of Competence, in: Macquarie Journal of Business Law, Vol. 6 (2009), S. 119–146.

SUTTER-SOMM, Thomas/ HASENBÖHLER, Franz/ LEUENBERGER, Christoph (Hrsg.)

Kommentar zur Schweizerischen Zivilprozessordnung, 2. Aufl., Zürich [u.a.] 2013 [zitiert: *Bearbeiter* in: *Sutter-Somm/Hasenböhler/Leuenberger*].

SYNATSCHKE, Dagmar

Die Unzuständigkeitserklärung des Schiedsgerichts – Eine Studie zur internationalen Wirtschaftsschiedsgerichtsbarkeit, Diss. Jur., Jena 2006.

TEITZ, Louise Ellen

Taking Multiple Bites of the Apple: A Proposal to Resolve Conflicts of Jurisdiction and Multiple Proceedings, in: International Lawyer, Vol. 26:1 (1992), S. 21–64.

THOMAS, Heinz/ PUTZO, Hans (Begr.)

Zivilprozessordnung, 38. Aufl., München 2017.

Zivilprozessordnung, 37. Aufl., München 2016.

Zivilprozessordnung, 26. Aufl., München 2004.

Zivilprozessordnung, 25. Aufl., München 2003.

Zivilprozessordnung, 24. Aufl., München 2002.

[jeweils zitiert: Thomas/Putzo/*Bearbeiter*].

Triebel, Volker/ Coenen, Tilman

Parallelität von Schiedsverfahren und staatlichem Gerichtsverfahren, in: BB Beilage 2003, Nr. 5, S. 2–8.

United Nations Commission on International Trade Law

Report on the Work of its Eighteenth Session (UN-Document A/40/17 – 3–21 June 1985), in: Yearbook of the United Nations Commission o International Trade Law 1985, Vol. XVI, S. 1–46.

Vogl, Thorsten

Das neue französische Schiedsrecht, in: RIW 2011, S. 359–367.

Voit, Wolfgang

Die Entscheidung des Schiedsgerichts über die eigene Unzuständigkeit als Prüfstein der dogmatischen Grundlagen des Schiedsverfahrensrechts, in: Festschrift für Hans-Joachim Musielak zum 70. Geburtstag, München 2004, S. 594–617.

Vorwerk, Volkert/ Wolf, Christian (Hrsg.)

Beck'scher Online-Kommentar ZPO, 35. Edition, München 2020 (Stand: 01.01.2020).

Beck'scher Online-Kommentar ZPO, 23. Edition, München 2016 (Stand: 01.12.2016).

[jeweils zitiert: BeckOK-ZPO/Bearbeit*er*].

Wagner, Gerhard

Bindung des Schiedsgerichts an Entscheidungen anderer Gerichte und Schiedsgerichte, in: *Böckstiegel/Berger/Bredow* (Hrsg.), Die Beteiligung Dritter an Schiedsverfahren, Schriftenreihe des Deutschen Instituts für Schiedsgerichtsbarkeit, Band 16, Berlin 2005, S. 7–53 [zitiert: *Wagner*, in: *Böckstiegel/Berger/Bredow* (Hrsg.), DIS Bd. 16, S. 7].

Germany, in: *Weigand, Frank-Bernd* (Hrsg.), Practitioner`s Handbook on International Arbitration, 1. Aufl., München [u.a.] 2002, S. 685–830.

Prozeßverträge – Privatautonomie im Verfahrensrecht; Tübingen 1998.

WALKER, Wolf-Dietrich

Die Streitgegenstandslehre und die Rechtsprechung des EuGH – nationales Recht unter gemein-europäischem Einfluß?, in: ZZP 111 (1998), S. 429–454.

WALTER, Gerhard

Internationale Schiedsgerichtsbarkeit in der Schweiz – ein Rechtsprechungsbericht, in: ZZPInt 6 (2001), S. 347–364.

WEIGAND, Frank-Bernd (Hrsg.)

Practitioner´s Handbook on International Commercial Arbitration, 2nd Edition, New York 2009.

Practitioner´s Handbook on International Arbitration, 1st Edition, München [u.a.] 2002.

WIECZOREK, Bernhard (Begr.)

Zivilprozeßordnung und Nebengesetze, 3. Aufl., Bd. 5, Berlin New York 1995.

WIECZOREK, Bernhard/ SCHÜTZE, Rolf A. (Hrsg.)

Zivilprozessordnung und Nebengesetze, 4. Aufl., Bd. 5/1, §§ 300–329, Berlin/ Boston 2015.

Zivilprozessordnung und Nebengesetze, 4. Aufl., Bd. 11, §§ 916–1066, Berlin/ Boston 2014.

WILSKE, Stefan/ KRAPFL, Claudia

BGH: Erlass des Endschiedsspruchs lässt Rechtsschutzbedürfnis für Antrag auf gerichtliche Entscheidung gegen den Zwischenentscheid eines Schiedsgerichts unberührt. Anmerkungen zu BGH, Beschluss vom 09.08.2016 – I ZB 1/15, in: LMK 2016, 382306.

BGH: Fehlendes Rechtsschutzbedürfnis für Antrag auf gerichtliche Entscheidung gegen den Zwischenentscheid eines Schiedsgerichts nach Erlass des Schiedsspruchs in der Hauptsache. Anmerkung zu BGH, Beschluss vom 19.09.2013 – III ZB 37/12, in: LMK 2013, 353393.

WINDTHORST, Jan Erik

Die Wirkung des Antrags auf Feststellung der Zulässigkeit eines schiedsrichterlichen Verfahrens (§ 1032 Abs. 2 ZPO) auf die Verjährung, in: SchiedsVZ 2004, S. 230–234.

WOLF, Christian

Die institutionelle Handelsschiedsgerichtsbarkeit, Diss. Jur., München 1992.

WORKING GROUP ON INTERNATIONAL CONTRACT PRACTICES

Report of the Working Group on the Work of its Seventh Session (UN-Document A/CN.9/246 – 6 March 1984), in: Yearbook of the United Nations Commission o International Trade Law 1984, Vol. XV, S. 189–218.

ZEILER, Gerold/ HRUSKOVICOVA, Katarina

The Principle of Kompetenz Kompetenz according to the UNCITRAL Model Law on International Commercial Arbitration, in: *Association for International Arbitration* (Hrsg.), The UNCITRAL model law on international commercial arbitration: 25 years, Antwerpen [u.a.] 2010, S. 109–118 [zitiert: *Zeiler/ Hruskovicova*, in: *Association for International Arbitration* (Hrsg.), 25 years UNCITRAL model law, 109].

ZEISS, Walter/ SCHREIBER, Klaus

Zivilprozessrecht, 12. Aufl., Tübingen 2014.

ZELTNER, Martin

Die Kompetenz-Kompetenz der Schiedsgerichte, Diss. Jur., Erlangen/Nürnberg 1961.

ZEUNER, Albrecht

Die objektiven Grenzen der Rechtskraft im Rahmen rechtlicher Sinnzusammenhänge, Tübingen 1959.

ZÖLLER, Richard (Begr.)

Zivilprozessordnung mit FamFG und Gerichtsverfassungsgesetz, den Einführungsgesetzen, mit Internationalem Zivilprozessrecht, EG-Verordnungen, Kostenanmerkungen, 33. Aufl., Köln 2020.

Zivilprozessordnung mit FamFG und Gerichtsverfassungsgesetz, den Einführungsgesetzen, mit internationalen Zivilprozessrecht, EU-Verordnungen, Kostenanmerkungen; 31. Aufl., Köln 2016.

Zivilprozessordnung mit Gerichtsverfassungsgesetz und den Einführungsgesetzen, mit Internationalem Zivilprozessrecht, Kostenanmerkungen, 19. Aufl., Köln 1995.

www.ingramcontent.com/pod-product-compliance
Ingram Content Group UK Ltd.
Pitfield, Milton Keynes, MK11 3LW, UK
UKHW022102051026
15623UKWH00003B/624

9 783631 811344